CORRUPÇÃO
INSTITUCIONAL

Dados Internacionais de Catalogação na Publicação (CIP)
(Câmara Brasileira do Livro, SP, Brasil)

Miller, Seumas
  Corrupção institucional : estudo em filosofia aplicada / Seumas Miller ; tradução Luiz Paulo Rouanet. – 1. ed. – Petrópolis : Vozes, 2021.

Título original: Institutional corruption

ISBN 978-65-5713-121-3

1. Anticorrupção 2. Condições morais 3. Corrupção 4. Ética aplicada 5. Fraude 6. Instituições I. Rouanet, Luiz Paulo. II. Título.

21-63380 CDD-172

Índices para catálogo sistemático:
1. Corrupção : Ética aplicada 172

Maria Alice Ferreira – Bibliotecária – CRB-8/7964

SEUMAS MILLER

CORRUPÇÃO INSTITUCIONAL

ESTUDO EM FILOSOFIA APLICADA

Tradução de Luiz Paulo Rouanet

Petrópolis

© Seumas Miller, 2017.

Tradução realizada a partir do original em inglês intitulado *Institutional Corruption. A Study in Applied Philosophy.*

Esta tradução é publicada mediante acordo com a Cambridge University Press

Direitos de publicação em língua portuguesa – Brasil:
2021, Editora Vozes Ltda.
Rua Frei Luís, 100
25689-900 Petrópolis, RJ
www.vozes.com.br

Brasil
Todos os direitos reservados. Nenhuma parte desta obra poderá ser reproduzida ou transmitida por qualquer forma e/ou quaisquer meios (eletrônico ou mecânico, incluindo fotocópia e gravação) ou arquivada em qualquer sistema ou banco de dados sem permissão escrita da editora.

CONSELHO EDITORIAL

Diretor
Gilberto Gonçalves Garcia

Editores
Aline dos Santos Carneiro
Edrian Josué Pasini
Marilac Loraine Oleniki
Welder Lancieri Marchini

Conselheiros
Francisco Morás
Ludovico Garmus
Teobaldo Heidemann
Volney J. Berkenbrock

Secretário executivo
João Batista Kreuch

Diagramação: Raquel Nascimento
Revisão gráfica: Alessandra Karl
Capa: Érico Lebedenco

ISBN 978-65-5713-121-3 (Brasil)
ISBN 978-0-521-68963-2 (Reino Unido)

Editado conforme o novo acordo ortográfico.

Este livro foi composto e impresso pela Editora Vozes Ltda.

Sumário

Agradecimentos, 7

Introdução, 9

PARTE I – CORRUPÇÃO: TEORIA, 37

1 Instituições, 39

2 Poder social, 73

3 Definindo a corrupção, 97

4 Corrupção da causa nobre, 133

5 Suborno, nepotismo, fraude e abuso de autoridade, 156

6 Responsabilidade institucional: individual e coletiva, 183

PARTE II – ANTICORRUPÇÃO: PRÁTICA, 211

7 Sistemas de integridade, 213

8 Investigações, 240

9 Sistemas de integridade para ocupações, 269

10 Delações, 295

PARTE III – CONTEXTOS DA CORRUPÇÃO, 323

11 Instituições de mercado, 325

12 Bancos e finanças, 357

13 Organizações policiais, 385

14 Governo, 412

Bibliografia, 443

Índice analítico, 461

Agradecimentos

Gostaria de agradecer aos editores das seguintes publicações acadêmicas pelo uso de parte de meu material nelas contido: "Joint Action", *Philosophical Papers*, vol. xxi, n⁰· 3 (1992); "Freedom of the Press", *Politikon*, 22 (1995); *Ethical Issues in Policing* (1996); *Police Ethics* (com J. Blacker e A. Alexandra (1997); "Collective Responsibility", *Public Affairs Quarterly*, vol. 15, n⁰· 1 (2001); *Model Code of Principles of Ethics* (2002); "Individual Autonomy and Sociality", *in* (org.) F. Schmitt, *Socialising Metaphysics: Nature of Social Reality* (2003); "Noble Cause Corruption in Politics", *in* (org.) I. Primoratz, *Politics and Morality* (2007); "Noble Cause Corruption Revisited", *in* P. Villiers e R. Adlam (org.), *A Safe, Just and Tolerant Society: Police Virtue Rediscovered* (2004); "Concept of Corruption", *in* E. Zalta (org.), *Stanford Encyclopedia of Philosophy*, ed. de outono de 2005; *Ethical Issues in Policing* (com J. Blacker) (2005); (com P. Roberts e E. Spence), *Corruption and Anti-Corruption: A Study in Applied Philosophy* (2005); "Collective Moral Responsibility: An Individualist Account", *in* P. French (org.), *Midwest Studies in Philosophy*, vol. XXX (2006); (com A. Alexandra, T. Campbell, D. Cocking e K. White), *Professionalization, Ethics and Integrity*, Relatório para o Professional Standards Council (2006); "Institutions, Integrity Systems and Market Acotrs", *in* J. O'Brien (org.), *Private Equity, Corporate Governance and the Dynamics of Capital Market Regulation* (2007); "Against the Moral Autonomy Thesis", *Journal of Social Philosophy*, 38 (2007); (com T. Prenzler), *An Integrity System for Victoria Police: Volume I* (2008); (com S. Curry, I. Gordon, J. Blacker e T. Prenzler), *An Integrity System for Victoria Police: Volume 2* (2008); (com A.

Alexandra), *Integrity Systems for Occupations* (2010); "What Makes a Good Internal Affairs Investigation?", *Criminal Justice Ethics*, 29 (2010); "Integrity Systems and Professional Reporting in Police Organizations", *Criminal Justice Ethics*, 29 (2010); "Financial Service Providers: Integrity Systems, Reputation and the Triangle of Virtue", *in* N. Dobos, C. Barry e T. Pogge (org.), *The Global Financial Crisis: Ethical Issues* (2011); (com I. Gordon), *Investigative Ethics for Police Detectives and Criminal Investigatores* (2014); "Police Detectives, Criminal Investigations and Collective Moral Responsibility", *Criminal Justice Ethics*, vol. 33, n⁰ 1 (2014); "Trust me... I'm a (systemically important) bank!": Institutional Corruption of Financial Benchmarks: Financial Markets, Collective Goods and Institutional Purposes", *Law and Financial Markets Review*, 8 (2014); "Trust, Conflicts of Interest and Fiduciary Duties: Ethical Issues in the Financial Planning Industry in Australia", *in* N. Morris e D. Vines (org.), *Capital Failure: Rebuilding Trust in Financial Services* (2014); "The Global Financial Crisis and Collective Moral Responsibility", *in* Andre Nollkaemper e Dov Jacobs (org.), *Distribution of Responsibilities in International Law* (2015); (com P. Walsh), "NSA, Snowden and the Ethics and Accountability of Intelligence Gathering", *in* J. Galliot (org.), *Ethics and the Future of Spying: Technology, Intelligence Collection and National Security* (2015); *Corruption and Anti-Corruption in Policing: Philosophical and Ethical Issues* (2016).

Também gostaria de reconhecer o apoio da Australian Graduate School of Policing and Security Studies na Universidade Charles Sturt, do Departamento de Valores, tecnologia e Inovação na Delft University of Technology, do Uehiro Centre for Practical Ethics na Universidade de Oxford e do projeto European Research Council Advanced Grant sobre Responsabilidade Coletiva e Contraterrorismo.

Introdução

A diversidade da corrupção

A corrupção é exemplificada por uma grande diversidade de fenômenos.[1] Eis alguns casos paradigmáticos de corrupção. Um líder nacional canaliza recursos públicos para sua conta bancária pessoal. Os membros de um partido político asseguram uma maioria de votos para seus candidatos preparando urnas eleitorais para serem preenchidas com falsas cédulas de votação. Os administradores de uma corporação subornam autoridades públicas para ganhar editais lucrativos. Investidores de alguns dos principais bancos cooperam para manipular indicadores financeiros. Os membros de um sindicato do crime lavam dinheiro utilizando fachadas de negócios legítimos que eles controlam. Um jornalista fornece comentário favorável injustificado sobre o setor bancário em troca de uma recompensa financeira por parte desse setor. Um grupo de jornalistas trabalhando para um grupo particular de mídia, de maneira consistente, produz comentários desfavoráveis sobre um candidato político, de maneira injustificada, a fim de influenciar o eleitorado contra esse candidato. Um policial forja evidências para assegurar condenações. Membros sênior do governo pressionam o diretor de uma unidade anticorrupção para abandonar uma investigação criminal sobre supostos subornos pagos por um empresário local do

---

1. Versão anterior deste capítulo foi publicada em Seumas Miller, Peter Roberts e Edward Spence, *Corruption and Anti-Corruption: A Study in Applied Philosophy*. Saddle River, NJ: Prentice Hall, 2005, cap. 1.

setor de armas a um governo estrangeiro para vencer um grande contrato de armamentos. Certo número de médicos cerra fileiras e se recusa a testemunhar contra um colega que eles sabem ter sido negligente em relação a uma malsucedida operação cirúrgica que resulta na perda de uma vida. Uma estudante provê favores sexuais a seu professor em troca de boas notas. Um ator provê favores sexuais a diretores de filmes para assegurar papéis. O respeitado sucesso de um pesquisador se baseia em plágio do trabalho de outros. Um oficial encarregado de fornecer habitações comunitárias para cidadãos necessitados discrimina injustamente um grupo minoritário que ele despreza. Uma empresária só promove aqueles que a bajulam. Um treinador esportivo provê os atletas que ele treina com substâncias proibidas a fim de melhorar a performance deles.

Trata-se de uma longa lista de eventos bem diversos de corrupção, e poderia facilmente ser muito mais estendida. Além disso, a lista envolve tanto indivíduos que agem sozinhos quanto membros de grupos que agem em conjunto. Ainda mais, em todos esses exemplos a prática descrita mina, ou tende a minar, algum propósito ou processo institucional legítimo, seja na justiça política ou criminal, seja no processo ou fim competitivo do mercado. Em suma, a corrupção institucional é tanto de caráter *causal* quanto *normativo*.[2]

Consideremos agora a relação entre corrupção e ilegalidade. Muitos dos exemplos envolvem atividades ilegais. Porém, alguns não envolvem. Além disso, muitos dos exemplos são ilegais em algumas jurisdições, mas não em outras, ou são agora ilegais em algu-

---

2. Ver Miller et at., *Corruption and Anti-Corruption*, cap. 1; Seumas Miller, "Corruption", *in* Edward N. Zalta (org.), *Stanford Encyclopedia of Philosophy*, www.plato. stanford.edu outono de 2005; Dennis Thompson, *Ethics in Congress: From Individual to Institutional Corruption*. Washington, DC: Brookings Institution, 1995, "Two Concepts of Corruption: Individual and Institutional", *Edmond J. Safra Working Papers*, 16 (2013). Disponível em SSRN: http://ssrn.com/abstract=2304419 ou http://dx.doi. org/10.2139/ssrn.2304419 ; Lawrence Lessig, *Republic, Lost: How Money Corrupts Congress – and a Plan to Stop it*. Nova York: Twelve, 2011.

mas jurisdições, mas não foram em tempos anteriores. Em resumo, muitos desses exemplos de corrupção não são necessariamente ilegais. Antes de 1977 não era ilegal que as companhias norte-americanas oferecessem propina para contratos externos de seguros. Nem aparentemente a manipulação do indicador financeiro LIBOR (a taxa oferecida pelo sistema interbancário de Londres – utilizada no cálculo de juros para trilhões de dólares de empréstimos em todo o mundo) era ilegal antes de 2012.[3] Assim, a corrupção não é necessariamente ilegal. Isto porque ela não é, no fundo, simplesmente uma questão de lei. Em vez disso, é fundamentalmente uma questão de moralidade, e lei e moralidade não são o mesmo, embora se interconectem de várias maneiras.

Há outra distinção a fazer em relação à moralidade e à corrupção. Ações corruptas são ações imorais, mas nem todas as ações imorais são ações corruptas, pois a corrupção é apenas uma espécie de imoralidade. Considere-se um marido habitualmente gentil que, num acesso de raiva, ataca sua esposa adúltera e a mata. O marido cometeu um ato que é moralmente errado; ele matou sua mulher. Mas sua ação não é necessariamente um ato de corrupção. Uma importante distinção geral a esse respeito é aquela entre violação de direitos humanos e corrupção. Genocídio é um erro moral profundo, mas não é corrupção. Isto não significa que não exista importante relação entre violações de direitos humanos e corrupção; pelo contrário, há com frequência um nexo estreito e de mútuo reforço entre ambas.[4] Considere-se a corrupção endêmica e abuso dos direitos humanos em larga escala que ocorreu sob regimes autoritários como os de Idi Amin, em Uganda, Suharto, na Indonésia,

---

3. Ver HM Treasury, *The Wheatley Review of LIBOR* (Final Report), Londres, 2012, disponível em www.hm-treasury.gov.uk/wheatley_review.htm .

4. Ver Z. Pearson, "An International Human Rights Approach to Corruption", *in* P. Larmour e N. Wolanin (org.), *Corruption and Anti-Corruption*. Camberra: Asia-Pacific Press, 2001, pp. 30-61.

Saddam Hussein, no Iraque e Assad, na Síria. E hoje é geralmente aceito pelos economistas que existe uma conexão causal (admitidamente complexa) entre corrupção e a infringência de direitos de subsistência; a corrupção causa pobreza.[5] Com efeito, às vezes um ato de violação de direitos humanos pode ser também um ato de corrupção. Assim, encarcerar de maneira moralmente errada e ilegal um oponente político é uma violação de direitos humanos, mas é também corrupção do processo político.[6]

Existem muitas formas de corrupção institucional, incluindo muitos tipos de corrupção econômica, política, policial, judicial, acadêmica e assim por diante. Com efeito, há tantas formas de corrupção institucional quanto há tipos de instituição social, cujos fins e processos institucionais podem ser dolosamente minados, isto é, que podem se tornar corruptos. Além disso, existe uma variedade de tipos de atrações que motivam a corrupção. Entre eles se incluem ganho econômico, *status*, poder, vício em drogas ou jogo, e gratificação sexual.

Sociedades contemporâneas são tipicamente dominadas por organizações e sistemas de organizações; as formas da atividade em questão, em sua maior parte, ocorrem em arranjos organizacionais e são empreendidas em grande parte por pessoas que ocupam papéis nessas organizações. De acordo com isso, no cenário contemporâneo, a atividade corrupta é em grande medida corrupção institucional.[7] *Enron, Arthur Anderson* e *Bernard L. Madoff Investment*

---

5. J. Stiglitz, *The Great Divide: Unequal Societies and What We Can Do*. Nova York: W. W. Norton, 2016.

6. Para um útil compêndio do trabalho sobre a multiplicidade de formas de corrupção política, ver A. J. Heidenheimer e M. Johnson (org.), *Political Corruption: Concepts and Contexts*, 3ª. ed. Piscataway, NJ: Transaction Publishers, 2001.

7. Os teóricos tendem a focar em instituições econômicas. Ver S. Rose-Ackerman, *Corruption and Government*. Cambridge University Press, 1999, J. G. Lambsdorff, *The Institutional Economics of Corruption and Reform: Theory, Evidence and Reform*. Cam-

Securities eram todas organizações econômicas, e o capitalismo é um sistema de organizações como essas, o capitalismo de comparsas [*crony capitalism*] sendo uma corrupção desse sistema. Além disso, o capitalismo contemporâneo consiste em grande parte em formas organizacionais específicas, como corporações multinacionais, organizadas em um sistema e em parte definidas por leis e regulações, por exemplo, regulações definindo a competição livre e justa. Do mesmo modo, governos e outras agências do setor público abrangem organizações e sistemas de organização na esfera política. Instituições, no sentido utilizado neste livro, são organizações ou sistemas de organização (embora, como ficará claro, nem todas as organizações sejam instituições). Forneço uma explicação detalhada das instituições no Capítulo 8.[8] Aqui noto que, embora todas as instituições sejam vulneráveis à corrupção – a corrupção institucional tende a minar fins e processos institucionais –, diferentes instituições são vulneráveis a diferentes formas de corrupção. Assim, é mais provável que o plágio esteja presente em universidades do que em organizações policiais, e é mais provável haver fraude em corporações do que em universidades, ou na polícia. Desse modo, podemos distinguir formas genéricas de corrupção recorrendo a instituições particulares, por exemplo, corrupção acadêmica, policial, corporativa e assim por diante. Assim, necessitamos não só de uma definição da corrupção institucional *per se* (ver Capítulo 3), mas também análises de corrupção institucional em diferentes instituições (ver Capítulos 11-14). Também necessitamos de análises de tipos específicos de corrupção, como o suborno, o nepotismo, a fraude e o abuso de autoridade (ver Capítulo 5).

---

bridge University Press, 2007. E R. B. Reich, *Saving Capitalism: For the Manby Not the Few*. Nova York: Alfred A. Knopf, 2015.

8. Seumas Miller, *The Moral Foundations of Social Institutions: A Philosophical Study*. Nova York: Cambridge University Press, 2010.

Ambientes morais

Atividades corruptas e/ou criminosas ocorrem tipicamente em um ambiente moral que pode conduzir a, ou ser intolerante com semelhantes atividades. O ambiente moral consiste em parte no quadro de normas sociais às quais se adere ou, pelo menos, às quais se respeita nominalmente no interior de uma sociedade ou comunidade e, mais estreitamente, dentro de uma instituição. Esse quadro constitui uma estrutura mais ou menos coerente das normas sociais.[9] Normas sociais são regularidades em ação ou omissão em parte sustentadas pela aprovação e desaprovação moral dos aderentes a essas normas sociais. Assim, os membros de um grupo social não só agem em consonância com um conjunto estruturado de normas sociais, eles acreditam que têm de obedecer a essas normas. Essas crenças, tomadas em conjunto com os objetivos, fins ou propósitos nos quais se acredita e dos quais muitas normas sociais derivam, constituem um sistema estruturado de crenças morais – em suma, uma visão de mundo sobre o que constitui comportamento moralmente aceitável, e moralmente inaceitável.[10]

Quaisquer que sejam as diferenças em perspectiva moral dos membros individuais de um grupo social, haverá inevitavelmente alto grau de comunalidade em suas crenças morais e regularidades na ação em consequência dessas crenças; em suma, grupos sociais requerem normas sociais. Isto porque as normas sociais são necessárias para a vida social além de um nível muito básico. Por exemplo, normas sociais contra assassinato aleatório possibilitam instituição

---

9. Ver Seumas Miller, *Social Action: A Teleological Account*. Nova York: Cambridge University Press, 2001, cap. 4; Seumas Miller, "Social Norms", *in* G. *Holmstrom-Hintikka e R. Tuomela (org.)*, Contemporary Action Theory. Synthese Library Series. Dordrecht: Kluwer, 1997, vol. II, pp. 211-229; e Seumas Miller, "On Conventions", *Australasian Journal of Philosophy*, 70 (1992), 435-445.

10. Ver M. Boylan, *Basic Ethics*. Upper Saddle River, NJ: Prentice Hall, 1999.

cooperativas familiares e econômicas. Mais uma vez, normas sociais de dizer a verdade e fornecer evidência para enunciados são necessárias para instituições de aprendizado.

Existe uma tendência a confundir normas sociais com outros tipos de comportamento conformista estreitamente relacionados, como convenções e o seguimento de modas. De modo geral, convenções são regularidades em comportamento que realizam fins comuns, mas, diferentemente de normas sociais no sentido do termo aqui utilizado, convenções não necessariamente possuem conteúdo moral. Considere-se, por exemplo, a convenção, em inglês, de proferir "snow" [neve] em lugar do termo francês "neige" para se referir à neve. No caso das modas, o indivíduo se conforma porque deseja o que outros aprovam. No caso das normas sociais, o indivíduo se conforma porque acredita que moralmente deve fazer o que todos (ou quase todos), incluindo o(a) próprio(a) agente moralmente aprova. Logo, no caso de uma norma social, mas não de uma moda, o fato de não se conformar produz vergonha. Considere-se policiais corruptos que foram levados diante da Comissão Real sobre a Corrupção no Serviço de Polícia de New South Wales, na Austrália, em meados dos anos de 1990. Alguns desses policiais violaram normas ao aceitar subornos, traficando drogas e vendendo pornografia infantil. Era óbvio que quando muitos desses homens foram trazidos diante do Comissário, e sua corrupção foi exposta em vídeos e gravações de som, eles experimentaram profunda vergonha. Isto indica que não foi meramente uma convenção ou moda que eles desprezaram. Assim, as normas sociais caminham juntas com a emoção moral social da vergonha. O fracasso em se conformar a normas sociais produz sentimentos de vergonha, e a vergonha é uma poderosa forma de controle social.

Há uma distinção entre normas sociais subjetivamente sustentadas e normas morais objetivamente válidas. Uma norma moral objetiva é um tipo de ação ou inação na qual não só se acredita amplamente ser moralmente certa, como que é, como questão de verdade objetiva,[11] moralmente certa. Deve-se notar que o conceito de uma ação objetivamente corrupta é o conceito de uma ação que é objetivamente corrupta em relação a uma pessoa, e relativa a um conjunto de circunstâncias. Considerada em si mesma, a mentira é moralmente errada; ela é, nessa medida, moralmente errada. No entanto, mentir pode ser moralmente justificado em algumas circunstâncias porque, por exemplo, é o menor de dois males; pode ser moralmente certa levando-se tudo em consideração. Policiais trabalhando infiltrados para expor as atividades das Tríades, em Hong Kong, necessariamente enganam e mentem. Não obstante, podem estar moralmente justificados em fazê-lo, uma vez que mentir para criminosos pode ser um mal menor do que permitir que suas atividades criminosas prossigam sem serem acompanhadas. No entanto, o mero fato de que alguém seja membro de uma sociedade que possui certas normas sociais, ou que as ações daqueles no ambiente moral no qual alguém se encontra sejam governadas por certas normas sociais não tornam a ação prescrita por essas normas sociais objetivamente certas do ponto de vista moral (mesmo consideradas *pro tanto*, isto é, sob esse aspecto).

As normas sociais, por um lado, e a imoralidade, incluindo a corrupção, por outro, estão intimamente, ainda que antiteticamente, relacionadas. Normas sociais robustas – pelo menos no sentido de regularidades na ação que incorporam atitudes éticas ou morais – fornecem uma barreira para a corrupção; a corrupção generalizada corrói as normas sociais. Essa barreira não é, de modo algum, condição suficiente para combater a imoralidade, incluindo a corrupção. Mas é uma condição necessária. Se membros de uma comunidade ou organização não pensam que há

---

11. Para uma defesa geral da objetividade ver Thomas Nagel, *The Last Word*. Oxford: Oxofrd university Press, 1997.

algo moralmente errado com assassinato, agressão, roubo, fraude, suborno, e assim por diante, então não há possibilidade de resistir a essas práticas, e muito menos eliminá-las; na verdade, elas florescerão.

Assim, crenças compartilhadas sobre a inaceitabilidade moral dessas práticas são uma condição necessária, mas não suficiente, para combatê-las. Aqui o papel das instituições e subinstituições é crítico e, em particular, de instituições anticorrupção, ou mais amplamente, *sistemas de integridade* (ver Capítulo 7).[12] Instituições como essas desenvolvem, mantêm e promovem a internalização dos propósitos institucionais e cumprimento das normas sociais, e assim, tanto combatem diretamente a corrupção como formam resistência à corrupção em uma comunidade ou organização. Importante notar, os membros de uma instituição que internalizaram e valorizam os propósitos da instituição e suas normas sociais constitutivas tenderão a possuir resiliência moral diante das tentações de corrupção. De grande importância aqui, também, é o sistema de justiça criminal, incluindo a polícia, os tribunais e as instalações correcionais. Essas instituições combatem a corrupção como parte de sua mais ampla tarefa anticrime. Há também instituições anticorrupção mais especializadas, como comissões independentes contra a corrupção e coisas do tipo. Além disso, existe uma ampla gama de instituições educacionais, criadoras de consciência e a serviço da transparência, e elementos subinstitucionais, como a mídia, igrejas, programas de ética profissional e programas para conscientização sobre fraude e corrupção em nível de organizações ou indústrias de modo amplo.

---

12. C. Sampford, R. Smith e A. J. Brown, "From Greek Temple to Bird's Nest: Towards a Theory of Coherence and Mutual Accountability for National Integrity Systems", *Australasian Journal of Public Administration*, 64 (2005), 96-108. Ver também Andrew Alexandra e Seumas Miller, *Integrity Systems for Occupations*. Aldershot: Ashgate, 2010.

Condições que conduzem à corrupção

Algumas sociedades ou grupos sociais sofrem uma ruptura no âmbito das normas sociais, e notavelmente, um fracasso no cumprimento – e na coerção ao cumprimento – dos princípios morais contidos no direito criminal. Entre esses princípios morais se incluem os de não matar, atacar, infringir a liberdade de outros, roubar, fraudar ou subornar. Existe um número de características ou condições socio-morais que facilitam a corrupção institucional. Para que organizações, governos e comunidades sejam bem-sucedidos em combater (especialmente) a corrupção sistêmica ou em larga escala, sugiro que precisam retificar essas condições.[13]

Em primeiro lugar, há a condição de um alto nível de *conflito e sectarismo*. Há boa evidência empírica de que sociedades em conflito (envolvendo, por exemplo, classe, casta e sectarismo racial, assim como conflito violento), como o *apartheid* e, a propósito, a África do Sul pós-*apartheid*, a ex-União Soviética (e os atuais Estados-Nação da Ucrânia, Rússia e outros), Nigéria e Índia fornecem fértil terreno para a corrupção. Noto aqui que sociedades em conflito, nesse sentido, incluem algumas com governos autoritários; o conflito e sectarismo em questão pode se obter entre um governo autoritário e sua oposição política e, em nível mais profundo, entre uma elite econômica (apoiada pelo governo autoritário) e uma classe econômica mais baixa relativamente empobrecida (apoiada pela oposição política). Em sociedades em conflito, tipicamente, não existe um sistema robusto e suficientemente amplo de normas sociais às quais virtualmente todos aferem, e de fins comuns que são perseguidos por virtualmente todos. Em vez disso, na melhor das hipóteses, membros de um grupo social ou classe particular perseguem somente seus

---

13. Ver J. Pope (org.), *National Integrity Systems: The TI Source Book*. Berlim: Transparency Internationl, 197; R. Klitgaard, *Controlling Corruption*. Los Angeles: University of California Press, 1988.

próprios estreitos interesses coletivos e cumprem as normas sociais em suas relações entre si, mas não com "forasteiros".

Uma segunda, e frequentemente relacionada, condição socio-moral que conduz à corrupção é a existência de *sistemas injustos e desiguais de riqueza e status*. Se existem grandes disparidades de riqueza e oportunidade, e se as diferenças em riqueza e *status* não são percebidas como justas e como contribuindo para o bem comum, o compromisso com papéis institucionais e a conformidade à lei e às normas sociais será enfraquecida. Por exemplo, em muitos países, os pobres e sem poder se voltaram para chefes locais do crime (*godfathers*) que forneceram essa assistência, mas em troca de "lealdade", a qual pode assumir a forma de votar por certos candidatos, ou de fechar os olhos para atividades corruptas e ilegais.

Uma terceira condição socio-moral que facilita a corrupção é *a confusão moral*, notadamente em relação a propósitos institucionais. A confusão moral possui uma série de fontes, mas tipicamente envolve uma combinação de falta de clareza em relação a crenças morais sobre o que é certo e errado diante de ideologia perniciosa, e uma conjunto tentador de oportunidades para agir de maneira errada.[14] Em épocas de rápida transição social e econômica, práticas morais estáveis são abaladas, e um grau de confusão moral pode ser introduzido. Por exemplo, rápido crescimento econômico e aquisição de riqueza podem minar práticas tradicionais de moderação, prudência financeira e obediência legal. Além disso, pode-se perder de vista propósitos institucionais. Considere-se o período imediatamente anterior à Crise Financeira Global (*Global Financial Crisis* – GFC) de 2008. Durante esse período, banqueiros, empresários e outros atores do setor de finanças global alcançaram enorme riqueza envolvendo-se em práticas

---

14. C. A. J. Coady, *Messy Morality: The Challenge of Politics*. Oxford University Press, 2008.

especulativas e diretamente corruptas. No auge da excitação, por exemplo, muitos banqueiros evidentemente perderam de vista um propósito institucional fundamental do qual eram encarregados, a saber, prover pela segurança dos fundos de seus depositantes. Além disso, as atividades problemáticas desses atores financeiros dependeram em parte da grande negligência de legisladores, reguladores, advogados, jornalistas econômicos, corretores de seguros e outros. O resultado foi literalmente uma crise financeira global.[15]

Em relação às chamadas vítimas dos crimes, existe com frequência confusão moral, e historicamente a corrupção foi alimentada pela existência de confusão moral em relação ao jogo, à prostituição, drogas e coisas semelhantes. Além disso, abordagens restritivas, de criminalização a esses "vícios" não funcionaram, mas levaram essas atividades ao submundo e permitiram que os fornecedores criminosos tivessem enormes lucros e corrompessem a polícia e outras autoridades envolvidas na coerção. Essa corrupção das autoridades pode ser obtida em parte porque há com frequência um sentimento compreensível de que o jogo, a prostituição e boa parte do uso de drogas não é tão moralmente repreensível; assim, fica mais fácil comprometer, e com isso pôr em funcionamento um processo de comprometimento e corrupção.

Uma quarta condição geral que conduz à corrupção é mal designada como arranjos institucionais, incluindo sistemas legais e regulatórios; arranjos que por uma razão ou outra não servem a seu propósito institucional e que, portanto, como subproduto, tendem a criar motivos e/ou oportunidades para a corrupção. Por exemplo, a sub-regulação pode facilitar o motivo e a oportunidade para corrupção; a falta de regulação de derivativos financeiros economicamente inseguros é um caso (ver Capítulo 12). Porém, a super-regulação, criminaliza-

---

15. N. Dobos, C. Barry e T. Pogge (org.), *Global Financial Crisis: The Ethical Issues*. Londres: Palgrave Macmillan, 2011. Naturalmente, havia outros fatores em jogo. Ver Ross Garnaut, *The Great Crash of 2008*. Melbourne: Melbourne University Press, 2009.

ção notavelmente inapropriada, também forneceu um motivo para corrupção, assim como oportunidades. Historicamente importantes casos foram a supramencionada criação de crimes sem vítimas, como o jogo e abuso de substâncias tóxicas. De maneira mais geral, como argumento ao longo deste livro, *design* institucional conduzido por meio de moralismo simplista ou por ideologias como a do fundamentalismo do mercado (ver Capítulo 11) tendem a criar arranjos institucionais que não são adequados para o propósito e que, como subproduto, fornecem motivos e/ou oportunidades para corrupção.

Uma quinta, e última, muito importante condição sociomoral geral que conduz à corrupção é o *desequilíbrio de poder*. O que Lord Acton disse é agora um lugar-comum, mas não menos verdadeiro por isso: "O poder tende a corromper, e o poder absoluto corrompe absolutamente".[16] Os massivos abusos aos direitos humanos e corrupção perpetrados por autocratas como Hitler, Mussolini, Suharto, Marcos, Idi Amin, Mobuto e Pinochet são testemunhos da importância de limitar, conter, diluir e dividir o poder. Além disso, como o saque dos fundos públicos por ditadores ilustra – como Mobutu, no Zaire, por um período de trinta anos desde meados dos anos 1960 –, abuso de poder e roubo em larga escala frequentemente caminham juntos. Tampouco é a cleptocracia meramente uma questão de corrupção interna de certas nações-Estado subdesenvolvidas, por exemplo, na África. Tipicamente, os análogos de Mobutu transferem e gastam seus mal-adquiridos ganhos nas afluentes democracias liberais ocidentais utilizando bancos sediados em Londres, Nova York, Zurique etc. como seus intermediários financeiros.[17] Ainda nesse sentido,

---

16. Lord Acton, *Essays on Freedom and Power*. Skyler J. Collins, 2013.

17. J. C. Sharman, *The Despot's Guide to Wealth Management: On the International Campaign against Grand Corruption*. Ithaca, NY: Cornell University Press, 2017, Introdução: Poder e dinheiro.

Minxin Pei recentemente argumentou que o modelo autoritário chinês de modernização econômica conduz a corrupção em larga escala.[18] A liberação das forças do mercado levou a um espetacular crescimento econômico, mas no contexto do sistema de partido único, levou a corrupção generalizada e ao enriquecimento dos poderosos numa vasta escala.

Isto basta no que concerne às características socio-morais do ambiente moral. Preciso passar agora a uma breve consideração dos sistemas institucionais de prestação de contas [*accountability*],* ou a falta deles, como uma segunda condição genérica que conduz à corrupção.

Prestação de contas institucional, anticorrupção e sistemas de integridade

Descrevi os nexos entre o poder dos autocratas e chefões do crime organizado, por um lado, e corrupção sistêmica e em larga escala, por outro.[19] Falências corporativas, como a da Enron, ilustram o nexo entre poder e corrupção dentro de uma grande corporação. As práticas corruptas, incluindo a criação das chamadas Entidades de Propósitos Especiais (*Special Purpose Entities* – SPEs) fora dos registros financeiros, concebidas para mascarar perdas, foram criaturas do CEO [*Chief Executive Officer* – Diretor Executivo], do CFO

---

18. Minxin Pei, *China's Crony Capitalism: The Dynamics of Regime Decay*. Harvard University Press, 2016.

* Optamos por traduzir termo *accountability* pela expressão "prestação de contas", que tem a desvantagem de não ser termo único, mas é a que mais se aproxima, a nosso ver, do significado da palavra em inglês. Sobre o assunto, cf. Janaína C. Homerin, "A impossível tradução do conceito de accountability para português", São Paulo: FGV, 2016, disponível em https://bibliotecadigital.fgv.br/dspace/handle/10438/17707 . Acesso em 12/02/2020 (N.T.).

19. Utilizo o termo "corrupção em larga escala" ["grand corruption"] para indicar séria corrupção sistêmica que envolve corrupção por parte dos ocupantes de papéis institucionais em altos níveis.

[*Chief Financial Officer* – Diretor Financeiro] e de outros membros da equipe de direção. Foi sua posição de autoridade dentro da organização que permitiu a existência de corrupção em tão larga escala, e com consequências tão devastadoras.

Naturalmente, semelhante corrupção não depende somente do poder dos perpetradores; depende também de sua imoralidade; o CEO e o CFO da Enron, por exemplo possuíam poucos escrúpulos morais, e pouca preocupação pelo bem dos acionistas e empregados da firma. Assim, a existência desse nexo entre poder e corrupção aponta para a importância de compromisso e cumprimento das regras por parte dos indivíduos tanto em relação aos princípios morais contidos nas normas sociais quanto em relação aos propósitos institucionais. Porém, robustas normas sociais e internalização dos fins institucionais, por si mesmos, não são suficientes; são necessárias, mas não suficientes. Uma condição adicional necessária para combater a corrupção é a existência de mecanismos adequados de prestação de contas institucional. No caso da Enron, entre esses mecanismos se incluem inadequados controles de auditoria, mas permitam-me tentar descrever brevemente os vários tipos de mecanismos institucionais de prestação de contas necessários para controlar a corrupção. Nos Capítulos 7-10 forneço mais detalhes sobre sistemas anticorrupção e sobre sistemas de integridade de maneira mais ampla. Noto aqui que, por alto, sistemas anticorrupção são um componente de sistemas de integridade, uma vez que os primeiros se centram apenas na corrupção, enquanto o foco dos últimos reside sobre a criminalidade e desvios éticos de maneira mais geral. Além disso, sistemas de prestação de contas constituem apenas um elemento entre outros, tanto nos sistemas anticorrupção quanto nos sistemas de integridade. Estes últimos, por exemplo, utilizam medidas preventivas que reduzem oportunidades para corrupção ou procuram influenciar a motivação por meio de programas de educação ética.

Em relação ao nexo poder/corrupção, um dos mais importantes mecanismos de prestação de contas é a *democracia*, e esta é uma característica-chave dos sistemas anticorrupção e de integridade. A democracia limita, contém e dilui o poder – pelo menos potencialmente, e com frequência, de fato. A existência, no passado e no presente, de autocratas como os nomeados acima realça a importância da prestação de contas democrática no governo, e em instituições públicas em geral. Novamente, a ausência de mecanismos de *accountability* para forçar os poderosos a prestarem contas, hierarquias baseadas no apadrinhamento, mais do que no mérito, tendem a se desenvolver, e assim benefícios como a promoção são distribuídos com base na "lealdade" aos poderosos, incluindo cumplicidade em esquemas corruptos, em vez de o serem com base no mérito, por exemplo, performance de alta qualidade. E tampouco este ponto é exclusivo do governo. Vale igualmente para outros arranjos organizacionais, como grandes corporações. Com efeito, essa tese foi persuasivamente defendida por Robert Jackall[20] em relação a grandes corporações dos EUA, em particular. Quando a noção de democracia é discutida isto normalmente é feito no contexto do governo. Porém, o nexo poder/corrupção fornece boas razões para democratizar muitas outras instituições, incluindo corporações.

Por outro lado, mecanismos democráticos, se inadequadamente implementados, podem facilitar, mais do que dificultar a corrupção. Considere-se o fenômeno de demagogos que manipulam um populacho uniforme, irrefletido e insatisfeito a fim de aumentar seu poder pessoal e capacitá-los a minar, na verdade, corromper instituições centrais como judiciário independente, imprensa livre e, em última instância, o império da lei. Historicamente, esse fenômeno é bem conhecido, inclusive por filósofos como Platão. É evidenciado em cenários contemporâneos por líderes como Vladimir Putin, na

---

20. Robert Jackall, *Moral mazes*. Nova York: Oxford University Press, 1998.

Rússia, Recep Erdogan, na Turquia, e talvez, embora ainda seja cedo para escrevê-lo, Donald Trump, nos EUA.

Um segundo mecanismo anticorrupção muito importante e componente chave de sistemas de integridade nacionais e organizacionais é o da *separação de poderes*. A separação institucional e a independência institucional têm a mesma importância na limitação e divisão do poder e, portanto, no controle da corrupção. Na ponta extrema do espectro, uma instituição, digamos a militar, estabelecida para realizar um tipo de função, por exemplo, a defesa, prevalece sobre uma segunda instituição, por exemplo, o legislativo (parlamento), e assume sua função. Golpes militares na Tailândia são uma ilustração disso. Mas outros exemplos são menos extremos. Considere-se a complacente relação, no Japão, entre políticos, burocratas e líderes empresariais. Por exemplo, ao aposentar-se, ex-burocratas são tipicamente contratados e recebem grandes salários pelas próprias companhias que competiam por contratos do governo fiscalizados por esses burocratas.[21]

Um terceiro aspecto dos mecanismos de prestação de contas, anticorrupção e de sistemas de integridade diz respeito a suas relações com o quadro subjacente de normas sociais. Por exemplo, a corrupção é facilitada quando *leis, regulações e papéis institucionais não seguem princípios e fins éticos/morais*. Uma dessas categorias envolve resultados perversos em contextos de competição. Por exemplo Estados-nação podem competir entre si na atração de investimento estrangeiro por meio da diminuição de tributos e afrouxamento em exigências de cumprimento de regras, o que conduz, em última instância, a um aumento na corrupção e a uma drástica diminuição do dinheiro público em muitos, se não na maioria, desses Estados. Outra categoria envolve conflitos de interesse em

---

21. Ver, por exemplo, G. McCormack, *The Emptiness of Japanese Affluence*. Sydney: Allen and Unwin, 1996, p. 32ss.

relação a um papel institucional; o papel não foi suficientemente circunscrito de modo a excluir certos tipos de conflito de interesses. Considere-se a tradição, na Tailândia, pela qual coletores de impostos e a polícia recebiam baixos salários a partir dos impostos recebidos ou de multas recebidas.[22] A possibilidade de justiça e probidade é altamente reduzida ao permitir semelhantes conflitos de interesse em relação a papéis institucionais. Na corporação Enron, o papel duplo de Andrew Fastow como CFO [Diretor Financeiro] da Enron e diretor da SPE [*Special Purpose Entity* – Entidade com Propósito Especial] envolvia um claro conflito de interesse, e um que facilitava enormemente o processo de corrupção na empresa.*

Inadequações na investigação da corrupção são evidentemente deficiências em relação à prestação de contas institucional e em sistemas anticorrupção e de integridade. Por exemplo, em relação a algumas categorias de fraude na Austrália, no Reino Unido, nos EUA e em muitos outros países, existem recursos policiais insuficientes para investigar a massiva quantidade de atividade fraudulenta que está ocorrendo, notadamente, em período recente, fraude *online*. Um desses elementos é uma preocupação tradicional da polícia com crimes de rua e uma tendência a não investir na investigação de crimes do colarinho branco.

---

22. P. Phongpaichit e S. Piriyarangsan, *Corruption and Democracy in Thailand*. Chang Mai: Silkworm Books, 1994 (ed. De 1996), p. 110.

* Para melhor entendimento dessa questão, consulte-se: http://www.provedor.nuca. ie.ufrj.br/eletrobras/artigos/schmitt1.htm (acesso em 13/02/2020), do qual extraímos o seguinte trecho: "Tecnicamente, a Enron utilizou empresas coligadas e controladas para inflar seu resultado, uma prática comum nas empresas. Através de SPE´s (Special Purpose Entities), a empresa transferia passivos, camuflava despesas, alavancava empréstimos, leasings, securitizações e montava arriscadas operações com derivativos. Existem duas maneiras de contabilizar participações em outras empresas nas demonstrações contábeis. A primeira é contabilizar esta participação como um investimento no ativo. A segunda é através da consolidação, onde os ativos e passivos da coligada/controlada são somados aos da controladora" (N.T.).

Outro conjunto de deficiências na prestação de contas institucional e em sistemas anticorrupção e de integridade são *inadequações no sistema judiciário*, ou em outros sistemas de adjudicação, como o do julgamento de negligência profissional por corpos profissionais. Os tribunais na maior parte dos países com frequência encontram dificuldade em processar fraudadores ricos e chefões do crime que empregam advogados de alta qualidade, bem pagos. E em alguns países existe uma história de suborno ou intimidação do judiciário e, portanto, de perversão dos tribunais; considere-se o caso da Máfia, na Sicília.

De maneira relacionada, existe às vezes *inadequação no sistema correcional e prisional*, ou de modo mais geral, nos sistemas de punição dentro das organizações; por exemplo, remoção e/ou rotação de policiais corruptos dentro de um serviço policial, em lugar de sua demissão do serviço. Noto que a prisão para infrações não violentas, como fraude, suborno, roubo e semelhantes pode ser contraproducente. As prisões podem simplesmente servir como caras e superpopulosas incubadoras de criminalidade.

Diferentes instituições e organizações requerem diferentes sistemas de prestação de contas, diferentes sistemas anticorrupção e, de maneira mais ampla, diferentes sistemas de integridade. Uma organização policial requer elaborado sistema anticorrupção em relação à detecção e apreensão de criminosos (ver Capítulo 13) – dificilmente uma prioridade, digamos, na universidade. Por outro lado, universidades precisam ter sistemas anticorrupção em relação a exames, plágio e coisas semelhantes. A maior parte das organizações requer mecanismos de prestação de contas e medidas anticorrupção em relação a transações financeiras. Nesse aspecto, considere-se a ausência de mecanismos de prestação de contas e anticorrupção em relação a comissões pagas a ministros do governo em troca da premiação de contratos para grandes projetos de infraestrutura no Japão, ou simplesmente a habilidade de líderes do governo, como o ex-Presidente Suharto, na Indonésia, de transferir dinheiro de contas públicas para outras inteiramente controladas por si mesmos, ou pela inadequação dos controles de auditoria nos escândalos de corrupção da Enron e da Worldcom.

Com efeito, tenho defendido a importância dos aspectos organizacional, social, econômica, e assim, do contexto na estruturação de sistemas institucionais anticorrupção. Nesse sentido, um dos mais desafiadores aspectos é lidar com oportunidades para o surgimento da corrupção a partir das mudanças na tecnologia. Nas últimas décadas tem havido mudanças que revolucionaram a maneira pela qual se realiza negócios. Sistemas financeiros baseados em papel cederam lugar para informação-chave sendo transmitida e armazenada eletronicamente. Bancos e outras instituições financeiras, assim como a maior parte das empresas e dos governos, em países desenvolvidos, realizam a maioria de suas transações comerciais eletronicamente, com fundos de bilhões de dólares sendo transmitidos, armazenados e analisados todos os dias. Associado a isto há o sistema de comunicação global da Internet, pela qual governos, empresas e indivíduos podem se comunicar entre si não só internacionalmente, mas *instantaneamente*. Tudo isso se insere em um processo muito mais amplo de globalização. Estados-nação não servem mais como os pilares para os negócios – corporações transnacionais negociam a economia global, e as nações ricas e poderosas da Europa, Japão e EUA trabalham juntas para romper as barreiras aos negócios causadas por leis e procedimentos administrativos baseados no conceito de Estado-nação.

Essas mudanças tiveram o efeito de criar um mercado global, dominado pelos países mencionados acima, embora em menor medida agora, dada a ascensão econômica da China e, mais recentemente, da Índia. Esse mercado gerou enorme riqueza para os jogadores, mas também ocasionou consideráveis problemas, como a segurança cibernética ou, pelo menos, a falta dela. O que é importante, a fraude e a corrupção foram enormemente facilitadas pelo advento de tecnologias emergentes em um mundo globalizado, e os governos têm tido grande dificuldade em controlar essas mudanças. Por exemplo, estima-se que mais que 10 milhões de norte-americanos por ano são vítimas de roubo de identidade.[23]

Transparência

Discuti o ambiente moral e sistemas anticorrupção, e identifiquei uma variedade de condições que facilitam a corrupção. Algumas delas são elementos do ambiente moral, como desequilíbrios de poder, e algumas consistem em inadequações em sistemas de prestação de contas, por exemplo, controles de auditorias. Porém, existe uma condição adicional que facilita enormemente a corrupção, e sobre a qual ainda não elaborei, a saber, o sigilo ou a falta de transparência (enquanto contraposto a confiabilidade – ver Capítulo 10). Essa condição pertence tanto aos ambientes morais quanto aos sistemas de prestação de contas. A corrupção generalizada pode florescer em ambientes sociais e institucionais sigilosos. A transparência permite que a corrupção existente seja exposta e desencoraja a corrupção incipiente. O papel de uma mídia livre e independente (o Quarto Poder) é importante sob esse aspecto. Considere-se, por exemplo, as recentes revelações sobre o papel da firma jurídica Mossack Fonseca, publicadas nos jornais *Suddeutsche Zeitung*, *Guardian* e *New York Times*, que facilitava sonegações fiscais em larga escala, lavagem de dinheiro etc., por parte dos ricos e poderosos, que utilizavam paraísos fiscais para esses propósitos.[24] A transparência constitui potente medida anticorrupção, pois o sigilo

---

23. Identity Theft Resource Center, *Aftermath Study: What Victims Have to Say about Identity Theft*. The Identity Theft Resource Center, 2015, disponível em www. idtheftcenter.org.

24. B. Obermayer e F. Obermaier, *The Panama Papers*. Londres: Oneworld, 2016.

está com frequência presente em casos de atividade corrupta. O sigilo parece ser ao menos instrumentalmente desejável, pois sem ele pode ser impossível escapar à detecção, e com isso evitar possível desaprovação social e punição por parte de outros, ou pelo Estado. O sigilo, portanto, é uma condição que tem alta probabilidade de conduzir à corrupção. Considere-se isto em conexão com o caso do CEO e do CFO na Enron.

Ocasionalmente, os agentes agem de maneira corrupta, mas não o fazem abertamente. Considere-se, a propósito, algumas das atividades do traficante colombiano Pablo Escobar. Muitas pessoas sabiam quem ele era e o que fazia, mas muitos o apoiaram ou não se opuseram a ele. Como explicar esse fenômeno? Um tipo de explicação diz respeito a normas sociais. Somente se membros da comunidade julgarem a corrupção moralmente inaceitável sua exposição em domínio público ocasionará a queda do corrupto. Se a comunidade possui grande tolerância com a corrupção – ou pelo menos, a formas específicas de corrupção, como o suborno –, a transparência, e a consequente exposição do corrupto, não constituirá necessariamente poderosa medida anticorrupção.

De acordo com isso, no chamado estado de natureza, concebido por teóricos do contrato como o filósofo inglês Thomas Hobbes (1588-1679), pode-se ser abertamente corrupto com impunidade porque não existem sanções legais ou morais. Em semelhante estado de natureza, como nos diz Hobbes em seu livro seminal, *O Leviatã* (1651), existe "uma guerra de todos contra todos" que em última instância não beneficia ninguém, uma vez que ninguém pode de maneira eficiente e efetiva maximizar seu interesse próprio sob essas condições. No estado de natureza, a condição de invisibilidade se torna redundante, no que concerne à desaprovação social e à sanção legal. Nele, as atitudes morais não importam, e as sanções legais não existem. Assim, atitudes sociais e sanções legais não são temidas, e não há necessidade de ocultar suas transgressões em vista disso. É claro, o estado de natureza em sua forma pura não existe tipicamente. No entanto, várias formas impuras nas quais os poderosos dominam os fracos em arranjos sociais e institucionais desordenados, como a "narcocracia" colombiana de Escobar, existem com frequência.

Resumo dos capítulos

Este livro sobre corrupção institucional se divide em três partes, e cada uma consiste de vários capítulos. A Parte I consiste em análises filosóficas das principais noções teóricas utilizadas no restante do livro. Uma vez que meu tópico é corrupção institucional, as análises filosóficas em questão consistem, em grande parte, no que se pode chamar de teoria empiricamente informada, *institucional* normativa, por contraposição à teoria normativa no sentido de teorias como o utilitarismo, o kantismo etc. Estas últimas, embora prevalecentes na literatura filosófica, neste contexto, como sugiro, são em grande parte inúteis.[25] O Capítulo 1 esboça minha explicação normativa teleológica das instituições:[26] instituições como organizações ou sistemas de organizações que fornecem bens coletivos, por exemplo, gêneros alimentícios (cooperativas agrícolas), segurança (polícia), e são regidas por normas sociais. Esse capítulo é importante porque uma compreensão da corrupção institucional pressupõe alguma compreensão das instituições. Uma ideia-chave introduzida aqui, e tomada da recente subdisciplina da ontologia social (a qual é denominada às vezes de intencionalidade coletiva ou filosofia social), é a da ação organizacional como estrutura em múltiplas camadas das ações conjuntas dos seres humanos individuais. Uma ação conjunta é um conjunto de ações individuais cada uma

---

25. Para alguns argumentos sobre por que pode ser assim, ver James Griffin, *What Can Philosophy Contribute to Ethics?* Oxford: Oxford University Press, 2015.

26. Miller, *Moral Foundations of Social Institutions*.

das quais se dirige ao mesmo fim;[27] sendo esse fim um fim coletivo. Ações conjuntas, em essência, são ações cooperativas. Desse modo, dois homens carregando de maneira segura uma grande quantidade de dinheiro é uma ação conjunta, assim como dez mulheres remando em um bote, ou cem operários erguendo um muro. Dessa forma, minha explicação da ação organizacional, e da corrupção, é individualista, embora em um sentido relacional. O Capítulo 2 sustenta uma explicação do poder institucional e da autoridade; mais uma vez, trata-se de noções centrais para a compreensão de instituições e da corrupção institucional. Aqui, posso aderir a uma noção weberiano em sentido lato, com minha explicação individualista relacional da ação organizacional. No Capítulo 3 elaboro minha definição da corrupção institucional: uma explicação causal com fundamentos normativos. Segundo essa definição, se uma ação é um ato de corrupção institucional, ela deve envolver um ator institucional e minar um fim institucional (bem coletivo, segundo minha explicação teleológica normativa), processo ou pessoa (*qua* ocupante de um papel institucional). Desse modo, a corrupção institucional é tanto uma noção moral quanto causal, enquanto tal, e se liga aos efeitos institucionais das ações dos seres humanos individuais. O Capítulo 4 consiste em uma discussão da corrupção da causa nobre; corrupção efetuada a fim de realizar o bem. O fenômeno da corrupção de causa nobre constitui importante contraexemplo da visão dominante segundo a qual a corrupção deve ser motivada por ganho privado, ou pelo menos interesse próprio individual ou coletivo, entendido de forma mais ampla. O Capítulo 5 consiste em análises filosóficas do que tomo como sendo as mais salientes formas de corrupção institucional, a saber, suborno, nepotismo, fraude e abuso de autoridade. Argumento contra a influente visão se que todas as formas de corrupção são em essência abusos de autoridade (ou, em algumas

---

27. Assim, cada agente visa um estado de coisas, e esse estado de coisas é numericamente o mesmo para cada agente.

versões, abusos de poder). No Capítulo 6 elaboro uma noção chave em relação não só à corrupção, mas também a sistemas anticorrupção e de integridade, a saber, a noção de responsabilidade coletiva.[28] Segundo minha explicação, responsabilidade coletiva é uma extensão de minha explicação individualista relacional da ação conjunta e da ação organizacional (como estruturas em múltiplas camadas da ação conjunta). Distingo, analiso e exponho as relações entre responsabilidade *moral* individual e coletiva, por um lado, e responsabilidade *institucional* individual e coletiva, por outro.

Na Parte II deste livro passo da teoria para a prática e, mais especificamente, para sistemas anticorrupção ou, de modo mais amplo, sistemas de integridade. A ênfase aqui repousa em trazer teoria (institucional normativa), análises e perspectivas anteriores para a concepção de sistemas anticorrupção e alguns de seus principais componentes institucionais. A Parte II possui quatro capítulo. No primeiro deles, Capítulo 7, delineio minha explicação geral dos sistemas de integridade. Uma característica-chave de minha explicação é a ênfase sobre sistemas de integridade como questão de responsabilidade moral e institucional coletiva. Também volto a enfatizar o caráter tanto moral quanto causal da corrupção e, especialmente, a necessidade de que os sistemas de integridade incorporem e mobilizem normas sociais existentes, assim como de se basear nas estruturas de incentivo mais conhecidas defendidas em particular pelos economistas (por exemplo, "cenoura e bastão"). O sistema de justiça criminal talvez seja o mais óbvio sistema de integridade em nível de sociedade (ou, pelo menos, um de seus componentes) que incorpora e mobiliza normas sociais existentes, por exemplo, leis que proscrevem o assassinato – mesmo se, em muitas jurisdições, o faça inadequadamente. No capítulo 7 também discuto tipos de quadros regulatórios e a relação entre quadros regulatórios e siste-

---

28. Seumas Miller, "Collective Moral Responsibility": An Individualist Account", *Midwest Studies in Philosophy*, 30 (2006), 176-193.

mas de integridade. Distingo ainda entre sistemas de integridade reativos e preventivos, e defendo um sistema holístico que integre ambos os elementos, reativo e preventivo. No Capítulo 8, discuto investigações de corrupção. Investigação é um elemento crucial de qualquer sistema anticorrupção, mas ainda assim suscita uma série de questões éticas, incluindo preocupações com privacidade, logro, uso de informantes, agentes infiltrados e armadilhas. Aqui, como em toda parte, ética e eficácia precisam ser acomodadas. No Capítulo 9 examino sistemas de integridade para ofícios individuais (ao fazê-lo, deixo de fora o sistema de justiça criminal, uma vez que lido com ele em capítulos anteriores). Construo um sistema modelo com componentes padrões, como códigos de ética, denúncias, sistemas disciplinares e coisas similares. Contudo, também defendo a utilidade de auditorias éticas e listas de reputação como meios de mobilizar o interesse individual e coletivo em possuir boa reputação. Esse desejo por boa reputação prevalece especialmente entre algumas das profissões. O Capítulo 9 também inclui uma discussão de conflitos de interesse, estes últimos conduzindo especialmente à corrupção. O Capítulo 10 consiste numa discussão da ética da delação. Sua importância como medida anticorrupção no contexto, por exemplo, das acima mencionadas revelações de Mossack Fonseca, nos "Panama papers", dificilmente pode ser subestimada. Porém, como ilustram as revelações de Snowden em relação à massiva compilação de metadados por parte da NSA [*National Security Agency*], dos EUA, existem complexidades morais nessa área que precisam ser examinadas (noto que a delação, em minha acepção, é revelação externa e, enquanto tal, deve ser distinguida do relato profissional, isto é, revelação interna).

Na Parte III, meu foco se volta para contextos institucionais específicos. Cada capítulo se centra tanto na natureza da corrupção à luz do fim institucional (bens coletivos) quanto em medidas anticorrupção, mas o faz em relação a um tipo particular de instituição.

A ênfase, nessa parte, reside em mobilizar teoria, análise e perspectivas filosóficas examinadas anteriormente (Parte I) e características identificadas de sistemas anticorrupção (Parte II) para examinar algumas instituições específicas padecendo de séria e generalizada corrupção. A Parte III consiste em quatro capítulos. No Capítulo 11, discuto corrupção e anticorrupção em meios empresariais e corporativos. Inicio com uma aplicação de minha teoria teleológica normativa a indústrias baseadas no mercado. Argumento que, contrariamente a explicações normativas prevalecentes (por exemplo, a teoria do valor compartilhado [*shareholder value theory*]), indústrias baseadas no mercado possuem um propósito institucional (um bem coletivo), a saber, produzir uma quantidade adequada e sustentável de um bem ou serviço a um preço razoável e com qualidade razoável. A corrupção em indústrias baseadas no mercado deve ser vista por meio dessa lente do propósito institucional, dado que essa corrupção, em última instância, consiste em minar propósitos institucionais. Prossigo discutindo corrupção e anticorrupção numa organização específica (Enron) e em mercados em regime de monopólio ou oligopólio. No Capítulo 12 discuto corrupção e anticorrupção nos setores bancário e financeiro global. Novamente, inicio com a questão dos fins institucionais que devem guiar essas indústrias baseadas no mercado, mas que, na verdade, não as guiam. Assim, aponto o que considero serem os propósitos institucionais fundamentais dos bancos – atividade especulativa utilizando o dinheiro de outros não sendo um deles. O capítulo também inclui uma discussão da prática generalizada recentemente revelada de manipulação de indicadores financeiros, p. ex., LIBOR (*London Interbank Borrowing Rate* – Taxa de Empréstimo Bancário de Londres). Aqui, utilizo meu constructo teórico de um mecanismo institucional conjunto (introduzido no Capítulo 1) para iluminar tanto a natureza institucional dos indicadores financeiros quanto o caráter danoso da manipulação dos indicadores. O Capítulo 13 diz respeito a sistemas de integridade para organizações policiais. Estas últimas talvez sejam as mais importantes instituições anticorrupção nas sociedades contemporâneas. Porém, elas próprias têm sido locais de generalizadas e escandalosas formas de corrupção. Um problema central no desenvolvimento de sistemas anticorrupção éticos e eficazes ou, de maneira mais ampla, de sistemas de integridade, para organizações policiais, tem sido a cultura policial e, especificamente, a chamada parede azul [*blue*] de silêncio que protege policiais corruptos. Nesse capítulo analiso a cultura policial e, em particular, sua relação com responsabilidade coletiva e denúncia profissional (enquanto contraposto a delação). Elaboro uma estratégia para minar a "parede azul de silêncio" [*"blue wall of silence"*] por meio da mobilização da responsabilidade coletiva num contexto, crucial, de investigações internas efetivas. O Capítulo 14 é o último capítulo do livro e, o que é adequado, trata da corrupção política. Sustento que o governo é uma metainstituição, instituição que direciona e regula outras instituições. De acordo com isso, os membros de um governo são corruptos se deliberadamente promulgam legislação ou introduzem políticas que minam os fins e processos institucionais de outras instituições, por exemplo, se procuram minar a independência do judiciário, do Quarto Poder [a imprensa] ou da polícia. A eleição para cargos políticos executivos é um processo que está perenemente sujeito a intervenção da corrupção. O financiamento de campanha nas eleições dos EUA é um caso em tela. Discuto a natureza deste último e o faço no contexto de influente trabalho recente sobre o assunto por parte de Lawrence Lessig e Dennis Thompson. Também discuto a corrupção do Quarto Poder e da democracia deliberativa por parte de organizações midiáticas baseadas no mercado. Este último ponto é importante no contexto, dado o papel crucial da cidadania, numa democracia, para manter o governo em necessidade de se justificar.

Parte I

Corrupção: teoria

1
Instituições

A fim de compreender a corrupção institucional é primeiramente necessário fornecer uma explicação sobre aquilo que está sendo corrompido: instituições e sub-instituições. Mostrar-se-á que as instituições são organizações que produzem bens coletivos e que a corrupção mina processos e propósitos institucionais e, portanto, minam o fornecimento dos bens coletivos em questão.

Instituições sociais são formas sociais complexas que se reproduzem, como governos, organizações policiais, universidades, hospitais, corporações de negócios, mercados e sistemas legais. Além disso, as instituições sociais estão entre os mais importantes fenômenos humanos coletivos; permitem que nos alimentemos (mercados e cooperativas agrícolas), protejamos (polícia e serviços militares), eduquemos (escolas e universidades) e governemos (governos e sistemas legais). Às vezes, o termo "instituição" é utilizado para se referir a formas sociais complexas que, pode-se sustentar, não são organizações, como linguagens humanas ou sistemas de parentesco. No entanto, minha preocupação é apenas com instituições que são organizações e/ou sistemas de organizações.

Neste capítulo, ofereço uma teoria teleológica normativa das instituições sociais que se baseia numa teoria individualista da ação conjunta. Posto de maneira simples, segunda essa explicação as instituições sociais são organizações ou sistemas de organizações que fornecem bens coletivos por meio de atividade conjunta. Os bens coletivos em questão incluem o cumprimento de direitos morais agregados, como direitos baseados em necessidades para segurança (organizações policiais), bem-estar material (governos), e assim por diante. De acordo com essa concepção teleológica das instituições, a corrupção institucional deve ser compreendida, fundamentalmente, como um processo que mina propósitos institucionais legítimos e, com isso, o fornecimento dos bens coletivos que definem as instituições. Além disso, as organizações e sistemas de organização constitutivos das instituições possuem componentes sub-institucionais que, em alguns casos, podem ser especialmente vulneráveis à corrupção. Importantes, entre estes são aqueles aos quais me refiro como mecanismos institucionais conjuntos. Exemplo de mecanismo institucional conjunto é um sistema de votação dentro de uma instituição de governo. A corrupção de um sistema de votação pode ser profundamente corruptora de toda a instituição do governo.

1.1 Ações conjuntas

O conceito central na explicação teleológica das instituições sociais é o de *ação conjunta* [*joint action*]. Ações conjuntas são ações envolvendo um número de agentes realizando ações interdependentes a fim de alcançar algum fim comum. Exemplos de ação conjunta são duas pessoas dançando juntas, alguns comerciantes construindo uma casa e um grupo de ladrões roubando uma casa. A ação conjunta deve ser distinguida de ação individual, por um lado, e das "ações" de corpos corporativos, por outro. Assim, um indivíduo que caminha por uma rua ou que atira em um alvo são exemplos de ação individual. Uma ação declarando guerra ou um governo que adota uma ação legal contra uma companhia pública são exemplos de ação *corporativa*. Na medida em que semelhantes "ações" corporativas são ações genuínas envolvendo estados mentais como intenções e crenças elas podem ser, a meu ver, reduzidas a ações individuais e conjuntas dos seres humanos.

Na última década, ou talvez nas duas últimas décadas, emergiu uma série de análises sobre ação conjunta. Elas podem ser localizadas num espectro no qual, em uma das pontas há o chamado (por Frederick Schmitt[1]) individualismo estrito, e na outra ponta o chamado (também por Schmitt[2]) supraindividualismo. Vários desses teóricos desenvolveram e aplicaram suas explicações básicas favoritas da ação conjunta para uma série de fenômenos sociais, incluindo convenções, normas sociais e instituições sociais. Uma dessas teorias é minha Teoria do Fim Coletivo (*Collective End Theory* – CET), elaborada em outros lugares.[3] CET é uma forma de individualismo. Eu a utilizarei ao longo deste capítulo e, na verdade, ao longo de todo o livro.

O individualismo, tal como o vejo, está comprometido com uma análise da ação conjunta pela qual ela consiste em (1) uma série de ações singulares; (2) relações entre essas ações singulares. Além disso, as atitudes constitutivas envolvidas nas ações conjuntas são atitudes individuais; não há intenções coletivas *sui* generis ou outras atitudes na primeira pessoa do plural (nós). É importante enfatizar que o individualismo pode ser, e no caso da CET certamente é, uma forma de *relacionalismo*. É relacional em dois sentidos. Em primeiro lugar, como mencionado antes, ações singulares normalmente se posicionam em relações recíprocas, por exemplo, dois parceiros dançando, e a ação conjunta em parte consistindo em ações singulares, também em parte consiste nas relações entre as ações singulares. Em segundo lugar, os agentes que realizam ações conjuntas podem ter atitudes intersubjetivas entre si, por exemplo,

---

1. F. Schmitt, "Joint Action: From Individualism to Supraindividualism", *in* F. Schmitt (org.), *Socializing Metaphysics: The Nature of Social Reality*. Lanham: Rowman and Littlefield, 2003, pp. 129-166.

2. *Ibid.*

3. Seumas Miller, "Joint Action", *Philosophical Papers*, II (1992), pp. 275-299; Miller, *Social Action*, capítulo 2; Miller, *Moral Foundations of Social Institutions*, cap. 1.

eles reconhecem mutuamente quem é o outro; e algumas (mas não todas) dessas atitudes são *sui generis*. Especificamente, algumas atitudes intersubjetivas *cognitivas* (mas não conativas) podem muito bem ser *sui generis*, por exemplo, consciência mútua da consciência do outro.[4] Em virtude de semelhantes atitudes intersubjetivas eles tipicamente terão relações interpessoais entre si. Intersubjetividade e relações interpessoais, nesse sentido, não são necessariamente, ou pelo menos não por definição, sociais ou institucionais. Sugerir algo diferente seria cometer uma petição de princípio contra o individualismo (especificamente, individualismo relacional) em qualquer sentido interessante do termo.

Por contraste, de acordo com os supraindividualistas, quando uma pluralidade de agentes individuais realiza uma ação conjunta, eles necessariamente possuem as atitudes proposicionais relevantes (crenças, intenções etc.) numa irredutível "forma-nós" ["we-form"], a qual é *sui generis*, e isto não é analisável em termos das atitudes individuais ou baseadas no Eu. Além disso, os agentes individuais constituem uma nova entidade, entidade supraindividual não redutível aos agentes individuais e às relações entre eles.

Basicamente, a CET é a teoria segundo a qual ações conjuntas são ações dirigidas à realização de um fim coletivo. Porém, essa noção de fim coletivo é uma construção a partir da noção anterior de um fim individual. Um fim coletivo é um fim individual perseguido por mais do que um agente, e que é tal que, se realizado, é realizado por todas, ou a maior parte das ações dos agentes envolvidas; a ação individual de qualquer agente dado é apenas parte dos meios pelos quais o fim é realizado, e cada ação individual é interdependente das outras a serviço do fim coletivo. Assim, quando alguém disca o número de outra pessoa e a segunda pessoa apanha o aparelho receptor, cada

---

4. N. Eitan, C. Hoerel, T. McCormack e J. Roessler, *Joint Attnetion: Communication and Other Minds*. Oxford University Press, 2005, cap. 14.

um realizou uma ação a serviço de um fim coletivo: fim coletivo perseguido por cada um deles, a saber, que eles se comuniquem entre si.

Com base nessa noção individualista de uma ação conjunta, uma série de noções sociais pode ser construída, incluindo as noções de convenção e de norma social. Normas sociais, como vimos na Introdução, são regularidades na ação com as quais os aderentes possuem compromisso moral, por exemplo, a norma social de não mentir. Algumas convenções são normas sociais, mas muitas não o são. Convenção pode ser compreendida como sendo em essência uma quantidade de ações conjuntas cada uma das quais é realizada numa situação recorrente. Assim, dirigir na mão direita da rua é uma convenção à qual cada um de nós adere a fim de realizar um fim coletivo, a saber, evitar colisões (essa convenção é também uma norma social, dado seu propósito moral). Outra noção de ação social que pode ser derivada de nossa noção de ação conjunta e é crucial para nossa compreensão das instituições sociais é a de ação organizacional.

1.2 Ação organizacional

Organizações consistem em uma *estrutura* formal (dotada de corpo) de papéis intercambiantes.[5] Um papel organizacional pode ser definido em termos do agente (quem quer que seja) que realiza certas tarefas, as próprias tarefas, procedimentos (no sentido acima) e convenções. Além disso, diferentemente de grupos sociais, as organizações são individuadas pelo tipo de atividade que empreendem, e por seus *fins* característicos. Desse modo, temos governos, universidades, corporações de negócios, exércitos etc. Talvez governos tenham como fim ou objetivo o ordenamento e condução das sociedades, as universidades o objetivo da pesquisa e da disseminação do

---

5. Miller, *Social Action*, cap. 5; Miller, *Moral Foundations of Social Institutions*, cap. 1.

conhecimento, e assim por diante. É importante enfatizar aqui que esses fins são, primeiro, fins coletivos e, segundo, frequentemente os fins (coletivos) implícitos, latentes e/ou inconscientes dos atores institucionais individuais. Um fim é implícito se, por exemplo, o agente que o persegue não expressou isso para si mesmo ou para os outros. Um fim é latente se o agente não o persegue durante determinado período devido, por exemplo, ao fato de estar dormindo. Naturalmente, um fim é inconsciente se o agente que o persegue não o faz de maneira consciente. Porém, é importante notar que agentes que perseguem fins devem ser capazes, pelo menos em princípio, tanto de se tornarem conscientes disso e de expressarem esse fato para si mesmos ou para outros. A esse respeito, os fins, incluindo os coletivos, diferem das funções. O coração de um feto possui a função de bombear sangue, mas presume-se que não seja algo de que o feto possa ter consciência ou conhecimento explícito; esta função tampouco é algo que o feto possa decidir perseguir ou não.

Uma característica definidora adicional das organizações é que a ação organizacional tipicamente consiste no que pode ser denominado *estrutura em múltiplas camadas das ações conjuntas*.[6] Uma ilustração da noção de estrutura multicamadas das ações conjuntas é o departamento de crime organizado de uma organização policial nacional que investiga, digamos, um cartel de drogas (este é também um exemplo daquilo a que me refiro como cadeia de responsabilidade coletiva institucional; ver Capítulo 6, Seção 6.2.1.). Suponha-se que, em um nível organizacional, várias ações conjuntas ("ações") sejam severamente necessárias e suficientes, em conjunto, para alcançar algum fim coletivo, como o julgamento e prisão de seus membros e, em última instância, a destruição do cartel. Assim, a "ação" de uma grande equipe de investigadores no recolhimento de evidência testemunhal de informantes e entrevista de suspeitas,

---

6. Miller, *Social Action*, p. 173 s.; Miller, *Moral Foundations of Social Institutions*, p. 48.

a "ação" dos membros de um time forense recolhendo evidência digital de transações financeiras de computadores apreendidos, e a "ação" dos membros da unidade processual da policial em montar um caso baseado nessa evidência podem ser severamente necessárias e conjuntamente suficientes para alcançar o fim coletivo de destruir o cartel;[7] como tais, essas "ações", tomadas em conjunto, constituem uma ação conjunta. Chame-se a cada uma dessas "ações", "ações" de nível dois, e à ação conjunta que elas constituem, uma ação conjunta de nível dois. Da perspectiva do fim coletivo de destruir o cartel de drogas, cada uma dessas "ações" de nível dois constitui uma ação individual que é um componente de uma ação conjunta (de nível dois): a ação conjunta dirigida ao fim coletivo de destruir o cartel de drogas.

Todavia, cada uma dessas "ações" de nível dois já é em si uma ação conjunta composta de ações individuais; e essas ações individuais componentes são severamente necessárias (assumamos isto para fins de simplificação, embora seja improvável que cada ação singular seja de fato necessária) e conjuntamente suficientes para a realização de algum fim coletivo. Assim, os membros individuais da equipe de investigadores conduzem conjuntamente a investigação, a fim de realizar o fim coletivo de reunir suficiente evidência testemunhal para o processamento do caso. De acordo com isso, cada investigador, juntamente com os outros investigadores, entrevista algum subconjunto dos informantes/suspeitos para realizar o fim coletivo de fornecer suficiente evidência testemunhal para o processamento do caso.

No nível 1, há ações individuais dirigidas a três distintos fins coletivos: os fins coletivos, respectivamente, de colher suficiente evi-

---

7. Esta, é claro, é uma supersimplificação da ação conjunta que seria requerida na prática. No entanto, basta para os presentes propósitos. Para uma exposição mais realista, ver Seumas Miller e Ian Gordon, *Investigative Ethics. Ethics for Police Detectives and Criminal Investigators*. Hoboken, NJ: Wiley Blackwell, 2014.

dência testemunhal, reunir suficiente evidência digital e desenvolver um caso processual adequado. Assim, no primeiro nível há três ações conjuntas, a saber, respectivamente, dos membros da equipe de investigadores, os membros da equipe forense e os membros da unidade processual. No entanto, tomadas juntas, essas três ações conjuntas constituem uma única ação conjunta de nível 2. O fim coletivo dessa ação conjunta de nível dois é destruir o cartel de drogas; e da perspectiva desse segundo nível, e de seu fim coletivo, essas ações constitutivas são ações individuais (de nível dois).

É importante notar que, para essas definições (estipulativas) das organizações, elas são, enquanto *organizações*, entidades não normativas (não no sentido mínimo no qual um fim é normativo porque bem-sucedido ou malsucedido, ou uma crença é normativa porque verdadeira ou falsa). A esse respeito, elas são análogas a convenções, tal como definidos convenções acima. Assim sendo, uma organização não é por si mesma algo que eticamente bom ou ruim, não mais do que ser uma convenção é bom ou ruim. Isto pode ser sustentado de maneira consistente ao mesmo tempo em que se defende que as organizações, assim como as convenções, constituem uma característica necessária e pervasiva da vida humana, sendo instrumentos indispensáveis para realizar fins coletivos. Estes últimos são uma espécie de fim individual; mas ser um fim não é em si mesmo moralmente bom ou ruim; não mais do que uma intenção ou crença são bons ou maus em termos morais.

Embora essa definição de organização não inclua qualquer referência a uma dimensão normativa, a maior parte das organizações, como fato contingente, possui uma dimensão normativa. Como foi o caso em relação às convenções, essa dimensão normativa estará presente (especialmente, mas não de maneira exclusiva) em virtude dos fins (bens) particulares morais/imorais às quais a organização serve, bem como em virtude das atividades particulares morais (ou imorais) que ela empreende.

Além disso, a maior parte das organizações possui uma dimensão normativa (parte) em virtude das *normas sociais* que governam os papéis organizacionais constitutivos.[8] Mais especificamente, a maior parte das organizações consiste em uma estrutura de papel hierárquico na qual as tarefas e procedimentos que definem os papéis individuais são regidos por normas; e, em organizações hierárquicas, algumas dessas normas regem as relações entre autoridade e poder no interior da organização. Não é simplesmente que um empregado de fato empreende um conjunto particular de tarefas, ou tende a cumprir as diretrizes de seu empregador. Em vez disso, o empregado empreende essas tarefas, e obedece às diretrizes de seu empregado em virtude das normas sociais e outras que governam os papéis do empregado (e do empregador), e das relações entre autoridade e poder que existem entre esses papéis (ver Capítulo 2).

Organizações que apresentam a detalhada dimensão normativa descrita acima são *instituições sociais*.[9] Dessa forma – e como já notado –, as instituições são com frequência organizações, e muitos sistemas de organizações são também instituições.

1.3 Mecanismos institucionais conjuntos

Uma característica de muitas instituições sociais, sejam elas de variedade organizacional ou não, é seu uso daquilo a que me referirei como *mecanismos institucionais conjuntos*.[10] Exemplos de mecanismos conjuntos são o recurso de lançar uma moeda para o alto para resolver uma disputa, votar para eleger um candidato a cargo

---

8. Miller, *Social Action*, capítulo 4.

9. Anthony Giddens, *The Constitution of Society: Outline of the Theory of Structuration*. Cambridge: Polity Press, 1984; Talcott Parsons, *On Institutions and Social Evolution*. Chicago: Chicago University Press, 1982.

10. Miller, *Social Action*, p. 174; Miller, *Moral Foundations of Social Institutions*, p. 50; e Seumas Miller, "Joint Epistemic Action: Some Applications", *Journal of Applied Philosophy*, publicado on-line em fevereiro de 2016.

político, uso de dinheiro como meio de troca e, de maneira mais geral, sistemas comerciais como mercados de bens e serviços. O que é importante, de minha perspectiva teórica, ação em conformidade com mecanismos conjuntos – como ação organizacional – pode ser compreendida como derivável da noção anterior de ação conjunta.

Mecanismos conjuntos consistem em (a) um complexo de ações diferenciadas, mas interligadas (o *input* do mecanismo); (b) o resultado da realização dessas ações (o *output* do mecanismo); e (c) o próprio mecanismo. Assim, dado agente pode votar por um candidato. Ele o fará somente se outros também votarem. Mas, além disso, há a ação dos candidatos, a saber, que eles se apresentem como candidatos. Que eles o façam é (em parte) constitutivo do mecanismo de votação. Eleitores votam *por candidatos*. Assim, existe ação interligada e diferenciada (o *input*). Além disso, há algum resultado (enquanto oposto a consequência) da ação conjunta; esta última consistindo em ações de se apresentar como candidato e as ações de votar. O resultado é que algum candidato, digamos, Barack Obama, é eleito (o *output*). Que há um resultado é (em parte) constitutivo do mecanismo. Que receber o maior número de votos é (em parte) constitutivo do mecanismo de votação. Além disso, que Obama é eleito não significa que seja um fim coletivo de todos os eleitores (embora seja um fim coletivo daqueles que votaram em Obama). No entanto, que aquele que recebe a maioria de votos – quem quer que seja ele ou ela – seja eleito é um fim coletivo de todos os eleitores, incluindo aqueles que votaram por algum outro candidato que não Obama.

Dinheiro, mercados e outros sistemas de troca são também espécies de mecanismos conjuntos. Semelhantes sistemas de trocas coordenam numerosos participantes procurando trocar uma coisa por outra, e para fazê-lo numa base recorrente com múltiplos outros participantes. Para os participantes A, B, C, D etc. e itens cambiáveis w, x, y, z etc. (possuídos por A, B, C, D etc., respectivamente), o fim individual de cada participante, digamos A, em qualquer caso singular de uma situação recorrente propiciadora de troca, por exemplo, um mercado, consiste em trocar w por algo (x, y ou z etc.) possuídos por B, C ou D etc.; de modo similar para B, C, D etc. Além disso, em qualquer ocasião no ponto de troca, ou próximo a ele, dois participantes, digamos A e B, terão um fim coletivo; assim, A e B terão cada um o fim coletivo de que A e B troquem w e x nessa ocasião. Aqui, a realização do fim coletivo constitui uma ação conjunta; porém, é uma ação conjunta – e seu fim coletivo constitutivo – a serviço do fim individual de cada participante.

O conjunto de fins coletivos dessas ações singulares conjuntas (coordenadas) de troca constitui o *output* do mecanismo conjunto, isto é, que A troque w por x com B, C troque y por z com D, e assim por diante. Naturalmente, a configuração *particular* das ações conjuntas (trocas individuais) que em alguma ocasião resultam da situação recorrente não é visada por ninguém, por exemplo, não é um fim coletivo de A ou B que C e D troquem y e z. Porém, que existem *alguns* conjuntos coordenados de trocas é a finalidade ou fim coletivo do sistema; certamente, os reguladores e formuladores do sistema têm ou tiveram esse fim coletivo, e inclusive todos os participantes têm isso como fim coletivo, mesmo que somente em um nível implícito, latente e/ou inconsciente. O último ponto é evidenciado pelas tentativas por parte dos participantes de remediar defeitos ou problemas com o sistema, por exemplo, comunicando a todos os participantes qualquer mudança na localização na qual as trocas devem ocorrer.

Uma vez que as ocasiões para troca são exemplos de uma situação recorrente, cada participante possui um fim *individual padrão* em relação a um conjunto singular aberto de futuras ocasiões recorrentes para troca, isto é, que em cada uma dessas ocasiões ela/ele (digamos, A) fará uma troca de alguma coisa relevante com B ou C etc. Além disso, cada um desses fins individuais padrões é um *fim* coletivo padrão, uma vez que se trata de um fim possuído de maneira interdependente por cada um (digamos, A) com outro (digamos, B ou C etc.) com quem A fará uma troca de alguma coisa relevante em uma ou mais das futuras ocasiões recorrentes de troca. Finalmente, cada um dos participantes possui um fim coletivo *padrão* com respeito a um único singular *conjunto de conjuntos de múltiplas coordenadas* ações conjuntas futuras de troca, isto é, cada um possui um fim coletivo em relação aos resultados das futuras operações do mecanismo conjunto, a saber, que haja em cada ocasião futura da situação recorrente alguma configuração coordenada de ações conjuntas de troca.

Note-se que um sistema de trocas é institucionalizado quando é "regulado" por normas sociais – e tipicamente por regulações formais coercitivas e leis – como consequência de suas ações conjuntas constitutivas e/ou fins coletivos com significação moral. Isto pode ocorrer como resultado da competição entre participantes por itens escassos que fornecem benefícios para aqueles que os possuem, por exemplo, normas sociais de competição justa, promessas de manter o item escasso na taxa de comercialização conjuntamente decidida, e normas sociais para não "roubar" itens em posse dos outros.

1.4 Agindo enquanto membro de um grupo/enquanto ocupante de um papel institucional

Alguns teóricos, como John Searle[11] e Margaret Gilbert,[12] sugeriram que ações realizadas por indivíduos *enquanto* membros de um grupo e (de maneira relacionada) *enquanto* ocupantes de um papel institucional constituem um problema para explicações individualistas. Veremos em breve que este não é o caso. De qualquer

---

11. John Searle, *The Construction of Social Reality*. Nova York: Free Press, 1995.

12. M. Gilbert, *On Social Facts*. Princeton University Press, 1989.

modo, a noção de agir *enquanto* membro de um papel institucional é central para a compreensão da ação institucional.[13]

A noção de agir *enquanto* membro de um grupo é com frequência bastante direta, uma vez que o grupo pode ser definido, em parte, em termos de um fim ou fins coletivos que o grupo de indivíduos está perseguindo. Assumo aqui que os membros do grupo estão envolvidos em ação interdependente a serviço desse fim coletivo, como descrito acima. Agentes individuais ou conjuntos numericamente diferentes de agentes, a meu ver, possuem um fim coletivo; especificamente, não existe necessariamente interpendência de ação em relação ao resultado visado.

Considere-se um grupo de indivíduos construindo uma instalação clandestina de produção de drogas, numa localização remota. A pessoa A está construindo um muro, B o teto, C o equipamento, e assim por diante. Dizer da pessoa A que ela está agindo *enquanto* membro desse grupo é em grande medida dizer que sua ação de construir a instalação é uma ação dirigida para o fim coletivo que ele e os outros membros do grupo estão procurando realizar, a saber, construir uma instalação de produção de drogas.

Note-se que o mesmo conjunto de indivíduos pode se envolver em diferentes projetos coletivos. Suponha-se que as pessoas A, B, C etc., em nosso exemplo acima, estão não só envolvidos na construção da instalação de drogas, como – durante seus feriados – estão envolvidos na construção de um veleiro, por prazer. Assuma-se que A está construindo os mastros, B a cabine, C o casco, e assim por diante. De acordo com isso, a mesma pessoa, A, está atuando tanto como membro do "grupo de construção da instalação de drogas" (G1) quanto como membro do "grupo de construção do barco" (G2). Com efeito, uma vez que A, B, C etc. são todos membros desses dois grupos, o pertencimento a G1 é idêntico ao pertencimento a G2.

---

13. Miller, *Social Action*, p. 204 s.; Miller, *Moral Foundations of Social Institutions*, p. 52 s.

Além disso, quando A está construindo o muro, está agindo *enquanto* membro do G1, e quando está construindo o mastro, está agindo *enquanto* membro do G2. Mas esse fenômeno de um agente agindo como membro de diferentes grupos não mina de modo algum o individualismo. De fato, CET é capaz de iluminar esse fenômeno como segue. Para que A aja *enquanto* membro do G1, A deve estar perseguindo – juntamente com B, C etc. – o fim coletivo de construir a instalação de drogas; para que A aja *enquanto* membro do G2 ele deve estar perseguindo – juntamente com B, C etc. – o fim coletivo de construir o barco.

Além disso, suponhamos que G1 e G2, cada um, tenha que criar e seguir um orçamento; G1 possui um fundo ligado às drogas para a instalação de drogas, e G2 conta com um empréstimo bancário para a construção do barco. Os membros de G1 e G2 sabem que precisam comprar materiais para a instalação de drogas e para o bote (respectivamente) e o fazem com os orçamentos respectivos. Suponha-se que A, B, C etc. alocaram 100 mil dólares para pagar para tijolos para a instalação de drogas. Esta é uma ação conjunta. Além disso, essa ação conjunta foi realizada pelos membros *enquanto* membros do G1. G1 é individuado por recurso ao fim coletivo de construir a instalação de drogas, e o fim (coletivo) imediato de comprar tijolos está ligado a esse grupo, G1, e a seu fim último de construir uma instalação de produção de drogas. De acordo com isso, A, B, C etc. não estão comprando os tijolos agindo *enquanto* membros do G2, pois este é individuado pelo fim coletivo de construir um barco, e A, B, C etc., *enquanto* membros de G2, não planejam de modo algum construir seu barco com esses tijolos!

Até agora centrei-me na noção de agir *enquanto* membro de um grupo no sentido de um mero conjunto de indivíduos envolvidos numa atividade conjunta. Porém, existem outros coletivos relacionados, mais estruturados, cujos membros agem *enquanto* membros do coletivo em questão. Especificamente, existem grupos sociais e instituições.

A noção de um grupo social é um tanto quanto opaca, mas é certamente mais do que uma mera reunião de agentes que possuem um fim coletivo. Por exemplo, grupos sociais tipicamente se conformam a um conjunto comum de convenções e normas sociais.[14] De acordo com isso, a noção de agir *enquanto* membro de um grupo social consiste em mais do que simplesmente agir em conformidade com um fim coletivo; também consiste em cumprimento de convenções e normas sociais. Porém, agir em conformidade com um fim coletivo (ou fins coletivos) é condição necessária para agir enquanto membro de um grupo social; na verdade, é sua condição necessária central.

Dada essa distinção entre meros grupos e grupos sociais, é evidente que alguns membros de um grupo podem ser membros de um dado grupo social, enquanto outros podem não ser. Assim, dois membros de um grupo podem ter o mesmo fim coletivo, mas não agirem *enquanto* membros de um grupo social (por exemplo, dois eleitores que votam em Obama, mas provêm de diferentes grupos sociais). E o mesmo pode ser sustentado em relação a outros coletivos, como instituições; por exemplo, dois amigos contribuindo para a construção de uma casa que não o fazem como membros de qualquer organização ou instituição.

Aqui, a noção de agir *enquanto* ocupante de um papel institucional é simplesmente o de realizar as tarefas definidoras do papel institucional (incluindo as tarefas conjuntas), seguir as convenções e regulações que controlam as tarefas a serem empreendidas, e perseguir os propósitos ou fins constitutivos do papel (incluindo os fins coletivos).

---

14. Miller, *Social Action*, cap. 6.

Note-se a relevância, aqui, da noção acima introduzida de uma *estrutura de ações conjuntas em múltiplas camadas*. Como descrito acima, uma estrutura de ações conjuntas em camadas consiste numa série de ações conjuntas cada uma das quais se dirige a um fim coletivo adicional; assim, é uma ação macro-conjunta composta de uma série de micro-ações conjuntas constituintes. Essa explicação de uma estrutura em camadas de ações conjuntas pode ser suplementada por apelo a conceitos de convenções, normas sociais e similares, e especialmente, por recurso às noções explicitamente normativas de direitos, obrigações e deveres que se ligam, e em parte são definidoras, de muitos papéis organizacionais. Não é simplesmente que os ocupantes do papel organizacional *regularmente* agem em conjunto em certas maneiras, de preferência a outras, ou preferentemente a agir de maneira inteiramente individualista; em vez disso, eles possuem deveres institucionais de agir assim e – no caso de organizações hierárquicas - direitos institucionais a instruir outros a agir de determinadas maneiras.

De qualquer modo, a questão a ser enfatizada aqui é que minha explicação da noção de agir *enquanto* membro de um grupo em termos de agir em conformidade com fins coletivos pode, e deve, ser complicada e suplementada pelas noções normativas de direitos e deveres, a fim de acomodar diferentes tipos de ação *enquanto* membro de um grupo organizado, incluindo agir em papéis hierárquicos como os de Presidente dos EUA, por exemplo. Assim, ocupantes de papéis como Barack Obama assumem as tarefas definidoras do papel. Mais especificamente, assumem os direitos e deveres definidores do papel, e alguns desses direitos e deveres institucionais são também direitos e obrigações morais. De acordo com isso, faz sentido dizer de Obama que ele possui esta e aquela obrigação moral *enquanto* Presidente, mas não necessariamente *enquanto* marido ou pai.

Uma importante consequência dos papéis institucionais serem em parte constituídos por direitos e deveres, para nossos propósitos neste livro, é que ocupantes de papéis podem continuar a ocupar seus papéis e ainda assim, de maneira deliberada e seletiva, deixam de se desincumbir de seus deveres de modos que minam os fins institucionais a que esses papéis servem. Como demonstrará nossa definição de corrupção institucional, no Capítulo 3, quando o fazem estão tipicamente ou, pelo menos, frequentemente envolvidos em corrupção. Note-se que atores institucionais corruptos continuam a agir enquanto ocupantes de seus papéis institucionais em meu sentido, uma vez que usam as oportunidades propiciadas por sua manutenção no cargo – e especialmente seus direitos discricionários (ver Capítulo 5, Seção 5.4) – para realizar suas ações corruptas.

1.5 As variedades de instituição social

De maneira óbvia, as instituições sociais possuem uma dimensão ético-normativa multifacetada, incluindo uma dimensão moral. Entre as categorias morais que estão profundamente implicadas nas instituições sociais se incluem direitos humanos e deveres, direitos e obrigações baseados em contratos e, o que é importante, segundo minha sugestão, direitos e deveres derivados da produção e "consumo" de bens coletivos.

Bens coletivos do tipo que tenho em mente possuem três propriedades: (1) são produzidas, mantidas ou renovadas por meio da *atividade conjunta* dos membros de organizações ou sistemas de organizações, isto é, por parte de atores institucionais; (2) estão *disponíveis para toda a comunidade* (pelo menos em princípio); e (3) *devem* ser produzidos (ou mantidos, renovados) e disponibilizados para toda a comunidade, uma vez que são bens desejáveis e bens a cujo acesso os membros da comunidade possuem um *direito moral conjunto* (institucional).

Bens como esse são os desejáveis no sentido de que têm que ser desejados (objetivamente falando), enquanto contraposto a simplesmente serem desejados; além disso, são bens intrínsecos (bens em si mesmos) ou meios para bens intrínsecos. Incluem, mas não se restringem, a bens a respeito dos quais existe um direito moral institucionalmente anterior, por exemplo, a segurança.

Note-se que o escopo de uma comunidade é relativizado no que concerne a uma instituição social (ou conjunto de instituições sociais interdependentes). Por lato, uma comunidade consiste nos membros de uma organização que conjuntamente produz um bem coletivo e/ou que possui um direito conjunto a esse bem. No caso da metainstituição – o governo –, a comunidade consistirá em todos os que são membros de qualquer uma das instituições sociais que são coordenadas e de alguma maneira dirigidas pelo governo relevante. Assim, os cidadãos de um Estado-nação contarão como comunidade, segundo essa explicação.

De maneira geral, segundo minha explicação, direitos baseados em necessidades agregadas, direitos humanos não baseados em necessidades agregadas e outros bens desejáveis geram responsabilidades morais coletivas que fornecem a base ético-normativa para instituições, por exemplo, organizações de negócios em mercados competitivos, instituições beneficentes [*welfare institutions*], organizações policiais, universidades etc., que atendem a esses direitos.

Por exemplo, a necessidade agregada por alimentos gera uma responsabilidade moral coletiva para estabelecer e manter instituições sociais, como cooperativas agrícolas, cujos membros produzem conjuntamente bens alimentícios; uma vez estabelecidas as instituições relevantes, os necessitados possuem um direito moral conjunto, e devem ter uma direito institucional conjunto, aos produtos alimentícios em questão. Em consequência, os necessitados possuem um direito a comprar os produtos alimentícios (não podem ser impedidos de adquiri-los) ou, se forem incapazes de fazê-lo, então (outras coisas sendo iguais[15]) os produtos devem ser fornecidos aos necessitados livres de custos.

Noto que, em economias modernas, existe um direito moral derivado a trabalho pago, isto é, um direito a um trabalho (algum tipo), uma vez que (outras coisas sendo iguais), sem um trabalho a pessoa não pode prover suas necessidades básicas (e as necessidades básicas familiares) e não pode contribuir para produção, manutenção e renovação de bens coletivos, por exemplo, via tributos. Naturalmente, se não há trabalho pago disponível para uma pessoa ou grupo, eles não possuem direito moral a um, mas se for assim (outras coisas sendo iguais), terão direito moral ao bem-estar.

Noto também que alguns direitos morais, valores e princípios bastante fundamentais são logicamente anteriores a instituições sociais; ou, para ser mais preciso, logicamente anteriores a instituições sociais que são também organizações, ou sistemas de organizações. Um conjunto importante de direitos, além disso, como o direito à vida, o direito de não ser torturado, e o direito a não ser preso são logicamente anteriores a instituições sociais. Há, é claro, outros direitos baseados em necessidades que não são logicamente anteriores a instituições sociais, por exemplo, a necessidade de um empresário ter um contador, ou de um réu a um advogado.

Muitos desses direitos humanos básicos fornecem a *raison d'être* [razão de ser] (a meu ver, o fim coletivo) para uma série de instituições sociais. Considere-se, por exemplo, instituições policiais. O papel da polícia consiste em grande parte em proteger pessoas de serem desprovidas de seus direitos humanos à vida, segurança corporal, liberdade e assim por diante; ela o faz pelo uso, ou pela ameaça de uso, da força coerciva.

---

15. As coisas podem não ser iguais se, por exemplo, os necessitados recusam-se a efetuar esforços razoáveis para contribuir para a produção dos bens coletivos. Ver discussão na Seção 1.8 sobre a rede de interdependência.

Considere-se agora organizações de negócios operando em mercados competitivos. Muitas organizações de negócios não possuem a proteção de direitos humanos ou o cumprimento dos direitos baseados em necessidades como propósito primário; nem devem. Por outro lado, os direitos humanos constituem importante *fator de coerção adicional* [*side constraint~*] sobre a atividade empresarial.

1.6 Direitos morais institucionais

Independentemente de que os direitos humanos e alguns outros fenômenos sejam logicamente anteriores às instituições sociais, muitos direitos sociais, deveres, valores, princípios e assim por diante *não* são logicamente anteriores a elas. Considere-se, sob esse aspecto, o direito moral a votar, o direito moral a um julgamento justo, o direito a vender e comprar terras, e o direito moral a um trabalho assalariado; o primeiro direito pressupõe instituições de governo de certo tipo (governo democrático), o segundo, instituições de justiça criminal de certo tipo (por exemplo, tribunais que julguem crimes alegados), e o terceiro e o quarto, instituições econômicas de certo tipo. Iremos nos referir a semelhantes instituições dependentes dos direitos como morais como "direitos morais institucionais" (enquanto contraposto a direitos morais naturais). Como é evidente, os direitos morais institucionais dependem em parte de propriedades geradoras de direitos possuídas por seres humanos enquanto tais, mas também em parte do pertencimento a uma comunidade ou a uma instituição moralmente legítima, ou exercício de um papel institucional moralmente legítimo.

Esses direitos morais e deveres institucionais incluem alguns que (a) são pelo menos em parte derivados de bens coletivo, e (b) constitutivos de papéis institucionais específicos, por exemplo, os direitos e deveres de um oficial do corpo de bombeiros. Também incluem direitos morais e deveres que se ligam a todos os membros de uma comunidade, pois dependem de instituições nas quais todos os membros da comunidade participam, por exemplo, o dever de obedecer à lei da terra, o dever de contribuir para a defesa nacional do próprio país em tempo de guerra, o direito a votar, o direito de acesso a trabalho assalariado em alguma economia, o direito à própria terra em algum território, e o direito a livremente comprar e vender bens em alguma economia. Esses direitos morais e deveres são institucionalmente relativos no seguinte sentido.

Mesmo que sejam em parte baseados num direito humano institucionalmente anterior (por exemplo, uma necessidade básica humana, o direito à liberdade), seu conteúdo, força, contexto de aplicação (por exemplo, jurisdição) precisos só podem ser determinados por referência a arranjos institucionais nos quais eles existem e, especificamente, à luz de sua contribuição para o(s) bem(bens) coletivo(s) provido por esses arranjos institucionais. Assim, por exemplo, um regime de propriedade, para que seja moralmente aceitável, deve não só recompensar os produtores de bens, por exemplo, ao proteger os direitos de propriedade dos produtores de bens aos bens que eles produzem (por exemplo, supostos consumidores não podem roubar seus produtos), mas deve assegurar que os direitos dos consumidores baseados em necessidades sejam atendidos (por exemplo, exige-se que os produtores compitam sob condições de competição justa, ou sejam de outra forma forçados a assegurar que seus produtos estejam disponíveis a preços que os necessitados possam pagar).

Precisamos efetuar outra distinção entre (a) direitos morais institucionais; e (b) direitos institucionais que não são direitos morais. O direito a votar e o direito a concorrer a cargos incorporam o direito humano à autonomia na organização institucional do Estado; daí, fazer uma lei para impedir certas pessoas de votar ou concorrer a cargos, como ocorreu no *apartheid*, na África do Sul, é violar um direito moral. Mas o direito a fazer a próxima jogada no jogo de xadrez, ou a mover o peão uma casa para a frente, mas não digamos três casas para o lado, é inteiramente dependente das regras do xadrez; se as regras fossem diferentes (por exemplo, cada jogador precisa fazer duas jogadas consecutivas, os peões podem se mover lateralmente), os direitos que os jogadores têm seriam inteiramente diferentes. Em outros termos, esses direitos que os enxadristas possuem são *meros* direitos institucionais; dependem inteiramente das regras da "instituição" do jogo de xadrez. Do mesmo modo, direitos de estacionar (legalmente enquadrados), como vagas reservadas e vagas de uma hora em universidade, são *meros* direitos institucionais, enquanto contrapostos a direitos *morais*.

Examinarei agora, em mais detalhe, os direitos morais e bens coletivos que fundamentam as instituições sociais.

1.7 Direitos conjuntos

Como delineado acima, instituições sociais envolvem a produção de bens coletivos por meio da atividade conjunta de membros de organizações. No caso de qualquer dada instituição existe uma responsabilidade moral coletiva a produzir o bem coletivo em questão, e existe um direito moral conjunto de acesso a esse bem, uma vez produzido. Em muitos casos, a responsabilidade moral coletiva de produzir o bem coletivo se baseia num agregado de direitos morais individuais, incluindo direitos básicos baseados em necessidades. No entanto, é somente quando há certo limite agregado de efetivas ou potenciais violações a direitos agregados (ou outros direitos não realizados) que o estabelecimento de uma instituição ocorre; cooperativas agrícolas ou instituições beneficentes, por exemplo, não se estabelecem porque a necessidade singular de uma pessoa por comida não foi realizada. Somente quando esse limite agregado de direitos não realizados existe surge a responsabilidade moral coletiva para engajar em atividade conjunta, a fim de realizar os direitos em questão.

Conforme discutido, uma noção chave em minha explicação das instituições sociais é a de direito moral conjunto.[16] Essa noção e o papel que ela desempenha necessitam de elaboração. Mostrar-se-á que não somente existe direitos conjuntos a bens coletivos uma vez que eles são produzidos, como, pelo menos em alguns casos, direitos conjuntos que fornecem as bases para a "produção" desses bens, em primeiro lugar.

Permitam-me agora considerar uma maneira pela qual certos direitos humanos, notadamente o direito humano individual à autonomia,[17] pode fundamentar as instituições sociais e constituir bens coletivos. No tipo de caso que tenho em mente, direitos humanos fundamentam instituições sociais via direitos morais conjuntos, e o fazem de determinada maneira, como explicarei.

Considere-se o direito à secessão política ou ao abandono de um mercado comum. Pode-se sustentar, membros da Escócia possuem o direito de se separar do Reino Unido (RU); certamente, membros do RU possuem o direito de abandonar a Comunidade Europeia (CE). Porém, se eles constituem direitos, não são direitos que um escocês ou membro do RU possua como indivíduo. Afinal, uma pessoa individual não pode efetuar uma secessão. O direito dos escoceses a se separar – se existir – é um direito que se liga aos membros individuais da Escócia, mas de maneira conjunta. De modo similar, o direito relacionado dos cidadãos britânicos a excluir outros de seu território, se existir, é um direito conjunto; alguma pessoa inglesa agindo como indivíduo não possui o direito a excluir, por exemplo, supostos imigrantes da CE.

Considere-se agora o direito à participação política. Cada cidadão canadense (e, talvez, alguns residentes não cidadãos etc.) possui um direito moral a participar das instituições políticas do Canadá;

---

16. Miller, *Social Action*, cap. 7.

17. James Griffin, *On Human Rights*. Oxford University Press, 2008.

cidadãos não canadenses não possuem direito a essa participação política naquele país. Além disso, o direito à participação política de cada canadense depende da posse do direito a participação política no Canadá de todos os outros canadenses; canadenses possuem um direito moral conjunto.

Note-se que direitos conjuntos podem se basear em parte em propriedades que indivíduos possuem como indivíduos. O direito a participar das instituições políticas se baseia em parte no pertencimento a uma comunidade política e legal, e em parte à posse do direito humano individual à autonomia.

Considere-se o direito de votar. Trata-se de um direito moral institucional individual. No entanto, baseia-se em parte no direito humano individual anterior à autonomia. Num conjunto social ou político que requeira tomada de decisão coletiva ou conjunta, esse direito humano individual se transforma num direito moral institucional individual a votar via um direito conjunto o direito conjunto à participação política. Com efeito, propriamente falando, o direito moral institucional individual a votar é ele mesmo um direito conjunto; cada um só possui um direito a votar se cada um de seus membros conterrâneos *bona fide* da comunidade política em questão possuem igualmente direito a votar.

Há quatro argumentos relacionados a propor. Primeiro, a instituição, (digamos) o governo representativo, não se baseia diretamente num agregado de direitos humanos individuais, mas diretamente num direito moral conjunto; o qual por sua vez, se baseia no direito humano individual à autonomia (note-se que, enquanto muitos direitos morais conjuntos são direitos institucionais, muitos não são, por exemplo, o direito natural conjunto de produtores não institucionais a seu produto). Segundo, o exercício do direito conjunto à participação política é um fim em si; não é simplesmente um meio para outro fim (embora, na verdade, também seja meio para outros fins). Terceiro, o exercício do direito conjunto à participação política é um fim coletivo; é um fim que é realizado pelas ações de muitos, e não por uma pessoa agindo sozinha. Finalmente, é um fim coletivo que moralmente deve ser realizado (em virtude de ser o cumprimento de direitos morais), e que é usufruído ao ser realizado; assim, é um bem coletivo.

Na verdade, a instituição do governo representativo se funda em uma série de bens coletivos. O governo representativo não só incorpora um bem coletivo, ou dá expressão a ele, o direito político à participação política, como provê vários outros bens coletivos, por exemplo, a coordenação e regulação de outras instituições sociais (os sistemas educacional, de saúde, de justiça criminal, financeiro etc.), a fim de assegurar que eles realizem seus (respectivos) fins coletivos. Assim, governos são metainstituições: instituições que dirigem e regulam outras instituições (ver Capítulo 14).

Em suma, participação política é atividade conjunta que moralmente deve ser realizada. Além disso, é atividade conjunta que é constitutiva tanto do fim-em-si coletivo a que serve quanto ao bem coletivo que é; os produtores são consumidores, por assim dizer. A esse respeito, instituições políticas diferem, por exemplo, de instituições beneficentes. Estas últimas são instrumentos a serviço de direitos baseados em necessidades anteriores, em vez de serem expressão ou encarnação desses direitos. De acordo com isso, os produtores não são necessariamente os consumidores.

1.8 Direitos morais agregados, direitos conjuntos e bens coletivos

Explicarei agora como a realização de direitos agregados baseados em necessidades, e outros direitos morais agregados, são bens coletivos, a meu ver, isto é, bens conjuntamente produzidos (ou mantidos, renovados) que devem ser produzidas (ou mantidos, renovados), e que são, e devem ser, disponibilizados para toda a comunidade, uma vez que são bens desejáveis e aos quais os membros da comunidade possuem um direito moral conjunto.

Como se poderia esperar de algo que se sustenta ser um bem coletivo, o atendimento de direitos agregados não é algo que esteja disponível somente a uma pessoa. É claro, o fato de que sejam direitos *agregados* que estão em questão torna isto verdadeiro de maneira trivial. Além disso, uma vez que o que está em questão são direitos morais, cada um dos portadores de direito, e todos eles, devem ter disponíveis para eles os bens aos quais têm direito; logo, o bem deve estar disponível para toda a comunidade.

No entanto, pensa-se no o usufruto de direitos como sendo um assunto individual; e, com efeito, sob muitos aspectos, é assim. Se, por exemplo, meu direito à liberdade individual é atendido, usufruo o exercício de *meu* direito, e ninguém mais usufrui o *meu* direito (mesmo que outros usufruam o seu próprio direito). É verdade também que o exercício de meu direito à liberdade (pelo menos em parte – ver adiante) é logicamente consistente com a incapacidade de outros de exercerem seus respectivos direitos à liberdade, por exemplo, se sou Robinson Crusoé e todos os demais vivem em um Estado autoritário.

Evidentemente, é um lugar comum da filosofia política que o estabelecimento de um governo e o império da lei são instrumentalmente necessários para a preservação da liberdade de cada um de nós, embora sob a restrição de não interferir indevidamente com outros; a alternativa, como notoriamente disse Hobbes e foi observado na Introdução, é o estado de natureza, no qual a vida é sórdida, bruta e curta [*nasty, brutish*, and *short*]. Porém, gostaria de defender um argumento ligeiramente diferente; há outra razão pela qual nos apoiamos no cumprimento dos direitos à liberdade de outros a fim de usufruir adequadamente de nossa própria liberdade.

Especificamente, não posso me envolver em uma atividade *conjunta* livremente realizada com outros se eles não puderem exercer seus direitos à liberdade. Aqui, a propriedade de ser livre qualifica a atividade conjunta *per se*, e não simplesmente a ação individual de cada um considerada independentemente de sua contribuição para o fim coletivo que é constitutivo dessa atividade conjunta. De acordo com isso, uma ação conjunta é uma ação conjunta livremente realizada se e somente se cada um tiver realizado livremente sua ação contributiva enquanto tal.

Por exemplo, não posso participar livremente de uma eleição, a menos que outros também possam fazê-lo. É claro, eu poderia livremente depositar um voto numa eleição na qual todos os outros votos fossem postos em acordo com (digamos) as instruções do ditador de meu país. Porém, semelhante arranjo constitui uma pseudo-eleição. Não atende à finalidade de uma eleição, que consiste em fornecer um mecanismo para que os participantes cheguem conjuntamente a um resultado aceitável para todos – mesmo que nem todos tenham votado por ele –, pois cada participante teve o direito de se manifestar, mas nenhum deles pode garantir qualquer resultado particular. Em consequência, se houver eleições, enquanto contraposto a pseudo-eleições, então será eleições livres (e justas). Além disso, o fato de eu poder votar ou não, e isto de maneira livre, depende não só de outros poderem votar – eleições são uma forma de atividade conjunta –, mas dos outros poderem fazê-lo de maneira livre. Assim, a liberdade de uma pessoa depende da liberdade de outros votarem.

Do mesmo modo, não posso livremente participar de um mercado, a menos que outros o façam. É claro, eu poderia livremente oferecer bens para troca sob um arranjo regulamentado no qual se exige por lei que todos os outros participantes troquem seus bens com outros segundo alguma configuração predeterminada, mas na qual somente eu posso trocar meus bens por quaisquer outros por mim determinados, de maneira unilateral. Porém, semelhante arranjo é um pseudo-mercado. Não atende à finalidade de um mercado, que consiste em fornecer um meio eficiente e efetivo de coordenar numerosos participantes que procuram fazer trocas livremente escolhidas. Sob semelhante arranjo, não existem trocas livremente escolhidas. Mesmo as trocas que faço não são *trocas* livremente realizadas. Não o são porque uma parte na troca não está agindo de maneira livre. Aqui, troca deve ser entendida como ação conjunta na qual os participantes A e B possuem um fim coletivo que x seja trocado por y. Em consequência, para que haja mercados, enquanto contrapostos a pseudo-mercados, eles serão mercados livres. Além disso, poder eu ou não trocar meus bens, e de maneira livre, depende não só de outros poderem trocar seus bens – mercados constituem uma forma de atividade conjunta –, mas de outros poderem fazê-lo de maneira livre. Assim, a liberdade de uma pessoa de trocar bens depende da liberdade de trocar bens de outras pessoas.

Isto é o suficiente no que concerne aos direitos morais agregados à liberdade. O que dizer de direitos agregados baseados em necessidades – o direito a alimentos básicos, abrigo e segurança pessoal e de propriedade, por exemplo? Em economias modernas, essas necessidades agregadas são satisfeitas por meio de atividade conjunta, por exemplo, alimentos básicos por meio de organizações empresariais em mercados competitivos, segurança por meio de organizações policiais públicas. Assim, esses bens moralmente requeridos, isto é, direitos (agregados) baseados em necessidades satisfeitos, são *conjuntamente produzidos*; dessa forma, atendem à condição definidora de bem coletivo. O que dizer a respeito de seu usufruto? Sob quais aspectos adicionais, se houver algum, o usufruto de direitos agregados baseados em necessidades atende às condições definidoras de ser um bem coletivo?

Como vimos no caso dos direitos agregados à liberdade, o fato de que os direitos baseados em necessidades satisfeitos sejam *agregados* torna trivialmente verdadeiro que os membros da comunidade em geral usufruem desses direitos. Do mesmo modo, uma vez que são direitos morais que estão em questão, cada um dos portadores de direito, e todos eles, devem ter disponíveis para si o bem ao qual tem direito. Ainda, se meu direito a alimentos básicos for atendido, usufruo o exercício de *meu* direito e somente eu usufruo de *meu* direito (mesmo que outros usufruam do exercício dos seus). É verdadeiro também que o exercício de meus direitos baseados em necessidades a alimentos básicos, abrigo e assim por diante, pelo menos em muitos casos,[18] é logicamente consistente com a incapacidade de outros de exercer seus direitos respectivos a esses bens, por exemplo, se sou um agricultor de subsistência bem-sucedido, mas vivo em um Estado falido no qual muitos estão morrendo de fome. Além disso, outros podem exercer seus direitos baseados em necessidade sem que eu o faça, por exemplo, se os bens necessários só estão disponíveis em um mercado e eu não posso pagar por eles, enquanto outros podem.

Não obstante, cada um de nós, embora de maneira indireta, apoia-se na satisfação dos direitos baseados em necessidades de outros a fim de usufruir adequadamente de nossos próprios direitos baseados em necessidades. A razão para isto é dupla. Primeiro, nas sociedades modernas, a maior parte dos indivíduos se apoia em instituições sociais, sejam organizações do setor privado operando em mercados competitivos (por exemplo, cooperativas agrícolas, fabricantes de materiais e construção), seja organizações públicas (por exemplo, organizações policiais) para produzir gêneros alimentícios, manter a segurança e prover as várias necessidades para satisfazer seus direitos baseados em necessidades. Com efeito, mesmo se estivessem dispostos a fazê-lo, poucos indivíduos modernos são capazes de produzir alimento suficiente, água limpa, abrigo adequado, remédios, segurança etc. para si mesmos; poucos de nós, que vivemos em sociedades contemporâneas, somos, ou poderíamos

---

18. Segurança talvez não seja um desses, uma vez que, pode-se sustentar, se alguém usufrui de segurança sob o império da lei em uma comunidade, então todos nessa comunidade também usufruem.

facilmente nos tornar, por exemplo, agricultores de subsistência. Em segundo lugar, a maior parte dos indivíduos se apoia em organizações empresariais que operam em mercados competitivos para prover empregos assalariados que (a) permitem que paguem pelas necessidades básicas da vida e (b) geram tributos para financiar uma variedade de outros bens coletivos necessários para a produção e distribuição dessas necessidades básicas, por exemplo, transporte, comunicações, pesquisa e treinamento, segurança e outras infraestruturas públicas.

Assim, existe uma complexa estrutura de interdependência direta e indireta (enquanto contraposto a dependência unilateral) e superposição entre os necessitados e aqueles que satisfazem suas necessidades. Por exemplo, há interdependência direta entre cooperativas agrícolas e os consumidores pagantes de gêneros alimentícios básicos; e há interdependência indireta entre os primeiros e todas as outras organizações que pagam seus empregados e, com isso, permitem quem se tornem consumidos pagantes de gêneros alimentícios básicos. Igualmente, há interdependência tanto econômico quanto funcional entre contribuintes e oficiais de polícia; a polícia protege contribuintes, mas estes financiam os policiais e fornecem informação à polícia.

Em consequência, existe uma complexa estrutura de interdependência econômica e funcional – uma rede de interdependência – entre membros das instituições e os portadores de direitos baseados em necessidades. Como vimos em relação às ações conjuntas, os participantes visam um fim coletivo comum, e a existência de fins coletivos explica sua interdependência de ação. No entanto, no caso das redes de interdependência, nem todos ou a maior parte dos participantes possuem necessariamente um fim coletivo, uma vez que muitos ignoram a interdependência ou não estão suficientemente conscientes dela como guia de suas ações. No entanto, *alguns* participantes estão, ou devem estar, cientes, nomeadamente, aqueles atores institucionais cujo papel consiste em grande parte em assegurar que a rede de interdependência (sob alguma descrição mais ou menos correta) seja mantida. Os membros do legislativo constituem talvez a categoria mais óbvia desse tipo de participantes, dada a função de governo como metainstituição. Por conseguinte, os membros do legislativo possuem como um de seus fins coletivos o bem coletivo de manutenção de várias redes de interdependência moral e institucionalmente necessárias. Retorno a essa questão no Capítulo 14.

Centremo-nos na interdependência econômica, uma vez que ela talvez seja menos óbvia. Para nossos fins, aqui, uma importante característica dessa complexa estrutura de interdependência econômica e superposição é a interdependência indireta entre os portadores de direitos baseados em necessidades; isto é, os consumidores de necessidades básicas; eles se apoiam economicamente para manter as cooperativas agrícolas etc., que provêm suas necessidades básicas. De acordo com isso, em economias contemporâneas, de maneira geral, se o direito baseado em necessidade de uma pessoa a alimento, abrigo etc. é satisfeito, há relevantes direitos baseados em necessidades de muitas outras pessoas.

Esta rede indireta *de facto* de interdependência econômica entre os portadores de direitos baseados em necessidades não abrange necessariamente, é claro, *todos* os membros de uma comunidade; por exemplo, pode não existir qualquer interdependência entre empregados e desempregados. No entanto, sob condições de pleno emprego (ou quase pleno emprego, em conjunção com pagamentos de seguro-desemprego para os desempregados) e suficiente produção de bens de necessidade básica para prover às necessidades de todos, então essa *rede de interdependência econômica de facto* abrangerá todos os membros da comunidade; essa rede estará completa.

Essa rede de interdependência econômica, é claro, não é tal que a satisfação das necessidades de uma única pessoa constitua condição necessária ou suficiente para o atendimento das necessidades de qualquer outra pessoa, para não dizer de todas as outras pessoas tomadas de maneira agregada. Em vez disso, a interdependência entre indivíduos, entre pequenos subconjuntos de toda a comunidade, e entre indivíduos e pequenos conjuntos é parcial e incremental. De maneira geral, quanto maior o subconjunto, maior a dependência de seus membros (tomados individualmente) em relação a ele, e dos indivíduos e subconjuntos fora dele; e quanto menos dependente for de qualquer subconjunto particular fora dele (ou de qualquer pequeno subconjunto).

Cada membro da comunidade possui um direito baseado em necessidades às necessidades básicas da vida. De acordo com isso, se a rede de interdependência econômica *de facto* for completa – e houver níveis adequados de produção –, os direitos baseados em necessidades de todos será satisfeito. Além disso, uma rede tão completa de interdependência econômica terá em paralelo uma estrutura deôntica de direitos baseados em necessidade interdependentes (agregados). Os direitos baseados em necessidades (agregados) em questão são interdependentes em virtude de serem direitos conjuntos. Permitam-me explicar.

Como mencionado, um direito baseado em necessidades [*needs--based right*] não é *per se* um direito sustentado em conjunto; segue-se que um agregado de direitos baseados em necessidades não é necessariamente um conjunto de direitos sustentados em conjunto. Porém, um direito baseado em necessidades e, igualmente, um agregado de direitos baseados em necessidades só o são no contexto da possibilidade de sua satisfação (seja pelos próprios portadores de direitos, seja por outros); não se pode ter direito a alguma coisa se for impossível (lógica ou praticamente) que ele seja provido.

O contexto em questão, isto é, uma economia moderna em bom funcionamento, é um no qual direitos baseados em necessidade agregados são satisfeitos (e realisticamente, só podem ser satisfeitos) por instituições econômicas caracterizadas por uma rede completa de interdependência econômica entre os consumidores de necessidades básicas, isto é, os portadores dos direitos baseados em necessidade em questão. Mas nesse caso – dado que os direitos só existem se for possível satisfazê-los –, os direitos baseados em necessidades em questão são direitos *conjuntos*. Um membro da comunidade em questão possui um direito a necessidades básicas e outros o possuem, e vice-versa. Os arranjos institucionais em questão não são tais que possam prover para uma pessoa, ou mesmo para um pequeno grupo de pessoas; são concebidos para prover as necessidades agregadas, isto é, para grandes grupos de consumidores. Uma vez que não é possível prover para uma só pessoa (ou mesmo para um pequeno grupo), essa pessoa não pode ter direito às necessidades básicas independente de outros terem esse direito. Em outros termos, o direito de qualquer pessoa às necessidades básicas é um direito sustentado em conjunto; os direitos baseados em necessidades em questão são direitos conjuntos.

Defini bens coletivos como bens conjuntamente produzidos que devem ser produzidos e disponibilizados para toda a comunidade, uma vez que são bens desejáveis, aos quais os membros da comunidade possuem direitos morais conjuntos. A satisfação dos direitos baseados em necessidades agregados é um bem coletivo, nesse sentido.

1.9 Conclusão

Neste capítulo, como preparação para definir corrupção institucional, elaborei uma explicação normativa teleológica das instituições e alguns componentes-chave subinstitucionais das instituições, notadamente mecanismos institucionais conjuntos. Segundo essa concepção, as instituições são organizações e/ou sistemas de organizações que fornecem bens coletivos por meio de atividade conjunta, especificamente, estruturas de ação conjunta em múltiplas camadas. Além disso, essa atividade conjunta sofre a coerção de normas sociais e é realizada por atores institucionais cujos papéis são em parte definidos por direitos e deveres institucionais, os quais com frequência são também direitos e deveres morais. Os bens coletivos em questão incluem a satisfação de direitos morais agregados, como direitos baseados em necessidades para segurança (organizações policiais), bem-estar material (empresas operando em mercados), educação (universidades), governança (governos), e assim por diante. De acordo com isso, segundo essa concepção, a corrupção institucional deve ser compreendida fundamentalmente como um processo que envolve a provisão do bem coletivo definidora da instituição em questão. Também introduzi a noção de uma rede de interdependência que se obtém entre membros das instituições e aqueles como direitos baseados em necessidades, e que é tal que os "consumidores" dos bens coletivos institucionalmente produzidos também são, em última instância, os "produtores" desses bens e, enquanto tais, possuem direitos conjuntos a esses bens.

2
Poder social

Como afirmado na Introdução, desequilíbrios de poder contribuem enormemente para a corrupção. Com efeito, poder e corrupção possuem uma relação simbiótica, embora a corrupção possa existir independentemente de relações de poder. Reiterando o dito de Lord Acton: o poder tende a corromper, e o poder absoluto corrompe absolutamente. Além disso, poder e, de modo relacionado, autoridade, são em parte constitutivos da maior parte das instituições no cenário contemporâneo – senão de todas. Desse modo, é crítico que uma compreensão do poder, no sentido de poder social, seja providenciada. O conceito de poder, no entanto, mostrou-se difícil de explicar de modo adequado.[1] Neste capítulo, examino em particular os conceitos de poder e poder social.

2.1 Definição de poder

Minha preocupação aqui é com poder no sentido de um agente humano, individual ou em conjunto, com poder sobre outro agente ou conjunto de agentes humanos. Os conjuntos em questão incluem organizações e sistemas de organizações, isto é, instituições sociais no sentido definido no Capítulo 1. Além disso, como sugeri,

---

1. A mais detalhada análise filosófica do poder data de Peter Morris, *Power: A Philosophical Analysis*. Manchester University Press, 2002. Análises anteriores foram fornecidas por Steven Lukes, *Power: A Radical View*, 2ª ed. Londres: Plagrave Macmillan, 2005; P. Bachrach e M. S. Baratz, *Power and Poverty: Theory and Practice*. Oxford University press, 1970.

o *poder* social das instituições reside, em última instância, nos seres humanos individuais que ocupam os papéis institucionais em parte constitutivos dessas instituições. Com efeito, o exercício desse poder não deve ser compreendido em termos causais estreitos, mecânicos. Os poderosos possuem pelo menos algum grau de controle *racionalmente informado* sobre aqueles sobre os quais exercem esse poder. Por exemplo, os poderosos podem utilizar os sem poder como meios para seus fins. Entre os exemplos de poder social se incluem o poder militar dos membros das forças armadas dos EUA em relação aos membros das forças armadas de Saddam Hussein durante a invasão do Iraque conduzida pelos EUA, o poder econômico das grandes corporações em relação à pequena firma fornecedora, o poder que um empregador pode ter sobre o empregado, o poder que um policial pode ter sobre um infrator. Isto não significa que entidades coletivas, como populações ou organizações, não possam ter poderes *causais* não racionalmente informados, que se ligam a essas entidades enquanto tais, e que estão potencialmente além do controle dos agentes humanos individuais dessas entidades. Por exemplo, aumento ou decréscimo da taxa de nascimento numa população humana pode ter profundos efeitos econômicos. No entanto, ausentes os meios para adquirir conhecimento sobre essas taxas de natalidade, e ausente um governo autoritário para intervir de modo coercivo, as taxas de natalidades dessas populações podem estar além do controle dos membros dessas populações.

Algumas formas de poder são naturais, por oposição a institucionais. Por exemplo, existe o poder do homem fisicamente forte sobre um mais fraco, ou de uma mulher psicologicamente poderosa sobre um homem submisso. Nossa preocupação neste livro é principalmente com uma espécie central de poder social, a saber, o poder institucional. No entanto, o poder institucional repousa em parte tanto sobre o poder físico quanto psicológico. Considere-se o comandante de um exército, cujo poder institucional repousa em parte no poder físico e psicológico de seus combatentes individuais; poder físico que em parte depende de sua força corporal e em parte de seu armamento, e poder psicológico, que em parte depende de seu treinamento e resiliência mental. Com efeito, o poder natural e o poder institucional estão interligados de múltiplas formas, embora possam ser conceptualmente distinguidos. Eu me centrarei no poder natural apenas na medida em que ele for relevante para o poder social e, em particular, para o poder institucional. Poder social é uma noção um tanto quanto mais ampla do que poder institucional, uma vez que grupos sociais desestruturados podem ter poder social sem que o poder em questão seja de caráter institucional. Poder social não-institucional constitui fenômeno importante, porém só é relevante para este livro na medida em que se conecta com poder institucional e, em última instância, com a corrupção institucional.

É importante distinguir poder de habilidade.[2] Poder social (pelo menos no sentido utilizado neste livro) não é simplesmente o "poder" de fazer algo, por exemplo, a habilidade de carregar uma carga pesada ou de dirigir um carro. Poder social envolve uma *relação* entre um ou mais seres humanos e, especialmente, entre um ou mais atores institucionais. Logo, não se trata meramente de uma habilidade, embora de fato a envolva. É importante distinguir ainda entre *posse* de poder e exercício efetivo desse poder. Pode-se ter poder sem exercê-lo: o homem forte, por exemplo, pode jamais procurar obrigar o mais fraco a fazer qualquer coisa contra sua vontade, mesmo que pudesse fazê-lo se quisesse.

O exercício do poder envolver um agente A tendo como fim que outro agente B realize uma ação x (ou abster-se de realizá-la), e com isso realizar o fim de A; se o exercício do poder de A em relação a B for bem-sucedido, o de X também será. Um pressupos-

---

2. Teóricos como Morriss (em seu *Power*) e Giddens (em seu *The Constitution of Society*) tendem a confundir as noções de habilidade e poder.

to do exercício de poder em relação a B é que existe um conflito inicial de fins, por exemplo, interesses e valores buscados, e A está tentando fazer que B faça (ou abstenha-se de fazer) algo, x, que B resiste a fazer (ou abster-se de fazer). De acordo com isso, exercícios de poder tipicamente contrastam com ação cooperativa ou conjunta. Como vimos no Capítulo 1, ações conjuntas envolvem um fim compartilhado ou coletivo. Por outro lado, se um exercício de poder for bem-sucedido, o agente que é a "vítima" desse exercício passa a ter o fim que o agente que exerce o poder deseja que ele tenha. O fim em questão, aqui, é aquele definidor da ação a ser realizada pela vítima, por exemplo, passar sua carteira para que o ladrão pegue o dinheiro. Naturalmente, a vítima não deseja o fim, mas desejar um fim não é a mesma coisa que possuir um fim. Além disso, um único agente ou grupo pode exercer seu poder sobre outro grupo de agentes, levando estes últimos a realizarem uma ação conjunta, embora uma que eles não desejam realizar. Neste último caso, as vítimas do exercício do poder passam a ter o fim coletivo constitutivo da ação conjunta em questão; porém, eles não desejam tê-lo. Considere-se um grupo de escravos envolvidos na construção de uma casa para seu senhor, sob ameaça de serem espancados. Estão realizando uma ação conjunta: construir a casa. Além disso, têm que construir uma casa como fim coletivo. Porém, não desejam construí-la; foram forçados a fazê-lo.

Pode ser que em alguns casos o processo de escravização seja tão profundo que o escravo não se limita a perseguir um fim que ele/ela não deseja porque é forçado/a a fazê-lo, mas realmente deseja realizar o fim em questão. No entanto, mesmo nesses casos sugiro que em um nível mais profundo existe um desejo conflitante de não obedecer ao senhor de escravos, embora desejo que foi reprimido sob maciça repressão física e psicológica. Para meus fins, aqui, este segundo tipo de caso simplesmente fornece uma complicação adicional, mais do que um contraexemplo (ver adiante).

Conforme ilustrado por nosso primeiro exemplo de escravos, o exercício do poder por A sobre B necessariamente envolve o uso ou ameaça de uso de sanções, por exemplo, danos físicos. Sanção, aqui, deve ser compreendida como dano ou privação que B julga muito difícil de suportar e que torna a ação que A procura obter de B muito difícil de ser evitada pelo último.

Vimos que o exercício do poder envolve um grau de conflito, pelo menos no nível de interesses, desejos ou valores. O fim do agente A que exerce o poder está em conflito com o fim, interesse ou desejo da vítima, pelo menos inicialmente. Note-se que o conflito em questão não consiste simplesmente ou necessariamente de competição regidas por regras entre agentes consensuais, embora semelhante competição tipicamente envolva uma luta entre vontades, processo que envolve perdas e ganhos que termina em um vencedor e um perdedor. O exercício do poder não é necessariamente regido por regras e as vítimas do poder não consentiram necessariamente com qualquer coisa. E embora a competição possa envolver o uso de sanções, ela não o faz necessariamente. Note-se também que se A prevalece sobre B a ponto que este deixe de ter qualquer iniciativa, por exemplo, se A mata B, A deixa de ter poder sobre B. Especificamente, A só pode ter poder sobre B se conseguir que B *aja*. Importante, porém, é que o poder de A sobre B pode atingir o ponto em que B (de fato) tenha seu fim *desejado* de realizar quaisquer fins que A deseje que ele realize. Trata-se de um caso extremo de dominação de B por A. Com efeito, pode-se dizer que B possui autonomia radicalmente diminuída. Não obstante, B ainda está envolvido em ação no sentido de formar intenções que causam suas ações. Além disso, a autonomia de B, pelo menos em princípio, pode ser recuperada, particularmente na ausência de aplicação de sanções por parte de A. Assim, conforme mencionado acima, em algum nível mais profundo B possui um desejo conflitante: desejo de não fazer o que A deseja que ele faça. Se, por outro lado, B atingiu o ponto em que é literalmente instrumento dos desejos de A na ausência de quaisquer sanções, então B não é mais um agente e, enquanto tal, não é vítima do poder mais do que qualquer objeto inanimado o seja.

Se A possui poder sobre B em nosso sentido privilegiado, ele possui esse poder em virtude de algum recurso, R, como poder físico/armas, força psicológica, riqueza, status e, especialmente, dadas nossas preocupações neste livro, posição institucional. A pode utilizar esse recurso como sanção para conseguir que B faça o que ele deseja. As sanções em questão incluem o uso ou ameaça de uso de danos físicos, psicológicos, financeiros e à reputação, ou privações. Também incluem a ameaça de perda de poder. Assim, A pode exercer poder em relação a B em virtude da ameaça de retirar o poder de B sobre C. Considere-se um administrador de alto nível, A, que exerce poder sobre um administrador de nível médio, B, ao ameaçar retirar ou suspender a autoridade de B (e, portanto, o poder) de disciplinar um empregado recalcitrante, C, que está atualmente subordinado a B.

Deve-se notar alguns pontos adicionais em relação ao poder social. Em primeiro lugar, a medida em que o poder de alguém não equivale necessariamente aos recursos dessa pessoa. A pode ter grande poder sobre B em virtude do primeiro possuir um milhão de dólares, mas muito pouco poder sobre C, uma vez que, enquanto B é pobre, C é rico. Assim, o poder de A sobre B depende em parte de propriedades possuídas, ou em alguns casos, não possuídas, por B.

Em segundo lugar, a existência de uma sanção distingue poder de influência. Pode-se influenciar uma ou mais pessoas sem recurso a sanções; não se pode exercer poder sem sanções.

Em terceiro lugar, o uso da força não é necessariamente exercício do poder. Este último deve envolver o uso da força, mas o seu uso (por exemplo, atirar em alguém) não é necessariamente exercício de poder, pois ela pode não ser usada para fazer com que o agente realize uma *ação* (ou se abstenha de realizá-la), mas meramente levar o agente a se envolver em um comportamento involuntário. Por outro lado, o uso efetivo da força (ou alguma outra sanção), enquanto contraposto à mera ameaça de utilizá-la, não implica necessariamente que o poder *não* foi exercido de forma efetiva, embora isto possa de fato acontecer. Em particular, se por meio do uso da força A consegue que B intencionalmente aja para realizar os fins de A, então isto é exercício de poder. Suponha-se que A diga a B para parar, ou irá atirar, mas B continua a fugir. Suponha-se que A atire em B na perna, e embora B pudesse continuar a tentar fugir, só pode fazê-lo com muita dor; assim, B abandona sua tentativa de fuga. Este é um caso de exercício de poder de A sobre B. Se, por outro lado, o uso da força por parte de A impede B de agir (incluindo abster-se intencionalmente de agir), por exemplo, se A atirar e mata B quando este se recusa a entregar sua carteira, A não exerceu poder sobre B, embora certamente tenha feito uso da força.

Em quarto lugar, o exercício de poder de A sobre B pode ser implícito (por exemplo, um marido abusivo, A, faz ameaças implícitas, mas não explícitas, contra sua esposa abusada, B), e talvez até mesmo de maneira inconsciente (por exemplo, a autoimagem da esposa abusada, B, a impede de ver que ela está efetivamente agindo por medo de seu marido, em vez, digamos, de pelo bem de sua família).

2.2 Poder institucional

Pode-se distinguir entre muitos tipos de poder social. Neste livro, discuto dois dos principais, a saber, poder institucional e poder das normas sociais. Nesta seção, foco sobre o poder institucional. Mantenha-se em mente, por favor, que instituições sociais também envolvem o poder das normas sociais, uma vez que, conforme afirmado no Capítulo 1, as instituições sociais são em parte constituídas por normas sociais, ainda que estas últimas também operem fora das instituições sociais.

Noto, para começar, a bem conhecida distinção entre poder e autoridade e, em particular, entre poder institucional e autoridade institucional. De maneira geral, autoridade é poder legítimo.[3] Aqui, como em outros lugares, porém, precisamos distinguir entre legitimidade moral e institucional. Autoridades institucionalmente legítimas também são com frequência autoridades moralmente legítimas. No entanto, não é necessariamente o caso. Por exemplo, um líder político legalmente e apropriadamente democrático – uma autoridade política institucionalmente legítima – pode ser na verdade um demagogo destituído de prescrições efetivas de políticas públicas e, como tal, moralmente ilegítimo.[4] Além disso, também precisamos ter em mente a distinção entre instituições e organizações. À luz de minha explicação teleológica *normativa* elaborada no Capítulo 1, instituições sociais são organizações ou sistemas de organizações; por exemplo, organizações cujo negócio central é tanto ilegal quanto imoral, como a Máfia. O líder de uma organização como essa não possui legitimidade *moral*, uma vez que esse tipo de organização é inerentemente imoral. Por outro lado, o líder da Máfia pode ter assumido a liderança em estrito acordo com os procedimentos da organização; além disso, pode gozar do apoio dos membros da Máfia. De acordo com isso, esse líder pode dispor de considerável poder organizacional. Não obstante, à luz de nossa distinção entre organizações e instituições, o líder da Máfia em questão não seria uma autoridade *institucional* legítima, pois semelhante organização não é uma instituição (em

---

3. Max Weber, *Economy and Society: An Outline of Interpretive Sociology*. Nova York: Bedminster Press, 1968; Joseph Raz (org.), *Authority*. New York Press, 1990; L. Green, *The Authority of the State*. Oxford University Press, 1989.

4. Pode-se sustentar que, *tudo considerado*, trata-se de um líder apenas moralmente ilegítimo.

nosso sentido privilegiado) ou muito menos uma organização institucionalmente (ou moralmente legítima).[5]

O poder social, com frequência, é *conjuntamente* possuído e exercido, incluindo, no caso organizacional e suborganizacional, ação por meio de estruturas de ação conjunta em múltiplas camadas (ver Capítulo 1). Suponha-se que A e B são dois conjuntos de agentes e que os membros de A, conjuntamente, têm o poder de obter que um ou mais membros de B realizem uma ação ou ações que estes não realizariam de outra forma. Por exemplo, os membros de uma gangue de praticantes de extorsão (conjunto de agentes, A), agindo conjuntamente, mas não de modo isolado, têm o poder de receber pagamentos regulares dos lojistas aterrorizados em um bairro (conjunto de agentes, B). Aqui, uma ação conjunta deve ser compreendida no sentido elaborado no Capítulo 1, a saber, como conjunto de ações individuais realizadas a fim de cumprir um fim coletivo. Um fim coletivo é um fim que cada agente possuir, mas não um que ele possa realizar sozinho (ou só poderia fazê-lo com dificuldade). Como vimos também, ação conjunta envolve *interdependência de ação*; cada um age somente se o outro o fizer, pois de outra forma o fim não será alcançado e cada um age se o outro o faz, pois nesse caso o fim será atingido. Em virtude de ser uma ação interdependente a serviço do fim coletivo, a ação conjunta é uma espécie de *ação* social, mas não necessariamente de poder social. A ação conjunta de extorsão é um ato de poder, pois baseia-se em sanções; é ameaça de violência por parte dos membros da gangue, por exemplo, que torna a ação conjunta um exercício de poder, mesmo que um único agente atuando por conta própria não pudesse exer-

---

5. Entretanto, pode-se conceber instituições que não são institucionalmente legítimas porque, por exemplo, sua legitimidade repousa sobre procedimentos institucionais aos quais não se aderiu adequadamente, por exemplo, uma escola pública de qualidade educacional geral razoável, mas que não atende a padrões de mais alto nível exigidos pelo governo e, como resultado, está sob a ameaça de perder recursos.

cer poder sobre os lojistas porque, suponhamos, ele não seria capaz de efetuar uma ameaça *crível*.

Talvez, a mais saliente forma de poder social seja o poder de grandes organizações hierárquicas como governos, organizações militares e corporações. Como compreender semelhantes organizações com o fim de atribuir-lhes poder social? No Capítulo 1, sustentei que ação organizacional consiste em estruturas de ações conjuntas em múltiplas camadas. Considere-se, por exemplo, em uma batalha, membros de um esquadrão de morteiros e membros de um pelotão de infantaria. Os membros do esquadrão de morteiros lançam conjuntamente morteiros sobre os soldados inimigos, membros da infantaria avançam e ocupam terreno anteriormente ocupados pelos soldados inimigos; membros de ambos os grupos – artilharia e infantaria – venceram conjuntamente a batalha. Este poderia ser simplesmente um exemplo de exercício de poder se a batalha em questão estivesse (digamos) a serviço de levar o inimigo a se render na guerra em questão. Em outro caso, uma grande loja varejista detentor de monopólio, como a Walmart, compreendendo uma estrutura de papéis organizacionais ocupada por milhares de indivíduos envolvidos em ação conjunta em múltiplas camadas pode exercer poder de mercado sobre alguns de seus pequenos fornecedores individuais que dependem economicamente da Walmart para comprar seus produtos, e os administradores da Walmart podem exercê-lo ameaçando não vender produtos de seus fornecedores a menos que forneçam à Walmart com preços muito baixos.

Em organizações hierárquicas, alguns indivíduos possuem grande poder em virtude do fato de ocuparem uma posição de autoridade na organização; sua posse e exercício do poder não é conjunta em nossos sentidos anteriores. O poder ligado a uma posição de autoridade, isto é, o poder que se liga ao cargo (enquanto contraposto à pessoa particular que pode ocupar o cargo em determinado momento) numa organização hierárquica depende, em primeiro lugar, de algum recurso, como controle das finanças da organização, ou força física aplicada a seus subordinados, que pode ser utilizada como sanção.

No entanto, embora autoridades institucionais com frequência mantenham poder individual (contraposto a conjunto), também dependem da aceitação coletiva de outros. Considere-se Peter Sellars, no filme *Being there* [*Muito além do jardim*]. Sellars faz o papel de um jardineiro que, por vários motivos, começa a ser tratado pela equipe do Presidente dos EUA, e em última instância, por todos, como se ele de fato fosse o Presidente. Eventualmente, ele poderia até mesmo ter concorrido ao cargo e ser eleito. Infelizmente, ele não conhece o sistema político, ou políticas relevantes e não possui qualquer qualidade de líder. Não obstante, este parece ser o caso em que o jardineiro pode se tornar Presidente em virtude da ampla aceitação coletiva.

O poder das autoridades institucionais no sentido daqueles que ocupam posições de autoridade em organizações hierárquicas não deve ser confundido com o poder dos ocupantes de hierarquias de *status*, embora ambas estejam relacionadas. Hierarquias de *status* não se apoiam necessariamente em poder organizacional, ou sobre a autoridade de modo mais geral. Certamente, hierarquias de *status*, como hierarquias organizacionais, dependem de ampla aceitação coletiva. Porém, a aceitação coletiva em questão tende a ser de natureza diferente. Especificamente, hierarquias de *status*, mas não necessariamente hierarquias organizacionais, dependem essencialmente da mobilização do desejo de ser aprovado. A noção de aprovação aqui utilizada é genérica, abarcando o desejo de ser admirado, respeito, e mesmo de ser invejado.; não se trata simplesmente da noção mais estreita de aprovação moral. Esse desejo (genérico) de aprovação social está no centro das hierarquias de *status*. O que é importante, o poder dos ocupantes de hierarquias organizacionais pode ser sustentado, ou mesmo em parte depender, da aprovação social e, de modo similar, ocupar uma posição nos níveis superiores de uma hierarquia organizacional pode conferir *status* e, portanto, aprovação social. Considere-se Donald Trump antes de se tornar Presidente. Ele possuía alto *status* moral entre muitos eleitores, e isto pode ter sido o que o levou a ser eleito para o mais alto cargo político, de Presidente dos EUA; certamente, seu *status* de celebridade anterior foi elemento-chave de sua estratégia eleitoral.

A despeito de seu poder como *autoridades* institucionais, eles são inerentemente vulneráveis a partir de dentro. Como assinala Searle, revelou-se que o governo comunista da Rússia possuía pés de barro.[6] Assim que as pessoas decidiram não obedecer a suas ordens, ele terminou; simplesmente deixou de funcionar ou existir como governo. Existe uma razão particular para a vulnerabilidade das autoridades institucionais. O direito moral e institucional das autoridades institucionais de possuir e exercer poder institucional depende da aceitação coletiva. A questão aqui não é simplesmente que os governantes (por exemplo) não podem *exercer* seu direito (moral e institucional) a governar, se esse direito não for coletivamente aceito; ainda que este seja de fato o caso. Em vez disso, um governante nem sequer *possui* um direito a governar a menos que seja capaz de exercer autoridade sobre seus governados. Esta parece ser uma característica geral dos direitos e deveres morais e institucionais daqueles que ocupam posições de autoridade institucional.

De acordo com isso, os direitos possuídos por autoridade institucionais não são apenas direitos a exercer poderes no sentido estreito de um direito que pode não ser de fato apto a ser exercido; em vez disso, de modo geral, se esses direitos não puderem ser exercidos, não podem ser possuídos.[7] Em suma, esses direitos são

---

6. Searle, *The Social Construction of Reality*, p. 91.

7. Pode haver circunstâncias nas quais se possui o direito a governar, mas não se consegue fazê-lo, por exemplo, durante um breve período de instabilidade.

poderes de facto, embora não seja apenas poderes *de facto*. Com efeito, as ações daqueles em posições de autoridade, em grande parte, constituem o *exercício do poder*, por exemplo, em relação a seus subordinados. Enquanto tais, essas ações das autoridades constituem ameaças *em princípio* à autonomia individual. Naturalmente, essa ameaça em princípio pode deixar de existir sob certas condições, por exemplo, se a autoridade institucional está sujeita à democracia consensual.

Como vimos, o poder das autoridades institucionais depende da aceitação coletiva. Nessa medida, o poder institucional é potencialmente restringido por indivíduos autônomos agindo coletivamente. A aceitação coletiva em questão talvez consista em grande parte em cumprimento das normas sociais, por exemplo, procedimentos baseados no mérito para determinar posições de liderança. Semelhantes as próprias normas sociais podem envolver o exercício de poder social (retornarei a essa questão abaixo). No entanto, a aceitação coletiva pode ser passiva em um sentido de passividade consistente com a inexistência de autonomia. Este pode ser o caso se a aceitação coletiva em questão consistir em grande parte em comportamento habitual não motivado. Além disso, mesmo se os membros de alguma maioria ativamente aceitarem alguma autoridade – ou seja, exercerem sua autonomia em aceitar a autoridade –, ainda pode ser o caso que os membros de uma minoria relevante não a aceitem. Se for assim, a autonomia dos membros dessa minoria pode ser comprometida pelo exercício de poder sobre ela por parte da autoridade em questão.

Como é bem conhecido, mecanismos institucionais foram desenvolvidos para lidar com esse problema de respeito pela autonomia individual no contexto de organizações hierárquicas. Processos democráticos talvez sejam a mais importante categoria de semelhantes mecanismos institucionais. A ideia básica é bem familiar. Envolve a participação autônoma de cada indivíduo no processo democrático, por exemplo, votar em um líder particular e aceitar o resultado da votação.

Na medida em que os indivíduos decidem autonomamente participar de hierarquias organizacionais, ou na medida em que indivíduos, de forma autônoma, aceitam procedimentos democráticos de decisão (por exemplo), e esses processos democráticos permeiam hierarquias organizacionais, hierarquias organizacionais não são necessariamente inconsistentes com autonomia individual. Porém, pelo menos em sociedades contemporâneas, hierarquias organizacionais, como grandes setores burocráticos públicos e privados, são inevitáveis, e em muitos casos não estão sujeitas a processos significativos de tomada de decisão democrática. Nessa medida, a autonomia individual está comprometida. Além disso, ela também está comprometida em Estados-nação não democráticos, e talvez mesmo em muitos ou em todos os Estados-nações democráticos – uma vez que, pelo menos no mundo contemporâneo, não existe uma opção real a não ser viver em um Estado-nação, e com isso estar sujeito a controle governamental.

A perda de poder das instituições políticas e, especificamente, daqueles que ocupam posições de poder governamental, resulta com frequência de uma luta pelo poder envolvendo ação conjunta e uso de sanções por aqueles que se mobilizam contra o governo em questão. Essas ações conjuntas e as respostas a elas por parte dos apoiadores do governo (incluindo membros das agências de segurança) constituem uma luta pelo poder (social). Entre as sanções mobilizadas se incluem o uso da força física, como entrada pela força e ocupação de locais estratégicos (por exemplo, prédios do governo), assédio a autoridades públicas, destruição de propriedade e assim por diante.

O poder que se liga a posições de autoridade em *algumas* corporações, na verdade, a própria existência das corporações, não depende apenas de recursos econômicos e força física fornecida pelas agências de segurança. Por exemplo, o poder que se liga a posições de autoridade em instituições financeiras, como bancos, depende em última instância de investidores e poupadores (aplicadores). A perda de poder não envolve necessariamente uma luta pelo poder; não existe ação *conjunta* ou uso de sanções por parte daqueles que retiram seus investimentos/aplicações. A Crise Financeira Global envolveu o colapso de várias instituições financeiras, notavelmente a Lehman Brothers, e a causa mais imediata dessas falências foi uma falta de confiança por parte dos investidores e aplicadores nessas instituições. Em suma, a aceitação coletiva, e inclusive a participação em instituições hierárquicas não depende apenas de recursos econômicos e força física bruta; também se apoia em atitudes coletivas menos tangíveis, como confiança coletiva e, de modo mais geral, reputação. À luz da forma de individualismo relacional privilegiado neste livro, semelhantes atitudes coletivas devem ser compreendidas como propriedades relacionais. Assim, o aplicador A1 confia no banco B e não retira seus fundos de B, em parte porque A1 acredita que os aplicadores A2, A3 etc. confiam em B e, portanto, não retirarão seus fundos de B.

Naturalmente, o poder que se liga a posições de autoridade em corporações depende em última instância do sistema legal e de sua compulsoriedade e, portanto, de outras organizações hierárquicas, por exemplo, organizações policiais dotadas de poder em parte baseado na força física. No entanto, como o exemplo da Rússia comunista supra mencionado, o próprio sistema legal (incluindo organizações policiais, tribunais, prisões etc.), por sua vez, depende da aceitação coletiva pelos membros da comunidade relevante.

Um componente crítico que subjaz ao poder das organizações hierárquicas, incluindo governos e corporações, são as atitudes morais dos membros de um grupo social, isto é, as normas sociais dos membros de um grupo social, quer ele sustente coletivamente crenças em relação a valores gerais como democracia, liberdade individual e direitos individuais de propriedade, quer em relação a infrações específicas como fraude, suborno e informações privilegiadas. Também se afirmou que organizações hierárquicas estão em posição de influenciar essas atitudes morais e, com isso, a forma, força e mesmo existência de normas sociais, por exemplo, para promover o consumismo (corporações contemporâneas), para minar o compromisso com direitos individuais (governo envolvido em atividades exageradas de contraterrorismo), gerar apoio a usura ilegal (Igreja medieval). Além disso, alguns governos autoritários procuraram exercer poder sobre as atitudes morais de seus cidadãos por meio de "lavagem cerebral", campos de reeducação e assim por diante, isto é, métodos envolvendo recurso a sanções físicas, psicológicas e outras.

2.3 O poder das normas sociais

O segundo tipo de poder social a ser discutido neste capítulo é o poder das normas sociais.[8] A conformidade às normas sociais pode ser livremente adotada ou pode ser consequência de um exercício de poder social. No entanto, pode-se sustentar que indivíduos que cumprem as normas sociais estão necessariamente submetidos a uma forma de poder, presumivelmente o poder do grupo social em parte constituído por essas normas. Esclareçamos a natureza das normas sociais.

No Capítulo 1, distinguimos entre normas e convenções sociais. Ambas são regularidades em ações envolvendo interdependência entre os participantes. As normas sociais, contudo, mas não necessariamente as convenções, envolvem atitudes morais. Além disso, enquanto as convenções são diretamente definidas em termos de interdepen-

---

8. Versões anteriores do material desta seção foram publicadas em Miller, *Social Action*, cap. 6; Miller, *Moral Foundations of Social Institutions*, cap. 2; e Seumas Miller, "Individual Autonomy and Sociality", in F. Schmitt (org.), *Socialising Metaphysics: Nature of Social Reality*. Lanham: Rowman & Littlefield, 2003, pp. 269-300.

dência de ação, as normas sociais devem ser definidas em termos de uma *interdependência de atitude* que sustenta o caráter comunal da atitude e da ação. Considere-se a norma social contra incesto numa comunidade. Cada um desaprova o incesto, e assim se abstém de cometê-lo; porém, essa desaprovação por cada um é pelo menos *em parte* sustentada pela desaprovação pelos outros. Logo, normas sociais são uma espécie de ação social (mas não necessariamente de poder social).

Suponha-se que, enquanto a maioria, embora não todos os membros de um grupo social corretamente acreditem que a fraude é errada, todos os membros do grupo se abstêm de cometê-la, isto é, há um cumprimento completo do princípio moral objetivamente correto e da norma social. Não Cometerás Fraude. De acordo com isso, existem vários fatores motivantes em relação ao cumprimento das normas e princípios. Os membros do grupo social não cometem fraude porque uma ou mais das seguintes condições existem: (a) a maioria acredita que seja moralmente errado se envolver em fraude; (b) a maioria deseja ser moralmente aprovada pelos outros e evitar sua desaprovação moral, e sabem que serão desaprovados se cometerem fraude (a desaprovação trazendo consigo sanções *informais*, como expressões de desprezo, condenação verbal e ostracismo social); (c) se alguém for apanhado cometendo fraude estará sujeito a sanções *formais*, isto é, será acusado, condenado e preso.

Existem pequenas minorias que não acreditam que a fraude é moralmente errada e não se importam se outros os desaprovam. Porém, membros desse grupo se importam em serem submetidos a sanções formais; com efeito, para esses indivíduos a ameaça de prisão é uma condição tanto necessária quanto suficiente para que eles se abstenham de cometer fraude. Para os membros dessa minoria, a coerção da lei que proíbe fraude é um exercício de poder social. Trata-se de exercício de poder social (especificamente, institucional) em virtude do fato de que estão apenas se abstendo de fazer algo, que de outro modo eles fariam, com base na ameaça de sanções formais – nesse caso, sanções formais emanando de organizações, por exemplo, polícia, tribunais e prisões.

Existe uma segunda pequena minoria, cada um de seus membros se abstendo de cometer fraude simplesmente porque acredita que é moralmente errado fraudar; seu cumprimento do princípio moral não depende de sanções formais ou informais. Em consonância com isso, cada membro dessa minoria age (se abstém) independentemente do comportamento (por exemplo, sanções formais) ou atitudes (especificamente, aprovação ou desaprovação) de outros. Para membros dessa minoria, nem a lei nem a norma social enquanto tais são exercícios de poder social. Em vez disso, a crença moral de cada membro desse grupo é condição tanto necessária quanto suficiente para que essa pessoa se abstenha de cometer fraude.

Examinemos agora a maioria dos membros do grupo social. Suponhamos que, para a maior parte dos membros do grupo social a crença de que a fraude é errada, juntamente com o desejo de ser aprovado (e não ser desaprovado), são suficientes para a conformidade, mas nenhum dos dois é suficiente por si só.[9]

Com respeito a essa maioria de agentes que estão motivados a obedecer ao princípio antifraude em parte por seu desejo de evitar desaprovação (assim como, em parte, por suas crenças morais), precisamos distinguir entre dois grupos: (a) aqueles agentes que cometeriam fraude se acreditasse que sua transgressão não seria detectada, uma vez que eles se preocupam apenas com a *efetiva* desaprovação e suas sanções informais associadas (tomadas em conjunto com sua crença de que a fraude é errada), e (b) aqueles agentes que não cometeriam fraude, mesmo se acreditassem que

---

9. Sem dúvida, existe outro grupo para o qual os três fatores motivadores operam (crença moral, sanções informais e sanções formais), e cada um dos quais é necessário. Porém, não preciso desenvolver essa complicação aqui.

sua transgressão não seria detectada e que não se acreditaria nela; logo, que não sofreria de fato sanções informais (ou, é claro, sanções formais).

Os agentes motivados por evitação da desaprovação social *efetiva* (e suas sanções informais associadas), isto é, grupo (a), estão sujeitas ao poder social, embora não necessariamente ao poder de organizações hierárquicas (e, portanto, a sanções formais), mas ao poder do grupo social *enquanto* fonte e aprovação ou desaprovação. A ameaça de sanções de base social, por exemplo, forte desaprovação, manifestações de desprezo, condenação verbal e ostracismo social, são requeridas para impedir membros do grupo (a) de fazer o que eles sabem ser moralmente errado. Na medida em que sanções, ainda que informais, sejam requeridas para motivar sua obediência aos princípios morais, eles estão no mesmo barco que aqueles restringidos por sanções formais, por exemplo, pela ameaça de prisão. Em outros termos, sua obediência às normas sociais repousa sobre o exercício do poder social.

Por contraste com os membros do grupo (a), os membros do grupo (b) são motivados pelo pensamento de que outros desaprovariam sua não obediência aos princípios morais, se estes soubessem de sua transgressão; ou seja, membros do grupo (b) são sensíveis ao fato de que outros estariam *justificados* em desaprová-los (inclusive justificados em sua condenação, ostracismo social etc.) se essas transgressões se tornassem conhecidas. Além disso, membros do grupo (b), mas não do (a), são sensíveis ao fato de que se eles transgrediram e continuam a ser aprovados, essa aprovação é injustificada.

Toda a questão da desaprovação moral reside em que, se uma pessoa faz o que é moralmente errado, há uma boa e decisiva razão para que ela receba desaprovação (e esteja sujeita a condenação moral, manifestações de desprezo etc.), e se ela faz o que é certo há uma boa e decisiva razão para que seja aprovada. Assim, se A for racional, seu desejo *operativo* será que ela não seja *injustificadamente* desaprovada, ou *injustificadamente* aprovada (mas antes justificadamente des/aprovada). A esse respeito, membros do grupo (b), mas não do grupo (a), são racionais.

Em acréscimo, diferentemente dos membros do grupo (a), os membros do grupo (b) não estão sujeitos ao exercício do poder social, pois não são motivados por temor de sanções informações por si, mas pelo desejo de serem justificadamente des/aprovados e não serem injustificadamente des/aprovados. Ser motivado por este último desejo é não estar sujeito ao exercício do poder social (isto é, temor de sanções informais por si), mas serem sensíveis à voz da razão moralmente informada das criaturas sociais, isto é, a voz de seres humanos racionais que vivem numa comunidade moral.

Em consequência, diferentemente dos membros do grupo (a), os membros do grupo (b) possuem aversão a sanções informais injustificadamente aplicadas; embora não seja diretamente relevante, no caso, uma vez que sanções não serão aplicadas. No entanto, além disso, os membros do grupo (b) – mas não os membros do grupo (a) – possuem aversão a serem injustificadamente aprovados. Isto é diretamente relevante, pois será o caso que, se os agentes transgredirem (no contexto de continuarem a ser aprovados por suas transgressões não terem sido descobertas). Membros do grupo (a) transgrediriam se soubessem que suas transgressões não seriam descobertas, uma vez que não sofreriam efetiva desaprovação (ou sanções formais). Por contraste, membros do grupo (b) não transgrediriam mesmo nessas circunstâncias, uma vez que desejam evitar serem *injustificadamente* aprovados (e transgressores têm que ser desaprovados).

Até aqui estivemos preocupados com normas sociais proscrevendo comportamento que é moralmente errado e que é geralmente considerado assim. Examinemos agora um exemplo de uma norma social que proscreve comportamento que *falsamente* se acredita ser moralmente errado: a norma social vigente durante o apartheid na África do Sul, pela qual negros e brancos não deviam ter relações sexuais.

Suponha-se que essa crença moral de que negros e brancos não devem ter relações sexuais seja falsa; não obstante, na África do Sul sob o *apartheid* negros e brancos amplamente acreditam que seja moralmente errado ter relações inter-raciais, e semelhante relação é fortemente desaprovada. Essa desaprovação assume a forma, suponhamos, de sanções informais, por exemplo manifestações de desprezo, condenação verbal ou ostracismo social.

Na medida em que essas sanções informais possuem o efeito de fazer que um homem negro e uma mulher branca que desejem ter relações sexuais, não vejam nada de errado em fazê-lo, e que de outra forma teriam essas relações, escolham não fazê-lo, isto constitui o exercício de poder social; o temor de sanções informais está regendo seu comportamento. Sob esse aspecto, o homem negro e a mulher branca são afins aos membros do grupo (a) em nosso exemplo de fraude acima. Nessa situação, os membros da comunidade em questão possuem uma atitude interdependente de desaprovação de relações sexuais inter-raciais, e aplica sanções informais, inclusive em virtude de um recurso que possuem em conjunto (por exemplo, a habilidade de colocar em ostracismo).

Outras pessoas negras e brancas podem desejar ter relações sexuais inter-raciais e podem acreditar, em um nível consciente, que não há nada de moralmente errado com isso, mas podem experimentar sentimentos de vergonha em agir assim e isto pode ser suficiente para levá-los a se conter, mesmo que seus atos sexuais inter--raciais não fossem notados por outros. A esse respeito, são afins a membros do grupo (b) em nosso exemplo de fraude acima. Essas pessoas negras e brancas não foram capazes de se dissociar completamente das atitudes do grupo social ao qual pertencem; talvez, em um nível inconsciente, acreditem que o que desejam fazer é de certa forma errado ou desprezível. Diferentemente de membros do (b), são vítimas de um uso efetivo de poder social operando em um nível subliminar.

Isto suscita a questão sobre o que sustenta essa norma social que rege relações sexuais inter-raciais; é falso que negros e brancos, por questão moral, não devem se envolver em relações sexuais interraciais. Sem dúvida, na comunidade racista em questão a falsa crença de cada um de que relações sexuais inter-raciais são moralmente erradas é em parte sustentada pela norma social e por suas associadas sanções informais, isto é, a norma social é condição necessária para a crença falsa. No entanto, o poder social está em seu auge quando mobiliza tanto poder organizacional, notavelmente do Estado, quanto o poder das normas sociais, isto é, as duas formas de poder social se reforçam mutuamente. Suponha-se que a crença moral de que é errado haver relações sexuais inter-raciais entre negros e brancos é não somente falso, mas existe para servir o interesse da classe dominante branca. Esta última mantém sua posição de poder e privilégio em parte por meio de uma ideologia e suas normas sociais constitutivas. Centrais entre essas normas sociais são aquelas que expressam a superioridade racial dos brancos e em consequência o caráter indesejável de relações sexuais inter-raciais. A estrutura das normas sociais se encaixa como uma luva com uma estrutura organizacional hierárquica baseada na raça.* Os membros da classe dominante branca mantêm sua posição de poder e privilégio em parte por meio de um sistema de organizações hierárquicas baseadas na raça que funcionam em todas as esferas de atividade, isto é, governo, sistema econômico e sistema educacional. A estrutura das normas sociais traz consigo sanções informais, e a estrutura organizacional hierárquica traz consigo sanções formais. Além disso, se a

---

* Aqui seria preferível talvez utilizar o termo "etnia", uma vez que o conceito de "raça" para diferenciar etnias humanas é controverso. No entanto, preferimos seguir o termo original na expressão "a racially based hierarchical organizational structure" (N.T.).

sociedade fosse relativamente livre e aberta, é de se presumir que a maior parte de seus membros, sejam negros ou brancos, acreditariam que a asserção de que é moralmente errado haver relações sexuais inter-raciais entre negros e brancos é falsa; ou seja, essa falsa crença moral requer o exercício de poder social para que seja amplamente sustentada.

2.4 Conclusão

O poder social é em parte constitutivo da maior parte, ainda que não de todas, as instituições em cenários contemporâneos e desequilíbrios no poder têm alta probabilidade de conduzir à corrupção. Logo, é necessário compreendê-lo. Neste capítulo, esbocei uma concepção de poder social grandemente inspirada em Weber, mas que se serve de noções de ação conjunta introduzidas no Capítulo 1. Segundo essa explicação, o poder social é relacional; se A possuir poder, então possui poder sobre algum outro agente, B. Além disso, o poder social é possuído e exercido de maneira conjunta (assim, A é uma pluralidade de agentes) com base em sanções. A aplicação de sanções exige um recurso, como a força física. Semelhantes recursos também poderiam apresentar caráter psicológico ou social, por exemplo, a habilidade de conferir *status* social em virtude da própria posse de *status* social. Distingui poder de habilidade, e influência de força. Distingui ainda entre poder e autoridade, e entre poder institucional e poder das normas sociais. O poder institucional é o mais evidente em grandes organizações hierárquicas é é sustentado por pessoas em posições de autoridade organizacional. Enquanto o poder organizacional se apoia amplamente no uso de sanções formais, em última instância essa forma de poder institucional se baseia na aceitação coletiva e é dado que esta última tipicamente envolve normas sociais, baseia-se também no poder das normas sociais. O poder das normas sociais é conjuntamente possuído por membros de um grupo social (incluindo classes econômicas e sociais) e seu exercício consiste em grande parte em assegurar obediência com regularidade baseada na sanção informal da desaprovação conjunta.

3
Definindo corrupção

Até aqui, neste livro, ações corruptas foram distinguidas de alguns outros tipos de ações imorais, e foram fornecidas explicações das duas principais noções teóricas pressupostas pela corrupção institucional, a saber, instituições e poder social. A corrupção institucional pressupõe tanto a noção de instituição quanto a de autoridades institucionais exercendo poder institucional e, portanto, social. Volto-me agora diretamente para o conceito de corrupção institucional.[1] Prossigo distinguindo cinco características constitutivas da corrupção institucional.[2] A primeira delas diz respeito a ocupantes de cargos institucionais, isto é, pessoas que ocupam essas posições.

---

1. Ver Heidenheimer e Johnston, *Political Corruption*, Parte I: Termos, conceitos e definições. Robert Klitgaard, Ronald Maclean-Abaroa e H. Lindsey Parris definem corrupção como um "mau uso do cargo para ganho pessoal" (in R. Klitgaard, R. Maclean-Abaroa e H. Lindsey Parris, *Corrupt Cities: A practical Guide to Cure and Prevention*. Oakland, CA: ICS Press, 2000, p. 2). Importante exceção aqui é a explicação analítica mais sofisticada da corrupção política oferecida por Dennis Thompson, em seu *Ethics in Congress* e "Two Concepts of Corruption". Para uma das mais influentes exposições sobre o abuso do cargo público para definições de ganho privado ver Joseph Nye, "Corruption and Political Development: A Cost-Benefit Analysis", *American Political Science Review*, 61 (1967), 417-427.

2. Versão anterior do material neste capítulo foi publicada em Seumas Miller, "Concept of Corruption", in E. N. Zalta (org.), *Stanford Encyclopedia of Philosophy*, Outono de 2005, disponível em http://plato.stanford.edu . Partes dele também foram publicadas em Miller, Roberts e Spence, *Corruption and Anti-Corruption*, cap. 1.

3.1 O caráter pessoal da corrupção

Existem pelo menos duas formas gerais de corrupção, a saber, corrupção institucional e corrupção pessoal não institucional. Esta última é corrupção de pessoas fora de arranjos institucionais. Semelhante corrupção pertence ao caráter moral das pessoas, e consiste em despojá-las de seu caráter moral. Se uma ação possui um efeito corruptor sobre o caráter de uma pessoa, ela tipicamente será corrosiva de uma ou mais virtudes da pessoa. Essas virtudes podem ser virtudes que se ligam à pessoa enquanto ser humano, por exemplo, as virtudes da compaixão e da equidade ao lidar com outros seres humanos. De modo alternativo – ou, pelo menos, adicional – essas virtudes podem se ligar a pessoas enquanto ocupantes de papéis institucionais específicos, por exemplo, imparcialidade em um juiz, ou objetividade em um jornalista.

Existe uma distinção a ser feita entre posse de uma virtude e posse de uma disposição a se comportar de determinadas maneiras. As virtudes consistem em parte em disposições, mas não são inteiramente constituídas por elas. Uma pessoa compassiva, por exemplo, está disposta a ajudar pessoas. Mas essa pessoa também experimenta certos estados emocionais, e compreender outras pessoas a uma certa luz; a compaixão envolve estados que não envolvem disposição. Além disso, uma pessoa compassiva efetivamente realiza atos compassivos; ele ou ela não está simplesmente disposto a fazê-lo. De acordo com isso, enquanto a corrupção pessoal pode em parte consistir no desenvolvimento ou supressão de certas disposições, por exemplo, no desenvolvimento da disposição a aceitar subornos ou a suprimir a disposição a aceitá-los, a produção de semelhantes disposições normalmente não seria plenamente constitutiva da corrupção das pessoas. Assim, uma pessoa que possui disposição para aceitar subornos, mas que jamais teve uma oferta nesse sentido, não é corrupta, exceto, talvez, em um sentido atenuado.

Minha preocupação neste livro é somente com corrupção institucional. No entanto, é plausível que a corrupção em geral, incluindo corrupção institucional, tipicamente envolve o despojamento do caráter moral das pessoas e, em particular, no caso da corrupção institucional, ocupantes de papéis enquanto ocupantes de papéis institucionais. Nessa medida, a corrupção institucional envolve corrupção pessoal.

Note-se que a corrupção pessoal, isto é, ser corrompido, não é o mesmo que realizar um ato corrupto, isto é, ser corruptor. Tipicamente, corruptores são corrompidos, mas este não é necessariamente o caso. Note-se também que corruptores não são simplesmente pessoas que realizam ações que corrompem, também são moralmente responsáveis por essa corrupção (como veremos, existe uma importante categoria de corruptores que constitui exceção a isso, a saber, corruptores que não são moralmente responsáveis por serem corrompidos, mas cujas ações são tanto expressão de seu caráter corrupto quanto possuem um efeito corruptor). A natureza precisa dos corruptores e sua relação com os corruptos é discutida abaixo em maior detalhe.

Naturalmente, no caso da corrupção institucional, tipicamente o dano institucional está sendo feito acima e além do despojamento do caráter moral dos ocupantes de papéis institucionais. Especificamente, processos institucionais estão sendo minados e/ou fins institucionais subvertidos. Noto aqui uma importante maneira pela qual processos institucionais, em particular, são minados por atores institucionais, deixando de atender aos padrões morais que estão contidos nesses processos, por exemplo, quando uma regra ou lei é injustamente aplicada.

Todavia, o solapamento de processos e/ou fins institucionais não é condição suficiente para a corrupção institucional. Atos de dano institucional que não são realizados por um corruptor e não corrompem pessoas são mais bem caracterizados como atos de *corrosão* institucional. Considere-se, por exemplo, decisões de financiamento que gradualmente reduzem dinheiro público alocado para o sistema judiciário em alguma grande jurisdição. Como consequência, magistrados podem ser progressivamente menos bem treinados e pode haver um número cada vez menor deles para lidar com o crescente aumento do número de casos. Isto pode muito bem levar a uma diminuição, ao longo de muitos anos, da qualidade das adjudicações desses magistrados, e assim os processos judiciais, nessa medida, são solapados. No entanto, dado o tamanho da jurisdição e a natureza incremental dessas mudanças, nem os magistrados nem qualquer um pode ter ciência desse processo de corrosão judicial, ou mesmo ser capaz de se torna consciente dele (dadas pesadas cargas de trabalho, ausência de informação estatística etc.). Além disso, mesmo que se tornem conscientes disso, dada a escassez de recursos públicos, pode não haver nada que eles ou seus chefes políticos sejam capazes de fazendo nessas difíceis circunstâncias. Esses juízes não sofreram um processo de corrupção institucional (enquanto ocupantes de papéis institucionais) e podem simplesmente estar fazendo o melhor que podem em uma má situação; de acordo com isso, somos tentados a não ver essa situação como uma de corrupção institucional.

Uma questão residual aqui é saber se a corrupção do papel institucional pode ou não existir na ausência do solapamento de processos e/ou fins institucionais. Talvez não possa pelo motivo de que um papel institucional é em grande parte definido em termos dos fins institucionais aos quais serve o papel, assim como aos processos institucionais nos quais o ocupante do papel participa a serviço desses fins institucionais. Um possível contraexemplo pode ser o de um "adormecido": um oficial que aceita pagamento regular por parte de uma agência de espionagem estrangeira, mas não lhe é solicitado, e talvez não lhe venham jamais a solicitar, qualquer serviço de retribuição.[3] Se o oficial em questão efetivamente aceita os pagamentos e de fato providenciará serviços em reciprocidade, caso seja ativado, então o oficial possui uma disposição para realizar uma ação corrupta, mas ainda não agiu com base nessa disposição (estou assumindo aqui que os atos de oferecer e aceitar os pagamentos não chegam efetivamente a constituir o solapamento seja dos processos, seja dos fins da instituição em questão). De qualquer modo, a estreita relação entre os papéis institucionais, por um lado, e processos e fins institucionais, por outro, explica por que a corrupção institucional tipicamente envolve tanto o despojamento dos ocupantes de papéis institucionais enquanto tais e o solapamento de processos e fins institucionais.

Uma segunda questão residual diz respeito à estrutura de uma ação corrupta considerada em si mesma. Algumas, talvez a maior parte das ações corruptas são ações conjuntas (ver Capítulo 1, Seção 1.1). De qualquer modo, a maior parte das ações corruptas envolve ações individuais condicionais, e estas não são necessariamente ações conjuntas, uma vez que ações individuais condicionais não envolvem um fim coletivo; enquanto tais, não são inerentemente cooperativas. O suborno, por exemplo, envolve ações individuais condicionais, dado que o corruptor paga o suborno sob condição de que este forneça um benefício a ele, e o subornado fornece esse benefício com a condição de ser pago (ver Capítulo 5, Seção 5.1).

Finalmente, necessitamos formular precisamente a primeira característica definidora da corrupção institucional e, especificamente, atos de corrupção institucional: para que seja corrupta, uma ação deve envolver um corruptor, que realiza a ação, ou uma pessoa que é corrompida por ela. É claro, corruptor e corrupto não precisam necessariamente ser a mesma pessoa, e com efeito, não precisa haver um corruptor ou uma pessoa corrompida. Essa característica é uma

---

3. Devo este exemplo a Thomas Pogge.

condição necessária para que uma ação seja um exemplo de corrupção institucional e, de fato, para que seja um exemplo de corrupção de todo. Refiro-me a essa característica como a natureza pessoal da corrupção. Examinemos agora a segunda característica definidora da corrupção institucional.

3.2 O caráter causal da corrupção

Para que uma definição útil do conceito de corrupção seja encontrada – e especificamente, uma que não se confunda com a noção mais geral de ação imoral – é preciso focar nos *efeitos* morais que algumas ações possuem sobre pessoas e instituições. Uma ação é corrupta apenas se corromper alguma coisa ou alguém – desse modo, a corrupção é não somente um conceito moral, mas um conceito *causal* ou quase causal.[4] Em outros termos, uma ação é corrupta em função de ter um *efeito corruptor* sobre o caráter moral de uma pessoa, ou um processo ou fim institucional. Se uma ação possui um efeito corruptor sobre uma instituição por minar processos ou fins institucionais, tipicamente – mas talvez não necessariamente – possui um efeito corruptor também sobre pessoas enquanto ocupantes de papéis nas instituições afetadas. Do mesmo modo, se uma ação possui um efeito corruptor sobre uma pessoa enquanto ocupante de papel, tipicamente – mas novamente, talvez, não necessariamente, como vimos acima em relação ao "adormecido" – minará processos ou fins institucionais.

Assim, em relação ao conceito de corrupção *institucional*, a segunda característica definidora e, portanto, condição necessária de um ato de corrupção institucional é seu caráter causal; especificamente, uma ação é corrupta somente se possui o efeito de minar um

---

4. Esse tipo de explicação tem origem antiga, por exemplo, em Aristóteles. Ver B. Hindess, "Good Government and Corruption", in P. Larmour e N. Wolanin (org.), *Corruption and Anti-corruption*. Asia-Pacific Press, 2001, pp. 1-10.

processo institucional, subverter um fim institucional ou despojar o caráter de algum ocupante de papel enquanto tal. À luz da possibilidade de que alguns atos de corrupção possuam efeitos negligenciáveis, como um pequeno, único suborno pago por um serviço menor, essa característica definidora precisa ser qualificada de modo a incluir atos que são de um tipo que tende a minar processos, fins institucionais ou pessoas (enquanto ocupantes de papéis institucionais) ou, pelo menos, tendem a fazê-lo,[5] se são realizados com frequência, por muitos ocupantes de papéis institucionais ou por aqueles nos escalões mais altos das instituições. É importante salientar aqui a possibilidade de várias estruturas de interdependência entre os corruptores. Em alguns casos, eles realizam ações conjuntas a serviço de um objetivo comum (fim coletivo), como no caso dos membros de uma organização criminosa hierárquica singular que lava dinheiro por meio de seus próprios negócios "legítimos" ou, em um arranjo menos rígido, os membros de um cartel econômico que possuem uma "política" não estabelecida de fixação de preços. Em outros casos, os corruptores podem se envolver na corrupção apenas porque sentem que não podem *deixar* de fazê-lo, uma vez que outros, ao fazê-lo, como no caso de uma firma que relutantemente fornece propina a um oficial num processo competitivo, sabendo que outros o estão fazendo e que a proposta da firma será excluída se não o fizer. Em outros casos, um ator institucional não realiza sua ação corrupta em cooperação com outros ou em circunstâncias de competição; em vez disso, a ação é realizada independentemente das ações de outros corruptores, pelo menos no primeiro momento, embora eventualmente contribua para uma cultura de corrupção que solapa processos, fins institucionais ou pessoas (enquanto ocupantes de papéis institucionais). Considere-se uma universidade na qual muitos acadêmicos se envolvem na prática não controlada

---

5. Dennis Thompson definiu a corrupção em termos de uma tendência. Ver seu "Two concepts of corruption".

de reprovar ou dar notas baixas não merecidas para estudantes que não os bajulam ou os quais ele não aprecia, e dando altas notas imerecidas para estudantes que os bajulam ou os quais eles apreciam.[6] Com efeito, em alguns casos de ações corruptas realizadas de modo independente, a ação típica em questão pode nem mesmo constituir corrupção se apenas uma pessoa a realizou uma única vez, uma vez que nesse caso seu efeito institucional seria desprezível. No entanto, quando a maioria ou todos realizam ações do tipo em questão e o fazem de maneira recorrente, o efeito agregado pode ser institucionalmente danoso e, nessas circunstâncias, cada ação singular pode constituir corrupção. Considere-se, por exemplo, a proverbial xícara de café e *donuts* gratuitos fornecidos por um único proprietário de bar a todos os policiais em uma delegacia de polícia em particular, em uma área com alto índice de criminalidade, que o dono do bar corretamente calcula resultará em seu bar receber imerecida proteção policial 24 horas por dia devido à frequente presença da polícia.

De acordo com isso, o conceito de corrupção institucional pode ser definido em parte em termos de um papel causal e, portanto, a propriedade de ser corrupto se sobrepõe (por assim dizer) a tipos de ação logicamente anteriores, notavelmente atos de suborno, nepotismo, abuso de autoridade e similares. É por isso que tentativas de definir a noção de corrupção institucional em termos de uma ou mais espécies de ofensa moral/ilegal, por exemplo, suborno, quebra de dever fiduciário [*breach of a fiduciary duty*], são em última instância insatisfatórias. A corrupção é um conceito causal, ao passo que a quebra de confiança no depósito (ou, para o caso que vimos acima, um único caso de suborno) pode não solapar um processo ou fim institucional. Além disso, seja o caso ou não que semelhantes infrações tendam a solapar processos ou fins institucionais, isto

---

6. Os atos individuais de corrupção dos professores universitários podem ou não ser ações individuais condicionais, isto é, realizadas sob condição de que os estudantes os bajulem ou, na verdade, façam-lhes favores, por exemplo, favores sexuais.

tende a ser um fato contingente, e não constitui uma necessidade lógica. Logo, não pode ser *definidor* de uma ação ser uma quebra de dever fiduciário (ou de suborno, abuso de autoridade etc.) que ela seja um ato de corrupção; assim quebras de dever fiduciário (ou suborno, abuso de autoridade etc.) não são espécies de corrupção *por definição* e, portanto, não é uma verdade lógica trivial que semelhantes rompimentos sejam atos de corrupção. Em vez disso, se quebras de dever fiduciário também são atos de corrupção, eles o são em virtude de seus efeitos; tendem a solapar processos ou fins institucionais. Em consequência, se quebras de dever tendem de fato a solapar processos ou fins institucionais, não só constituem atos de corrupção, como sua propriedade de serem corruptos se sobrepõem (causalmente) às propriedades que os definem como quebras de dever fiduciário, por exemplo, sobrepõem-se ao elemento de confiança definidor de uma relação fiduciária.

A esse respeito, note-se que a transgressão de uma lei ou regra institucional específica não constitui, em si, um ato de corrupção institucional. Para que seja assim, qualquer transgressão precisa ter um *efeito* institucional, por exemplo, contrariar o propósito institucional da regra, subverter o processo institucional governado pela regra, ou contribuir para o despojamento do caráter moral de um ocupante de papel enquanto tal. Em suma, precisamos distinguir entre a infração considerada em si e o efeito institucional de cometer essa infração. Considerada em si a mentira, por exemplo, é uma infração de uma lei, regra e/ou princípio moral. No entanto, a infração só é um ato de corrupção institucional se possui algum efeito, por exemplo, ser realizada em um tribunal e, portanto, de subverter o processo judicial.

Um argumento adicional a ser dado aqui é que um ato que possui efeito corruptor pode não ser uma ofensa moral considerada em si. Por exemplo, o fornecimento de informação por parte de uma autoridade corporativa a um investidor que capacitará esse investidor a comprar ações por baixo preço antes do aumento de valor pode não constituir uma ofensa moral considerada em si; em geral, o fornecimento de informação constitui uma atividade inofensiva. No entanto, nesse ambiente corporativo pode constituir informação privilegiada [*inside trading*] e provoca dano institucional; enquanto tal, pode ser um ato de corrupção.

Noto também que atos realizados por atores não institucionais que minam processos ou fins institucionais, mas que não envolvem a participação de atores institucionais, não são atos de corrupção institucional. Assim, alguém que rouba um banco não está envolvido em corrupção. Por outro lado, se o assaltante se baseou em "informação de dentro" de um empregado de banco, o roubo envolveu corrupção. Outro argumento a ser apresentado diz respeito à suposta responsabilidade por corrupção de atores não institucionais externos em contextos nos quais existe a mediação de atores institucionais internos. De modo geral, um ato realizado por ator não institucional externo não é um ato de corrupção institucional se existe a mediação de um ator institucional interno que é plenamente responsável pelo dano institucional em questão (no roubo de banco envolvendo um interno, o assaltante e seu cúmplice possuem responsabilidade moral conjunta). Considere-se um contador que é apaixonado por uma mulher com gostos dispendiosos. Sua obsessão com a mulher o leva a gastar com ela dinheiro que não possui. Devido a isso, ele se apodera de dinheiro da companhia para a qual trabalha. Existe uma cadeia causal que vai dos gostos dispendiosos da mulher a seu ato de fraude e o consequente dano institucional que seu ato, por sua vez, causa. No entanto, ela não é uma corruptora institucional; já ele é, pois é plenamente responsável por seu ato de fraude, e é esse ato – e somente ele – que constitui um ato de corrupção institucional. Isto se deve ao dano institucional que provoca.

Pode-se sustentar que, embora ela não tenha corrompido qualquer processo ou fim institucional, ela o corrompeu enquanto ocupante de papel, por exemplo, minando sua disposição para agir honestamente. Mas no exemplo tal como descrito *ela* não fez tal coisa. A disposição do contador de agir honestamente foi minada por si mesmo, e especificamente por seu desejo de agradar a ela acoplado a sua falta de compromisso com as exigências éticas e institucionais de seu papel institucional como contador.

Outro aspecto relacionado à corrupção institucional diz respeito à prioridade do solapamento dos fins institucionais, contraposto a processos institucionais e pessoas (enquanto ocupantes de papéis). Como argumentamos no Capítulo 1, os fins institucionais últimos em questão são fins coletivos cuja realização constitui o fornecimento de bens coletivos. Além disso, processos e papéis institucionais são em grande parte simples meios para esses fins coletivos (é claro, esses processos e papéis também estão sujeitos a exigências paralelas e, em alguns casos, devem eles próprios incorporar princípios morais, como princípios de justiça procedimental). De acordo com isso, fins institucionais (compreendidos como bens coletivos) possuem certa prioridade moral sobre processos e papéis institucionais. Note-se que alguns fins institucionais podem ser meros meios para outros fins institucionais, caso em que esses fins aproximativos podem não ser bens coletivos. Não obstante a prioridade moral dos fins institucionais últimos compreendidos como bens coletivos, processos e papéis institucionais são em parte constitutivos das instituições e, portanto, se forem solapados então, outras coisas permanecendo iguais, a instituição será solapada.[7] Em consequência, um ato deliberado de solapamento de um processo institucional ou pessoa (enquanto ocupante de papel) pode ser um ato de corrupção, mesmo que tenha impacto desprezível sobre a realização do fim institucional.

---

7. As coisas poderiam não ser iguais se, digamos, o papel do processo em questão for extremamente diminuto ou o processo for falho em algum importante aspecto. Ver Seção 3.5 e Capítulo 14, Seção 14.2.

Em resposta a minha afirmação de que ações corruptas possuem caráter causal, o seguinte suposto contraexemplo pode ser fornecido. Suponha-se que A é responsável pela contagem de votos em um distrito de votação. A trapaceia e registra mais votos para o candidato A do que ele efetivamente recebeu, mas isto não afeta o resultado da eleição – A ganha, mas teria ganho de qualquer forma. Suponha-se também que essa ação não tem efeito sobre Q, já que ele já é uma pessoa bastante corrupta. Para a explicação causal da corrupção, A trapaceou, mas houve corrupção? Existem dois casos relevantes. Suponha-se que existem apenas dois candidatos no distrito, A e B, e a contagem de voto sem trapaça teria sido, de qualquer modo, *pesadamente* em favor de A, isto é, o falso registro de votos não fez qualquer diferença significativa seja em termos do resultado substantivo (a vitória de A), seja em termos da margem de vitória (A ganhando por esmagadora maioria). De acordo com a explicação causal não qualificada, não houve corrupção – mesmo que houve uma tentativa de corrupção e a transgressão de uma regra institucional. Por outro lado, segundo a explicação qualificada, o ato em questão é de um tipo, a saber, a trapaça, que tende a minar o processo eleitoral. Em consequência, é um ato de corrupção a despeito de seu efeito desprezível. Isto parece correto. Por outro lado, se A tivesse ganho de qualquer forma, mas somente por uma pequeníssima margem, ausente a falsa contagem – então a falsa contagem de votos teve uma diferença significativa sobre o resultado, embora apenas em termos do número relativo de votos para A e consequente falsa crença do eleitorado de que A foi apoiado por uma esmagadora maioria. De acordo com a explicação causal, tanto em suas versões qualificada e não qualificada, houve corrupção. Novamente, isto parece correto.

Um último ponto concernente à corrupção institucional diz respeito às intenções dos corruptores. Claramente, o corruptor deliberadamente realiza o ato, como um ato de fraude, o qual solapa o processo, fim institucional ou pessoa (enquanto ator institucional) em questão. Além disso, o corruptor tem a intenção, sabe ou deve saber que seu ato terá esse efeito solapador. No entanto, aqueles que se envolvem em corrupção tipicamente não o fazem com a intenção de *destruir* a instituição que suas ações estão solapando. Assim, os corruptores não são tipicamente sabotadores ou revolucionários. A razão pela qual eles não procuram destruir as instituições que eles corrompem é que, de maneira geral, eles se beneficiam ou obtêm ganhos da existência continuada de uma instituição, mesmo que a solapem. Desse modo, a corrupção institucional é parasitária das instituições e, como é o caso com parasitas em geral, os corruptores só podem continuar a usufruir dos frutos de sua atividade corrupta se o hospedeiro sobreviver. Em suma, corruptores são parasitas institucionais.

Para resumir esta seção: uma condição necessária para que uma ação seja um exemplo de corrupção institucional é que a ação solape em algum grau não desprezível um fim institucional (compreendido como bem coletivo), processo institucional ou pessoa (enquanto ocupante de papel institucional) ou, pelo menos, que seja exemplo de um tipo de ato que tenda a solapar fins e processos institucionais ou pessoas (enquanto ocupantes de papéis institucionais), mas o façam sem que, com toda probabilidade, destruam a instituição em questão. Esta característica é o *caráter causa da corrupção*.

3.3 A responsabilidade moral dos corruptores

Como já notado, uma ação é corrupta somente se a pessoa que a realiza tem a intenção, prevê ou tem que ter previsto o dano institucional que pode causar (suponho aqui que a pessoa que realiza a ação corrupta poderia ter agido de outro modo, e portanto, que o dano ou prejuízo institucional que causou fosse evitável). Esta é a terceira condição necessária para a corrupção. Digamos que essa condição expressa *a responsabilidade moral dos corruptores*.

Conforme notado acima, existe uma importante exceção à condição de responsabilidade moral dos corruptores. A exceção é a subclasse de corruptores que são (a) corruptos, mas não moralmente responsáveis por sê-lo, e (b) cujas ações são expressão de seus caráteres corruptos e possuem efeito corruptor.

Precisamos invocar nossa distinção anterior entre atos de corrupção institucional e atos de *corrosão* institucional. Um ato pode solapar um processo ou fim institucional sem que a pessoa que realizou esse ato tenha tido a intenção, previsto esse efeito ou mesmo estar numa posição tal que pudesse ou devesse ter previsto esse efeito. Semelhante ato pode ser um ato de corrosão, mas não seria necessariamente um ato de corrupção. Considere-se nosso exemplo dos magistrados envolvendo uma diminuição ao longo do tempo na qualidade de adjudicações desses magistrados. Nem o governo e outras autoridades responsáveis por fornecer recursos e treinamento para os magistrados pretendiam ou previram esse dano institucional; de fato, talvez ninguém pudesse razoavelmente ter previsto os efeitos danosos desses cortes no treinamento e fracos em responder ao aumento de carga de trabalho. Isto é corrosão judicial, mas não corrupção judicial.

Por outro lado, se os magistrados se tornam conscientes da diminuição na qualidade de suas adjudicações e escolhem não fazer nada a respeito, então pode-se argumentar que o processo de corrosão pode ter se tornado um processo de corrupção em virtude do efeito corruptor que ele tem sobre o caráter dos magistrados enquanto tais. Esse exemplo mostra que pode haver corrupção de uma pessoa (o magistrado ou magistrados) sem um corruptor (suponha-se que o governo e outras autoridades ignoram o problema de fornecer educação e treinamento para a magistratura). Naturalmente, como foi apontado acima, se os recursos estivessem simplesmente indisponíveis, não haveria corrupção por parte de ninguém, a despeito de seu conhecimento do dano efetuado. Pois se um resultado está indisponível é de se presumir que mesmo aqueles que contribuíram de maneira causal para o resultado não são moralmente responsáveis por ele; pois não poderiam ter agido de outro modo.

Outro ponto em relação à corrupção institucional e corrosão institucional é que eles podem existir paralelamente e reforçar-se mutuamente. Retornando a uma versão de nosso cenário judiciário, assumamos que uma falta de recursos durante um longo período está minando a qualidade das adjudicações, como foi o caso nas outras versões do cenário. Mas assumamos agora que, embora essa falta de recurso seja em considerável medida inevitável, uma vez que os recursos são de fato bastante escassos, no entanto, deve-se também em considerável medida aos próprios magistrados; eles usam a falta de recursos (por exemplo, pequeno número de funcionários nos tribunais) como desculpa para não se preparar adequadamente, permitir que uma grande quantidade de casos se acumule, e assim por diante.

Porque pessoas que realizam ações corruptas (corruptores) têm a intenção ou preveem – ou pelo menos deveriam ter previsto – o efeito corruptor de suas ações, essas pessoas tipicamente são censuráveis, mas isto não é *necessariamente assim*. Pois há casos nos quais alguém que cientemente realiza uma ação de corrupção mas, por exemplo, é forçado a fazê-lo, e portanto não é censurável. Dessa forma, *prima facie* é possível realizar um ato de corrupção, ser moralmente responsável por realizá-lo, e ainda assim não ser merecedor de censura.

Além disso, distinguimos anteriormente entre duas espécies de corruptores. Há aqueles que são moralmente responsáveis por suas ações corruptas. E há aqueles corruptores que não são responsáveis por seu caráter corrupto, mas cujas ações são (a) expressão de ser caráter corrupto e (b) ações que têm um efeito corruptor.

De acordo com isso, temos agora uma distinção tripartite em relação a corruptores: (1) corruptores que são moralmente responsáveis por suas ações corruptas e merecedores de censura; (2) corruptores que são moralmente responsáveis por suas ações corruptas, mas não merecedores de censura; (3) corruptores que não são moralmente responsáveis por ter um caráter corrupto, mas cujas ações (a) expressam seu caráter corrupto; e (b) ações que possuem um efeito corruptor. A existência da terceira categoria de corruptores demonstra que a responsabilidade moral, estritamente falando, não é condição necessária para a corrupção institucional. Por outro lado, é de se presumir que se pode razoavelmente esperar que a maior parte, se não todos os adultos racionais, sensíveis à moralidade tomem medidas para renovar seu caráter corrupto, mesmo que não fossem moralmente responsáveis por seu desenvolvimento inicial. Em consequência, é provável que haja apenas um pequeno número de corruptores que são moralmente responsáveis por suas ações corruptas, a saber, aqueles que atendem às seguintes condições: (i) não foram moralmente responsáveis pelo desenvolvimento de seu próprio caráter corrupto (por exemplo, foram crianças criadas por pais corruptos); e (2) não tiveram tempo suficiente ou oportunidade para renovar seu caráter corrupto (por exemplo são jovens adultos lutando para renovar seu caráter corrupto em um ambiente corrupto).

Um último ponto concernente ao aspecto censurável daqueles que são moralmente responsáveis pela corrupção é o seguinte. Se uma pessoa é coagida a realizar uma ação que definitivamente seria corrupta, ainda assim ele ou ela seriam moralmente responsáveis por realizar a ação corrupta. Considere-se, por exemplo, um oficial novato que é coagido por veteranos a assinar uma falsa declaração sobre um suspeito. Saber se o policial é moralmente responsável por sua ação depende do fato desse policial ter realizado a ação em um sentido apropriadamente forte (e isto, por sua vez, depende da natureza da coerção empregada). Se, por exemplo, a coerção indutora de medo foi tal que a pessoa literalmente não poderia ter agido de outro modo, e não cumpri-la, pode-se sustentar que ela não realizou uma ação pela que é moralmente responsável (e, portanto, não pode ser objeto de censura). Talvez, por exemplo, o oficial novato assinasse apenas por estar sendo torturado. Por outro lado, em alguns casos o nível de coerção pode ser tal que a pessoa poderia ter agido de outro modo, e assim fosse moralmente responsável por sua ação. Talvez, por exemplo, o novato assinasse porque não desejasse apanhar. Tipicamente, em semelhantes casos a pessoa em questão, embora moralmente responsável por sua ação, não é merecedora de censura. Logo, se uma ação é coagida, ela pode ou não constituir um ato de corrupção. Se a pessoa é moralmente responsável, mas não merecedora de censura, por uma ação de qualquer modo corrupta, pode-se afirmar que a ação continua sendo corrupta. Por outro lado, se a pessoa não é nem sequer moralmente responsável por uma ação de qualquer modo corrupta, a ação não é corrupta.

3.4 Assimetria entre corruptores e corrompidos

A quarta característica da corrupção institucional diz respeito a pessoas – no sentido de ocupantes de papéis institucionais – que são corruptas. O contraste aqui é duplo. Em primeiro lugar, pessoas estão sendo diferenciadas de *processos e fins institucionais* que podem ser subvertidos. Em segundo lugar, aqueles que são *corruptos* estão sendo diferenciados daqueles que corrompem (*corruptores*).

Aqueles que são corruptos tipicamente, em alguma medida, ou em algum sentido, permitiram ser corrompidos; são *participantes* no processo de sua corrupção. Especificamente, *escolheram* realizar as ações que, em última instância, tiveram efeito corruptor sobre eles, e poderiam ter escolhido outro caminho. A esse respeito, os corruptos não são diferentes dos corruptores. Note-se que não se segue disto que os corruptos são necessariamente moralmente responsáveis por serem assim, uma vez que, por exemplo, podem carecer da requerida maturidade moral. Retornarei a essa questão abaixo. Note-se, ainda, que essa habilidade daqueles que estão sendo corrompido escolher outro caminho de ação é consistente com o fato de serem corruptos sob coerção, quando poderia ter escolhido resistir à coerção.[8]

Sem dúvida, muitos indivíduos se tornam políticos, empresários ou acadêmicos corruptos como consequência de aspectos de sua personalidade, ou de circunstâncias financeiras ou outras, que têm pouco ou nada a ver com o arranjo institucional no qual operam. Considere-se um contador que se vicia em jogo e, como consequência, envolve-se em atos de corrupção corporativa. No entanto, o processo pelo qual uma pessoa individual se corrompe enquanto ocupante de papel institucional é com frequência uma que se tornou parte do funcionamento da instituição em questão, e como tal, torna o indivíduo vulnerável nesse arranjo institucional. Semelhantes processos não são de modo algum necessariamente dependentes do fato do indivíduo ser corrupto ou carecer de resiliência contra a corrupção antes de sua participação nessa instituição. Em vez disso, é um caso de uma pessoa de caráter moral mediano (por assim dizer) inserida em uma ambiente institucional no qual há induções indevidas (sutis, de início), de maneira crescente, a se envolver em infrações legais ou morais e, como consequência, de maneira gradual e imperceptível, a se tornarem corruptos. Considere-se um jovem policial que acabou de começar a trabalhar no setor de narcó-

---

8. Note-se, finalmente, porém, que se as supostas ações daqueles que estão sendo corrompidos fossem realizadas, por exemplo, sob efeito de drogas ou de alguma outra forma que escape a seu controle, não se poderia dizer que eles escolheram realizá-las, e essas supostas ações não são atos de corrupção, uma vez que não são sequer ações no sentido requerido. Além disso, pode-se conceber que semelhantes "ações" ao longo do tempo, têm o efeito de minar o caráter moral das pessoas em questão, caso em que temos exemplos de pessoas corruptas que podem não ser capazes de resistir ao processo de sua corrupção durante esse período (na verdade, involuntário) de induzir a "ação corrupta. Se for assim, existe uma assimetria entre os corruptores e os corruptos. Ao passo que todos os corruptores poderiam *agir* de outro modo, alguns dos corruptos não podem *ser* algo diferente de corruptos.

ticos. Ansioso para "se encaixar", ele tolamente aceita um "presente" menor em dinheiro de um policial veterano, sem saber para quê; ele cometeu uma infração legal, ou pelo menos regulamentar, relativamente menor. Posteriormente, em uma festa com bebidas, ele relutantemente concorda em fumar um baseado com alguns de seus novos colegas (outra infração legal menor). Posteriormente, ainda, é informado que o pagamento que ele recebeu era sua "parte" de um negócio ilegal de drogas. Isto é feito no contexto em que ele é entusiasticamente recebido como "um deles", embora as terríveis consequências dessa "avaliação" por parte de seus colegas estejam claras. Confuso e assustado, ele não reporta esse pagamento ilegal; agora, ele cometeu uma séria infração. O policial está comprometido, e comprometido em um ambiente policial corrupto e intimidante. Ele está na proverbial ladeira abaixo.

Assim, aqueles que são corrompidos e os que corrompem podem ser diferentes em relação a suas intenções e crenças concernentes aos efeitos corruptores de suas ações. Especificamente, pode não ser verdade daqueles que se permitem ser corrompidos que eles pretenderam, previram ou mesmo deveriam ter previsto esse resultado, não obstante o fato de que poderia tê-lo previsto. Isto é especialmente provável no caso do jovem e de outros grupos vulneráveis que se permitem ser corrompidos, mas que carecem da necessária maturidade moral: não se pode esperar que prevejam que suas ações, ou mais provavelmente, omissões, teriam essa consequência. O supramencionado jovem policial é um exemplo. Considere-se também o caso de crianças recrutadas para o movimento da Juventude Hitlerista (*Hitler Jugend*) que foram induzidos à prática de espionar seus colegas de classe, professores e mesmo seus pais, e reportar aos nazistas quaisquer atividades suspeitas ou desviantes. Pode-se argumentar que essas crianças não foram moralmente responsáveis por seu caráter moral, para não dizer merecedores de censura. Se for assim, embora agentes sejam, necessariamente, moralmente responsáveis por suas ações corruptas (embora não sejam necessariamente censuráveis por suas ações corruptas), não são necessariamente moralmente responsáveis por serem corrompidos. Assim, existe pelo menos essa assimetria entre corruptores e corruptos.

Naturalmente, um corruptor de outras pessoas ou de processos institucionais, ao realizar essas ações corruptas, pode também e simultaneamente produzir efeitos corruptores sobre si próprio. Em outros termos, atos de corrupção podem ter, e tipicamente têm, efeito colateral em relação ao corruptor. Eles corrompem o corruptor, embora usualmente de forma não intencional. Considere-se a propina em relação a uma licitação. A propina corrompe a licitação, e provavelmente terá efeito corruptor sobre o caráter moral do *receptor* de propina. No entanto, ele pode ter ainda um efeito corruptor sobre o caráter moral do *oferecedor* de propina (subornador).

Precisamos distinguir aqui entre uma ação corrupta que contribui para a corrupção do caráter moral do suposto corruptor, mas não possui efeito corruptor sobre qualquer processor institucional, ou sobre o caráter moral de qualquer outra pessoa, e uma ação aparentemente *não corrupta* que seja mera *expressão* de um caráter moral corrupto, mas não possui efeito corruptor sobre qualquer processo institucional ou sobre o caráter moral seja da pessoa que a realiza, seja de qualquer outra pessoa. A esse respeito, considere dois tipos de supostos subornadores cujas propinas são rejeitadas. Suponha-se que em ambos os casos sua ação não possui efeito corruptor sobre um processo institucional ou sobre outra pessoa. Suponha-se, agora, que no primeiro caso a ação do subornador de oferecer a propina enfraquece sua disposição de não oferecer propinas; assim, a oferta tem efeito corruptor sobre seu caráter. No entanto, suponha-se que, no caso do segundo subornador, sua tentativa fracassada de subornar gera nele um sentimento de vergonha e uma disposição para não oferecer propinas. Assim, sua ação não possui efeito corruptor, seja sobre si mesmo, seja externamente sobre um processo institucional ou outra pessoa. Em ambos os casos, a ação é expressão de um caráter moral parcialmente corrupto. Porém, no primeiro caso, mas não no segundo, a ação do subornador é corrupta por ter efeito corruptor sobre ele mesmo. Porém, mesmo no segundo caso, a ação é um ato de corrupção, segundo nossa definição qualificada de corrupção, uma vez que é um exemplo de um tipo de ação que tende a solapar processos, fins institucionais ou pessoas (enquanto atores institucionais).

Defendi que os corruptos não são necessariamente moralmente responsáveis por serem corruptos. Também afirmei que os corruptores são moralmente responsáveis por realizarem suas ações corruptas. De acordo com isso, apresentei a hipótese de uma assimetria entre corruptores e corruptos. Porém, o que dizer dos corruptores que não são moralmente responsáveis por seu caráter corrupto? Não são moralmente responsáveis por ele, mas são moralmente responsáveis por suas ações corruptas, a despeito de suas ações serem expressão de seu caráter. Como pode ocorrer isso? Pode-se presumir, em alguns casos, como crianças pequenas que foram corrompidas, que elas não são moralmente responsáveis pelas ações que expressam seu caráter moral corrupto, a despeito dos efeitos institucionais danosos que essas ações possuem. Talvez, alguns membros muito jovens da mencionada Juventude Hitlerista não fossem moralmente responsáveis por suas ações institucionalmente danosas; assim suas ações não eram corruptas (além de serem corruptas no sentido de serem ações de um tipo que tende a corromper). No entanto, esses membros muito jovens da Juventude Hitlerista não demonstravam a suposta assimetria entre corruptores e corruptos. Embora não fossem moralmente responsáveis por seu caráter corrupto, tampouco eram moralmente responsáveis por realizar quaisquer ações corruptas. E o que dizer dos corruptos que não são responsáveis por serem corruptos, mas cujas ações são corruptas e que são, portanto (a meu ver), moralmente responsáveis por suas ações corruptas?

Conforme mencionado acima, muitos dos que não são moralmente responsáveis por terem sido inicialmente corrompidos (por exemplo, em sua juventude), são, todavia, moralmente responsáveis por não tentar agora (por exemplo, em sua idade adulta) tentar renovar seu caráter corrupto. Nessa medida, pode-se sustentar que são, pelo menos indiretamente, moralmente responsáveis pelas ações corruptas que são expressões livremente realizadas de seus caráteres corruptos, mesmo que não sejam por terem sido inicialmente corrompidos.[9] Além disso, há uma diferença entre uma ação que é *livremente realizada* de um caráter corrupto[10] e uma ação que possui um efeito institucionalmente danoso, mas que não está sob controle da pessoa que a realizou, a pessoa não é moralmente responsável por ela, por exemplo, a pessoa não pretendia realizá-la, ou sua intenção de realizá-la foi causada por algum agente externo a essa pessoa, ou a pessoa não é um adulto moralmente responsável (como no caso dos membros mais jovens da Juventude Hitlerista). Mesmo se uma pessoa possui um caráter corrupto e pouco pode fazer para mudá-lo no curto prazo, disto não se segue que não possuem controle sobre ou não são de outro modo moralmente responsáveis pelas ações que são expressões livremente realizadas desse caráter. Considere, por exemplo, um policial corrupto que julga muito difícil recusar propinas, mas que, não constante, está ciente de seu caráter corrupto, e procura evitar oportunidades nas quais lhe sejam oferecidas propinas. O resultado é que a proposição de que existe uma assimetria entre corruptores e corruptos evidentemente se mantém, embora em forma qualificada. Especificamente, os corruptores são sempre *em*

---

9. É claro, contra isto pode-se sustentar que não foram moralmente responsáveis pelas supostas ações corruptas que realizaram durante o período em que estavam sendo corrompidos.

10. Estou assumindo aqui que há uma distinção entre as ações que são expressão causal "mecânica" do caráter moral (e, como tal, não mediadas por juízo moralmente informado) e aquelas que são expressões livremente realizadas do caráter moral (e, portanto, mediadas por juízos moralmente informados, ainda que falhos).

alguma medida moralmente responsáveis por suas ações corruptas, ao passo que os corruptos (por exemplo, jovens vulneráveis) não são necessariamente moralmente responsáveis por seu caráter corrupto. Mesmo corruptores que não são responsáveis por seus caráteres corruptos e não têm oportunidades suficientes para renová-los são em alguma medida moralmente responsáveis pelas ações corruptas que foram expressões livremente realizadas de seu caráter moral. Essa assimetria é a quarta característica da corrupção institucional.

3.5 Atores institucionais corruptores e corruptos

A quinta e última característica da corrupção institucional a ser discutida diz respeito a agentes não institucionais que, de maneira dolosa, realizam ações que solapam processos ou fins institucionais. Conforme concluído acima, a corrupção, mesmo que envolva abuso de cargo público, não é necessariamente buscada para ganho privado.[11] Além disso, sustentei que atos de corrupção institucional são às vezes ações realizadas por pessoas que não detêm cargo público, mas ocupam posições no setor privado. Assim, aqueles que oferecem ou aceitam subornos em relação a transações comerciais puramente privadas estão envolvidos em atividade corrupta.

De maneira mais geral, conforme notado no Capítulo 1 e elaborado no Capítulo 5, Seção 5.4, ocupantes de papéis institucionais que se envolvem em corrupção tipicamente usam as oportunidades proporcionadas por sua posição, e especialmente por seus direitos discricionários, a infringir seus deveres; em suma, abusam de sua posição institucional. Aqui, precisamos distinguir entre abusar de sua posição institucional e abusar de sua autoridade. Afinal, muitos ocupantes de papéis institucionais não são autoridades institucionais. Empregados de baixo escalão, como faxineiros, são um caso

---

11. Dennis Thompson também assinala isso em relação à corrupção política. Thompson, *Ethics in Congress*, p. 29.

desse tipo. Disto se segue que definições de corrupção institucional em termos de abuso de autoridade são falhas; abuso de autoridade é apenas uma espécie de corrupção (ver Capítulo 5, Seção 5.4).

Precisamos invocar também uma distinção entre pessoas que detêm cargo público ou posição no setor privado, por um lado, e pessoas que possuem um papel institucional. Cidadãos não detêm necessariamente cargos públicos ou ocupam posições no setor privado, mas possuem papel institucional enquanto cidadãos, por exemplo, como eleitores.

Considere-se o caso de um cidadão e eleitor que não detém cargo público ou posição no setor privado, mas que, não obstante, invade seu distrito eleitoral e falsifica a cédula de votação para ajudar seu candidato favorito a ser eleito. Este é um ato de corrupção; especificamente, é corrupção do processo eleitoral. Todavia, não envolve detentor de cargo público (tampouco ocupante de posição no setor privado), seja como corruptor, seja como corrupto. Por contraste, considere um muçulmano fundamentalista da Arábia Saudita que se opõe à democracia e que invade um distrito eleitoral em um pobre Estado africano, e falsifica a cédula eleitoral a fim de facilitar a eleição de um candidato extremista de extrema-direita o qual provavelmente, se eleito, polarizará ainda mais a comunidade profundamente dividida, e com isso, minará a incipiente democracia. Assumamos, ainda, que o fundamentalista o faça sem conhecimento do candidato, ou mesmo de qualquer outra pessoa. Em primeiro lugar, não há corruptor ou corrupto que seja ocupante de um papel institucional. O infrator não ocupa papel institucional relevante; não é cidadão ou mesmo residente no Estado em questão. E, embora mine um processo institucional legítimo, a saber, o processo eleitoral não corrompeu ou solapou o caráter do ocupante de um papel institucional. Em segundo lugar, o infrator está em última instância tentando destruir a instituição da democracia, em vez de solapar um de seus processos a serviço de ganho político, no âmbito de uma instituição ativa.

Desse modo, podemos concluir que atos de corrupção institucional necessariamente envolvem um corruptor que realiza um ato de corrupção *enquanto ocupante de papel institucional* e/ou alguém que é corrupto *enquanto ocupante de um papel institucional*.

Isto nos permite distinguir não somente atos de corrupção de atos de corrosão, mas também de infrações morais que minam processos e fins institucionais, mas não são atos de corrupção. Não são atos de corrupção porque ninguém, em sua capacidade como ocupante de papel institucional realiza ato de corrupção ou sofre diminuição de seu caráter. Há muitas infrações legais e morais nesta última categoria. Considere-se indivíduos não empregados, ou de alguma forma institucionalmente ligados a uma grande corporação, que a roubam ou fraudam. Essas infrações podem minar processos e fins institucionais da corporação, mas dado a falta de envolvimento de qualquer funcionário, administrador ou empregado da corporação, esses atos não são atos de corrupção.

Um último ponto a ser colocado antes de nos voltarmos para nossa definição explícita de corrupção diz respeito à possibilidade de que um corruptor realize uma ação corrupção, mas o faça sem infringir seus deveres institucionais explicitamente especificados, ou formais. De acordo com isso, uma ação pode ser corrupta por minar de maneira evidente o fim institucional, ainda que devido a um processo institucional incompleto ou falho, o ator institucional em questão pode não estar infringindo seu dever institucional formal. Entre os exemplos de semelhante corrupção estão algumas ações que exploram brechas em leis e regulamentos. Considere alguns advogados cuja principal atividade consiste em facilitar sonegação de impostos em larga escala por parte de companhias ricas, ao conceber estruturas complexas legalmente corretas de companhias de fachada [*shell companies*] que somente pagam tributos em paraísos fiscais e, com isso, privam países – nos quais obtiveram seus lucros – de bilhões de renda devidos por essas companhias pela condução de suas atividades comerciais. Esses advogados podem não estar infringindo a lei ou seus deveres institucionais entendidos de maneira estreita; porém, suas ações evidentemente minam fins institucionais legítimos. Logo, à luz de minha explicação, suas ações são corruptas (ver definição abaixo e Capítulo 14, Seção 14.2).

3.6 O conceito de corrupção institucional

À luz da discussão das cinco características definidoras do conceito de corrupção institucional, dispõe-se da seguinte explicação resumida:[12]

Um ato x (seja uma ação singular ou conjunta) realizada por um agente A (ou conjunto de agentes)[13] é um ato de corrupção institucional se e somente se:

(1) x possui um efeito, ou é um exemplo de um tipo de ato que tende a ter um efeito, com toda probabilidade, não de destruir alguma instituição I, mas de minar, ou contribuir para o solapamento de algum processo e/ou fim institucional (compreendido como bem coletivo ou como meio direto ou indireto para a realização de um bem coletivo) de I, e/ou possui um efeito, ou é um exemplo de um tipo de ato que tende a ter um efeito de contribuir

---

12. No que concerne à definição, note-se que o agente B poderia ser o agente A. No que concerne à cláusula (1), note que o agente A não é necessariamente plenamente responsável do ponto de vista moral, ou merecedor de censura moral pelo efeito inesperado que sua ação x produz. Lembre-se também que estamos assumindo alguma definição aceitável de responsabilidade moral, sem ter fornecido e defendido uma explicação detalhada.

13. Estou assumindo aqui que a ação é realizada de maneira intencional, que a intenção está sob controle do agente e que este poderia ter agido de outro modo.

para o despojamento do caráter moral de algum (alguns) ocupante(s) de papel de I, agente(s) B, enquanto ocupante(s) de I;

(2) Pelo menos uma das duas, (a) ou (b) é verdadeira:

(a) A é (são) ocupante(s) de I, A utilizou as oportunidades proporcionadas por seu papel – e, especialmente seus direitos discricionários – para realizar x, e ao realizar x, A teve a intenção ou previu os efeitos inconvenientes em questão, ou A deveria ter previsto esses efeitos;

(b) é um ocupante de papel de B (ou conjunto de agentes, B_1, B_2, B_3 etc.) de I, e B (ou B_1 etc.) poderia ter evitado os efeitos inconvenientes, se B (B_1 etc.) tivessem escolhido fazê-lo.[14]

Note-se que alguns casos de corrupção envolvem uma ação conjunta realizada por um conjunto de atores institucionais que são corruptores, e alguns atos conjuntos de corrupção envolvem um ator institucional e um ator não institucional (por exemplo, um cidadão (ou subornador) que suborna um policial (o subornado)). Note também que (2)(a) nos informa que A é um corruptor e, portanto, é (diretamente) responsável do ponto de vista moral pela ação corrupta, ou A não é moralmente responsável por seu (de A) caráter corrupto e a ação corrupta é expressão do caráter corrupto de A. Note ainda que A não infringe necessariamente seus (de A) deveres institucionais ao realizar uma ação corrupta, embora tipicamente o faria.

De acordo com a explicação acima, um ato de corrupção institucional produz, ou contribui para produzir, uma condição corrupta de alguma instituição (ou é um tipo que tende a fazê-lo). Porém, essa condição de corrupção só existe de maneira relativa a uma condição não corrupta, a qual é a condição de ser uma instituição moralmente legítima, ou um subelemento dela. Além de

---

14. Não estou admitindo aqui a possibilidade admitida na nota 9 acima, de uma pessoa corrupta que não poderia resistir ao processo de sua corrupção. Se essa possibilidade fora admitida, a definição precisaria ser ajustada.

processos e fins institucionais específicos, entre esses subelementos se incluem papéis institucionais e traços moralmente meritórios de caráter que são associados ao desempenho apropriado desses papéis institucionais.

Considere-se o processo judicial não corrompido. Ele consiste na apresentação de evidência objetiva que foi colhida de maneira legal, de testemunho em tribunal sendo apresentado de maneira confiável, dos direitos do réu serem respeitados, e assim por diante. Esse processo judicial normalmente legítimo pode ser corrompido se uma ou mais de suas ações constitutivas não forem realizadas de acordo com o processo tal como se espera que seja. Assim, apresentar evidência forjada, mentir sob juramento, e assim por diante, são todas ações corruptas. Em relação ao caráter moral, considere-se um contador honesto que começa a "corrigir os livros" sob a dupla pressão de uma administração veterana corrupta e um desejo de manter um estilo de vida que só é possível se financiado pelo altíssimo salário que ele recebe ao alterar os livros. Ao se envolver em semelhante prática ele corre o risco de erosão de seu caráter moral; está minando sua disposição a agir honestamente.

Segundo esta visão, a condição corrupta da instituição existe somente de maneira relativa a alguns padrões morais, que são definidores da condição não corrompida dessa instituição, incluindo o caráter moral das pessoas que ocupam papéis institucionais. Os padrões morais em questão podem ser mínimos, ou podem ser ideias morais. Corrupção em relação a um processo de licitação é uma questão de falha em relação aos padrões morais mínimos contidos em leis ou regulamentos. Por outro lado, a gradual perda da inocência pode ser vista como um processo de corrupção em relação ao estado moral ideal.

Se o processo de corrupção prosseguir por tempo suficiente, não mais teremos um funcionário corrupto ou a corrupção de um processo institucional ou instituição; não teremos mais uma pessoa que possa propriamente ser descrita como, digamos, juiz, ou um processo que possa propriamente ser descrito como, por exemplo, um processo judicial – diferente dos procedimentos em um tribunal de cangurus. Como uma moeda que foi torcida e apagada impedindo o reconhecimento, que não é mais uma moeda; é uma peça de metal retorcido que não pode mais ser trocada por bens.

A corrupção de uma instituição não assume que a instituição de fato existiu em algum momento do passado de maneira pristina ou incorrupta. Antes, uma ação, ou conjunto de ações, é corruptora de uma instituição na medida em que essa ação, ou ações, possuem efeito moral negativo sobre a instituição. Essa noção de um efeito moral negativo é determinada por recurso aos padrões morais constitutivos dos processos, papéis e fins da instituição tal como a instituição moralmente deve ser no contexto sócio-histórico em questão. Considere-se um policial que forja evidência, mas que é membro de um serviço policial cujos membros sempre forjaram evidências. Continua sendo verdadeiro que o policial está realizando uma ação corrupta. Sua ação é corrupta em virtude do efeito moral negativo que possui sobre o processo institucional de provas colhidas e apresentação de evidências. Na verdade, em geral, nessa instituição esse processo não é o que deveria ser, dadas as ações corruptas dos demais policiais nessa força policial particular. Porém, a questão é que sua ação contribui para o solapamento adicional do processo institucional; possui um efeito moral negativo tal como julgado pelo padrão do que o processo deveria ser nessa instituição no momento.

Em relação às instituições, e processos, papéis e fins institucionais, insisti que, se eles têm potencial para serem corrompidos, devem ser *moralmente* legítimos, e não meramente legítimos em algum sentido mais fraco, por exemplo, legal. Talvez haja sentidos não morais do termo "corrupção". Por exemplo, diz-se às vezes que algum termo em uso numa comunidade linguística é uma forma corrupta de uma dada palavra, ou que alguma arte moderna é uma corrupção de formas estéticas tradicionais. Porém, o significado central do termo "corrupção" traz consigo fortes conotações morais; descrever alguém como uma pessoa corrupta, ou uma ação como corrupta, significa atribuir uma deficiência moral e expressar desaprovação moral. De acordo com isso, para que um processo institucional seja corrompido ele precisa sofrer alguma forma de diminuição moral, e portanto, em seu estado não corrompido deve ser pelo menos moralmente legítimo. Assim, embora casamento inter-racial fosse ilegal no *apartheid* da África do Sul, um padre, Padre A, que casasse um homem negro com uma mulher branca não estaria envolvido em ato de corrupção. Por outro lado, se outro padre, padre B, casasse um homem e uma mulher, sabendo que o homem já era casado, ele pode estar envolvido em ato de corrupção. Por que o ato do Padre B seria corrupto? Porque servia para minar um processo institucional legal e moralmente legítimo, a saber, casamento consensual entre dois adultos que não sejam já casados. Porém, o ato do Padre A não seria corrupto. Por quê? Porque um procedimento institucional legalmente exigido, mas moralmente inaceitável – recusar-se a casar dois adultos, em união consensual, porque pertenceriam a dois grupos raciais [étnicos] diferentes – não pode ser corrompido. Não pode ser corrompido porque não era moralmente legítimo, para começar. Com efeito, a proibição legal do casamento inter-racial em si é uma corrupção da instituição do casamento. Desse modo, o ato do Padre A de casar o homem negro e a mulher branca não seria corrupto.

Outro ponto surgindo desse exemplo diz respeito à possibilidade de uma instituição (o governo do *apartheid* sul-africano) corromper outra instituição (a Igreja na África do Sul do *apartheid*). Outras coisas mantendo-se iguais, na medida em que os padres (e outros atores institucionais relevantes) na Igreja atuassem como o Padre A, isto é, resistir às leis do *apartheid*, a Igreja como instituição não teria se corrompido. Além disso, o solapamento dos processos institucionais da Igreja pelo governo do *apartheid* não constituía em si corrupção, uma vez que o governo e seus líderes não são *per se* – pelo menos em um estado secular – ocupantes de papéis da instituição da Igreja. O que dizer sobre esses padres que cumpriram as leis do *apartheid* e não casaram casais mistos? Precisamos aqui distinguir a mera obediência às leis do *apartheid* da adesão a essas leis. Um padre pode ter cumprido a lei do *apartheid*, mas somente porque nenhum casal misto o procurou para se casar. Pode-se presumir que esse padre não foi nem corruptor nem corrupto. O que dizer de um padre que ativamente apoiou o *apartheid* ao condenar semelhantes casamentos inter-raciais como não legítimos aos olhos de Deus, denunciando os padres que os realizavam, e assim por diante? Pode-se presumir que esse padre foi corrompido e – na medida em que foi bem-sucedido em seus esforços – corruptor da instituição do casamento.

Um ponto relacionado surgindo desse exemplo diz respeito à possibilidade de corrupção de um componente de uma instituição como contraposto à instituição em sua totalidade. Naturalmente, muitas, talvez a maioria das ações que prejudicam uma subinstituição, ou mesmo um único processo institucional, prejudicam a instituição como um todo; afinal, uma instituição consiste em suas partes. No entanto, no caso de algumas grandes instituições, pelo menos, o dano à instituição como um todo pode ser desprezível, mesmo que o dano ao elemento subinstitucional do processo institucional tenha sido suficiente para que a ação infratora possa ser descrita como ato de corrupção. É claro, a ação infratora pode ser uma ação de um tipo que tende a minar a instituição, especialmente se realizada com frequência, por muitos ocupantes de papéis institucionais ou por aqueles pertencentes aos mais altos escalões, por exemplo, subornos. Porém, pode haver ações que são de um tipo que apenas minam um único processo institucional, e o processo em questão não tem muita importância para a instituição como um todo. Talvez, um professor universitário deixando de vestir sua túnica nas relevantes ocasiões formais minasse esse ritual acadêmico em particular, porém teria impacto desprezível sobre a universidade como um todo e, em particular, para a realização de seus fins acadêmicos últimos. Como é evidente, a resposta correta a esse tipo de exemplo consiste em negar que a infração em questão seja de fato uma espécie de corrupção, e fazê-lo com base em que o processo institucional em questão (o ritual acadêmico) não é em si suficientemente importante do ponto de vista institucional em termos de sua contribuição para os fins institucionais últimos, isto é, para os bens coletivos definidores da instituição.

Há três pontos residuais a serem tratados em conclusão. Primeiro, o despojamento do caráter moral de um ocupante de papel, ou o solapamento de processos e fins institucionais, tipicamente exigiriam um padrão de ações – e não meramente uma ação única. Vimos isto acima em relação a policiais recebendo café e *donuts* de graça. Note-se aqui o papel central dos hábitos. Acabamos de ver que a corrupção de pessoas e instituições tipicamente exige um padrão de ações corruptas. Mais especificamente, ações corruptas são tipicamente habituais. Entretanto, conforme notado na Introdução, os hábitos de uma pessoa são em grande parte constitutivos do caráter moral da pessoa. De acordo com isso, maus *hábitos*, em termos morais – incluindo ações corruptas – são extremamente corrosivos do caráter moral, e portanto, de papéis institucionais e, em última instância, instituições.

No entanto, há alguns casos nos quais uma única ação, realizada uma só vez, seria suficiente para corromper uma instância de um processo institucional. Considere-se uma licitação específica. Suponha-se que se ofereça uma propina e esta seja aceita, e o processo de licitação é com isso minado. Suponha-se que esta é a primeira e única vez em que a pessoa que oferece o suborno e a pessoa que a aceita estejam envolvidos em prática de suborno. É este único caso um exemplo de corrupção? Certamente, uma vez que corrompeu esse caso particular de um processo de licitação. Por outro lado, podemos imaginar um suborno de valor ínfimo realizado uma única vez que tem efeito desprezível sobre fins e processos institucionais e pessoas (enquanto ocupantes de papéis institucionais). No entanto, conforme mencionado acima, uma vez que se trata de um suborno, tendemos a vê-lo como um exemplo de corrupção. Daí termos acrescentado a qualificação na explicação de corrupção institucional acima, a saber, que semelhante ação única é de um tipo (nomeadamente, ser um suborno) que tende a minar, ou contribui para o solapamento de fins e processos institucionais ou pessoas (enquanto ocupantes de papéis).

O segundo ponto residual é que, entre os casos de corrupção, há alguns nos quais os corruptores são *negligentes* de forma culposa; eles fazem, ou permitem que seja feito, aquilo que eles razoavelmente deveriam saber que não deve ser feito, ou que não deveria ser permitido que se fizesse. Por exemplo, um inspetor de segurança em uma planta industrial que é negligente em relação a seu dever de assegurar que protocolos de segurança sejam obedecidos pode ser culpado de corrupção por contribuir para o solapamento desses protocolos.

Há complexidades em relação à corrupção que envolve negligência culposa que não são necessariamente encontradas em outras formas de corrupção. Considere-se um funcionário de uma companhia que tem o hábito de permitir descarte de lixo em um rio, porque é a maneira mais fácil de se livrar dos objetos indesejados. Assuma-se, porém, que o funcionário o faz antes de haver disponibilidade de qualquer conhecimento científico relevante concernente à poluição que resulta de semelhantes descartes, e antes da existência de qualquer arranjo institucional para monitorar e controlar a poluição. Parece que o funcionário não está necessariamente agindo de maneira corrupta. No entanto, a mesma ação poderia ser um caso de corrupção corporativa em um cenário contemporâneo, no qual esse tipo de poluição é bem compreendido e de maneira generalizada, e se sabe que mecanismos antipoluição estão presentes em muitas organizações. Embora aqueles que ativamente corrompem processos, papéis e fins institucionais não sejam necessariamente os ocupantes de papéis institucionais, aqueles que são culposamente negligentes tendem a ser ocupantes de papéis institucionais que deixaram de cumprir suas obrigações institucionais.

O terceiro e último ponto residual diz respeito à natureza cooperativa de muitos dos mais sérios casos de corrupção institucional e, especialmente, corrupção organizacional, sistêmica e em larga escala (ver Introdução). Estas últimas formas de corrupção envolvem ação conjunta, com frequência estruturas de ação conjunta em múltiplas camadas. De acordo com isso, corruptores e corruptos tipicamente possuem responsabilidade moral coletiva, e não apenas individual, em relação ao solapamento de fins e processos institucionais e pessoas (enquanto ocupantes de papéis institucionais). Forneço uma análise da responsabilidade moral coletiva no Capítulo 6.

Além disso, a corrupção de uma pessoa enquanto ocupante de papel pode envolver o solapamento do compromisso de um ocupante de papel com princípios morais contidos nas normas sociais, como a honestidade. Embora esses deveres institucionais de ocupantes de papéis que também são deveres morais não estejam necessariamente contidos em normais sociais, muitos estão; a honestidade sendo um exemplo disso. Assim, processos de alcance social que minam normas sociais (objetivamente válidas) frequentemente conduzem à corrupção institucional. Além disso, esses processos indesejados, por sua vez, podem constituir matéria de responsabilidade moral coletiva. Por exemplo, se contar mentiras ou se envolver em transações financeiras desonestas são práticas amplamente aceitas, existe uma responsabilidade moral coletiva de fazer algo a respeito. Com efeito, uma importante razão para fazer algo sobre essas práticas é o efeito negativo que podem ter sobre as instituições; aceitação generalizada de violações de semelhantes normas sociais podem contribuir para corrupção institucional, mesmo que indiretamente. Um corolário disto diz respeito a normas sociais que são objetivamente errados de um ponto de vista moral, por exemplo, discriminação baseada em classe. Como vimos na Introdução, como ocorre com todas as normas sociais, semelhantes normas são sustentadas por atitudes interdependentes de desaprovação do não cumprimento. Assim, existe uma responsabilidade moral coletiva tanto por parte daqueles que possuem essas atitudes (para mudá-las), seja por parte daqueles que não as possuem (de confrontar e contestar essas atitudes quando atingem outros).

3.7 Conclusão

Minha principal tarefa neste capítulo foi elaborar as características definidoras da corrupção institucional. Sustentei que a corrupção institucional possui cinco características definidoras: (1) ações corruptas envolvem uma pessoa que é corruptora e/ou pessoa que é corrupta (o caráter pessoal da corrupção); (2) uma ação é corrupta somente se ela mina ou é de um tipo que tende a minar um fim, processo institucional ou pessoa (enquanto ocupante de papel) (o caráter causal da corrupção); (3) pessoas que realizam ações corruptas são moralmente responsáveis por fazê-lo (a responsabilidade moral dos corruptores), embora não sejam necessariamente merecedores de censura se, por exemplo, tiverem sofrido coação; (4) diferentemente de pessoas que corrompem, pessoas que são corrompidas não são, necessariamente, moralmente responsáveis por serem corruptas (a assimetria entre corruptores e corruptos); (5) atos de corrupção institucional necessariamente envolvem um corruptor que realiza a ação corrupta enquanto ocupante de um papel institucional – e, portanto, utiliza as oportunidades proporcionadas por sua posição – e/ou uma pessoa que é corrupta enquanto ocupante de um papel institucional (corrupção institucional exige a participação ativa de ocupantes de papéis institucionais).

4
Corrupção da causa nobre

Como vimos em capítulos anteriores, há muitas formas de corrupção genérica, como corrupção política, financeira, policial, judicial, acadêmica e muitos tipos específicos de corrupção, como fraude eleitoral, adulteração de evidências e plágio. Minha preocupação neste capítulo é com a chamada corrupção da causa nobre. Esta é uma característica particular das ocupações e instituições que possuem um importante bem coletivo como sua *raison d'être* [razão de ser], mas que se apoiam em meios moralmente problemáticos, notadamente o uso da violência. As mais evidentes dessas instituições são a política, a militar e a policial. Na primeira seção deste capítulo, considero a corrupção da causa nobre em relação a instituições policiais, e na segunda seção em relação às instituições políticas.

4.1 Corrupção da causa nobre na polícia

Como vimos na Introdução e no Capítulo 3, nos casos paradigmáticos, as ações corruptas são ações moralmente erradas, habituais, realizadas por ocupantes de papéis institucionais que utilizam as oportunidades proporcionadas por seu papel. O que dizer em relação ao motivo para as ações corruptas? Também vimos na Introdução e no Capítulo 3 que existem muitos motivos para as ações corruptas, incluindo desejo de riqueza, *status* e poder. No entanto, há pelo menos um motivo que podemos pensar que não está associado com a corrupção, a saber, agir em nome do bem. Preci-

133

samos ter cuidado aqui, pois às vezes ações que são realizadas em nome do bem são, não obstante, ações moralmente erradas. Com efeito, algumas ações que são realizadas por um desejo de atingir o bem são ações corruptas, a saber, atos da chamada corrupção da causa nobre.[1]

A noção de corrupção de causa nobre recebe expressão clássica no filme *Dirty Harry*.[2] O detetive Harry Callaghan está tentando atingir um fim moralmente bom. Está tentando encontrar uma garota sequestrada cuja vida está em risco iminente. Nas circunstâncias, a única maneira pela qual ele pode determinar onde está a garota a fim de salvá-la é infligir dor significativa ao sequestrador, que se recusa a revelar seu paradeiro. A imagem de Harry Callaghan infligindo dor excruciante a um assassino psicopata é tocante emocionalmente, e na verdade, eticamente. Porém, a questão que precisa ser posta é se em geral forjar evidência, bater em suspeitos, agredir verbalmente suspeitos, cometer perjúrio e assim por diante, a fim de obter condenações, está na mesma categoria que a ação de Harry. A resposta é negativa.

Entre outras coisas, o predicamento de Harry Callaghan é uma ficção romântica ou, na melhor das hipóteses, uma combinação altamente inusual de circunstâncias. A maior parte dos exemplos de fabricação de evidências pela polícia, e mesmo o uso excessivo da força, não foram empregados para salvar a vida de alguém em perigo iminente, nem eram os únicos meios disponíveis para assegurar a condenação. Além disso, o recurso contínuo a semelhantes

---

1. Versão anterior do material desta seção foi publicada em Seumas Miller e John Blackler, *Ethical Issues in Policing*. Aldershot: Ashgate, 2005. Ver também Seumas Miller, *Corruption and Anti-Corruption in Policing: Philosophical and Ethical Issues*. Dordrecht: Springer, 2016, cap. 3.

2. Ver C. B. Klockars, "The Dirty Harry Problem", republicado em A. S. Blumberg e E. Niederhoffer (org.), *The Ambivalent Force: Perspectives on the Police*. Nova York: Holt, Runehart and Winston, 1976. Ver também John Kleinig, "Rethinking Noble Cause Corruption", *International Journal of Police Science and Management*, 4 (2002), 287-314.

métodos não só viola os direitos dos suspeitos, como tende a ter o efeito de corromper policiais e, em última instância, solapar fins institucionais que, ironicamente, podem ter motivado essas ações. Os perigos que cercam a corrupção da causa nobre exigem que forneçamos uma explicação com base em princípios da diferença entre uso justificável de métodos normalmente imorais e corrupção da causa nobre. Podemos fazê-lo da seguinte forma. Quando policiais agem de acordo com os princípios morais revestidos de forma legal que regem o uso de métodos que provocam danos, obtêm três coisas ao mesmo tempo. Fazem o que é moralmente certo; suas ações são legais; e agem em acordo com a vontade da comunidade.

Pode-se sustentar – e isto parece ter sido defendido por Andrew Alexandra[3] - que o recurso à noção de uso de métodos que infligem danos em conformidade com princípios morais objetivamente sancionados pela comunidade não afasta o problema teórico posto pela corrupção da causa nobre, e especificamente a suposta imoralidade (alegada por Alexandra) do próprio uso legal de métodos danosos pela polícia. Na verdade, um suspeito que é culpado por um crime sério não terá sido tratado de maneira imoral se ele for legalmente – e não de maneira irrazoável – ferido ao ser coagido, enganado ou vigiado.[4] Mas Alexandra pergunta: e se ele for inocente? *Nesse* caso, métodos danosos foram utilizados de forma legal, mas seu uso é imoral – sugere Alexandra. Respondamos a esse argumento. Em primeiro lugar, a pessoa ferida precisa ser suspeita, isto é, há, ou deve haver, alguma forma de evidência de que é culpada. No entanto, às vezes, pessoas que se suspeita de maneira razoável terem cometido crimes são na verdade inocentes. Porém, pessoas inocentes erroneamente suspei-

---

3. Andrew Alexandra, "Dirty Harry and Dirty Hands", in Tony Coady, Steve James, Seumas Miller e Michael O'Keefe (org.), *Violence and Police Culture*. Melbourne: Melbourne University Press, 2000, pp. 235-248.

4. Estou assumindo aqui que a lei, de maneira apropriada, segue princípios éticos baseados na razão.

tas de crimes não são feridas pela polícia *com conhecimento* de que são inocentes. Assim, não temos um dano intencional a pessoas que se sabe serem inocentes. Em vez disso, temos dano intencional a pessoas que se pensa serem culpadas, e temos ferimento não intencional do inocente como subproduto do trabalho policial. Por mais perturbador que seja, isto não coloca a imoralidade no cerne da função policial, como Alexandra parece sugerir. Se existem alguns métodos policiais que de fato envolvem dano intencional aos que se sabe serem inocentes, por exemplo, vigilância invasiva de um criminoso envolvido em atividade sexual com uma mulher que se sabe não ser criminosa, então talvez esses métodos não devam ser empregados. Além disso, no caso de pessoas que são apenas suspeitas de terem cometido crimes, o grau de dano infligido a elas pela polícia, como parte de seu processo investigativo, deve ser mínimo (por exemplo, não envolver detenção prolongada) e calibrado não só tendo por referência a seriedade do crime de que são suspeitos ou que estão a ponto de cometer, mas também por referência à natureza e extensão da evidência que gera a suspeita por parte da polícia; boa evidência (mas não suficiente para sustentar uma acusação) de que o suspeito cometeu um crime sério, como roubo a mão armada, pode justificar vigilância invasiva, mas não evidência fraca de que o suspeito cometeu uma infração menor, como roubo de carro.

O problema moral da corrupção da causa nobre surge no trabalho policial quando considerações morais seguem duas direções diferentes, e especialmente quando a lei dificulta, mais do que facilitam resultados moralmente desejáveis, e particularmente fins institucionais. Precisamos distinguir aqui dois tipos de casos. Suponha-se que um policial infringe uma lei moralmente inaceitável, mas age de acordo com a lei como deve ser. Por exemplo, suponha-se que um policial se recusa a deter uma pessoa negra que está infringindo as infames "leis do passe" na África do Sul do *apartheid*. Esse policial não está necessariamente envolvido na corrupção da causa nobre;

pois infringir uma lei moralmente inaceitável não significa necessariamente envolver-se em corrupção, e portanto, não significa necessariamente envolver-se em corrupção da causa nobre. Semelhantes leis não só violam direitos naturais, como podem efetivamente solapar fins institucionais, como o bem coletivo de uma comunidade ordeira sob o império da lei.

Um segundo tipo de caso envolve um policial que infringe a lei, a qual, embora não seja moralmente inaceitável, é falha e não reflete adequadamente o equilíbrio ético que precisa ser mantido entre os direitos dos suspeitos e os direitos das vítimas. Suponha-se, por exemplo, que uma lei só permite que um suspeito seja detido para interrogatório por um período limitado; período que é inteiramente inadequado para certos tipos de investigação criminal. A lei não é necessariamente imoral, mas precisa ser mudada. Um policial que detém um suspeito por um período um pouco maior tecnicamente infringiu a lei, mas não violou os direitos de um suspeito em qualquer sentido mais profundo. Mais uma vez, o termo "corrupção" é demasiado forte. Não é um caso de corrupção da causa nobre; mas é um caso de conduta ilegal, e talvez antiética.

Um terceiro caso envolve um policial que viola direitos morais legalmente tipificados, por exemplo, utilizando tortura, forjando evidência ou ainda cometendo perjúrio. A questão sobre esses tipos de casos é que o policial não só agiu ilegalmente, como imoralmente. Além disso, a ação moralmente errada em questão é grave. Se um policial se envolve nesse tipo de atividade corrupta, e o faz a fim de alcançar resultados moralmente desejáveis, incluindo, mas não se restringindo, a fins institucionais como a condenação de perpetradores conhecidos de crimes graves, o policial está envolvido em corrupção da causa nobre. Examinemos mais detalhadamente esse tipo de caso.

4.2 Justificando a corrupção da causa nobre

A corrupção da causa nobre, obviamente, não se justifica se há meios legais para alcançar o resultado moralmente desejável. Porém, existem casos nos quais a única maneira de atingir esse resultado é agir imoralmente? Para que possamos explorar ainda mais as questões filosóficas associadas à corrupção da causa nobre, e nos centrarmos sobre a discussão, consideremos o seguinte estudo de caso.[5]

ESTUDO DE CASO 1 – CORRUPÇÃO DA CAUSA NOBRE

Um jovem policial, Joe, busca conselho do capelão da polícia. Joe está trabalhando com um detetive experiente, Mick, o qual é também seu cunhado, e visto por Joe como bom detetive que obtém resultados. Joe e Mick estão trabalhando em um caso envolvendo um conhecido traficante de drogas e pedófilo. Joe descreve seu problema da seguinte maneira:

> Padre – ele tem uma enorme ficha corrida, incluindo viciar crianças em drogas, ataque físico e sexual a menores, e mais. De qualquer modo, a vigilância informou a Mick que o traficante acabou de fazer uma compra. Quando eu e Mick nos aproximamos da cobertura do traficante em um flat, notamos um pacote lançado da janela do flat para a rua. Estava cheio de heroína. O traficante estava em casa, mas não encontramos drogas dentro. Mick pensou que seria mais garantido se tivéssemos encontrado a evidência no apartamento, do que na rua – especialmente dado o número de janelas no prédio. A defesa

---

5. A discussão nesta seção se apoia em grande parte em Seumas Miller, "Corruption and Anti-Corruption in the profession of policing", *Professional Ethics*, 6 (1998), 83-107. Outras versões deste material foram publicadas em Seumas Miller, "Noble cause corruption in policing revisited", in R. Adlam e P. Villiers (org.), *A Safe, Just and Tolerant Society: Police Virtue Rediscovered*. Waterside Press, 2004, e Miller, Roberts e Spence, *Corruption and Anti-Corruption*, cap. 5.

julgaria mais difícil negar a posse. Na última noite, Mick me disse que foi interrogado e assinou uma declaração de que ambos encontramos o pacote de heroína sob o piso, no apartamento. Ele disse que tudo o que eu tinha que fazer era manter a história no tribunal, e tudo ficaria bem, sem que eu precisasse me preocupar. O que devo fazer, Padre? – perjúrio é um sério delito criminal.[6]

Nesse cenário, há duas possíveis instâncias de corrupção da causa nobre. A primeira é que Mick intencionalmente, e de maneira ilegal, planta a evidência e comete perjúrio a fim de assegurar a condenação. Conforme descrito acima, esse caso de corrupção da causa nobre não é moralmente sustentável, pois existe uma presunção de não se infringir princípios éticos comunitários contidos na lei, e essa presunção não foi derrubada pelas considerações morais em jogo nesse caso. Com efeito, alcançar o bom fim de assegurar a condenação do traficante é superado pelo dano moral e institucional provocado pelo solapamento de outros importantes fins morais contidos na instituição, a saber, o devido processo legal e o respeito pelos direitos morais de um suspeito.[7]

Não há nada que sugira, tampouco que se trata de um ato ilegal isolado de Mick, praticado uma vez só, e que ele adotou o que considerou ser uma justificação moral específica e excepcional para cometê-lo nessa ocasião particular. Com efeito, a impressão é que Mick planta evidência em suspeitos e comete perjúrio como uma questão de rotina prática. Além disso, não há nada que sugira que forças policias nessa área – pelo menos na Austrália – são totalmente inadequadas, eu a polícia e outros fracassaram em seus esforços para reformar a lei, e que portanto, policias não têm opção a não ser

---

6. O estudo de caso acima foi fornecido de forma adequadamente disfarçada pelo Padre Jim Boland, Capelão da Polícia de NSW [New South Wales, Austrália].

7. Howerd Cohen, "Overstepping police authority", *Criminal Justice Ethics*, 6 (1987), 52-60, p. 57.

violar o devido processo legal, para que possam cumprir a chamada justiça substantiva. É claro, outra questão é saber se as políticas antidrogas da Austrália são adequadas para a tarefa. Evidentemente, não são. Mas isto em si não justifica um aumento dos poderes da polícia, em particular. Pode-se sustentar que o problema é que a política de criminalização é inadequada. Assim, Mick e detetives que pensam do mesmo modo não dispõem do argumento de que a corrupção da causa nobre é justificável porque há uma discrepância entre o que as forças policiais devem fazer, à luz de princípios éticos objetivos, e o que de fato fazem. Em primeiro lugar, não existe essa discrepância, embora políticas antidrogas atuais estejam evidentemente fracassando. Em segundo lugar, plantar provas em suspeitos, perjúrio e coisas similares não poderia jamais ser procedimentos legais baseados em princípios éticos objetivos. Por último, se de fato o aumento dos poderes policiais fossem moralmente justificáveis, a resposta apropriada da polícia deveria ser defender e fazer *lobby* por esse aumento, não se envolver em conduta ilegal.

Existe um segundo possível exemplo de corrupção da causa nobre em nosso cenário que é mais difícil resolver. É o cometimento de perjúrio por parte de Joe para impedir uma série de consequências prejudiciais a Mick, Joe e a suas famílias. Se Joe não cometer perjúrio, Mick será condenado por um ato criminoso, e suas carreiras estarão arruinadas. Além disso, a amizade entre Mick e Joe terminará, e suas respectivas famílias ficarão muito infelizes. O segundo exemplo é um candidato para comportamento ilegal justificado, ou pelo menos desculpável, com base em circunstâncias atenuantes extremas. Suponhamos que Joe cometesse perjúrio, sua ação seria moralmente justificável, ou pelo menos moralmente desculpável. A questão a ser posta agora é se esse é um ato de corrupção da causa nobre.

Certamente, semelhante ato de perjúrio é ilegal. Mas precisamos aqui distinguir várias categorias. Alguns atos são ilegais, mas seu cometimento não prejudica nenhum inocente. Pode-se sustentar que semelhantes atos ilegais não são necessariamente imorais. O traficante será prejudicado pelo fato de que irá para a prisão, mas ele não é inocente; é um conhecido traficante e pedófilo que merece ser preso.

Entretanto, o fato de que o traficante é culpado de graves crimes não resolve a questão. Considere-se as ações de Joe. Alguns atos são ilegais, mas seu cometimento não infringe os direitos morais de ninguém. Seus atos certamente infringirão os direitos morais do traficante, inclusive o direito a um julgamento justo baseado em provas admissíveis. Além disso, o perjúrio mina importante elemento do devido processo legal. Sem testemunho confiável, todo o sistema de justiça criminal ruiria; o perjúrio é uma espécie de corrupção institucional. Considerado em si, o ato de perjúrio é um sério erro moral, e um ato de corrupção. Infelizmente, como vimos, os custos morais de Joe não cometer perjúrio também são muito altos – talvez maiores do que aqueles que resultam do ato singular de perjúrio.

Podemos concluir que Joe enfrenta um genuíno dilema moral; ele provocará um dano moral de qualquer modo que aja. Segue-se que encontramos um exemplo no qual a corrupção da causa nobre se justifica? Aqui há de fato duas questões. Primeira, é a ação de Joe um exemplo de corrupção da causa nobre? Segunda, sua ação é moralmente justificada? A distinção entre corrupção – incluindo a da causa nobre –, por um lado, e imoralidade, por outro, é uma ótima distinção neste contexto, mas não deixa de ser menos real por isso.

Como vimos em capítulos anteriores, a corrupção é uma espécie de imoralidade, e ações corruptas são uma espécie de ações imorais; no entanto, nem toda imoralidade é corrupção, e nem todas as ações imorais são corruptas. A maior parte das ações corruptas possui uma série de propriedades que outras ações imorais não necessariamente possuem. Em primeiro lugar, ações corruptas tipicamente não são ações únicas. Pois, para que uma ação possa propriamente ser rotulada como corrupta tem que de fato ser corrupta, ou ser de um tipo que tende a corromper. Ações corruptas, portanto, são tipicamente a expressão de uma disposição ou hábito por parte de um agente corrupto. Com efeito, uma das razões pelas quais é tão difícil controlar a maior parte dos atos de corrupção da causa nobre é que eles tipicamente envolvem uma disposição ou hábito. Atos de corrupção da causa nobre tipicamente não são ações únicas; são habituais. Ora, a ação de Joe não é habitual. Porém, como vimos no Capítulo 3, alguns atos de corrupção são únicos. Assim, o fato de que a ação de Joe é única, não habitual, não resolve a questão de saber se é ou não corrupta.

Em segundo lugar, a maior parte das ações corruptas – envolvendo, como envolvem, um hábito de agir de certa maneira – não é realizada devido a uma eventualidade específica, não recorrente. São realizadas devido a uma condição contínua ou situação recorrente. No caso da corrupção da causa nobre na polícia, a condição contínua ostensiva é a crença de que a lei não é adequada ao fim institucional, não só porque deixa de prover a polícia de poderes suficientes para permitir a apreensão e condenação de infratores, como porque deixa de fornecer punições suficientemente duras para eles. Assim, prossegue o argumento (um tanto quanto paradoxal), a polícia precisa se envolver na corrupção da causa nobre para atingir os fins institucionais da lei; ou seja, os policias precisam desenvolver um hábito de torcer, e infringir a lei a serviço do bem moral maior da justiça, dadas as características inadequadas do sistema de justiça criminal.

Agora, embora Joe seja motivado a fazer algo errado para atingir o bem, ou pelo menos para evitar o mal, responde a uma circunstância – extraordinária, de fato – altamente específica na qual se encontra é que é altamente improvável que ocorra novamente.[8]

---

8. Ver E. Delattre, *Character and Cops*, 2ª. ed. Washington, DC: AEI Press, 1994, cap. 11, para uma discussão de situações extraordinárias como essa, e a necessidade – segundo ele – de consulta a policiais veteranos experientes.

Ele não desenvolveu uma disposição ou hábito em resposta à percepção de uma condição contínua ou situação recorrente. Porém, mais uma vez é preciso afirmar que algumas ações corruptas ocorrem uma única vez, ações não habituais que são respostas a uma circunstância não recorrente, altamente específica. Assim, não podemos concluir da natureza não recorrente dessas circunstâncias que a ação de Joe não constitui um ato corrupto.

Em terceiro lugar, ações corruptas são tipicamente motivadas, pelo menos em parte, por interesse individual ou coletivo em sentido estreito. No caso da polícia, o interesse pode ser individual, como no caso de uma gangue de detetives corruptos. Porém, é característica definidora dos atos de corrupção da causa nobre que eles são motivados por um desejo de fazer o bem e, portanto, *não* simplesmente motivados por interesses próprios (ou interesses coletivos estreitos, na medida em que esse interesse coletivo não deve ser equiparado ao bem, no contexto em questão), e assim, essa característica da ação de Joe não impede que seja um ato de corrupção – e especificamente, um ato de corrupção da causa nobre. Noto aqui que o bem, nesse contexto, poderia referir-se ao bem coletivo definidor da instituição ou ao bem em algum sentido mais geral, por exemplo, o melhor resultado em termos morais, tudo considerado. Noto ainda que atores institucionais que realizam ações de acordo com este último bem (consequencialistas, digamos), às custas do primeiro, são tipicamente culpados de uma forma de abuso institucional e, enquanto tais, não só têm a probabilidade de minar a instituição à qual pertencem como em risco de deixar de alcançar o melhor resultado, tudo considerado. Como filósofos notaram com frequência, tudo considerado, o melhor resultado a longo prazo é muitas vezes alcançado não por todos visarem a ele, mas por cada um cumprindo as regras (ou, nesse caso, papel institucional regido pelo governo) que lhes foi designado, de maneira tal que, se todos cumprirem essas regras, o melhor resultado será alcançado.

Façamos um balanço, à luz de nossa definição de corrupção institucional apresentada no Capítulo 3. O ato de perjúrio de Joe mina um processo institucional legítimo, e o fato de que seja um ato único de corrupção de causa nobre não impede que seja um caso de corrupção. Além disso, Joe é moralmente responsável por sua ação. Ele está ciente de que seu ato de perjúrio solapará um processo institucional legítimo; não é que ele ignore o dano institucional que ele está causando. Nessa medida, parece que Joe é moralmente responsável por realizar uma ação errada.

É essa ação moralmente errada um ato de corrupção? Para que sua ação seja um ato de corrupção de causa nobre ela tem que ser corrupta, e para isso, é suficiente que as três condições seguintes, identificadas no Capítulo 3, sejam atendidas. Primeira, a ação corrompe algo ou alguém. A ação de Joe, como vimos, mina um processo institucional legítimo, a saber, o processo de fornecer evidência testemunhal. Segunda, há um corruptor que é moralmente responsável pelo ato. Joe é moralmente responsável por seu ato de perjúrio e ele sabia que teria o efeito de minar o processo testemunhal. Terceira, o corruptor é um ator institucional atuando enquanto tal (e, portanto, utiliza a oportunidade proporcionada por seu papel institucional). Joe é um policial agindo enquanto tal. Uma vez que as três condições são atendidas, podemos concluir que Joe realiza um ato de corrupção, ainda que – dado sua motivação – um ato de corrupção de causa nobre. Note-se que é possível que a ação seja corrupta, e ainda assim o agente não seja culpado no sentido de ser merecedor de reprovação (aqui, como no restante do texto, distingo entre responsabilidade moral e ser merecedor de reprovação/aprovação). Por exemplo, na circunstância em questão, pode ser que, embora a ação fosse corrupta (e, portanto, moralmente errada), enquanto tal, não fosse moralmente errada, tudo considerado. Desse modo, a ação de Joe foi corrupta, mas permanece a questão de saber se sua ação era moralmente errada "tudo considerado" e, em particular, à luz das boas consequências (incluindo evitar danos) que provavelmente teria.

Joe enfrenta um genuíno dilema moral. Talvez fosse moralmente errado para ele cometer perjúrio, mesmo levando em consideração todas as questões relevantes. Além disso, ele é moralmente responsável por sua ação. No entanto, mesmo se este for o caso, pode ser que Joe não fosse merecedor de reprovação moral se cometesse perjúrio nessas circunstâncias. Especificamente, Joe possui uma desculpa moral, mesmo que não uma desculpa legal, para cometer perjúrio nessas circunstâncias. O dilema é tal que não podemos afirmar com segurança que Joe deveria ter sabido que cometer perjúrio *nessas circunstâncias* seria moralmente errado, tudo considerado. Concluo que, seja ou não moralmente errado o ato de perjúrio de Joe nessas circunstâncias (tanto enquanto tal, como com tudo considerado), não fica claro se Joe seria merecedor de reprovação moral por realizá-lo.

Antes de resumir nossa discussão sobre a corrupção de causa nobre na polícia, gostaria de apresentar outro exemplo, no qual o corruptor parece estar moralmente justificado. Considere-se um policial na Índia cujo magro salário é insuficiente para permitir que ele alimente, vista e forneça educação à sua família, e que está proibido por lei de ter um segundo emprego. Assim, ele suplementa sua renda aceitando propinas de alguns lares em uma área rica em retorno de fornecer vigilância adicional, e assim, aumentar a proteção contra roubo; isto tem como consequência que outros lares afluentes tendem a sofrer níveis mais altos de roubo do que normalmente seria o caso. O policial está envolvido em corrupção, e sua corrupção possui uma causa nobre (embora não a de servir aos fins institucionais da polícia), a saber, prover bem-estar mínimo para sua família. Além disso, pode-se sustentar que sua corrupção da causa nobre é moralmente justificada em virtude das obrigações morais que ele tem de prover as necessidades básicas de sua família.

Vimos que ações corruptas, incluindo atos de corrupção da causa nobre, são tipicamente – mas não necessariamente, ou invariavelmente – ações habituais; tipicamente, não são ações realizadas uma vez só de acordo com princípios morais que foram aplicados a uma situação particular, não recorrente. Assim, na maior parte dos casos da corrupção da causa nobre, a força motivacional é em parte a do hábito, e não há uma tentativa de realizar um cálculo racional da moralidade de meios e fins numa base de caso por caso. Assim, existe uma possibilidade inerente, e talvez tendência, de que semelhantes de atos de corrupção da causa nobre não sejam moralmente justificados, quando individualmente considerados. Afinal, o policial que realizou semelhante ato individual de corrupção da causa nobre agiu em grande medida a partir do hábito, e não examinou com calma se os meios realmente justificavam os fins no caso particular. Além disso, dada uma presunção contra infringir princípios éticos sancionados pela comunidade e contidos na legislação, esse fracasso em se envolver numa tomada de decisão numa base de caso por caso certamente não é só moralmente errado, mas merecedor de reprovação em virtude de ser – no mínimo – moralmente negligente.

O que dissemos até agora aponta para a natureza moralmente problemática de agir errado para alcançar o bem, como questão de rotina não refletida. Isto não mostra que a corrupção da causa nobre, afinal, seja motivada por *interesse próprio* individual (ou coletivo em sentido estreito). Em vez disso, a corrupção da causa nobre permanece nobre no sentido de ser motivada pelo desejo de fazer o bem. Porém, há um argumento mais fraco a ser empregado aqui, a saber, que a maior parte dos atos de corrupção da causa nobre é motivada, ou pelo menos em parte sustentada, por um grau de negligência moral.

O policial que habitualmente realiza atos de corrupção da causa nobre não sente necessidade de examinar o que há de certo e errado em suas ações imorais (supostamente) justificadas pelos fins numa base de análise caso por caso. Porém, dada a presunção contra infringir princípios éticos sancionados pela comunidade e contidos na lei, certamente a tomada de decisão numa base de análise caso por caso é tipicamente moralmente requerida. Além disso, como vimos acima, atos de corrupção de causa nobre não foram sancionados pela comunidade; são ações apenas justificadas – se é que o são – por algum conjunto de princípios morais sustentados pelo policial individual ou grupo de policiais. Ainda, esse conjunto de supostos princípios éticos tipicamente não é objetivamente válido; não é um conjunto que deve estar contido na lei. Em vez disso, eles são na verdade, tipicamente, espúrios; são o tipo de princípio utilizado para justificar ações do tipo cometido por Mick, como plantar evidências em suspeitos e cometer perjúrio.

Dessa forma, inerente à corrupção da causa nobre existe uma forte possibilidade, e talvez tendência, a arrogância moral, insularidade moral e aplicação de princípios não éticos. Assim, a corrupção da causa nobre é tanto perigosa por si própria, como com probabilidade de servir aos próprios interesses.

Em suma, embora atos de corrupção de causa nobre não serem por definição motivadas por interesse próprio individual (ou coletivo em sentido estreito), na medida em que são ações habituais tendem a vincular-se indiretamente ao interesse próprio, e em parte serem sustentadas por ele. Com efeito, essa tese de uma conexão indireta entre a corrupção de causa nobre e interesse próprio parece ser sustentada por estudos empíricos. Parece ser um fato empírico que a polícia que começa a se envolver em corrupção da causa nobre com frequência acaba se envolvendo em corrupção comum ou disfarçada, corrupção de uma ponta a outra.[9]

---

9. Ver Justice J. Wood, *Final Report: Royal Comission into Corruption in the New South Wales Police Service*. Sydney: NSW Government, 1998.

4.3 Corrupção da causa nobre em política

Da perspectiva que apresentamos neste capítulo, atos de corrupção da causa nobre em política são ações que corrompem moralmente instituições políticas legítimas, mas ações que, não obstante, são motivadas por bons fins, incluindo fins institucionais legítimos.[10] Ações como essas podem ser ações únicas, ou consistir em um padrão de ações. Segundo essa explicação, a invasão de Watergate foi um ato de corrupção e – supondo que Nixon, Gordon Liddy e outros estivessem motivados por um desejo de promover o interesse nacional –, talvez um ato de corrupção de causa nobre. Além disso, uma vez que, segundo minha explicação geral da corrupção da causa nobre, há espaço para atos moralmente justificados de corrupção da causa nobre, haverá espaço para semelhantes atos em política.

Lembre-se de que minha explicação da corrupção política pressupõe que a instituição política corrompida é em algum sentido, e em alguma considerável extensão, moralmente legítimo. Como bem se sabe, a questão sobre o que conta como Estado moralmente legítimo é intrinsecamente problemática. Por exemplo, diferentes teorias políticas proferem veredictos diversos sobre a questão da legitimidade moral de determinado governo.

Note-se que em alguns Estados, por todos considerados ilegítimos, por exemplo, Estados totalitários como a União Soviética sob Stálin, atos que normalmente poderiam contar como atos de corrupção, como destruir cédulas de votação para favorecer Stálin, poderiam não ser considerados atos de corrupção. No entanto, quando se passa para instituições políticas, a legitimidade moral

---

10. Versão anterior do material desta seção foi publicada em Miller et al., *Corruption, and Anti-Corruption*, e Seumas Miller, "Noble cause corruption in politics", in I. Primoratz (org.), *Politics and Morality*. Basingstroke: Palgrave Macmillan, 2007, pp. 92-112.

admite graus e, em alguns casos, derivação para a indeterminação. Além disso, em dado Estado, algumas instituições políticas ou subelementos delas podem apresentar um grau de legitimidade, enquanto outras não. Na China, talvez o governo subnacional de Hong Kong possua um grau de legitimidade que o governo títere instalado pela China no Tibete não possui.

Como vimos na Introdução, alguns teóricos da corrupção política, como Joseph Nye, sustentaram que toda corrupção, incluindo a política, envolve abuso do cargo público para ganho privado.[11] Em capítulos anteriores, rejeitei essa tese. No contexto deste capítulo, é evidente que preciso rejeitá-la; é inconsistente com a possibilidade de corrupção de causa nobre. Uma variante mais plausível dessa tese é que a corrupção política envolve pelo menos abuso do cargo público, embora não necessariamente para ganho privado. Como vimos no Capítulo 3, contra essa visão, atos de corrupção política podem ser ações realizadas por atores institucionais que não detêm cargo público, por exemplo, cidadão que não têm cargo público contrapostos (digamos) a políticos.

Até aqui, sustentei que a visão de que a corrupção política pode ser acomodada no interior de minha teoria geral, ou quase teoria, da corrupção e da corrupção da causa nobre. No restante deste capítulo, desejo enfrentar a tese associada a Maquiavel, Max Weber, Michael Walzer e outros de que existe algo especial a respeito do papel de líderes políticos, de tal modo que se envolver em corrupção da causa nobre é de certo modo uma característica definidora do papel político.[12] Estou assumindo aqui que esses teóricos estão defendendo uma tese mais forte do que aquela com a qual estou

---

11. Nye, "Corruption and political development", 417-427.

12. N. Maquiavel, *O Príncipe*, qualquer edição; Max Weber, "Politics as a vocation", in H. Gerth e C. Wright Mills (org.), *From Max Weber: Essays in Sociology*. Londres: Routledge, 1991; Michael Walzer, "Political action: the problem of dirty hands", *Philosophy and Public Affairs*, 2 (1973), 160-180.

comprometido. Lembre-se de que estou comprometido com a tese de que em política, como em tudo, pode haver atos moralmente justificados de corrupção da causa nobre. No entanto, rejeito a tese de que envolver-se em corrupção da causa nobre seja uma característica definidora do papel político.[13]

Esse tipo de tese é às vezes defendido no contexto de uma discussão do chamado problema das mãos sujas. É importante notar aqui, em primeiro lugar, algumas diferenças conceptuais entre o conceito de mãos sujas e o conceito de corrupção da causa nobre. A ideia de mãos sujas é que líderes políticos, e talvez os membros de algumas outras ocupações, como soldados e policiais, necessariamente realizam ações que infringem princípios centrais ou importantes da moralidade comum, e que isto se deve a alguma característica intrínseca dessas ocupações. Semelhantes ações "sujas" incluem mentir, trair e, especialmente, uso da violência.

O primeiro ponto a discutir é que, a meu ver, não é evidente que semelhantes atos sejam necessariamente atos de corrupção, e portanto, necessariamente atos de corrupção da causa nobre. Em particular, não é evidente que todos os atos desse tipo minem em qualquer grau processos e fins institucionais, ou ocupantes de papéis institucionais (enquanto tais) (isto é compatível com esses atos terem efeito corruptor sobre o caráter moral das pessoas que os realizam, embora não sobre esses traços de seu caráter moral necessários para o desempenho de suas responsabilidades no papel institucional como, digamos, políticos, policiais ou soldados). Por outro lado, pode-se sustentar que semelhantes atos são casos de corrupção, uma vez que são de um tipo que tende a minar processos

---

13. Essa visão em relação às mãos sujas é encampada por C. A. Coady em seu "Dirty hands", *Encyclopaedia of Ethics*, 2ª. ed. Londres: Routledge, 2001, p. 407 s. Por outro lado, Coady também parece endossar uma versão do absolutismo moral, e se for assim, ele não deseja aceitar uma gama do que eu consideraria como atos moralmente justificados de corrupção da causa nobre.

e fins institucionais ou ocupantes de papéis institucionais enquanto tais. Pode-se responder que isto não seria assim se a realização do tipo de atos em questão fosse justificada em termos do fim institucional, e apropriadamente contida e sujeita a mecanismo estritos de prestação de contas [*accountability*].

O segundo ponto, relacionado a esse, é que algumas ações supostamente "sujas" são na verdade definidoras dos papéis políticos, bem como de papéis policiais e militares. Por exemplo, defendi antes que uma característica definidora do trabalho policial é seu uso de métodos danosos e normalmente imorais, como engano e violência, a serviço da proteção (entre outras coisas) de direitos humanos.[14] Claramente, uma definição similar é requerida para o papel do soldado. E, uma vez que líderes políticos necessariamente exercem o poder e – entre outras coisas – lideram e comandam policiais e soldados, também eles, nesse sentido, participam de ações "sujas". Porém, o uso de engano, violência e assim diante pode ser, e tipicamente é, moralmente justificado em termos de princípios éticos publicamente sancionados, legalmente previstos, subjacentes ao uso policial e militar de métodos danosos e normalmente imorais, incluindo o uso de força letal. Em suma, algumas ações supostamente "sujas" são publicamente endossadas, moralmente legítimas, definindo práticas do que eu, e a maior parte das pessoas, consideram como instituições moralmente legítimas, a saber, governo, polícia e força militar. Considero que os defensores das "mãos sujas" pretendem chamar atenção para um fenômeno acima e além de semelhantes práticas publicamente endossadas, legalmente previstas e moralmente legítimas. Mas o que dizer a respeito desse suposto fenômeno?[15]

---

14. Miller e Blackler, *Ethical Issues in Policing*, cap. 1.

15. Max Weber (in Weber, *Politics as vocation*, pp. 77-78) parece querer evitar o problema todo ao definir a liderança política exclusivamente em termos de um de seus

Segundo Walzer, políticos necessariamente sujam suas mãos, e em seu influente artigo sobre o tópico, apresenta dois exemplos.[16] O primeiro é de um político o qual, a fim de ser reeleito, precisa fazer um acordo escuso e conceder contratos a um chefe de distrito eleitoral. O segundo é de um líder político que, precisa ordenar a tortura de um líder terrorista para que possa descobrir a localização de bombas instaladas por ele e prestes a explodir, matando pessoas inocentes. Considero que esses exemplos consistem em cenários nos quais políticos não estão agindo de acordo com práticas publicamente endossadas, legalmente previstas e moralmente legítimas; com efeito, estão infringindo exigências morais e legais.

O primeiro exemplo pressupõe um ambiente político corrupto de um tipo que deve ser combatido e eliminado em democracias liberais, em vez de aceitos. Além disso, está longe de estar claro o motivo pelo qual a reeleição do político constitui um inexorável imperativo moral. O segundo exemplo é dificilmente algo que políticos em democracias liberais, bem-ordenadas, rotineiramente enfrentam; de fato, é evidente que mesmo no contexto da chamada guerra ao terror, semelhantes casos surgem somente ocasionalmente, se é que surgem. Concluo que os exemplos de Walzer não chegam nem perto de demonstrar a necessidade de que os políticos "sujem" suas mãos, no sentido de infringir princípios morais centrais ou importantes. Na melhor das hipóteses, o segundo exemplo ilustra a exigência de infringir princípios morais em prol do bem maior em algumas emergências altamente incomuns.[17]

---

meios distintivos, a saber, o exercício da força física. Essa visão da liderança política e da política, de maneira geral, parece-me injustificadamente estreita e negativa.

16. Walzer, "Political action", pp. 164-167.

17. Argumento sobre isso em detalhes em Seumas Miller, "Is torture ever morally justifiable?", *International Journal of Applied Philosophy*, 19 (2005), 179-192.

4.4 Corrupção da causa nobre, mãos sujas e emergências institucionais

Pode haver de fato *alguns* contextos políticos nos quais princípios morais centrais ou importantes precisam ser infringidos numa base *rotineira*, embora por período limitado. Entre esses contextos podem se incluir alguns em que instituições políticas fundamentais colapsaram. Considere-se o barão das drogas colombiano Pablo Escobar.[18]

ESTUDO DE CASO 2: PABLO ESCOBAR

Após uma das maiores caçadas humanas na história recente, Pablo Escobar, o notório barão das drogas da Colômbia, foi encurralado e morto no telhado de seu esconderijo em sua cidade natal, Medelín, em 2 de dezembro de 1993. Há alguma evidência sugerindo que o tiro de precisão na cabeça que o matou foi disparado de perto depois que a fuga de Escobar foi dificultada por tiro inicial debilitante na perna.[19] Em suma, ele foi muito provavelmente executado. Foi um homem que, desde sua ascensão ao poder, no início dos anos 1980, aterrorizou uma nação inteira. A caçada durou mais de quatro anos e custou aos governos dos EUA e Colômbia centenas de milhões de dólares e envolvendo vários milhares de vidas em membros do Bloco de Busca Colombiano [*Colombian Search Bloc*], uma unidade de polícia especial para capturar Pablo Escobar, e unidades especiais de inteligência e antiterrorismo dos Estados Unidos, incluindo unidades de elite da CIA, Centra Spike, Delta Force, assim como DEA, FBI e o *Bureau of Alcohol, Tobacco, and Firearms* (Agência de Álcool, Tabaco e Armas de Fogo – ATF). Não foi uma mera perseguição para captura de um criminoso – embora um criminoso

---

18. Este estudo de caso é tomado de Miller, Roberts, Spence, *Corruption and Anti-Corruption*, p. 27 s.

19. Ver M. Bowden, *Killing Pablo*. Londres: Atlantic Books, 2001.

internacional que chefiou o maior cartel de cocaína na Colômbia, respondendo por 80% da exportação de bilhões de dólares da cocaína colombiana para os EUA – mas uma guerra completa. Com efeito, o Estado colombiano, com apoio técnico, militar e de inteligência dos Estados Unidos, travava essa guerra em defesa de sua própria sobrevivência.

Os meios para combater Escobar incluíam os "meios sujos" de uma aliança não oficial entre a polícia especial colombiana, o Bloco de Busca, e um grupo de vigilantes, ou "milícia civil", *Los Pepes* (Pessoas Perseguidas por Pablo Escobar), que incluía conhecidos criminosos de drogas de outros cartéis e alguns ex-associados, desafetos de Escobar. Em sua disposição, para destruir Escobar, de utilizar os mesmos meios ilegais e violentos que o próprio Escobar utilizava contra seus inimigos, *Los Pepes* causaram grandes danos às operações de Escobar, matando muitos de seus associados e membros de sua família, e destruindo muitas de suas propriedades.

Ora, a situação acima é de emergência, ainda que institucional. Assim, mesmo que se desejasse apoiar todos ou alguns dos métodos utilizados pelas autoridades colombianas, não se estaria autorizado a generalizar para outros contextos políticos não emergenciais. Além disso, há razões para pensar que muitos dos métodos sujos acima descritos, por exemplo, execução e uso de criminosos para combater criminosos – ou pelo menos na medida de seu uso – foram na verdade contraproducentes. Por exemplo, uso de outros grupos criminosos contra Escobar tenderam a empoderar esses grupos. Esses métodos, também, embora "sujos", não são tão sujos quanto poderiam ser. Em particular, métodos como a execução de chefões do tráfico se dirigem contra pessoas moralmente culpadas, e não a pessoas inocentes. Considero que no extremo do espectro de métodos sujos que podem ser utilizados em política estão aqueles métodos que envolvem o dano intencional a pessoas inocentes.

No entanto, a principal questão a ser salientada aqui é que mesmo que semelhantes métodos sujos sejam moralmente justificados, é no contexto de um argumento de que seu uso era necessário a fim de restabelecer instituições políticas e outras nas quais o emprego de semelhantes métodos presumivelmente não seriam permitidos. Assim, semelhantes cenários não demonstram que o uso de métodos sujos seja uma característica necessária da liderança política em circunstâncias que não sejam de emergência institucional.

4.6 Conclusão

Neste capítulo discuti a corrupção da causa nobre: corrupção motivada pelo desejo de fazer o bem. A corrupção da causa nobre é uma característica particular das ocupações e instituições que se apoiam em meios moralmente problemáticos, como o uso de engano e violência. As mais salientes dessas instituições são a policial, a militar e a política. Primeiramente considerei a corrupção da causa nobre na polícia, e em segundo lugar, em relação a instituições políticas. Embora a corrupção da causa nobre possa prevalecer nessas ocupações e instituições, sustentei que não é definidora delas. Uma vez que a corrupção da causa nobre, afinal, é corrupção, e a corrupção é nessa medida (*pro tanto*) moralmente errada, segue-se que a corrupção da causa nobre é *pro tanto* moralmente errada. Não obstante, alguns atos de corrupção de causa nobre podem ser moralmente corretos, considerando todas as coisas. Por exemplo, em circunstância de emergência institucional, um ato de corrupção pode ser moralmente correto, considerando todas as coisas. Além disso, alguns atos de corrupção de causa nobre que são moralmente errados, apesar de todas as coisas consideradas podem, ainda assim, ser moralmente desculpáveis.

5

Suborno, nepotismo, fraude e abuso de autoridade

Segundo minha explicação normativa teleológica das instituições sociais (Capítulo 1), fins institucionais são fins coletivos e, especificamente, fins coletivos cuja realização consiste no fornecimento de bens coletivos. Esses fins coletivos são bens coletivos devido a possuírem as três propriedades seguintes: (1) são produzidos, mantidos ou renovados por meio da *atividade conjunta* de membros de organizações, isto é, ocupantes de papéis institucionais; (2) estão *disponíveis a toda a comunidade*; e (3) *devem* ser produzidos (ou mantidos, renovados) e disponibilizados para toda a comunidade, uma vez que são desejáveis (enquanto contrapostos a meramente desejados) e tais que os membros da comunidade possuem um *direito moral conjunto (institucional)* a eles.

Além disso, para a explicação teleológica, a estrutura e a cultura institucionais são em grande medida meios para um fim: a realização do fim institucionais e, especificamente, a produção, manutenção ou renovação do bem coletivo é a *raison d'être* da instituição em questão. Como vimos (Capítulo 3), a corrupção institucional consiste no solapamento dos fins, processos institucionais ou pessoas (enquanto ocupantes de papéis institucionais). Além disso, o solapamento dos processos institucionais e pessoas (enquanto ocupantes de papéis institucionais) é moralmente problemático, em grande medida porque semelhantes processos e ocupantes de papéis existe, ou devem existir, em grande parte porque tais processos e ocupantes de papéis existem, em grande medida, para servir a fins institucionais, isto é, como meios para o fim/bem coletivo definidor da instituição particular em questão.

Assim, a corrupção institucional é fundamentalmente problemática do ponto de vista moral, pois mina a produção, manutenção ou renovação dos bens coletivos definidores das instituições. Dito isto, boa parcela da corrupção institucional consiste, em primeiro lugar, no solapamento de processos institucionais e pessoas (enquanto ocupantes de papéis institucionais). Além disso, o solapamento dos processos institucionais e ocupantes de papéis impacta diretamente a estrutura institucional (e, portanto, indiretamente os fins institucionais [bens coletivos]), uma vez que semelhantes processos e papéis são em parte constitutivos da estrutura. A corrupção dos ocupantes de papéis institucionais, ainda, em particular, tem impacto direto sobre a cultura institucional e, com isso, impacto indireto sobre fins institucionais (bens coletivos).

Como vimos, existem numerosos e diversos tipos de corrupção institucional, e muitas maneiras diferentes de classificá-los. Além disso, não podemos abordar todos esses tipos e classificações aqui. No entanto, existe um pequeno número de espécies de corrupção que são especialmente salientes e merecem análise mais detalhada. Há suborno, nepotismo, fraude e abuso de autoridade. Noto que, às vezes, abuso de autoridade é utilizado como termo guarda-chuva para incluir outras categorias. Porém, como veremos depois, o abuso de autoridade é uma categoria distinta. Às vezes, também, a fraude é contrastada com a corrupção. Mais uma vez, conforme argumento abaixo, este é um erro, dependendo do tipo de fraude em questão.

5.1 Suborno

O suborno é amplamente visto como a quintessência da corrupção. De tal modo que alguns tomaram suborno e corrupção como sendo sinônimos. Conforme já argumentei, existem muitas outras formas de corrupção além do suborno. Porém, o suborno efetivamente parece ser necessariamente corrupção, diferentemente, digamos, de fraude.

Talvez seja assim, mas fornecer uma definição adequada de suborno, e mesmo chegar a um consenso sobre a imoralidade do suborno, mostrou-se um alvo difícil de atingir. Muitos sustentaram, por exemplo, que o suborno "azeita as engrenagens da indústria". E alguns afirmaram que os subornos são simplesmente presentes, e que, portanto, não se pode fazer distinção entre ambos.

Num primeiro momento (*prima facie*), o suborno envolve um subornador fornecendo um benefício (o suborno) ao subornado a fim de conseguir que este faça algo que ele *não deve* fazer (um "favor") e que é do interesse do primeiro. Conforme mencionado (Capítulo 3, Seção 1), subornador e subornado realizam ações individuais condicionais; o suborno é oferecido sob condição de que o favor seja feito, e este é feito sob condição de que o suborno seja pago.[1] O suborno, assim, distingue-se de presentes, uma vez que estes não estão necessariamente condicionados a um favor em retorno, e o fim dos presentes não é necessariamente conseguir que o rece-

---

1. Note-se que o subornador e/ou o subornado por ser uma só pessoa ou um grupo de pessoas (incluindo um grupo organizado, como uma companhia comercial); se o subornador é um grupo, então o ato de suborno poderia ser uma espécie de ação conjunta (ver Capítulo 1, Seções 1 e 3). Porém, complica desnecessariamente as coisas continuar a se referir à possibilidade de que atos de suborno sejam ações conjuntas. Assim, em nome da simplicidade, minha discussão é acomodada aos termos do caso de atos individuais de suborno. No entanto, minha definição pode ser generalizada aos vários tipos de ação conjunta. Isso vale para minha discussão de atos de fraude e de abuso de autoridade, nas seções seguintes. O nepotismo é um caso diferente, como ficará claro.

bedor faça algo que não deveria. Além disso, o suborno também se distingue da extorsão. Em primeiro lugar, um benefício é oferecido a um subornado, ao passo que uma ameaça é feita pelo que pratica a extorsão. Em segundo lugar, o "favor" fornecido pelo subornado é voluntário, mais do que coagido, ao passo que é coagido, mais do que voluntário, no caso da vítima de extorsão.

Existe uma série de definições de suborno. John Noonan ofereceu uma explicação exaustiva a respeito. Ele define o núcleo do conceito de suborno como: "uma indução que influencia de maneira inapropriada a realização de uma função pública que deveria ser exercida de maneira gratuita".[2] Thomas Carson oferece a seguinte definição: "um indivíduo (o subornador) paga a outro indivíduo (o subornado) algum valor em troca de realização pelo segundo de algo que viola um dever especial ou obrigação especial que se liga a um cargo ocupado, ou a um papel ou prática da qual o subornado participa".[3] No entanto, a mais sofisticada definição de suborno que conheço é aquela fornecida por Stuart Green. Segundo ele: "X (um subornado) é subornado por U (um subornador) se e somente se: (1) X aceita, ou concorda em aceitar, algo de valor de Y; (2) em troca da ação de X, ou sua concordância em agir, em favor de algum interesse de Y; (3) ao violar algum dever de lealdade devido por X a partir de seu cargo, posição ou envolvimento em alguma prática".[4]

Um problema imediato com a definição *prima facie* – mas não com as definições de Noonan, Carson ou Green – é que ela não restringe os subornados a ocupantes de cargos ou outras pessoas com deveres especiais. Se Y paga a X para matar Z, isto não é suborno. Este

---

2. J. T. Noonan, *Bribes*. Nova York: Macmillan, 1984, capítulo 1.

3. T. I.Carson, "Bribery", in I. C. Becker e C. B. Becker (org.), *Encyclopaedia of Ethics*, 2ª ed. Londres: Routledge, 2001, p. 158. Ver também M. S. Pritchard, "Bribery: the concept". *Science and Engineering Ethics*, 4 (1998), 281-286.

4. Stuart P. Green, *Lying, Cheating and Stealing: A Moral Theory of White Collar Crime*. Oxford University Press, 2006, p. 194.

ponto é crucial para nossos propósitos neste livro. O suborno atinge o coração das instituições, uma vez que tipicamente envolve ocupantes de papéis institucionais que violam seus deveres institucionais (isto é, especiais). Incidentalmente, esta é uma distinção adicional entre extorsão e suborno; a extorsão não envolve necessariamente a violação de um dever especial por parte da vítima da extorsão.

Um segundo problema potencial com a definição *prima facie* fornecida acima (e talvez também com as definições de Carson e Green) surge de omissões – contrapostas a comissão – por parte dos funcionários de realizar seus deveres, a menos que sejam pagos. O subornador Y pode ter que pagar um suborno para o subornado X para conseguir que este se desincumba de seu dever especial.[5] Por exemplo, Y pode ter direito a vender bens, mas X não lhe fornecerá a permissão, ou tornará muito demorado o recebimento dessa autorização por Y, a menos que Y lhe pague suborno. Por outro lado, pode-se argumentar que as definições de Carson e Green podem ser lidas de modo a incluir o recebimento do suborno como violação do dever especial do subornado. No entanto, pode-se defender que esse recebimento não consiste numa violação de um dever *especial*.

Um terceiro problema diz respeito ao uso da noção do *interesse* do subornador tanto na definição *prima facie* quanto na definição de Green (e, talvez, na de Carson, dependendo de como o termo "valor" é compreendido em sua definição). Certamente, um subornador pode desejar que o subornado faço que algo que não seja de seu (subornador) interesse, embora deseje que o subornado o faça. Considere-se um suborno pago a um carcereiro por um prisioneiro viciado em drogas para que o primeiro permita ao segundo continuar a utilizar drogas ilegais e impuras que podem levar à sua morte. Em outro exemplo considere-se um suborno pago a um funcionário de fronteira de um regime autoritário, por um benfeitor estrangeiro

---

5. Pritchard, "Bribery", p. 285, argumenta nesse sentido.

de causas humanitárias, procurando permitir que um ativista de direitos humanos deixe (ilegalmente) o país. Pode não ser do interesse do benfeitor pagar o suborno, mas ele/ela pode se sentir sob a obrigação moral de fazê-lo. Assim, parece requerida uma noção mais fraca do desejo de um subornador, ou mesmo de sua mera intenção, em lugar de interesse.

Um quarto problema potencial com essas definições surge da necessidade de segredo. Segundo Richard DeGeorge, a ocultação é condição necessária para a prática do suborno.[6] A ideia aqui é que, se o suborno ocorresse de maneira escancarada perderia sua finalidade, uma vez que não induziria a tratamento favorável. No entanto, como assinala Pritchard, isto é superestimado.[7] Pois, mesmo que todos pagassem suborno, e todos soubessem que é assim, não se seguiria que os pagamentos deixassem de ser ilegais e institucionalmente danosos. Considere-se um suborno pago a um funcionário por qualquer um que desejar uma licença para operar em um mercado. No mínimo, isso eleva o custo dos negócios e pode resultar na concessão de licenças para quem não deveria recebê-las, porque, por exemplo, produzem produtos danosos. Por outro lado, o suborno com frequência envolve segredo, uma vez que em muitos, se não na maioria dos arranjos institucionais, se subornos fossem oferecidos e aceitos abertamente, a probabilidade de que o subornador e o subornado fossem apanhados e punidos aumentaria muito. Assim, aqui, como em outros casos de corrupção, o segredo ou a ocultação é uma característica pervasiva, embora não definidora.

Uma quinta questão surge em relação a subornos oferecidos como parte de testes de integridade. Considere-se um policial disfarçado que oferece pagamento para outro policial para que este co-

---

6. R. DeGeorge, *Competing with Integrity*. Nova York: Oxford University Press, 1993, p. 198.

7. Pritchard, "Bribery", p. 283.

meta um crime. Neste caso, o policial que está sendo "subornado" (o subornado) não pretende receber o pagamento e o subornador não pretende que o subornado cometa a infração. Desse modo, surge uma questão para saber se esse é um caso de suborno. Deixemos de lado, por ora, testes de integridade, e centremo-nos em um caso padrão de suborno. Se um suborno é recusado, então se trata de uma tentativa de suborno. Se é aceito, a ação pela qual foi pago o suborno não foi realizada (por qualquer motivo), então se trata de um suborno malsucedido, mas, ainda assim, suborno. Retornemos agora a nossos testes de integridade. No caso desses testes, o policial que oferece o pagamento o faz com a finalidade de que o subornado o aceite (o que, suponhamos, ele faz). Porém, o subornador não tem como finalidade que o subornado efetivamente cometa o crime. Estou assumindo aqui que os policiais não devem se envolver em ações criminosas, ou induzir outros a cometer ações criminosas, e assumindo também que o ato (bem-sucedido) de subornar alguém para cometer um crime é ele próprio um crime. Se isso estiver correto, evidentemente o "subornador" (o policial disfarçado) não pretende oferece um suborno, uma vez que não tem como finalidade que o subornado (o alvo do teste de integridade) efetivamente cometa o crime, mas pretende meramente que ele (o alvo) forme a intenção de cometê-lo.

5.2 Nepotismo

De modo geral, nepotismo é favoritismo baseado em parentesco. Assim, contratar ou promover os próprios filhos ou filhas em detrimento de outros é paradigmático no que se refere ao nepotismo. Nepotismo também se refere a favoritismo baseado em parentesco remoto. Desse modo, George W. Bush indicou o filho do Senador Thurmont para a posição de advogado-geral dos EUA para a Carolina do Sul, e o fez a pedido do Senador. Com efeito, nepotismo no governo dos EUA tem sido objeto de críticas frequentes.[8] Embora, no contexto de pequenos negócios familiares, o nepotismo seja amplamente visto como aceitável, no contexto de instituições públicas, como o governo, é tipicamente visto como forma de corrupção: por exemplo, a contratação pelo Presidente Trump de membros da família. É visto como corrupção, uma vez que não se sustenta diante de princípios do mérito. O melhor candidato ao cargo, tanto porque ele ou ela o merece, quanto porque a instituição estará mais bem servida ao contratar com base no mérito. No entanto, alguns apresentaram argumentos em apoio qualificado do nepotismo. Ver, por exemplo, *Elogio ao nepotismo*, de Adam Below.[9] Esse apoio com frequência assume a forma de um argumento no sentido de que é moralmente aceitável contratar, promover etc. seus parentes caso eles sejam adequadamente qualificados, mas não se não forem. Esta é uma tentativa de equilibrar seus deveres institucionais (e morais) com as obrigações morais que se tem com seus próximos e mais queridos.

Embora um ato de nepotismo não seja necessariamente uma ação conjunta, a não ser talvez em sentido fraco, uma vez que o beneficiário pode não realizar qualquer outra ação além de aceitar o benefício, o nepotismo tipicamente se dá no contexto de uma estrutura de empreendimentos conjuntos, por exemplo, um negócio familiar, e, portanto, de ações conjuntas e, na verdade, de interesse próprio coletivo. Retornarei a essa questão abaixo.

A noção estreita de nepotismo em termos de favoritismo baseado em parentesco precisa ser ampliada no contexto de nossa discussão de formas salientes de corrupção institucional. Por exemplo, favoritismo baseado em amizade pessoal, em vez do mérito, é potencialmente corruptor de instituições. Além disso, comentadores

---

8. Helen Thomas, correspondente da UPI (*United Press International*) em Washington.

9. A. Below, *In Praise of Nepotism: A Natural History*. Nova York: Doubleday, 2003.

como Below frequentemente utilizam o termo "nepotismo" num sentido ampliado que inclui favoritismo baseado não só em parentesco e amizade, mas em pertencimento a uma classe (por exemplo, pertencimento a uma elite) ou, ainda mais amplamente, o pertencimento a um grupo racial ou de gênero particular. Há aqui o perigo de ampliar demais a noção de nepotismo e, com isso, minar seu *status* como espécie saliente de corrupção institucional, ao vê-lo simplesmente como forma de injustiça social. Sem dúvida, o nepotismo é injusto e, como notado na Introdução, a injustiça é uma das condições que podem conduzir à corrupção. Mas precisamos manter a distinção entre espécies salientes de corrupção institucional, por um lado, e condições que podem conduzir à corrupção, por outro. Além disso, a extensão do significado de "nepotismo" de forma a incluir favoritismo baseado em pertencimento social e econômico, e assim, de classe, é implausível com base em outros fundamentos.

Suponha-se que Reginald nasceu em uma família rica e, como consequência, goza do benefício de uma boa educação formal; benefício não disponível para Mick, que nasceu em uma família pobre. Suponha-se agora que, em um processo de contratação para um emprego de professor, Reginald é preferido a Mick inteiramente com base no mérito, embora seja apenas a educação formal superior de Reginald que faça a diferença. Pode-se argumentar, tudo considerado, que esse resultado é injusto para Mick. Porém, certamente não se trata de nepotismo. Precisamos distinguir aqui características estruturais de uma sociedade, notadamente de classe econômica, que fornece vantagens a uns e desvantagens a outros em relação a atos deliberados ou práticas de favoritismo baseadas em parentesco ou amizade pessoal. Suponha-se agora que há dois candidatos a um emprego, um com mais mérito do que outro, mas o empregador é racista e escolhe o candidato de menos mérito porque é branco, e o outro negro. Este não é um caso de nepotismo, mas de racismo. Assim, favoritismo baseado em raça (ou antes, gênero e outras categorias amplas) não é nepotismo. Assim, devemos restringir o significado de nepotismo a favoritismo baseado em parentesco ou amizade (ou relações interpessoais similares): os favores em questão sendo concedidos ou recebidos por ocupantes de papéis institucionais. Mais precisamente, uma vez que semelhante favoritismo pode, às vezes, ser compatível com deveres institucionais, nepotismo é favoritismo baseado em parentesco ou amizade (ou relações interpessoais similares) em infração de deveres institucionais. Talvez isto não seja totalmente certo, dado que deveres institucionais podem não ser como deveriam, como no caso de ausência de princípios de contratação meritocráticos em determinada organização. Assim, definamos nepotismo como favoritismo baseado em parentesco ou amizade (ou relações interpessoais similares) em infração de deveres institucionais como estes deveriam ser.

A noção de Edward Banfield de familismo amoral, introduzida em seu clássico livro, *A base moral de uma sociedade atrasada*,[10] fornece uma explicação do que há de errado com apoio excessivo ou exclusivo em membros da própria família imediata e com uma desconfiança em relação a outros. Segundo ele, a corrupção é em grande medida expressão de particularismo – a obrigação que se sente de ajudar ou fornecer recursos sobretudo a membros da própria família, mas também a amigos e membros do grupo social ao qual se pertence. Essa solidariedade com membros da própria família e grupo social pode produzir uma cultura de interesse próprio que é hostil a interesses de pessoas de fora. Nessa medida, é análogo a interesse individual próprio excessivo, na verdade, imoral; é interesse coletivo próprio excessivo e imoral. O nepotismo é um dos mais claros exemplos de semelhante interesse próprio coletivo. Noto que o uso do termo "amoral", por Banfield, implica que existe uma ausência de qualquer senso moral. Prefiro, por isso, o termo "imoral",

---

10. E. Banfield, *The Moral Basis of a Backward Society*. Nova York: Free Press, 1958 [tradução livre do título (N.T.)].

o qual não possui essa implicação. Todavia, continuarei a utilizar a expressão "familismo amoral", uma vez que se trata da terminologia de Banfield, embora o faça com o sentido de "familismo imoral".

Banfield argumenta que, numa sociedade de famílias amorais, há pouca ou nenhuma lealdade em relação à comunidade mais ampla, e aceitação apenas fraca de normas de comportamento social. Assim, o familismo amoral tende a facilitar a corrupção. Uma forma extrema de familismo amoral é a Máfia.[11] Ainda que a pesquisa de Banfield seja concernente especificamente às pessoas da Itália meridional, Francis Fukuyama, em seu livro *Confiança*,[12] faz observações similares sobre várias outras culturas e subculturas fora da Europa, inclusive na Ásia. De particular interesse aqui é a noção confuciana de *guanxi*. *Guanxi* e familismo amoral são conceitos evidentemente relacionados.

De modo geral, *Guanxi* se refere a uma relação recíproca, particularista e parcial na qual as partes do relacionamento trocam favores (por exemplo, presentes, informação) a fim de servir a fins mutuamente benéficos. As partes em uma relação *guanxi* tipicamente possuem alguma base preexistentes sobre a qual mantêm ou desenvolvem a relação, como o pertencimento à mesma família ou grupo social.[13] Segundo Thomas Dunfee e Danielle Warren, uma relação de *guanxi* se desenvolve mediante "convites para visitar a casa ou escritório de alguém, entretenimento, presentes, uso de intermediários prestativos e coisas como contratar os descendentes da outra parte".[14] É mais difícil, e demora mais tempo, mas bastante

---

11. *Ibid.*, pp. 119-120.

12. F. Fukuyama, *Trust: The Social Virtues and the Creation of Prosperity*. Londres: Penguin, 1996.

13. T. W. Dunfee e D. E. Warren, "Is guanxi ethical? A normative analysis of doing business in China. *Journal of Business Ethics*, 32 (2001), 191-204.

14. *Ibid.*, p. 192.

possível que uma relação *guanxi* se desenvolva entre estranhos.[15] Em negócios na China, tanto por parte de chineses quanto por parte de estrangeiros, *guanxi* é importante, pois fornecem àqueles que se encontram no interior de uma rede *guanxi* de maior acesso do que a outros que se encontram fora desse círculo a oportunidades e recursos, por exemplo, financeiros.

Os conceitos de familismo amoral e de *guanxi* podem ser estendidos a alguns grupos profissionais muitos coesos, como a polícia, na qual referências à corrupção foram com frequência relacionadas à percepção de solidariedade e cultura policiais.

Uma cultura de familismo amoral, seja em negócios, seja em outros arranjos institucionais, pode conduzir à corrupção. Além disso a *invisibilidade* das formas de práticas corruptas no interior de famílias coesas cria problemas para a detecção e interrupção dessa corrupção. Também gera problemas para medidas anticorrupção que procuram explorar a falta de confiança que tipicamente se obtém entre atores institucionais corruptos motivados unicamente pelo interesse próprio, por exemplo, promessas de imunidade caso alguém "dedure" colegas corruptos.[16] O problema é exacerbado por fracas instituições de justiça criminal. Do mesmo modo, *guanxi* pode conduzir a corrupção institucional, uma vez que redes de relações *guanxi* existem com frequência para adquirir riqueza, poder e *status* para membros da rede, às expensas de pessoas que estão fora dela, e em detrimento dos princípios de imparcialidade e dos bens coletivos definidores das instituições sociais.

Tanto o amoralismo familiar quanto o privilégio *guanxi* representam os interesses essencialmente privados das famílias particu-

---

15. Y. Fan, "Guanxi's consequences: personal gains at social cost", *Journal of Business Ethics*, 38, (2002), 371-380.

16. A estratégia anticorrupção preferida de Lambsdorff é vulnerável a esse tipo de argumento (Lambsdorff, *Institutional Economics of Corruption and Reform*).

lares e grupos sociais sobre valores públicos e instituições. O que é interessante, nessas formas de corrupção baseadas em família, uma compreensão moralmente distorcida da relação fiduciária entre membros de uma família pode motivar práticas corruptas. Em muitas formas de corrupção, a violação de relação fiduciária bem compreendida é impulsionada por interesse individual próprio, por exemplo, ganho financeiro. No entanto, no caso da corrupção que surge do familismo amoral, uma compreensão moralmente distorcida do dever fiduciário de alguém sobre outros membros da família impulsiona a corrupção.

A explicação para semelhante compreensão distorcida dos deveres fiduciários a membros da própria família (ou grupo profissional) reside na força da lealdade do grupo em grupos solidários com um compromisso profundamente percebido, na verdade excessivo, com o interesse próprio coletivo. "Deveres" fiduciários deslocados, particularistas com a família, amigos ou colegas de profissão superam qualquer compromisso com princípios morais universais, ou com reais deveres fiduciários. O escândalo de Watergate é uma clara ilustração de um tipo de familismo amoral, a saber, a gangue política preparada para ir a extremos, inclusive ações imorais e ilegais, a fim de atingir ambições políticas coletivas. Membros dessa gangue agem em parte a partir de lealdade e senso de obrigação deslocados, tanto em relação a seus colegas na gangue, quanto em relação ao seu líder. Em consequência, seus deveres fiduciários reais, digamos, em relação ao povo americano são minimizados ou ignorados, às vezes com ajuda de racionalizações, por exemplo, que o fim (um governo dos EUA conduzido por Nixon – uma vez que isto seria supostamente do interesse público) justifica os meios (invasões ilegais e acobertamento).

Embora o familismo amoral não seja idêntico ao nepotismo, ambas as noções estão relacionadas.

Familismo amoral e nepotismo se conectam na medida em que ambos envolvem particularismo e parcialidade – a obrigação percebida de ajudar e fornecer recursos sobretudo a membros da própria família, e aos amigos e membros do grupo interpessoal ao que se pertence. Conforme mencionado, essa solidariedade com membros da própria família e membros do grupo interpessoal ao qual se pertence produz interesse coletivo próprio excessivo e imoral. O nepotismo é um claro exemplo disso. Dito isto, o interesse coletivo apropriado, por exemplo, o interesse da organização para a qual trabalhamos, nosso interesse nacional, é com frequência algo pelo que elogiamos indivíduos que os perseguem, especialmente em contextos nos quais existe busca não autorizada de interesse individual próprio.

Ocupantes de papéis institucionais possuem direitos e deveres institucionais que também são direitos e deveres morais. No entanto, também são membros de redes interpessoais no interior de arranjos institucionais. Conforme defendido no Capítulo 1, esses direitos e deveres institucionais derivam em grande parte de fins institucionais (bens coletivos). Muitas vezes, direitos e deveres institucionais, por um lado, e obrigações interpessoais, por outro, não entram em conflito e, na verdade, apoiam-se mutuamente. Porém, deveres institucionais e obrigações interpessoais podem conflitar. Com efeito, a busca de satisfação destas últimas pode ser vista como mais importante; ou, ainda pior, um ator institucional pode simplesmente considerar seu cargo como meio para facilitar o aumento da influência e/ou promoção dos interesses da família ou outro grupo interpessoal ao qual pertence. Se for assim, existe potencial para, talvez de forma inevitável, nepotismo e, portanto, corrupção institucional.

5.3 Fraude

Em termos monetários, a fraude é sem dúvida um dos crimes com mais custos no mundo contemporâneo, e foi grandemente facilitada pelo advento das novas tecnologias. Por exemplo, estima-se que a fraude custou à economia do Reino Unido mais do que 30 bilhões de Liras em 2011. Existe hoje uma extrema variedade de fraudes e, no caso da fraude cibernética, novas formas estão constantemente surgindo.[17] Além disso, revela-se que enorme quantidade de crimes cibernéticos, incluindo o roubo cibernético, é na verdade conduzido por governos, ou por conluios entre governos, especialmente por parte do governo chinês.[18] Em alguns regimes autoritários, como o da China, as fronteiras entre agências do setor público e privado, e entre comércio e obrigação legal, são porosas ou mesmo inexistentes.

Criminosos cibernéticos estão invadindo casas e escritórios em todo o mundo, não por meio de furto, mas ao invadir laptops, computadores pessoais e aparelhos sem fio.[19] Isto é *hackeamento* de computadores, uso de programas maliciosos inseridos em sistemas computacionais que agem dentro do sistema para corrompê-lo, extrair dados pessoais ou roubar o indivíduo ou companhia, por exemplo, ao transferir fundos das contas individuais ou corporativas para a contra do *hacker*. Muitos desses atos de roubo cibernético envolvem logro e, por isso, são casos de fraude cibernética. Essa atividade possui enorme impacto sobre finanças pessoais, corporativas ou mesmo nacionais – custando bilhões de dólares/libras em roubo de informações, dinheiro, desarranjo e reparo de sistemas.

---

17. Noto que há aqui questões de definição derivadas do uso do termo "cyber-crime" [crime cibernético]. Especificamente, alguns chamados crimes cibernéticos são simplesmente crimes tradicionais, por exemplo, roubo, fraude envolvendo uso de computadores etc. No entanto, os recentes desenvolvimentos na tecnologia da comunicação e da informação suscitaram novas formas de crime, não adequadamente descritos por definições tradicionais, por exemplo, o *hackeamento* de computadores.

18. Ver Mandiant Intelligence Centre, *APTi: Exposing One of China's Cyber Espionage Units*. Washington, DC: Mandiant Intelligence Centre, 2013, disponível em http://intelreport.mandiant.com

19. Grabosky, Smith e Dempsey, *Electronic Theft*.

Também pode ameaçar vidas, uma vez que o desarranjo pode incapacitar hospitais e serviços de emergência. Além disso, identificar e processar criminosos cibernéticos pode ser extremamente difícil, dado que eles com frequência operam no ciberespaço e residem em lugares distantes.

Tampouco é o problema simplesmente dos fraudadores; pois aqueles que são fraudados também estão com frequência envolvidos. Ao investigar fraudes, os detetives podem descobrir que instituições financeiras (bancos, uniões de crédito, fornecedores de empréstimos, companhias de seguros etc.) relutam em expor atividades fraudulentas. O custo financeiro dessas instituições é enorme e somente uma fração das fraudes é investigada até o fim por seus próprios investigadores ou por outras agências como polícia, FBI nos EUA, o Escritório de Fraudes Graves (*Serioous Fraude Office* – SFO), no RU, e a Comissão Australiana do Crime (*Australian Cime Comission* – ACC).

Existem diferentes definições de fraude.[20] Tipicamente, porém, ou pelo menos, historicamente, diz-se que atos de fraude possuem as seguintes características definidoras:[21] primeira, a fraude envolve prover a si mesmo de benefício financeiro, inclusive deixando de prover a alguém de um serviço pelo qual pagou; segunda característica, o benefício financeiro em questão é um ao qual o fraudador não tem direito; e terceira, os meios pelos quais o benefício é fornecido envolve logro. O logro consiste em comunicar-se com a intenção de levar o ouvinte a ter uma crença falsa. Assim, o comunicador pode

---

20. Para uma introdução geral a fraude e sua investigação, ver G. Smith, M. Button e K. Frimpong (org.), *Studying Fraud as White Collar Crime*. Londres: Palgrave Macmillan, 2011. Para análise do crime de fraude, ver Green, *Lying, Cheating and Stealing*, cap. 13. Para uma elaboração dos aspectos práticos da investigação de fraude, ver J. T. Wells, *Fraud Examination: Investigation and Audit Procedures*. Nova York: Quorum Book, 1992.

21. Minha definição de fraude se apoia na discussão de Stuart Green e sua visão da fraude como roubo por logro. Ver Green, *Lying, Cheating and Stealing*, cap. 13.

afirmar explicitamente que ele sabe ser falso ou pode meramente sugeri-lo. Na verdade, o comunicador pode não se apoiar em comunicação linguística para provar a falsa crença. Pode, por exemplo, utilizar uma máquina adulterada. Além disso, há uma gama diversa de tipos de fraude, incluindo fraude no cartão de crédito, no computador, fiscal, contagem falsa, falsificação, e assim por diante.

Recentemente, a definição de fraude passou por escrutínio. Em particular, a visão de que a fraude necessariamente envolve logro foi questionada.[22] Fraude sem logro, sustenta-se, envolve desonestidade. Além do problema de definir um termo algo vago, "desonestidade", isso tem o efeito de aumentar muito a fama de tipos de fraude, de modo a incluir infrações como quebra de confiança e não cumprimento de obrigações contratuais.

Como vimos, a fraude pode ser geralmente definida como roubo envolvendo logro; enquanto tal, envolve não apenas a violação de direitos individuais de propriedade, como rompimento do princípio moral básico de não enganar. No entanto, a escala da fraude, em termos nacionais e globais, é de tal forma que possui outra consequência indesejada: provoca grande dano a instituições econômicas e outras. O que é importante, a fraude não é necessariamente corrupção, embora com frequência seja. Fraude é corrupção quando atende a nossa definição de corrupção institucional proferida no Capítulo 3. Por alto, se um ato de fraude mina um fim, processo institucional ou pessoa (enquanto ocupante de papel institucional) e é realizado por um ocupante de papel institucional agindo enquanto tal (e, portanto, utilizando a oportunidade proporcionada por sua posição), então a fraude é um ato de corrupção. Assim, se um negociante bancário frauda o banco para o qual trabalha ou os clientes do banco ao realizar seu trabalho, seu ato de fraude é também ato de corrupção institucional.

---

22. *Ibid.*, p. 149.

Por outro lado, se um cidadão privado, A, agindo enquanto tal, frauda outro cidadão privado, B, roubando-o, esse caso de fraude não é um caso de corrupção institucional. Como vimos no Capítulo 3, para que um ato seja um caso de corrupção institucional deve haver um corruptor que realiza a ação corrupta *enquanto ocupante de um papel institucional* e /ou alguém que é corrompido *enquanto ocupante de papel institucional*. Note-se que, mesmo se a vítima da fraude, B, estiver agindo em sua capacidade como ocupante de papel institucional, isso pode não ser um caso de corrupção institucional, uma vez que B foi enganado por A e, enquanto tal, não é nem corruptor nem alguém que é necessariamente corrupto.

5.4 Abuso de autoridade

Abuso de autoridade é uma das mais difundidas e institucionalmente danosas formas de corrupção. Considere-se, por exemplo, o dano que políticos experientes podem fazer às estruturas democráticas quando abusam de sua autoridade, ao prender opositores com base em acusações forjadas, ou danos que policiais podem fazer aos processos de justiça criminal quando batem em suspeitos a fim de obter confissões. Não só esses tipos particulares de abuso de autoridade contribuem diretamente para a corrupção das instituições, como são violações de direitos humanos; especificamente, violações do direito humano à liberdade e à segurança pessoal (respectivamente). Além disso, semelhantes abusos de autoridade corroem a confiança pública nas autoridades institucionais e, portanto, também *indiretamente*, nas instituições. A legitimidade e a eficácia (ver Capítulo 1), especialmente das autoridades públicas, repousa em parte na confiança pública.

Muitas definições de corrupção, com efeito, identificam-na com abuso de autoridade (ou, de maneira relacionada, com abuso de poder) e, especificamente, abuso de autoridade para ganho privado.

173

Por exemplo, *Transparency International* fornece a seguinte definição: "Corrupção é o abuso de poder confiado para ganho privado".[23] Como vimos, a corrupção institucional não é necessariamente motivada por ganho privado; a corrupção da causa nobre, por exemplo, é motivada pelo desejo de fazer o bem (ver Capítulo 4). Certamente, existe estreita conexão entre abuso de autoridade e corrupção institucional. No entanto, ambas não são conceptualmente equivalentes. Antes, como vimos no Capítulo 3, o abuso de autoridade, assim como o suborno e o nepotismo, é uma infração institucional e moral particular sobre a qual a corrupção institucional se superpõe. Logo, como seria de se esperar, existem contraexemplos à tese de que casos de abuso de autoridade são necessariamente casos de corrupção institucional e, especialmente, contraexemplos à tese de que casos de corrupção institucional são necessariamente casos de abuso de autoridade. No que concerne à primeira tese, um pai muito estressado por abusar de sua autoridade parental ao castigar injustamente seu filho/filha, mas isto não é necessariamente um caso de corrupção, mesmo que seja corrupção da "instituição" da família.[24] No que concerne à segunda tese, uma assistente de baixo escalão administrativo numa força policial pode aceitar um suborno para fornecer informação a um criminoso e, com isso, potencialmente comprometer uma investigação criminal. Ele certamente infringiu seu dever institucional de confidencialidade e se envolveu em uma revelação não autorizada. Porém, ele não ocupa posição de autoridade, pois não possui subordinados (suponhamos). Poder-se-ia responder que ele também abusou de sua autoridade ao fazer essa revelação não autorizada. Essa resposta é implausível, pois se aceita, teria por efeito exigir que *todas* as infrações de deveres ins-

---

23. Ver a página de *Transparency International*: www.transparency.org/what-is-corruption/

24. Famílias não são instituições em meu sentido, uma vez que não são organizações ou sistemas de organizações.

ticucionais por *todos* atores institucionais fossem casos de abuso de autoridade. Mas agora a distinção entre um mero ator institucional e uma autoridade institucional foi abandonada e, em consequência, a noção de autoridade foi despojada de seu elemento substancial definidor de poder (ver Capítulo 2),[25] por exemplo, o poder (legítimo) de um policial de patente superior face a um subordinado ou membro do público. Além disso, todas as infrações de deveres constitucionais por autoridades agora são abusos de sua autoridade. Mas uma funcionária pública veterana que rouba um computador de seu escritório não está abusando de seu poder, embora seu local de trabalho tenha lhe proporcionado essa oportunidade para roubo, e esteja infringindo seu dever institucional (inclusive legal) de não roubar equipamento de propriedade do governo.

Abusos de autoridade, em primeira instância, são abusos por parte de autoridades institucionais. Envolvem ainda autoridades institucionais no exercício de seu poder (ou deixando de exercê-lo) em descumprimento de seus deveres; assim, um abuso de autoridade não é *meramente* uma infração de dever institucional por parte de uma autoridade institucional (embora seja também infração de dever institucional). Uma vez que um abuso de autoridade envolve abuso de *poder* por parte de uma autoridade institucional – e poder é uma relação –, deve haver algum subordinado, cidadão ou pertencente em geral à cidadania que está no polo receptor desse exercício de poder (ou falha em exercê-lo). Naturalmente, muitos abusos de poder envolvem uma autoridade institucional instruindo um subordinado a realizar alguma ação que, ela própria, é exercício de poder, por exemplo, um chefe de Estado que instrui os policiais que lhe são subordinados a atirar sobre manifestantes pacíficos. No entanto, este não é necessariamente o caso. Considere-se, por exemplo, um

---

25. Ver, por exemplo, R. DeGeorge, *Nature and Limits of Authority*. University of Kansas Press, 2000.

superior que se recusa a promover um subordinado que é merecedor de promoção com base em antipatia pessoal.

Abusos de autoridade podem ser distinguidos de abusos de cargo. Qualquer ator institucional pode abusar de seu cargo no sentido de que pode utilizar as *oportunidades* proporcionadas pelos *direitos* institucionais constitutivos de seu papel institucional para infringir seus *deveres* institucionais a serviço (tipicamente) de interesses próprios individuais ou coletivos (ver Seção 5.2 sobre nepotismo), além dos bens coletivos definidores da instituição em questão. Em virtude dos direitos constitutivos de um papel institucional, os ocupantes de papéis institucionais têm com frequência oportunidades para se envolver em comportamento corrupto – oportunidades não proporcionadas a outros. Por exemplo, um chefe de Estado pode ter o direito institucional de selecionar os membros de seu ministério, um administrador de nível médio pode ter o direito de autorizar pagamentos até determinada quantia, e um barman (mas não o faxineiro do bar) o direito de utilizar a caixa registradora. Além disso, atores institucionais e, especialmente, autoridades institucionais, com frequência possuem uma esfera de ação *discricionária*. Pode ser que um ator institucional, ao exercer sua discrição, não infrinja *formalmente* qualquer de seus deveres institucionais; ele/ela adere à letra, mas não ao espírito da lei, por assim dizer. No entanto, ele/ela pode, de maneira consistente, realizar suas ações discricionárias a serviço de fins individuais e coletivos que não são os do bem comum ou bens comuns constitutivos da instituição. Semelhantes ações discricionárias constituem abuso do cargo, embora abuso de difícil detecção e mesmo mais difícil de provar. É de se presumir que, dependendo da natureza, frequência e alcance (em termos do número de atores institucionais envolvidos) das ações em questão, abusos de cargo podem minar processos e fins institucionais e/ou atores institucionais (enquanto tais); se for assim, esses atos constituiriam corrupção, mesmo que possam não ser ilegais. Porém, um abuso de cargo nesse sentido geral, diferentemente do abuso de autoridade, pode não constituir uma espécie de corrupção institucional, uma vez que a relação entre abusos do cargo e solapamento dos fins e processos institucionais e das pessoas (enquanto ocupantes de cargos) pode ser relativamente fraca. Em outros termos, abusos de cargo, como categoria geral, podem não se solapar o suficiente, e podem não tender a solapar suficientemente, processos e fins institucionais ou pessoas a fim de qualificá-los como uma espécie de corrupção institucional. Por outro lado, alguns casos específicos de abusos de cargo (que não são igualmente abusos de autoridade), em virtude de seus efeitos institucionais danosos, serão casos de corrupção institucional. Além disso, alguns *tipos* de abuso de cargo que não são também abusos de autoridade são claramente espécies de corrupção; especificamente, abusos de cargo que exploram relações fiduciárias são espécies de corrupção. Retornarei a essa questão abaixo.

Conforme argumentei acima, abuso de autoridade é conceptualmente distinto de corrupção institucional (assim como de descumprimento de dever institucional). No entanto, abuso de autoridade tipicamente solapa processos e fins institucionais, e portanto tipicamente constitui uma forma de corrupção institucional. Em acréscimo, abuso de autoridade também corrompe instituições, pelo menos em alguns casos, ao solapar (diretamente) as relações institucionais entre superiores e subordinados e, de maneira mais geral, ao solapar as relações entre autoridades institucionais, por um lado, e a cidadania à qual servem (ou pelo menos se supõe que sirvam), por outro lado. O que é importante, conforme notado, abuso de autoridade mina a confiança pública.[26]

---

26. Ver, por exemplo, O. O'Neill, *A Questiono f Trust: Reith Lectures for 2002*. Cambridge University Press, 2002; F. Fukuyama, *Trust: The Social Virtues and the Creation of Prosperity*. Londres: Penguin Books, 1996.

5.4.1 Confiança [trust]

Isto levanta a questão de como compreender a confiança [trust]. Em contextos institucionais, talvez especialmente em contextos financeiros, a confiança é com frequência combinada com credibilidade [confidence].* No entanto, embora credibilidade esteja relacionada com confiança [trust], ambas as noções são conceptualmente distintas. Como a credibilidade, a confiança [trust] pertence a ações futuras e é confirmada ou negada pelas evidências. Porém, diferentemente da credibilidade, a confiança [trust] envolve uma obrigação moral por parte da pessoa em quem se confia em relação àquele que confia.[27] Permitam-me explicar.

Se a pessoa A confia [trust] na pessoa B, então A depende de B sob algum aspecto – e, portanto, é em alguma medida vulnerável a B – e depende de B para realizar alguma ação x. Além disso, B está sob a obrigação moral de realizar x, ou pelo menos A acredita que B está sob essa obrigação, e também acredita que B acredita nisso.[28] Assim, não é somente que A depende de B para realizar x, ou mesmo que A tenha agido de tal modo que depende de B para realizar x, embora ambas as condições se obtenham quando A confia [trust] em B; em vez disso, essa dependência é tal que B tem uma obrigação moral de realizar x (ou, pelo menos, A acredita

---

* O autor distingue trust de confidence. A fim de manter a distinção, conforme explicada no texto, optamos por traduzir por "confiança", no primeiro caso, e "credibilidade", no segundo, embora não pareça haver uma solução inteiramente satisfatória. A primeira implicaria uma obrigação moral, além de legal, em muitos casos; a segunda, somente particular. Enquanto trust significa confiança em sentido pleno, confidence implica um desejo de acreditar, expresso em "quero crer que". Além disso, o autor está preocupado apenas com as relações em termos institucionais, e não meramente pessoais, como afirma na nota 27, a seguir (N.T.).

27. Preocupo-me aqui com as relações de confiança entre atores institucionais; não estou preocupado com confiança em relações pessoais, por exemplo, entre amigos.

28. Esta é uma obrigação moral pro tanto [nessa medida]; pode, pelo menos em princípio, ser superada por outras obrigações morais mais estritas.

que B tenha uma obrigação de realizar x e também acredita que B acredita que tem essa obrigação).

No caso da credibilidade [*confidence*], as questões são um pouco diferentes. Talvez a pessoa A forme a crença de que a companhia B agirá bem e compra cotas em B para ter um bom retorno; A acredita [*confidence*] em B. Com efeito, A pode, talvez de maneira sábia, depender de B para agir bem. Porém, não se segue que B esteja sob obrigação moral em relação a A (não que A acredite que B esteja sob obrigação e acredite, também, que B acredita nisso), de tal modo que B terá falhado em cumprir sua (de B) obrigação (na qual acredita) se, de fato, B não estiver bem financeiramente; a relação é de credibilidade, mas não necessariamente de confiança [*trust*]. Naturalmente, é consistente com a relação de credibilidade acima que exista, *além disso*, uma relação de confiança [*trust*]. Por exemplo, A confia [*trust*] que B é uma companhia *bona fide* [de boa-fé] que compete em determinado mercado, contraposta a uma companhia de fachada preparada para ir à falência depois de um exercício de limpeza de fundos. No último caso, B deixou de cumprir suas obrigações morais com A; A rompeu a relação de confiança [*trust*] (entre outras infrações morais).

Devemos distinguir ainda entre rompimentos de confiança [*trust*] entre A e B, e outros rompimentos de princípios morais por parte de B que podem ter impacto negativo sobre A. Em particular, existem vários princípios universais, ou pelo menos, muito gerais, que cada um de nós é obrigado a seguir e que cada um espera que os outros cumpram. Assim, existe um princípio moral de não matar, assaltar, roubar e assim por diante. No entanto, o fracasso em cumprir esses princípios não constitui necessariamente uma quebra de confiança [*trust*]. Se B for desconhecido de A e roubar o carro deste último, B cometeu uma infração moral e legal. Porém, não rompeu a confiança de A em B, pois não havia relação de confiança [*trust*] entre ambos.

Confiança [*trust*] é uma relação entre indivíduos específicos ou entre grupos de indivíduos,[29] por exemplo, entre o corpo de cidadãos e o governo (confiança pública), e uma da qual outros indivíduos (ou grupos) estão excluídos. Dizer A confia [*trust*] em B não significa que A confie em C, mesmo que de fato A *também* confie em C. Além disso, a confiança é uma relação contingente que é criada e deixa de existir, a despeito da continuação da existência do primeiro em quem se confiou e daquele que confiou.

A relação paradigmática de confiança [*trust*] entre os que fazem a promessa e aqueles a quem se faz a promessa (e, de maneira relacionada, as partes de acordos, contratos etc.). Sem confiança [*trust*], é improvável que se acredite em promessas, ou que elas sejam sequer feitas. Além disso, promessas quebradas traem a confiança [*trust*] e, de fato, com frequência a destroem. É preciso ter em mente aqui que promessas podem ser implícitas, assim como explícitas.

A despeito de a relação entre os que fazem promessas e as promessas ser um paradigma da confiança, relações de confiança não necessariamente envolvem promessas. Tome-se asserções, por exemplo. Ouvintes confiam que os falantes digam a verdade (contraposto a realizar alguma ação futura, como no caso das promessas). Porém, a prática social de prometer pressupõe a da asserção; desse modo, é de se presumir que asserções não necessariamente envolvam promessas.

A noção de confiança relevante para a corrupção institucional é uma relação contínua envolvendo pelo menos um ator institucional, e na qual esse ator é objeto de confiança, em nosso sentido acima, por parte de algum outro ator ou atores, para realizar seus deveres institucionais. Assim, existe uma relação de dependência e de obri-

---

29. Tipicamente, esses indivíduos são seres humanos individuais. Talvez confiar em entidades coletivas como corporações, em última análise, é (ou deve ser) confiar em seres humanos individuais. Ver Miller, "Collective moral responsibility", 176-193.

gação (e não meramente a crença numa obrigação). Noto que muitas relações institucionais envolvendo obrigações não envolvem dependência em qualquer sentido forte, e a obrigação não surge, em parte, dessa dependência. Assim, a relação entre compradores e vendedores em um mercado no qual o princípio de "cuidado com o comprador" ["*buyer beware*"] está em ação não é uma relação de confiança em nosso sentido. Existem dois tipos paradigmáticos de relação de confiança em arranjos institucionais. Um deles é a confiança pública, acima mencionada, que se liga a autoridades públicas e especialmente a autoridades públicas em posições de autoridade. O outro é a chamada relação fiduciária que se obtém, ou que deve se obter, entre profissionais e clientes, por exemplo, advogados e clientes, médicos e pacientes e banqueiros e depositantes. Os profissionais possuem obrigações morais em relação a seus clientes, e estes se encontram tipicamente numa relação de dependência face aos primeiros. Logo, existe uma necessidade de confiança [*trust*].

Conforme notado acima, no caso de autoridades públicas em posições de autoridade, como políticos, juízes e policiais, o abuso de autoridade mina a confiança pública; em outros termos, mina a relação de confiança entre o corpo de cidadãos e essas autoridades. Uma vez que essa relação de confiança pública é crítica para a realização dos fins dessas instituições, o abuso de autoridade é profundamente (embora de maneira indireta) corruptor dessas instituições. Além disso, como vimos, e deixando de lado o problema do solapamento da confiança pública, o abuso de autoridade mina diretamente fins, processos institucionais e pessoas. Desse modo, o abuso de autoridade é uma espécie de corrupção institucional que é duplamente problemática.

O que dizer em relação à noção de abuso de cargo? Claramente, nem todos os casos de abuso de cargo envolvem corrupção; nem, pode-se sustentar, todos os tipos de abuso de cargo são casos de corrupção em virtude de uma tendência desse tipo de casos minar processos, fins institucionais ou pessoas. Porém, alguns casos de tipos de abuso de cargo possuem essa tendência, como o desvio de fundos públicos. Sugiro que ocupantes de cargos institucionais com relações fiduciárias, por exemplo, banqueiros e advogados, que exploram essas relações a fim de, por exemplo, fraudar seus clientes, estão envolvidos em corrupção institucional. A razão disso é a importância da relação fiduciária para essas instituições; quando a relação fiduciária é seriamente comprometida, os fins institucionais são minados. Considere-se, a esse respeito, a firma de auditoria Arthur Anderson; quando se tornou conhecida sua atividade ilegal, a confiança se evaporou e a firma faliu.

5.5 Conclusão

Suborno, nepotismo, fraude e abuso de autoridade são espécies salientes de corrupção institucional. Enquanto tais, minam fins, processos institucionais e/ou pessoas (enquanto atores institucionais). Neste capítulo, fornece análises de cada uma dessas espécies de corrupção institucional. Sustentei que a fraude é uma espécie de corrupção quando envolve um ator institucional que age em sua capacidade enquanto tal, seja como corruptor, seja como corrupto, mas não de outro modo. Também argumentei contra a visão amplamente aceita de que todas as formas de corrupção institucional são casos de abuso de autoridade. Ao fazê-lo, diferenciei entre rompimentos de deveres institucionais, abusos do cargo e abuso da própria autoridade institucional. Este último é sempre uma forma de corrupção, mas não necessariamente os primeiros dois tipos de transgressão. Por um lado, abusos de cargo que exploram relações fiduciárias são invariavelmente casos de corrupção. No contexto da discussão de relações fiduciárias, distingui confiança de credibilidade, e defini a primeira noção.

6
Responsabilidade institucional: Individual e coletiva

Neste capítulo, nossa principal preocupação é com a responsabilidade institucional e sua relação com a responsabilidade moral. Além disso, a responsabilidade em questão é de caráter tanto individual quanto coletivo. Compreender a responsabilidade em arranjos institucionais é crítico tanto para a compreensão da corrupção institucional (a responsabilidade moral dos corruptores por suas ações corruptas – ver Capítulo 3) e, de maneira relacionada, para conceber meios efetivos de combatê-la (a responsabilidade moral de atores institucionais por medidas anticorrupção).

6.1 Responsabilidade

Precisamos primeiramente distinguir alguns sentidos de responsabilidade.[1] Às vezes, dizer que alguém é responsável por uma ação é afirmar que essa pessoa teve uma razão, ou razões, para realizar determinada ação, então formou uma intenção de realizá-la (ou não realizá-la), e finalmente agiu (ou absteve-se de agir) com base nessa intenção, e o fez com base na(s) razão(razões). Note-se que uma importante categoria de razões para ações são os fins, metas, propósitos; a razão de um agente para realizar uma ação é com fre-

---

1. Boa parte do conteúdo desta seção foi extraído de versões anteriores publicadas em S. Miller, "Collective responsibility", *Public Affairs Quarterly*, 15 (2001), 65-82; e S. Miller, *Social Action*, capítulo 8.

quência que a ação realize a meta que o agente possui. Além disso, assume-se que, ao longo de todo esse processo, o agente produziu ou causou a ação, pelo menos no sentido de que o estado mental ou estados mentais que constituíram sua razão para realizar a ação foi causalmente eficaz (da maneira correta), e que sua resultante intenção foi causalmente eficaz (da maneira correta).[2] Assume-se ainda que o agente escolhe os fins, metas ou propósitos em questão (e poderiam ter escolhido diferente, mas veja-se isto depois). Noto aqui que uma ação pode ser escolhida nesse sentido e ainda assim ser coagida, embora este possa não ser o caso se a coerção empregada foi extrema, como em alguns casos de tortura. Pois, nesses últimos casos, o agente não mais tem controle sobre suas ações.

Há omissões ou, pelo menos, atos de abstenção, que são análogos às ações no sentido descrito acima. Em semelhantes casos, alguém se abstém intencionalmente de realizar alguma ação com algum fim em mente, e a intenção é causalmente eficaz da maneira correta, e assim por diante. No que segue, utilizo o termo "ação" de modo a incluir essas omissões intencionais, a menos que indique em contrário.

Esse sentido de ser responsável por uma ação é diferente de outros bem-conhecidos sentidos cognatos de responsabilidade. Entre estes se incluem o que poderia ser denominado "responsabilidade simples" [*bare responsibility*]. Um agente possui responsabilidade simples por uma ação se e somente se ele intencionalmente realiza a ação (e a intenção causa a ação). Noto que, em tais casos, um agente pode não ser responsável por sua intenção, e nessa medida, não é responsável por sua ação. Entre esses sentidos cognatos também se incluem a noção de um agente responsável – como distinto de alguém responsável por uma ação. Um agente é responsável se ele ou ela não

---

2. Ver D. Davidson, "Freedom to act", in T. Honderich (org.), *Essays on Freedom of Action*. Londres: Routledge and Kegan Paul, 1973, e J. R. Searle, *Intentionality*. Cambridge University Press, 1983, capítulo 3.

é insano/a, não está sob influência de drogas, e assim por diante. Finalmente, pode-se falar de ser responsável por uma ação no sentido de livremente realizar a ação. Essa noção de ação livremente realizada é notoriamente difícil de ser cernida. É de se presumir que não inclui ações que são coagidas e, segundo uma popular linha de pensamento, uma ação livremente realizada é pelo menos uma ação tal que o agente poderia ter agido de outro modo. Mas esta última linha de pensamento tem recebido pesadas críticas.[3]

De qualquer modo, apelidarei que o primeiro dos sentidos mencionados de ser responsável por uma ação de "responsabilidade natural", ou seja, realizar intencionalmente uma ação e fazê-lo por uma razão. Aqui, como em todo o livro, há uma distinção a ser feita entre o natural e o institucional; este último pressupõe o primeiro.

Um segundo sentido de "ser responsável por uma ação" é ser institucionalmente responsável. O que se entende por isso é que a pessoa em questão ocupa certo papel institucional, e que o ocupante desse papel é a pessoa que tem o direito ou dever institucionalmente determinado de decidir o que deve ser feito em relação a certos assuntos. Por exemplo, o policial pode ter a responsabilidade de deter o fraudador, independente de fazê-lo ou não, ou mesmo contemplar fazê-lo.

Um terceiro sentido de "ser responsável" por uma ação é uma variante de nosso segundo sentido. Se os assuntos a respeito dos quais o ocupante de um papel institucional possui um dever institucionalmente determinado de decidir o que deve ser feito a fim de

---

3. Ver J. M. Fischer (org.), *Moral Responsibility*. Londres: Cornell University Press, 1986, p. 14 s. Para tentativas de analisar ação livre, e noções relacionadas de autonomia, por recurso a atitudes de ordem mais elevada, ver H. G. Frankfurt, "Three concepts of free action", in Fischer (org.), *Moral responsibility*; G. Dworkin, *The Theory and practice of Autonomy*. Cambridge University Press, 1988. Para explicações da responsabilidade de uma pessoa por seu caráter, ver F. Schoeman, *Responsibility, Character and the Emotions*. Cambridge University Press, 1987.

incluir outros agentes para realizar, ou não, certas ações, o ocupante do cargo é então responsável pelas ações realizadas por esses agentes. Dizemos de semelhante pessoa que ela é responsável pelas ações de outras pessoas em virtude de estar encarregada delas, ou de ser a pessoa que possui autoridade sobre elas.

O quarto sentido de responsabilidade é responsabilidade moral. Por alto,[4] um agente pode ser considerado moralmente responsável por uma ação se ele/ela foi responsável por essa ação em algum de nossos três primeiros sentidos de responsabilidade, e essa ação é moralmente significativa (e o agente sabe disso ou, pelo menos, deveria saber disso). As maneiras pelas quais uma ação pode ser moralmente significativa são muitas e demasiado variadas para serem detalhadas aqui. Entre elas se incluem casos de trasngressão ou conformidade a um princípio moral ou direito e causar bem ou mal.

Noto que a responsabilidade, em seus sentidos moral e institucional, pode ser utilizada no sentido de um olhar para trás (responsabilidade retrospectiva) ou no sentido de um olhar para a frente (responsabilidade prospectiva). Exemplo do primeiro sentido é: "Madoff for moralmente responsável por fraudar seus clientes". Exemplo do segundo é: "Os membros da Comissão de Seguros e Negócios [*Securities and Exchange Comission*] são institucionalmente responsáveis pelo cumprimento de regulamentações financeiras".

Responsabilidade precisa ser distinguida daquilo que é merecedor de aprovação ou desaprovação,[5] por um lado, e *accountability*,[6] por outro. Se um faxineiro realiza seu trabalho de limpeza do

---

4. Essa definição geral precisa ser submetida a uma cláusula do tipo "outras coisas sendo iguais". Ver definição de responsabilidade moral coletiva abaixo (Seção 6.2).

5. P. F. Strawson, "Freedom and Resentment", *Proceedings of the British Academy*, 48 (1962), 187-211.

6. M. Bovens, "Analysing and assessing accountability", *European Law Journal*, 13 (2007), 447-468 [Sobre *accountability* (prestação de contas), já explicamos acima por que optamos por manter o termo no original (N.T.)].

escritório em um padrão aceitável, mas não em alto padrão, ele é responsável por ter limpado o escritório; mas pode-se presumir que ele não seja merecedor nem de aprovação nem de reprovação. É evidente, portanto, que aprovação e desaprovação pressupõem responsabilidade, mas não devem ser equiparadas a ela. Mais uma vez, responsabilidade não deve ser confundida com *accountability*. O faxineiro é responsável pela limpeza do escritório, mas responde por sua performance como faxineiro, digamos, a seu supervisor. Em outros termos, o supervisor pode ter a tarefa de monitorar e avaliar a performance do faxineiro e, se necessário, intervir no caso de baixa performance, ao fornecer novo treinamento, punir ou mesmo despedir o faxineiro.

A noção de responsabilidade institucional,[7] que inclui, mas não se restringe à responsabilidade legal,[8] pressupõe alguma noção do que seja uma instituição.[9] Neste livro, é claro, tomamos as instituições como sendo organizações e/ou sistemas de organizações. Instituições nesse sentido estão entre os mais importantes fenômenos coletivos humanos; elas permitem que nos alimentemos (mercados e agricultura), protejamos (serviços policiais e militares), eduquemos (escolas e universidades) e governemos (governos e sistemas legais). Em suma, instituições possuem fins (bens coletivos, normalmente falando). Instituições consistem em parte de papéis institucionais definidos em termos de tarefas, e esses papéis são estruturados em termos de relações de autoridade. Estruturas de papel institucional variam enormemente. Compare-se, por exemplo, a estrutura hierárquica de cima para baixo das organizações militares com as frouxas

---

7. J. Ladd, "Philosophical remarks on professional responsibility in organizations", *International Journal of Applied Philosophy*, 1 (1982), 58-70.

8. R. A. Duff, *Answering for Crime: Responsibility and Liability in the Criminal Law*. Oxford: Hart Publishing, 2007.

9. J. R. Searle, *Making the Social Worlds*. Oxford University Press, 2011; Miller, *Moral Foundations*.

estruturas democráticas típicas de clubes esportivos amadores. A terceira principal dimensão das instituições é a cultura;[10] o "espírito" ou conjunto informal de atitudes que perpassam uma organização e que podem reforçar ou negar suas exigências mais formais. Exemplo desta última é a cultura em certas organizações policiais que protege aqueles envolvidos em corrupção, em vez de expô-los.

Entre outras coisas, uma teoria normativa das instituições especifica qual *deve ser* o fim de tipos particulares de instituições, contraposto a qual ele realmente é. A Enron, por exemplo aparentemente possuía o fim institucional *de facto* de enriquecer seu CEO e outros funcionários graduados, mas certamente não era o fim institucional que devia ter.

Conforme delineada no Capítulo 1, minha teoria normativa das instituições sociais se baseia numa teoria individualista da ação conjunta.[11] Posto de maneira simples, segundo essa explicação, as organizações ou sistemas de organizações fornecem bens coletivos por meio de atividade conjunta. Entre os bens coletivos em questão se incluem o cumprimento de direitos morais agregados, como direitos baseados em necessidades para segurança (organizações policiais), bem-estar material (negócios operando em mercados), educação (universidades), governança (governos), e assim por diante.[12]

Quer se aceite essa teoria normativa ou alguma outra, estabelecer, manter ou remodelar as responsabilidades institucionais dos ocupantes de papéis institucionais deve ser feito no contexto de alguma explicação normativa do fim institucional da instituição em questão. Em alguma medida, esse fim irá determinar o que são uma estrutura e uma cultura apropriadas e, portanto, quais devem ser as

---

10. R. Harre, *Social Being*, 2ª ed. Oxford: Blackwell, 1993.

11. Miller, *Moral Foundations of Social Institutions*.

12. Assim, bens coletivos, nesse sentido, não são bens públicos no sentido econômico, isto é, bens que não podem ser exclusivos, não entram em competição.

tarefas a serem realizadas pelos ocupantes de papéis institucionais e a maneira pela qual devem ser realizadas. Em outros termos, a estrutura do papel institucional e a cultura associada devem facilitar o fim institucional. Isso fica mais óbvio em relação às tarefas definidoras de um papel; fiscais de renda devem conhecer as leis tributárias, como preparar restituições de impostos, e assim por diante. É menos óbvio em relação a relações de autoridade. Talvez uma estrutura hierárquica seja necessária para que organizações militares realizem seus fins institucionais de conduzir a guerra de maneira bem-sucedida. Por outro lado, estruturas hierárquicas de cima para baixo podem não ser compatíveis com trabalho acadêmico e, por conseguinte, não devem ser impostas a universidades.

À luz do que foi dito, podemos distinguir três maneiras possíveis de compreender responsabilidade institucional. Em primeiro lugar, há a responsabilidade em relação *às instituições*. Essa é a responsabilidade (possivelmente, responsabilidade moral) que um indivíduo ou, mais provavelmente, um grupo pode ter de estabelecer, manter ou remodelar uma instituição. A propriedade "institucional", aqui, não qualifica a noção de responsabilidade; em vez disso, é parte do conteúdo da responsabilidade. Esse sentido de responsabilidade institucional é nossa preocupação principal ou direta aqui.[13] Em segundo lugar, há a responsabilidade *das instituições*. Por exemplo, corporações têm atribuídas a elas responsabilidade *legais* (em algum sentido fraco do termo).[14] No entanto, alguns teóricos desejaram atribuir responsabilidade *moral* a instituições. Essa é a possibilidade nocional de que responsabilidade institucional *e* moral devem se ligar a entidades coletivas (especificamente, instituições) *per se*. Essa possibilidade só poderia se obter se as instituições (e entidades coletivas similares) fossem constituídas de agentes *dotados de mentes*; agentes que pos-

---

13. Embora seja indiretamente relevante. Ver último argumento na Seção 6.3.

14. Michael S. Moore, *Causation and Responsibility: An Essay in Law, Morals and Metaphysics*. Oxford University Press, 2009.

suíssem estados mentais, como desejos, intenções e crenças.[15] Pois somente agentes dotados de mentes realizam ações no sentido apropriado de ação, e somente eles podem, de maneira concreta, ser considerados moralmente responsáveis por suas ações. Contudo, a ideia de que instituições *per se*, enquanto contrapostas a seus membros humanos (ocupantes de papéis institucionais), possuam mentes, é problemática ou, na melhor das hipóteses, controversa.[16] De qualquer modo, neste livro ponho de lado qualquer outra consideração sobre essa maneira de compreender responsabilidade institucional. Eu o faço a despeito de reconhecer que, por razões heurísticas, a responsabilidade institucional (em algum sentido fraco) pode ser atribuída a instituições *per se*. Em terceiro lugar, há a responsabilidade dos *ocupantes de papéis institucionais*. É a responsabilidade institucional dos seres humanos que ocupam papéis institucionais: responsabilidade *enquanto* ocupante de papel institucional. É esse terceiro sentido de responsabilidade institucional e sua relação com a responsabilidade moral que é nossa principal preocupação aqui.

6.2 Responsabilidade individual e coletiva

Como vimos, ocupantes de papéis institucionais são institucionalmente responsáveis *individualmente* por pelo menos algumas de suas ações e omissões. Um ocupante de papel institucional em posição de autoridade sobre outro pode ter uma responsabilidade institucional *individual* (sentido prospectivo) para verificar se seu subordinado – homem ou mulher – realiza a tarefa definidora de seu papel de subordinado. Além disso, se o subordinado, de maneira

---

15. Peter French, "The Corporation as a moral person", *American Philosophical Quarterly*, 16 (1979), 207-215; Toni Erskine, "assigning responsibilities to institutional moral agents", *Ethics and International Affairs*, 15 (2001), 67-85.

16. David Coop, "Collective moral autonomy thesis", *Journal of Social Philosophy*, 38 (2007), 369-388; Seumas Miller, "Against the moral autonomy thesis", *Journal of Social Philosophy*, 38 (2007), 389-409.

consistente, falha em realizar a tarefa em questão, e seu superior (o supervisor) falha em intervir, este último é individualmente responsável (sentido regressivo) por deixar de verificar se seu subordinado realiza seu trabalho e seu fracasso se liga ao supervisor enquanto ocupante de papel institucional.

Por outro lado, vários ocupantes de papéis institucionais podem ser *coletivamente* institucionalmente responsáveis por algum resultado.[17] Os casos paradigmáticos, aqui, são os de ação conjunta: ações envolvendo cooperação entre atores institucionais que alcançam algum resultado.

Como vimos no Capítulo 1, de maneira geral, uma ação conjunta[18] pode ser assim compreendida: dois ou mais indivíduos realizam uma ação conjunta se cada um deles intencionalmente realiza uma ação individual (ou omissão), mas o faz com crença (verdadeira) de que, ao fazê-lo, irão conjuntamente realizar um fim que cada um deles possui. Assim, ações conjuntas são ações interdependentes dirigidas a um objetivo ou fim comum. No entanto, como também vimos no Capítulo 1, a noção de uma ação conjunta (analisada em termos da teoria do fim coletivo, ou CET [*Collective End Theory*]), pode ser utilizada para uma análise de ação organizacional (estruturas de ação conjunta em múltiplas camadas) e mecanismo institucionais conjuntos, por exemplo, mecanismos de votação.

Responsabilidade coletiva do tipo aqui em questão é aquela que se liga aos participantes de uma ação conjunta (inclusive, pelo menos em princípio, no sentido de uma estrutura de ação conjunta em múltiplas

---

17. Dennis F. Thompson, "Moral responsibility and public officials: The problem of many hands", *American Political Science Review*, 74 (1980), 259-273; Larry May, *Sharing Responsibility*. Chicago: University of Chicago Press, 1992; Michael Zimmerman, "Sharing responsibility", *American Philosophical Quarterly*, 22 (1992), 115-122.

18. Michael Bratman, *Shared Agency*. Oxford University Press, 2014; Seumas Miller, "Joint action", *Philosophical Papers*, 11 (1992), 275-299; Kaarlo Miller e Raimo Tuomela, "We-intentions", *Philosophical Studies*, 53 (1988), 115-137.

camadas e de uma ação conjunta realizada por meio de um mecanismo institucional conjunto) pela realização da ação conjunta em questão e, em particular, pela realização do fim coletivo da ação conjunta. Existem diferentes explicações da responsabilidade coletiva, algumas das quais pertencem à responsabilidade de grupos e organizações *per se* em relação a seu grupo ou ações "corporativas" (por assim dizer). Nossa preocupação aqui é somente com responsabilidade coletiva por ações conjuntas de seres humanos em sua capacidade como ocupantes de papéis institucionais. Uma explicação de destaque, nesse sentido, é aquela que conceptualiza a responsabilidade moral coletiva pela ação conjunta como *responsabilidade conjunta*.[19]

Segundo essa visão de responsabilidade coletiva como responsabilidade conjunta, a responsabilidade coletiva só pode ser atribuída a seres humanos individuais, embora de maneira conjunta.[20] Como no caso da responsabilidade individual, no caso da responsabilidade coletiva podemos distinguir entre responsabilidade natural, institucional e moral. Além disso, podemos relacionar responsabilidade coletiva natural e responsabilidade institucional, por um lado, com responsabilidade moral coletiva, por outro.

Agentes que realizam uma ação conjunta são responsáveis por essa ação no primeiro sentido de responsabilidade coletiva: responsabilidade coletiva natural. Desse modo, afirmar que são coletiva-

---

19. Gregory Mellema, "Collective responsibility and qualifying actions", *Midwest Studies in Philosophy*, 30 (2006), 168-175; Seumas Miller, "Collective moral responsibility".

20. Assim, não é necessário sustentar que responsabilidade coletiva se liga a entidades coletivas *per se*, como teóricos coletivistas como Gilbert (em seu *On Social Facts*) e (em um espírito algo diferente) Christian List e Philip Pettit, em *Group Agency* (Oxford University Press, 2011) fizeram. Para críticas dessas explicações coletivistas, ver Seumas Miller e Pekka Makela, "The collectivist approach to collective moral responsibility", *Metaphilosophy*, 36 (2005), 634-651, Andras Szigeti, "Are individualists accounts of collective moral responsibility morally deficiente?", in A. Konzelmann-Ziv e H. B. Schmid (org.), *Institutions, Emotions and Group Agents: Contribution to Social Ontology, Studies in the Philosophy of Sociality* 2. Dordrecht: Springer, 2014.

mente responsáveis pela ação é apenas dizer que realizaram a ação conjunta. Em outros termos, cada um deles possuía um fim coletivo, cada um intencionalmente realizou sua ação cooperativa, e cada um deles o fez porque acreditava que o outro realizara sua ação cooperativa, e que, portanto, o fim coletivo seria realizado. Além disso, cada um escolheu realizar sua ação individual e perseguir o fim coletivo, e cada um poderia ter agido de outro modo.

É importante notar, aqui, que cada agente é individualmente (naturalmente) responsável por realizar sua ação cooperativa, e responsável em virtude do fato de que intencionalmente realizou essa ação, e ela não foi intencionalmente realizada por ninguém mais. É claro, os outros agentes (ou agente) *acreditam* que o primeiro agente está realizando, ou irá realizar, a ação cooperativa em questão. Mas a mera posse de semelhante crença não é suficiente para a atribuição de responsabilidade *ao crente* por realizar a ação individual em questão. Desse modo, por quê são os agentes *coletivamente* (naturalmente) responsáveis? Os agentes são *coletivamente* (naturalmente) responsáveis pela realização do *fim* (coletivo) que resulta de suas ações cooperativas.

Segundo essa explicação, ainda, afirmar que eles são coletivamente (naturalmente) responsáveis pela realização do fim coletivo de uma ação conjunta é afirmar que são *conjuntamente* responsáveis pela realização desse fim. São conjuntamente responsáveis porque (1) cada um se apoiou no outro para produzir o resultado desejado por ambos (o fim coletivo); (2) cada um intencionalmente contribuiu causalmente para a realização do fim coletivo (ao realizar sua ação cooperativa); e (3) cada um realizou sua ação cooperativa sob condição, e somente sob condição, de que o(s) outro(s) realizassem os seus. Aqui, a condição (3) expressa a *interdependência* da ação envolvida numa ação conjunta. Há interdependência também no nível dos fins. Cada um só possui o fim (coletivo) em questão se os outros o possuem, uma vez que nenhum agente pode realizar o fim ao agir sozinho; logo, não haveria por que um agente possuir o fim se outros não o tivessem.

Consideremos agora a responsabilidade institucional coletiva. Se os ocupantes de um papel institucional (ou papéis institucionais) possui uma obrigação institucionalmente determinada de realizar alguma ação conjunta, esses indivíduos são coletivamente responsáveis por sua performance, em nosso segundo sentido de responsabilidade coletiva. Considere-se a responsabilidade institucional coletiva dos membros de uma equipe de auditores em assegurar que os relatórios financeiros de uma grande companhia são verdadeiros e justos. Existe aqui uma obrigação institucional *conjunta* de realizar o fim coletivo da ação conjunta em questão. Além disso, existe um conjunto de obrigações *individuais* derivadas; cada um dos indivíduos participantes possui uma obrigação individual de realizar sua ação cooperativa (a derivação dessas obrigações individuais repousa no fato de que, se cada um realiza sua ação cooperativa, é quase certo, ou pelo menos provável, que o fim coletivo seja realizado).

A obrigação institucional *conjunta* é uma obrigação composta consistindo na obrigação que cada um de nós tem de realizar certa ação específica para realizar esse fim. Mais precisamente, um agente A possui a obrigação de realizar um fim coletivo por meio de alguma ação, acreditando que o agente B realizou alguma outra ação para esse mesmo fim. A questão sobre obrigações conjuntas é que elas não são desempenhadas por uma única pessoa.

Note-se que, tipicamente, agentes envolvidos numa ação institucional conjunta desempenharão suas respectivas obrigações institucionais individuais e sua obrigação institucional conjunta por meio da realização de uma ação ou do mesmo conjunto de ações individuais. Por exemplo, se cada um dos membros de uma força-tarefa anticorrupção realiza seus deveres individuais tendo como fim a exposição e condenação dos membros de uma operação de lavagem de dinheiro, dadas condições favoráveis, a força-tarefa atingirá seu fim. Mas não se pode imaginar um agente investigativo que esteja preparado para desempenhar sua obrigação institucional individual, mas não uma obrigação em comum de realizar o fim coletivo em questão. Assim, embora ele se assegure de desempenhar sua obrigação individual, digamos, de entrevistar um suspeito em particular, o investigador é menos assíduo do que poderia ser, pois deseja que a força-tarefa fracasse em seu projeto global e, portanto, não se pode dizer que ele desempenhou plenamente sua obrigação conjunta de realizar o fim coletivo.

Conforme já mencionado, há outro sentido de responsabilidade institucional. Esse sentido diz respeito àquelas pessoas em posição de autoridade. Precisamos aqui distinguir dois tipos de casos. Se o ocupante de um papel institucional possui um direito ou obrigação institucionalmente determinado a ordenar que outros agentes realizem certas ações, e as ações em questão são conjuntas, o ocupante do papel é *individualmente* (institucionalmente) responsável pelas ações conjuntas realizadas por esses outros agentes. Esse é nosso primeiro tipo de caso, mas deve ser posto de lado, uma vez que não é um caso de responsabilidade *coletiva*. No segundo tipo de caso, não importa se as ações realizadas por aqueles subordinados à pessoa em posição de autoridade são ações conjuntas ou não. Em vez disso, a questão diz respeito às ações daqueles em posição de autoridade. Em que sentido elas são coletivas? Suponha-se que os membros do ministério do governo do Reino Unido (consistindo no Primeiro-Ministro e seus ministros nomeados) decidem coletivamente exercer seu direito institucionalmente determinado de estabelecer uma agência anticorrupção em relação ao governo e sua burocracia. Desse modo, um orçamento é alocado, a agência anticorrupção é estabelecida, agências relevantes de coerção legal são instruídas, e assim por diante. A agência anticorrupção, as agências de coerção legal e outras fazem o que foram instruídas a fazer, e o ministério é coletivamente responsável por estabelecer o programa anticorrupção, em algum sentido de responsabilidade coletiva. Há algumas coisas a considerar aqui. Em primeiro lugar, a noção de responsabilidade em questão, pelo menos em primeira instância, é responsabilidade institucional – enquanto contraposta a moral. Em segundo lugar, as "decisões" dos comitês precisam ser analisadas em termos da noção de um mecanismo institucional conjunto (ver Capítulo 1, Seção 1.3).[21] Assim, a "decisão" do Gabinete – supondo-se que seja a decisão do Gabinete, e não simplesmente do Primeiro-Ministro – pode ser analisada como segue. Em um nível, cada membro do Gabinete votou a favor ou contra o estabelecimento da agência anticorrupção, e suponhamos que alguns votaram pela afirmativa, outros pela negativa. Mas, em outro nível, cada membro do Gabinete concordou em aceitar o resultado da votação; em outros termos, cada um votou tendo como fim (coletivo) que o resultado com a maioria de votos seria aquele adotado.[22] Dessa forma, os membros do Gabinete foram conjuntamente institucionalmente responsáveis pela decisão de estabelecer essa agência anticorrupção. Assim, o Gabinete foi coletivamente institucionalmente responsável pelo estabelecimento da agência, e o sentido de responsabilidade coletiva em questão é responsabilidade (institucional) *conjunta*.[23]

---

21. Miller, "Joint epistemic action: some applications".

22. Ou pelo menos aqueles que votam em boa-fé possuem esse fim coletivo, e mesmo os que não o fizeram foram institucionalmente forçados a aceitar o resultado da votação, e foram institucionalmente responsáveis por ele (juntamente com os outros).

23. Esse modo de análise também pode ser empregado para lidar com exemplos nos quais uma entidade institucional possui um representante que toma uma decisão individual, mas se trata de uma decisão individual que possui o apoio conjunto dos membros da entidade institucional, por exemplo, um representante de sindicato de indústrias em relação a negociações salariais com uma companhia. Também pode ser empregado em exemplos como o pelotão de fuzilamento no qual apenas uma bala real é usada, e não se sabe qual membro dispara a verdadeira bala. O soldado com a bala real é *individualmente* responsável (embora sem seu conhecimento) por matar

O que dizer a respeito do quarto sentido de responsabilidade, responsabilidade *moral* coletiva? É uma espécie de responsabilidade conjunta. Assim, cada agente é individualmente moralmente responsável, mas dependendo de outros serem individualmente moralmente responsáveis; existe interdependência no que concerne à responsabilidade moral. Essa explicação da responsabilidade moral coletiva surge naturalmente a partir da explicação das ações conjuntas. Também segue em paralelo a explicação fornecida sobre a responsabilidade moral individual.

Assim, podemos defender a seguinte afirmação a respeito da responsabilidade moral. Se os agentes são coletivamente (isto é, conjuntamente) responsáveis pela realização bem-sucedida de uma ação conjunta, no primeiro, segundo ou terceiro sentidos de responsabilidade coletiva, e se a ação conjunta é moralmente significativa, então – outras coisas sendo iguais – os agentes são coletivamente (isto é, conjuntamente) moralmente responsáveis por essa ação conjunta, e pode-se razoavelmente esperar que atraiam aprovação ou reprovação moral e (possivelmente), punição ou premiação por realizá-la e, em particular, pela realização de seu fim coletivo.

Precisamos aqui ser mais precisos sobre aquilo pelo que agentes que realizam ações conjuntas moralmente significativas são coletivamente moralmente responsáveis. Outras coisas sendo iguais, cada agente que intencionalmente realiza uma ação *individual* moralmente significativa possui responsabilidade moral *individual* pela ação. Assim, no caso de uma ação conjunta moralmente significativa, cada agente é *individualmente* moralmente responsável por realizar sua *ação cooperativa*, e os *outros* agentes *não* são moralmente responsáveis por sua ação individual cooperativa. Porém, além disso, os agentes que contribuem são *coletivamente* moralmente responsáveis

---

a pessoa. No entanto, os membros do pelotão são *conjuntamente* responsáveis pela execução da pessoa.

pelo resultado que constitui a realização do *fim coletivo* de suas várias ações cooperativas. Afirmar que eles são coletivamente moralmente responsáveis por produzir esse resultado é apenas dizer que são *conjuntamente* moralmente responsáveis por ele. Assim, cada agente é individualmente moralmente responsável por produzir esse resultado, mas dependendo de outros serem, de maneira igual, individualmente moralmente responsáveis por produzi-lo.

Note-se os seguintes pontos residuais. Em primeiro lugar, não é definidor de uma ação conjunta que cada um realize sua ação cooperativa sob condição, e somente sob condição, de que *todos* os outros realizem as suas ações. É suficiente que cada um realize sua ação cooperativa sob condição, e somente sob condição, de que *a maioria* dos outros realizem as suas. Desse modo, a interdependência envolvida na ação conjunta não é necessariamente interdependência *completa*.

Em segundo lugar, um agente possui responsabilidade moral se sua ação foi intencionalmente realizada para realizar um fim coletivo moralmente significativo, e a ação causalmente contribuiu para o fim. A ação não tem que ser uma condição necessária, ou mesmo, parte necessária de uma condição suficiente, para a realização do fim.

Em terceiro lugar, agentes que intencionalmente dão uma contribuição causal para realizar um fim coletivo moralmente significativo não são, necessariamente, plenamente moralmente responsáveis pelo fim realizado. Este é especialmente o caso em ação conjunta na qual há grande número de pessoas colaborando, por exemplo, os milhares de pequenos doadores para uma caridade. Além disso, em alguns casos de ação conjunta, alguns participantes possuem mais responsabilidade do que outros, seja devido a sua maior contribuição, seja a sua posição de autoridade sobre outros.

Em quarto lugar, segundo a definição, participantes em uma ação conjunta são coletivamente moralmente responsáveis por essa ação *outras coisas sendo iguais*. Naturalmente, outras coisas podem não ser iguais se, por exemplo, os participantes não fossem moralmente sensíveis ou fossem coagidos a realizar a ação conjunta. Em acréscimo, conforme discutido na Seção 6.3, existem algumas omissões institucionais, moralmente significativas, em particular, ações que agentes deixaram de realizar e que não se poderia esperar, razoavelmente, que realizassem. Em alguns desses casos, as coisas não são iguais e, como consequência, embora haja responsabilidade institucional e significação moral, não existe responsabilidade moral.

Surge um problema no que concerne à responsabilidade moral coletiva pelas ações de grandes grupos e organizações. Considere-se a Máfia. As ações dos membros da Máfia são interdependentes em virtude do fim coletivo – digamos, lucrar com a venda de heroína na Itália Meridional. Naturalmente, essa interdependência é bem mais complexa do que simples casos de ação conjunta, dada a existência de uma organização hierárquica, e suas extensões mais flexíveis. Além disso, a contribuição de cada indivíduo para o resultado é bem mais variada, e em geral bastante insignificante, dado o grande número de pessoas envolvidas. Nesse ponto, a noção de uma estrutura de ações conjuntas em múltiplas camadas[24] (introduzida no Capítulo 1, Seção 1.2) precisa ser invocada e aplicada à organização mafiosa em questão. A equipe de "soldados", motoristas e outros membros da Máfia asseguram que determinado carregamento de heroína seja providenciado e transportado de maneira segura até o ponto de distribuição em uma grande cidade – este é o nível 1 de ação conjunta; uma equipe de "vendas" da Máfia distribui quantidades menores da heroína para traficantes individuais – este é outro nível 1 de ação conjunta, e finalmente, o dinheiro recebido dos traficantes individuais é lavado por membros da organização pertencentes ao ramo de lavagem de dinheiro, por exemplo, ao serem depositados em pe-

---

24. Miller, *Moral Foundations of Social Institutions*, capítulo 1.

quenas quantias em numerosas contas bancárias – este é outro nível 1 de ação conjunta. Porém, cada uma dessas ações conjuntas de nível 1 constituem elementos de um nível 2 mais amplo, dirigido ao fim coletivo de ganhar dinheiro a partir da venda de heroína, isto é, gerenciar um negócio de heroína. Cada uma dessas ações individuais – providenciar, vender e lavar – é parte do plano de "negócios" mais amplo da liderança da Máfia.

Desse modo, se todas, ou a maioria das ações individuais dos membros da organização da Máfia fossem realizadas de acordo com fins coletivos, e a realização de cada uma das ações de nível 1 fossem realizadas de acordo com o fim coletivo de obter lucros para a organização mafiosa a partir da venda da heroína, pelo menos em princípio poderíamos atribuir responsabilidade moral conjunta pela realização desse fim coletivo aos membros individuais da Máfia.

De qualquer modo, temos elementos para concluir que, *pelo menos em princípio*, pode-se atribuir responsabilidade coletiva ou responsabilidade *natural conjunta* a agentes envolvidos em empreendimentos cooperativos complexos, devido aos resultados visados por esses empreendimentos e, em casos de empreendimentos significativamente morais, pode-se atribuir responsabilidade moral ou *conjuntamente moral* a esses resultados. Essa conclusão depende da possibilidade de analisar esses empreendimentos em termos de estruturas de ação conjunta em camadas. Esse tipo de estruturas envolve (1) uma contribuição causal menor e provavelmente indireta de cada um dos indivíduos aos quais se atribuiu responsabilidade conjunta; (2) cada indivíduo possuir uma intenção de realizar sua ação cooperativa (causalmente eficaz); e (3) cada indivíduo possuir como fim ou objetivo último o resultado causalmente produzido por suas ações conjuntamente realizadas.

O desfecho da discussão nesta seção é que a indubitável existência do fenômeno da responsabilidade moral coletiva por ações é inteiramente consistente com o individualismo em relação à responsabilidade moral. Dispõe-se de uma explicação individualista aceitável da responsabilidade moral coletiva.

Sustentei que a responsabilidade institucional coletiva e a responsabilidade moral coletiva (compreendida como responsabilidade institucional conjunta e responsabilidade moral coletiva, respectivamente) estão envolvidas não só em ações (institucionais) conjuntas, como com o fenômeno relacionado da ação organizacional compreendida como *estruturas de ação conjunta em múltiplas camadas* e de *mecanismos institucionais conjuntos*. No entanto, há ainda outro tipo central de caso de responsabilidade institucional coletiva (e responsabilidade moral coletiva). Trata-se de uma extensão dos mecanismos institucionais conjuntos no sentido acima. Refiro-me a elas como *cadeias de responsabilidade institucional*.[25] Explico.

6.2.1 Cadeias de responsabilidade institucional

Considere-se uma equipe de detetives investigando um crime grave. Assumamos que a equipe está se envolvendo em ação institucional conjunta, a saber, a de determinar quem é o Estripador de Yorkshire. Assim, membros da equipe reúnem evidência física, entrevistam testemunhas e, em particular, o principal suspeito, Peter Sutcliffe. Além disso, eles o fazem tendo como fim coletivo determinar a culpa ou inocência *factual* desse e de outros suspeitos. Em algum momento, os detetives completam esse processo e fornecem uma súmula da evidência para os procuradores de acordo com a qual, e baseado em todos os indícios, Sutcliffe é o Estripador de Yorkshire. Até aqui, não há problema, mas os processos de justiça criminal não terminam no trabalho dos detetives, pois há agora a questão do julgamento; em outros termos, a determinação pelos membros de um júri da culpa ou inocência legal de Sutcliffe. Supo-

---

25. Seumas Miller, "Police detectives, criminal investigations and collective moral responsibility", *Criminal Justice Ethics*, 33 (2014), 21-39.

nhamos que os membros do júri realizam a ação conjunta de deliberar sobre a culpa ou inocência *legal* de Sutcliffe, e conjuntamente chegam ao veredicto de culpa (como de fato ocorreu). A questão que surge agora diz respeito à relação institucional entre a ação institucional conjunta dos detetives e a ação institucional conjunta dos membros do júri. É aqui que a noção de cadeia de responsabilidade institucional é esclarecedora.

Assumamos no que segue que o fim coletivo do processo de justiça criminal compreendendo tanto os detetives que investigam *quanto* os membros do júri (assim como outros, mas simplifico aqui) consiste em que o factualmente culpado seja considerado legalmente culpado (e o factualmente inocente seja absolvido). Note-se que, da perspectiva desse processo institucional mais amplo o fim coletivo dos detetives (o de determinar a culpa ou a inocência factual de um suspeito) é meramente *aproximativo*, ao passo que o dos membros do júri é *último* (é claro, é penúltimo da perspectiva do sistema de justiça criminal mais amplamente concebido, dada a necessidade de estabelecer uma sentença e encarcerar).

Há em tudo isso, ainda, uma divisão institucional do trabalho e separação de papéis que envolvem cada tipo de ator institucional, por exemplo, investigador, promotor, juiz, jurado, todos contribuindo para o fim (coletivo) adicional de identificar e apropriadamente punir o culpado e absolver o inocente. No entanto, diferentemente de muitos arranjos institucionais, o processo de justiça criminal tem a predicação, em estrita aderência por parte dos atores institucionais, à segregação dos papéis, sob pena de comprometer esse fim adicional. Enfatizo que essa segregação de papéis é consistente com o fato de todos esses atores, cada um com seu próprio papel separado, terem em comum outro objetivo; agentes podem possuir um objetivo comum e ainda assim haver uma exigência de que cada um faça uma contribuição distinta para esse objetivo, e não realizar as tarefas atribuídas a outros, e fazer tudo isso a serviço do objetivo comum.

A respeito dessa segregação de papéis e a relação entre atores institucionais no processo de justiça criminal, incluindo os investigadores, é *improvável* que isso valha para a relação entre (digamos) um gerente, um garçom e um barista em um pequeno bar. Não há razão pela qual, por exemplo, o gerente e o garçom não ajudem o barista em seu trabalho de servir cerveja em um período de grande movimento, ou mesmo ficar em seu lugar quando ele é chamado para outro lugar. Mas há uma boa razão pela qual o promotor não deve ser também o juiz, investigador ou jurado; em um sistema antagônico semelhante acúmulo de papéis constituiria um conflito de interesse estrutural e, enquanto tal, provavelmente solaparia a administração da justiça.

Arranjos institucionais como esse, nos quais existe uma segregação de papéis (e responsabilidades associadas), mas um fim comum, envolvem uma cadeia de responsabilidade institucional.

Em cadeias de responsabilidade institucional, todos os participantes visam (ou devem visar) o fim adicional, além de empreender seus próprios papéis (e, portanto, visar ao fim definidor de seu próprio papel particular). Além disso, todos os participantes (pelo menos em princípio) compartilhar a *responsabilidade coletiva* por alcançar esse fim adicional (ou deixar de fazê-lo). Trabalhemos com nosso exemplo de Peter Sutcliffe, o Estripador de Yorkshire, que foi condenado por treze acusações de assassinato (as vítimas sendo prostitutas que trabalhavam em Yorkshire, no Reino Unido).

Os detetives envolvidos eram institucionalmente responsáveis (coletivamente, no sentido de conjuntamente) por reunir e analisar os indícios que identificaram Peter Sutcliffe como o Estripador de Yorkshire; obtiveram o requerido conhecimento da culpa *factual* e de Sutcliffe e, com isso, realizaram o fim coletivo de seus papéis institucionais como detetives. Por outro lado, os membros do tribunal e, em particular, os membros do júri eram institucionalmente responsáveis (coletivamente) por julgar Sutcliffe *legalmente* culpado e, com isso, realizaram o fim (coletivo) de seus papéis institucionais como jurados. Até aqui, sem problema, mas qual era o fim último realizado pelos detetives *e* pelos jurados (assim como por outros atores envolvidos no processo institucional, por exemplo, os juízes)?

É de se presumir que o fim em questão consiste em que a culpa factual se transforme em culpa legal (e a inocência factual em inocência legal)[26] e esse é um fim (um fim coletivo) que é realizado pelos detetives trabalhando juntos com os membros do júri (e pelos demais atores institucionais relevantes). Não é um fim que os detetives alcancem sozinhos; eles só podem chegar ao conhecimento da culpa factual. Mas, igualmente, não se trata de um fim que os membros do júri poderiam realizar sozinhos, pois se baseiam no conhecimento fornecido pelos detetives.[27] Além disso, é um fim moralmente significativo. Assim, outras coisas sendo iguais, os membros da equipe de detetives e os membros do júri são coletivamente (conjuntamente) moralmente responsáveis pela realização desse fim (que o factualmente culpado seja considerado legalmente culpado, e o factualmente inocente, legalmente inocente).

A despeito dessa segregação obrigatória de papéis (no contexto de uma cadeia de responsabilidade institucional), sabe-se que detetives são conhecidos por tentar antecipar o resultado do processo de justiça criminal, por exemplo, "plantando" provas em suspeitos que eles acreditam serem culpados e merecedores de severa punição, em lugar de permanecerem nos confins de seus papéis designados de reunir provas a serviço da verdade e se satisfazerem em confiar nos promotores, juízes e jurados para cumprir seus di-

---

26. Supondo que haja somente dois veredictos possíveis, culpado e inocente, o que não é o caso em algumas jurisdições, por exemplo, na Escócia.

27. Cadeias de responsabilidade institucional e moral consistem em um processo no qual o término de um estágio dispara institucionalmente o início do próximo, por exemplo, a detenção é seguida seja pela acusação do suspeito, seja por sua libertação dentro de determinado período.

ferentes (embora, em última instância, inter-relacionados) papéis em relação a avaliar o caso contra suspeitos, determinar culpa, sentenciar e assim por diante.

6.3 Responsabilidade institucional e moral

É difícil destrinchar a relação entre responsabilidade institucional e moral, não só porque a noção de responsabilidade moral é teoricamente complexa e objeto de controvérsia. Não posso aqui elaborar sobre essas complexidades e polêmicas. No entanto, há alguns pontos gerais que podem ser levantados. Ao fazê-lo, assumo que, conforme sustentado acima (de maneira geral), um agente, A, é moralmente responsável por uma ação (ou omissão) x, ou pelo resultado previsível e evitável de x, se x for moralmente significativo (e A está ciente, ou deve estar ciente, dessa importância moral), A intencionalmente realizou x, a intenção de A de causar x, e A escolheu realizar x, e assim por diante.

Vimos que algumas ações institucionais – ações realizadas pelos ocupantes humanos de papéis institucionais em sua capacidade como atores institucionais – não são moralmente significativos e algumas ações moralmente significativas não são institucionais. Por outro lado, muitas ações institucionais são moralmente significativas.

Consideremos, portanto, apenas ações institucionais que são moralmente significativas em algum sentido geral e que os atores relevantes sabem que é assim – ou, pelo menos, os atores institucionais deveriam saber que as ações em questão são moralmente significativas. Surge agora uma questão sobre saber se, pelo menos em relação a essas ações, a responsabilidade moral necessariamente acompanha a responsabilidade institucional. Se for assim, um ator institucional que é institucionalmente responsável por realizar uma ação institucional (moralmente relevante), ou deixar de fazê-lo, é necessariamente moralmente responsável pela realização ou omissão dessa ação.[28] Porém, este não parece ser o caso. Considere-se, por exemplo, um funcionário graduado do governo, como um ministro, do qual alguns de seus subordinados se envolvem em atos de fraude sérios e contínuos. Semelhantes atos são moralmente significativos e os subordinados são moralmente responsáveis por perpetrá-los. O que dizer sobre o funcionário graduado? Sob alguns arranjos institucionais, ele pode ser institucionalmente responsável por deixar de assegurar que semelhante fraude não ocorresse e, em consequência, poderia ser obrigado a renunciar. No entanto, ele pode não ser moralmente responsável por deixar de prevenir essa fraude. Assumamos que o funcionário graduado poderia ter impedido essas fraudes se soubesse delas e poderia ter sabido a respeito delas se houvesse empregado boa parte de seu tempo centrado na prevenção de fraudes. Porém, ele não o fez; possuía outras prioridades legítimas e mais urgentes. Talvez, o funcionário graduado tenha tomado todas as medidas que se poderia razoavelmente esperar que ele tomasse para prevenir essas fraudes, mas seu trabalho é oneroso, os fraudadores foram excepcionalmente espertos, e assim por diante. Em suma, enquanto ele é institucionalmente responsável por deixar de prevenir essas fraudes, pode-se sustentar que ele não é moralmente responsável por elas. Assim, aparentemente, a responsabilidade institucional não necessariamente acompanha a responsabilidade moral. Especificamente, ela não a acompanha em certos casos nos quais a não desejada ação institucional não é uma que o ator institucional em questão efetivamente realizou (por exemplo, os atos de fraude), ou se poderia razoavelmente esperar que realizasse (por exemplo, o ato de prevenção de fraude). Tampouco é óbvio que semelhante arranjo institucional, supondo que exista, seja

---

28. Noto que isso não está implicado por nossas definições de responsabilidade moral individual e coletiva, pois essas definições possuem uma cláusula "outras coisas sendo iguais".

necessariamente deficiente enquanto arranjo institucional. Noto que Schauer, por exemplo, defendeu em detalhe[29] que arranjos institucionais, incluindo leis, são necessariamente instrumentos toscos e, enquanto tais, não podem ser sensíveis a todas as exigências da moralidade.

Uma segunda tese concernente às relações entre responsabilidade moral e responsabilidade institucional consiste em que os arranjos institucionais podem às vezes fazer diferença em relação ao fato da responsabilidade moral ser plena ou parcial.[30] Assim, como consequência de arranjos institucionais instaurados para lidar como algum problema de ação coletiva, cada agente pode, ao que se sustenta, ter plena responsabilidade moral (junto com outros) por algum resultado adverso – a despeito do fato de que cada um só efetuou uma pequena contribuição causal para esse resultado. Suponha-se que os membros pobres de tripulações de veleiros nos século XVIII são informados de uma lei segundo a qual qualquer um que roube um ou mais dos parafusos (um tanto quanto caros) inseridos na estrutura de madeira de seu navio que mantém as tábuas juntas será açoitado e, ainda, se o navio naufragar em consequência da remoção de vários parafusos, qualquer um que houver removido pelo menos um desses parafusos será considerado *plenamente* responsável, do ponto de vista legal, por quaisquer mortes resultantes do naufrágio do navio, e será passível de condenação legal à pena de morte. Admitamos que essa dura lei criminal seja moralmente justificada nas circunstâncias, talvez em parte devido à dificuldade de identificar que marinheiros removeram parafusos. De qualquer modo, essa lei aparentemente dura é o único meio de impedir que esses navios de madeira naufraguem com frequência e, portanto, o único meio de prevenir grande perda de vida. Nesse caso, pode-se pensar ser moralmente

---

29. Frederick Schauer, *Profiles, Probabilities and Stereotypes*. Cambridge: Harvard University Press, 2001.

30. Seumas Miller, "Joint epistemic action and collective moral responsibility", *Social Epistemology*, 29, 3, 2015, 280-302.

justificado que cada ladrão da tripulação que contribuir para causar o naufrágio seja considerado *plenamente responsável do ponto de vista legal* pela perda de vida, a despeito de sua contribuição causal para o naufrágio poder ter sido diminuta. Assim sendo, pode-se argumentar ainda que cada ladrão da tripulação é também *plenamente responsável do ponto de vista moral* por qualquer perda de vida. Se for assim, o estabelecimento de arranjos institucionais pode evidentemente transformar responsabilidade moral *parcial* anterior a um resultado adverso (por exemplo, anterior à existência de uma lei relevante) em responsabilidade moral *plena* (após a promulgação da lei). Além disso, pode fazê-lo não obstante o fato de que a responsabilidade causal subjacente não se altere e seja apenas responsabilidade *causal parcial* pelo resultado adverso.

Uma tese final concernente às relações entre responsabilidade moral e institucional é que arranjos institucionais atribuem responsabilidades morais a agentes que eles não possuíam antes e, em alguns casos, nenhuma agente possuía antes.[31] No caso do papel institucional do policial, por exemplo, a base moral parece ser segurança humana agregada. Cada membro de uma comunidade possui um direito humano individual, digamos, a algum nível mínimo de segurança, se ele ou ela necessitar. É somente quando alguma quantidade de necessidade agregada existe, porém, que o estabelecimento de uma instituição se dá. Por exemplo, uma organização policial com seus constitutivos ocupantes de papéis institucionais – policiais – não se estabelece porque o direito de uma só pessoa à segurança não está sendo assegurado. Quando existe uma quantidade de necessidade agregada o que se exige é ação coletiva ou conjunta por parte de muitas pessoas. Assim, um empreendimento cooperativo ou instituição que possui como fim coletivo o fornecimento de segurança

---

31. Miller, *Moral Foundations of Social Institutions*; e Miller, "Joint epistemic action and collective moral responsibility". Para uma visão contrária, ver Bernard Gert, *Common Morality*. Oxford University Press, 2007.

para os muitos que necessitam é estabelecido por meio da atividade conjunta dos membros da instituição policial. Em semelhantes casos, um bem coletivo, com efeito, está *institucionalmente incorporado* como meio para se desincumbir de responsabilidade moral prévia a fim de assegurar a disponibilidade desse bem.

O dever (coletivo) de servi-los pode, em alguns casos, implicar o dever de estabelecer e apoiar instituições para alcançar o objeto desse dever. Uma vez estabelecidas essas instituições, com seus ocupantes de papéis especializados, pode ser que não se tenha mais um dever adicional de assistir dentro da área de operação das instituições. Com efeito, pode ser que, em geral, não devamos nem mesmo *tentar* assistir, dada nossa relativa falta de *expertise* e a probabilidade de que atrapalhemos o trabalho dos ocupantes de papéis. Além disso, esses ocupantes de papéis especializados possuem deveres que não tinham antes e, de fato, que ninguém possuía antes do estabelecimento do papel institucional, com seus deveres específicos. Por exemplo, policiais podem ter um dever institucional e, agora, *moral* de se colocarem em perigo de uma maneira e numa medida que não é moralmente exigido de cidadãos comuns e, de fato, jamais foi moralmente exigido de ninguém antes do estabelecimento das organizações policiais.

Uma vez estabelecidas as instituições e seus papéis constitutivos, sobre uma base moral adequada, como o dever de ajudar, aqueles que ocupam esses papéis necessariamente se colocam sob obrigações de vários tipos – obrigações que se ligam, e são em parte constitutivas desses papéis. Para compreender o conteúdo específico da moralidade do papel institucional, portanto, precisamos examinar os propósitos – atender a necessidades de segurança agregadas, no caso dos policiais – para os quais as várias instituições e seus papéis constitutivos foram formados, e a maneira pela qual os papéis devem ser construídos para atingir esses propósitos. É claro, só se passa a ter um papel institucional mediante ação voluntária, mas a moralidade que acompanha esse papel não se baseia, em última instância, na escolha individual, mas nos propósitos mais amplos (fins coletivos) do papel.

6.4 Conclusão

Neste capítulo, distingui entre responsabilidade natural, moral e institucional, e entre responsabilidade individual e coletiva. Sustentei que a responsabilidade coletiva pode ser compreendida como responsabilidade conjunta. Distingui responsabilidade institucional no contexto da ação conjunta, mecanismos institucionais conjuntos, estruturas de ação conjunta em múltiplas camadas e cadeias de responsabilidade institucional. Defendi que os agentes humanos individuais que realizam as ações institucionais envolvidos nessas várias formas institucionais podem ser considerados individual e coletivamente (isto é, conjuntamente), moralmente responsáveis pelos fins coletivos (moralmente significativos) realizados por essas ações institucionais. Argumentei ainda que, mesmo no caso de ações institucionais moralmente significativas, a responsabilidade moral não acompanha precisamente a responsabilidade institucional.

Parte II

Anticorrupção: prática

7
Sistemas de integridade

A Primeira Parte deste livro, isto é, os capítulos 1-6, consistiu em análises filosóficas de noções teóricas chaves a serem utilizadas ao longo deste trabalho, a saber, instituições, corrupção institucional, poder institucional, formas relevantes específicas de corrupção (suborno, nepotismo, fraude e abuso de autoridade), e responsabilidade coletiva institucional e moral. É hora de passar da teoria para a prática e, em particular, para a elaboração de sistemas anticorrupção ou, mais amplamente, sistemas de integridade. A ênfase, na Segunda Parte (Capítulos 7-10), repousa sobre a integração da teoria filosófica (institucional normativa), análises e perspectivas fornecidas na Parte I, com uma descrição empírica geral a fim de delinear as características gerais de mecanismos de controle eficazes e éticos, sistemas anticorrupção e de integridade, e componentes institucionais chaves. Começo com uma explicação das características gerais dos sistemas de integridade; este é o conteúdo deste capítulo. No Capítulo 8, meu foco é numa característica central de qualquer sistema anticorrupção ou de integridade adequado, a saber, investigações. No Capítulo 9 elaboro um sistema de integridade para grupos de ocupações e, especialmente, profissões. No Capítulo 10 discuto uma característica crítica de quaisquer sistemas anticorrupção e de integridade, a delação: indivíduos nos quais os investigadores, e de maneira mais geral, sistemas anticorrupção se apoiam fortemente.

7.1 Sistemas de integridade

Sistemas de integridade podem ser comparados com estruturas de leis e regulações, embora se superponham e, de fato, as últimas são em parte constitutivas dos sistemas de integridade. Estruturas legais e regulatórias obviamente consistem em parte de leis e regulações explícitas regendo comportamento moralmente significativo; leis criminais são um exemplo óbvio disso. Além disso, essas leis e regulações são emitidas por alguma autoridade institucional e apoiadas por sanções. Semelhantes estruturas servem a assegurar obediência a padrões morais ou éticos mínimos (nomeadamente, aqueles contidos em uma lei, regra ou regulamento), mas este é apenas um de seus propósitos. Existem numerosas leis, regras e regulamentos que têm pouco ou nada a ver com moralidade ou ética. Já um sistema de integridade é uma reunião de entidades institucionais, mecanismo e procedimentos, cujo propósito fundamental (fim coletivo) é assegurar obediência a padrões *morais* mínimos, e promover a busca de ideais *éticos*, entre membros de ofícios, organizações e indústrias, isto é, entre ocupantes de papéis institucionais. Dado que, como vimos, a corrupção é por baixo uma questão de imoralidade, combater a corrupção é uma característica central de sistemas de integridade; com efeito, é um componente central do fim coletivo de um sistema de integridade.

Dadas as significativas diferenças entre ofícios, organizações e indústrias em relação à natureza da atividade constitutiva e fins de seus respectivos membros, existem, e devem existir, diferenças correspondentes nos sistemas de integridade; no que se refere a sistemas de integridade, não é uma questão de "um tamanho único". Por exemplo, sistemas de integridade para ocupações não baseadas no mercado, como médicos e advogados, precisarão ir além das normas éticas e ideias da boa prática comercial. Especificamente, precisarão enfrentar a exigência de que as profissões em questão estão realizando seu fim coletivo definidor, por exemplo, servir aos fins da saúde ou da justiça. Além disso, também precisarão assegurar que direitos profissionais sejam protegidos, deveres profissionais desincumbidos e virtudes profissionais promovidas e exercidas. Por exemplo, um sistema de integridade adequado protegerá a autonomia profissional, ao mesmo tempo que assegurará a prestação de contas [*accountability*] profissional.

Mas precisamos ter mais clareza sobre sistemas de integridade.[1] A expressão "sistema de integridade" ["integrity system"] entrou recentemente na moda em relação ao que é, na verdade, um problema muito antigo para organizações, grupos ocupacionais e mesmo inteiras sociedades e comunidades, a saber, o problema de promover comportamento ético e eliminar ou reduzir crime, corrupção e outros comportamentos imorais.

Aqui, o termo "sistema" é um tanto quanto enganoso pelo fato de que implica um conjunto claro e distinto de mecanismos institucionais integrados operando em uníssono e em acordo com alguns princípios mecânicos, ou quase mecânicos, determinados. No entanto, na prática, "sistemas" de integridade são uma confusa reunião de recursos e processos formais e informais, e operam com frequência em maneiras indeterminadas, imprevisíveis e, às vezes, até conflitantes. Dito isto, é necessário que essa reunião possua alguma estrutura, de modo que seus elementos não estejam em conflito, mas se reforcem mutuamente. Assim, essa reunião deve constituir uma rede de interdependência institucional (ver Capítulo 1, Seção 1.8) e que recebe direção e forma por parte dos governos em seu papel como metainstituições. Naturalmente, os componentes institucionais individuais dos sistemas de integridade são tipicamente sujeitos a análise em termos de nossas noções teóricas de ação organiza-

---

1. Ver Miller, Roberts e Spence, *Corruption and Anti-Corruption*, capítulo 7; Miller, *Moral Foundations of Social Institutions*, capítulo 5; Alexandra e Miller, *Integrity Systems for Occupations*.

cional (estruturas de ação conjunta em múltiplas camadas) e mecanismos institucionais conjuntos e seus fins coletivos definidores particulares (que são bens coletivos) (ver Capítulo 1). Por exemplo, um sistema de integridade para uma organização policial deve ter como um de seus fins coletivos reduzir a corrupção policial nessa organização (ver Capítulo 13). Além disso, os atores institucionais relevantes em semelhantes sistemas especializados anticorrupção e de integridade podem ser considerados, pelo menos em princípio, coletivamente, isto é, conjuntamente, moralmente responsáveis por seus êxitos e fracassos, da maneira delineada no Capítulo 6.

O termo "integridade", como usado na expressão "sistema de integridade", é também problemático pelo fato de que se apropria de uma noção moral normalmente utilizada para descrever agentes humanos individuais e se aplica a organizações e outros grandes grupos de indivíduos. Por contraste com a noção de integridade individual de uma pessoa, integridade utilizada no contexto que aqui estamos empregando é o de um sistema de integridade para uma ocupação, organização ou indústria. Enquanto tal, a noção de um sistema de integridade se aplica a arranjos institucionais como fragmentos relevantes de quadros legais e regulatórios, agências de justiça criminal (por exemplo, polícia), corpos de acompanhamento (por exemplo, comissões independentes contra corrupção) e corpos representativos (por exemplo, *American Medical Association*), assim como componentes subinstitucionais das instituições (por exemplo, comitês de reclamações e de disciplina, processos de proteção à delação, unidades antifraude e anticorrupção dentro das corporações).

A integridade um grupo ocupacional ou organizacional é, em grande parte, dependente da integridade individual de seus membros, e portanto, um sistema de integridade é em grande parte focado no desenvolvimento e manutenção da integridade individual desses membros, e assim, determinar o nível de integridade para qualquer um desses grupos não é simplesmente uma questão de somar os níveis de integridade dos indivíduos que são seus membros.

Em primeiro lugar, os indivíduos que compreendem as ocupações e organizações em questão são ocupantes de papéis institucionais, e as responsabilidades e virtudes requeridas deles são algo diferentes, e em alguns aspectos maior do que aquelas exigidas de indivíduos comuns que não ocupam semelhantes papéis. Assim, por exemplo, atenção escrupulosa a detalhe numérico pode ser uma virtude constitutiva do papel de um contador, e desconfiança uma virtude de detetives, mas nenhuma delas são virtudes no papel de uma esposa, marido ou amigo. E, é claro, as responsabilidades e competências correspondentes requeridas para o administrador, fazendeiro, advogado, policial, médico ou engenheiro não são tipicamente exigidas de indivíduos comuns que não ocupam esses papéis.

O que conta como responsabilidade institucional ou virtude, ainda, em termos tanto de competências técnicas quanto éticas, varia muito entre os diferentes grupos ocupacionais e organizacionais. As competências técnicas para as quais o banqueiro, o comerciante, o químico, o professor universitário, o advogado, o médico ou o engenheiro são responsáveis não são comuns *entre* esses grupos. De modo similar, as virtudes são com frequência específicas de papéis.

Embora, ao que se pode sustentar, a "zelosa defesa dos interesses do cliente" seja uma virtude crítica do papel de um advogado em sistemas legais adversariais, claramente não é uma virtude crítica para o vendedor de carros ou para o corretor da bolsa. Assim, o que conta como integridade em um ocupante individual de papel institucional inteiramente capturado nem pelo que conta como integridade em uma pessoa comum nem o que conta como integridade em algum outro papel ocupacional ou organizacional. Importante tarefa para papéis institucionais específicos, portanto, é determinar quais são precisamente as virtudes constitutivas do ocupante de papel individual, e conceber estratégias para assegurar que essas virtudes sejam desenvolvidas e mantidas nos membros dessa ocupação, organização ou indústria.

Em segundo lugar, a integridade de um grupo ocupacional ou organizacional não é simplesmente uma questão da integridade dos ocupantes de papéis individuais que compreendem esses grupos. A integridade de uma instituição é em parte uma questão da estrutura, propósito (fim coletivo) e cultura da ocupação ou organização enquanto instituição. Considere-se a estrutura, por exemplo, tanto legal quanto administrativa. Em uma ocupação ou organização dotada de integridade, os processos e procedimentos administrativos em relação, por exemplo, à promoção ou queixas e disciplina, envolveriam relevantes princípios éticos de equidade, justiça procedimental, transparência e coisas semelhantes.

Considere-se agora o propósito (fins coletivos que são também bens coletivos). Em um grupo ocupacional ou organizacional dotado de integridade, os objetivos ocupacionais ou organizacionais efetivamente seguidos se alinhariam estreitamente com os fins coletivos, isto é, bens coletivos, da ocupação ou organização, como, por exemplo, a promoção da segurança dos fundos dos depositantes por parte de banqueiros ou de saúde para médicos, em lugar de considerações puramente comerciais. Finalmente, considere-se a cultura. Numa ocupação ou organização dotada de integridade, o *ethos* ou espírito dominante, isto é, a cultura, seria um que, por exemplo, conduzisse à alta performance, tanto técnica quanto eticamente, e confortadora em tempos de necessidade, mas intolerante com grave incompetência, corrupção ou outra conduta antiética.

Ao examinar opções para promover a integridade e combater falhas éticas é muito fácil incorrer em uma única solução particular tipo "bala mágica",* como aumentar as penalidades ou fornecer po-

---

* Teoria da "bala mágica" ["*magic bullet*"]: uma teoria que explique tudo, inspirada na teoria de uma bala só que teria matado John Kennedy percorrendo um caminho "mágico" (N.T.).

deres mais invasivos às agências de investigação, ou fornecer imunidade aos criminosos preparados para testar contra seus comparsas,[2] e fazê-lo sem considerar toda a gama de implicações, inclusive os demonstráveis (enquanto oposto a "esperados) benefícios (quais dessas medidas foram testadas e, como consequência, *sabe-se* que funcionam?), e os custos em termos de recursos, danos à confiança ocupacional ou organizacional, e assim por diante.

Soluções tipo "bala mágica" são muitas vezes oferecidas em relativa ignorância tanto da efetiva natureza e causas dos problemas que elas supostamente enfrentam. A verdade com frequência está no detalhe. Além disso, deve-se sempre perguntar: solução para quem e durante quanto tempo? Talvez, a suposta solução seja meramente um conserto em curto prazo para uma só organização, em vez de ser uma solução de longo prazo para uma indústria. Por exemplo, muitas organizações são acusadas de calmamente "deixar escapar" pessoas que se envolveram em comportamento corrupto ou criminoso, em lugar de procurar processá-los, e fazê-lo para proteger a reputação da organização, a despeito do criminoso em questão ser agora uma ameaça para outras organizações. Além disso, semelhantes "soluções" em interesse próprio ocorrem às custas dos interesses legítimos dos consumidores ou do público em geral.

Há pelo menos dois outros fatores significativos usualmente em jogo. Primeiro, há a dificuldade de efetuar julgamento confiáveis (enquanto opostos a suspeitas vagas) ou, de maneira relacionada, de colher suficiente evidência para um processo. Segundo e, mais uma vez, relacionado, existe a natureza altamente litigiosa de algumas das áreas em questão, por exemplo, processos legais em relação a suposta incompetência profissional.

---

2. Esta é uma espécie de estratégia mais geral de explorar o caráter imoral, e a falta de confiança, entre criminosos. Ver Lambsdorf, *Institutional Economics of Corruption and Reform*.

Em suma, promover a integridade e combater falhas éticas, especialmente a corrupção, está longe de ser algo simples. No entanto, é crítico que a natureza desses problemas de corrupção (ou outros problemas éticos), e em particular suas causas, sejam primeiramente identificados antes de se implementar de maneira apressada qualquer suposta solução, tipo "bala mágica" ou outra.

Ao tentar determinar as causas das práticas corruptas, há uma série de questões preliminares que precisam ser postas. Um conjunto de questões diz respeito à natureza precisa da prática envolvida, e o contexto no qual ocorre. Qual a estrutura da prática corrupta, por exemplo, qual é o "favor" pedido pelo subornador e qual o benefício que ele visa comprar? Qual a motivação das partes na transação corrupta, por exemplo, ganho pessoal na forma de dinheiro, ganho organizacional coletivo em termos de vantagem de mercado? Existem fortes fatores impulsionadores presentes, por exemplo, aqueles que se recusam a pagar suborno não podem fechar contratos? Que oportunidades pode haver para se envolver nessa prática corrupta, por exemplo, amplos poderes discricionários em relação à alocação de recursos? Quais as relações de interdependência entre atores corruptos envolvidos em atividade corrupta? Que oportunidades essas relações de dependência proporcionam a autoridades anticorrupção em seus esforços para combater a atividade corrupta? Quais são os mecanismos de prestação de contas ou quais estão ausentes, por exemplo, falta de uma agência dotada de recursos, independente, com poderes gerais e intrusivos de investigação em relação a políticos e burocratas? Outro conjunto de questões diz respeito à extensão da corrupção ou da prática antiética: é esporádica ou contínua, restrita a poucas "maças podres" ou sistêmica? Ela alcança os mais altos escalões? Trata-se de grande corrupção? Aqui, como em todo lugar, a retórica não substitui conclusões baseadas em provas.

Mesmo quando as respostas a essas questões forem providenciadas, haverá outras questões em relação a quaisquer remédios propostos. Por exemplo, qualquer contemplação de mecanismos para corrigir a corrupção e outras formas de mau comportamento que exijam o dispêndio de energia e recursos – e podem ter reflexos sobre a liberdade individual – precisará ser justificada em termos da seriedade e extensão da corrupção ou outros comportamentos errados em questão, assim como da eficácia desses mecanismos.

Compreender as causas da corrupção e de outros comportamentos errados e conceber remédios para enfrentá-los envolverá distinguir, e levar em consideração, pelo menos três tipos de motivação para obediência a princípios morais que já foram apontadas neste livro. Uma razão para obediência é o temor da punição, inclusive como resultado de traição por cúmplices: "bastões". Uma segunda razão para obediência surge do benefício para si: "cenouras". Essas duas razões são essencialmente apelos para o interesse próprio; tomadas em conjunto, constituem a abordagem "bastão-cenoura". No entanto, existe uma terceira razão para obediência: a própria crença de que ação corrupta é moralmente errada, e o desejo de fazer o que é moralmente certo.

Aqui precisamos notar, em primeiro lugar, o contraste entre apelos a crenças morais e apelos ao interesse próprio. O que é certo ou bom não é conceptualmente equivalente ao que é de interesse próprio; com efeito, o problema de conceber sistemas anticorrupção reside em grande parte do fato de que moralidade e interesse próprios estão muitas vezes em conflito. De maneira relacionada, o motivo para agir a partir de uma preocupação com o que é certo ou bom não é a mesma coisa que agir a partir de interesse próprio, e não depende dele. Com efeito, motivos morais podem e com frequência escondem o motivo do interesse próprio individual. Isto talvez seja mais óbvio no caso dos indivíduos que são motivados por interesse próprio coletivo às custas de seu interesse próprio individual, por exemplo, soldados que sacrificam suas vidas por seus camaradas, pais que fazem sacrifícios por seus filhos, trabalhadores que trabalham por longas horas pela firma sem levar em conta a recompensa individual.

Precisamos aqui distinguir entre interesse próprio individual e coletivo, e entre interesse próprio coletivo e bens coletivos. A primeira distinção é bastante óbvia, a segunda, nem tanto. Considere-se, portanto, o interesse próprio coletivo dos membros de um grupo de policiais corruptos, e o bem coletivo da instituição (a organização policial) à qual os membros do grupo pertencem. De modo geral, a moralidade está do lado dos policiais que agem a serviço do bem coletivo da instituição, e não do interesse coletivo de alguns de seus membros (também é verdade que o interesse próprio coletivo dos membros de um grupo pode estar em conflito com os interesses individuais de alguns dos membros do grupo, por exemplo, um só policial ambicioso).

A despeito dessas diferenças conceptuais entre interesse próprio individual, coletivo e o motivo moral para fazer o que é certo, existem também importantes conexões a serem destacadas e promovidas. Interesse próprio e moralidade, pelo menos potencialmente, estão em considerável harmonia. Em primeiro lugar, é claro, o apelo à moralidade pode ser equilibrado pelo apelo ao interesse próprio. Se, por exemplo, há um grande custo para que alguém seja honesto ou justo, pode haver razão suficiente para que não se seja nem uma coisa nem outra. Em segundo lugar, o interesse próprio pode ser abalado por considerações morais. Considere-se, a esse respeito, os processos de indução de profissões que envolvem a internalização de bens coletivos definidores dessas profissões. Se bem-sucedido, o interesse próprio individual, digamos, de um médico, consiste em parte salvar vidas, e de outras maneiras promover a saúde de seus pacientes

É evidente que o cumprimento amplo e contínuo tipicamente exige apelos ao interesse próprio (bastões e cenouras), mas também apelos a crenças morais. Idealmente, sistemas de integridade devem conter penalidades para aqueles que não cumprem, deve produzir benefícios para aqueles que cumprem e devem ter consonância com as crenças morais das pessoas submetidas a essas regras; por exemplo, deve-se pensar que leis e regulamentos são justos e razoáveis.

Assim, o design institucional que opera com base no pressuposto de que o interesse próprio, individual ou coletivo, é a única motivação humana que merece consideração, fracassa. Fracassa porque negligencia a centralidade das crenças morais na vida humana, e portanto, não mobiliza o sentimento moral. Por outro lado, o design institucional que opera com base no pressuposto de que o interesse próprio pode ser ignorado, e que um senso de dever moral é suficiente, também fracassa; porque o interesse próprio é uma característica inextirpável e pervasiva de todos os grupos humanos. A esse respeito, note-se a importância da reputação para o interesse próprio; perda de reputação pode ter impacto devastador sobre os membros da profissão, especialmente em termos financeiros. Na Seção 9.5, forneço uma discussão detalhada da reputação e o papel que a mobilização da reputação pode desempenhar em sistemas de integridade avançados.

7.2 Sistemas de integridade reativos

Pode-se pensar em sistemas de integridade como sendo ou predominantemente reativos ou predominantemente preventivos.[3] Naturalmente, a distinção é um tanto quanto artificial, uma vez que ambos, em qualquer sistema de integridade adequado, necessariamente contêm elementos reativos, por exemplo, investigações criminais, um sistema de queixas e disciplina, assim como elementos preventivos, por exemplo, treinamento ético e transparência dos processos. No entanto, pode-se considerar sistemas de integridade sob duas denominações abrangentes, reativo e preventivo.

---

3. Versão anterior do material desta seção e da próximas duas seções foi publicadas em Miller, Roberts e Spence, *Corruption and Anti-Corruption,* capítulo 7.

Mecanismos reativos para lidar com comportamento corrupto são fundamentalmente lineares: tipificar uma série de infrações (usualmente em legislação ou regulamentos), esperando que um indivíduo as cometa, então investigar, julgar e, finalmente, adotar ação punitiva. Investigações criminais e julgamentos, e queixas e sistemas disciplinares são basicamente mecanismos institucionais reativos. Naturalmente, esses sistemas também são mecanismos preventivos em função de seu papel de dissuasão; porém, a adequação desse último papel depende de sua efetividade enquanto mecanismo reativo, isto é, seu sucesso em detectar, investigar e processar infratores.

Mecanismos de integridade reativos são parte necessária de qualquer sistema de integridade factível. Às vezes, porém, deposita-se confiança excessiva neles, e as debilidades da abordagem reativa se tornam manifestas. Uma debilidade óbvia é a passividade da abordagem; quando os investigadores são postos em ação, o dano já foi feito. Outro problema deriva do fato de que o comportamento corrupto é com frequência feito em segredo, por exemplo, um suborno pode ser conhecido apenas do subornador e subornado (ambos os quais têm interesse em manter a transação secreta); associações profissionais podem "cerrar fileiras" para proteger a reputação do grupo.

Outro problema deriva da inadequação dos recursos para investigar e processar de maneira bem-sucedida o enorme volume de atividade corrupta; investigação e processo judicial demandam recursos de maneira intensiva. A esse respeito, considere-se a fraude. Ela é generalizada nas economias contemporâneas, mas a polícia e outras agências simplesmente não possuem os recursos para investigar adequadamente todos os relatos de fraude que chegam a seu conhecimento. Se as chances de ser apanhado ou denunciado são relativamente pequenas devido à falta de recursos, o efeito dissuasório é minado, o que por sua vez significa um número ainda maior de infrações e infratores a se lidar.

É claro, a efetividade da abordagem reativa requer que mecanismos de detecção significativos estejam disponíveis. Aqueles que se envolvem em corrupção, crime e outros sérios desvios de comportamento têm pelo menos duas boas razões para temer exposição: primeira, a detecção pode levar a sanções legais ou por parte da associação, como prisão, multas, suspensão ou expulsão da empresa, e segunda, pode levar a sanções morais emanando de seus colegas de trabalho, comunidade e de outras pessoas significativas, como amigos e parentes. No entanto, existe uma série de fontes de inteligência em relação à maior parte das formas de corrupção. Uma das mais importantes é a de colegas de trabalho que podem reportar essa conduta ou atividade suspeita a superiores, ou mesmo delatá-lo.

Tendo considerada a natureza geral da abordagem reativa para lidar com desvio ético, é necessário agora examinar dois postulados centrais da progressão linear e lógica que procede desde o momento em que as infrações são postas na legislação e regulamentos, passa para a detecção da infração e sua investigação, e finalmente o processo e a imposição da punição – a saber, o quadro legal e regulatório e o processo investigativo. É claro que a corrupção abarca uma grande variedade de atividades que vão desde sérias ofensas criminais, por exemplo, grandes desfalques, até desvio profissional não criminoso, que podem ser objeto de medidas disciplinares, por exemplo, um conflito de interesse relativamente menor. Para os fins desta análise, eu me concentrarei na corrupção que é identificadas em códigos criminais e está sujeita a processos de investigação criminal; eu o faço com base na compreensão de que o sistema de justiça criminal representa a mais destacada e sofisticada resposta institucional reativa no combate a formas sérias de corrupção. Note-se que, no Capítulo 8, forneço uma exposição detalhada das investigações, e na Seção 9.4 um exame de queixas e sistemas disciplinares e, portanto, da resposta reativa a corrupção não criminosa (e outras formas de desvio de conduta).

7.2.1 Quadros legislativos e regulatórios

Quase toda jurisdição possui leis criminais contra formas evidentes de corrupção séria por parte de atores institucionais em arranjos organizacionais e ocupacionais, como oferecer e solicitar suborno, fraude e abuso de autoridade em um cargo público. Embora seja comum que leis anticorrupção e outras leis criminais estejam consolidadas no código criminal, é quase universal que legislação lidando com áreas particulares de atividade, como a regulação de companhias e corporações, também conterá cláusulas contra infrações criminais. Em essência, essas cláusulas lidarão com as mesmas questões do abuso de cargo, suborno, fraude e assim por diante, mas em um contexto mais específico.

No centro da abordagem de desvios éticos sérios utilizando mecanismos reativos está a codificação das atitudes morais da comunidade em estatutos, regulamentos ou instrumentos similares. Eles são promulgados por uma legislatura e contêm um fragmento das normas sociais básicas da comunidade. Devido ao fato de conterem normas sociais básicas da comunidade, leis anticorrupção e coisas semelhantes refletem as crenças morais da comunidade; em virtude de serem aprovadas pelos representantes devidamente eleitos da comunidade, as leis criminais refletem a vontade da comunidade.

A criação e manutenção de um regime legislativo para lidar com corrupção e outros sérios desvios de conduta ética envolve uma série de dificuldades. Como a Crise Financeira Global e sua sequência serviram para mostrar, na esfera da atividade comercial existe um incentivo financeiro sempre presente para encontrar maneiras de evitar cumprimento de leis e regulamentos. Como consequência, existe necessidade constante de monitorar a obediência ao sistema regulatório a fim de assegurar que não surjam novas formas de corrupção, ou se existirem, permitir que sejam feitas mudanças legislativas para derrotá-las. É de se presumir que seja assim no caso dos chamados produtos financeiros tóxicos que foram parte da causa da CFG, isto é, pacotes não transparentes de hipotecas (incluindo hipotecas *subprimes*) incorretamente avaliados por agências de ranqueamento como de alta qualidade, com a espúria base de que os bancos de investimento que os forneceram possuíam boas notas nos processos de avaliação de risco. Dado sua infâmia e a disponibilidade de análises detalhadas, considere-se o caso da Enron. Aqui, uma variedade de técnicas foi utilizada para minar o quadro regulatório existente na época, incluindo as chamadas Entidades de Propósitos Especiais [*Special Purpose Entities* – SPEs].

As SPEs, que eram uma especialidade de Andrew Faston (principal encarregado financeiro da Enron), foram inicialmente introduzidas por bancos e firmas de advocacia como "finança estruturada" – complexos acordos financeiros visando permitir às companhias gerar deduções de impostos e excluir bens dos livros contábeis.[4] Com nomes como Cactus, Braveheart, Whitewing, JEDI, Chewco, Raptors, LJM I, e LJM II (nomeados em referência à mulher de Fastow, Lea, e seus dois filhos), a Enron utilizou as SPEs para vários fins. O principal propósito era financiar novos projetos no cada vez mais amplo negócio, que necessitava continuamente de novas injeções de dinheiro em *cash* para sustentar essa expansão, assim como fornecer uma margem de segurança para esses projetos, ao mesmo tempo que conseguia – às vezes de maneira legal, na maior parte das vezes, não – manter a dívida relacionada a esses projetos fora de seu balanço, ao mesmo tempo em que retirava lucros relativos a esses projetos em seus registros de entradas. Por seu papel nessas SPEs, segundo foi reportado, Andrew Fastow ganhou mais de 45 milhões de dólares. À luz das revelações concernentes ao papel-chave de Fastow nas SPEs da Enron, especialmente Chewco e LJM – e apenas um mês antes do colapso final e falência da Enron,

---

4. Ver Peter Behr e Aprol Witt, "Visionary's dream led to risky business", *Washington Post*, 28 de julho de 2002.

em 2 de dezembro de 2001 –, a companhia foi forçada a corrigir seus ganhos de 1997 até 2002, o que exigiu abaixar esse valor em 1 bilhão e 200 mil dólares.

A falência da Enron e o dano causado ao sistema financeiro internacional por produtos financeiros tóxicos colocaram em destaque a dificuldade que legislações enfrentam em estabelecer e manter um regime regulatório em campos tão complexos e que mudam tão rapidamente. Além disso, existe uma gama de modelos regulatórios à disposição, competindo entre si, por exemplo, modelos autorregulatórios "leves" em moda após a CFG. Examinemos rapidamente alguns deles.

7.2.2 *Modelos regulatórios*

Como notamos antes, quadros regulatórios são simplesmente um elemento do sistema geral de integridade. No entanto, constituem um elemento cada vez mais importante na arquitetura dos sistemas de integridade, e existe uma variedade de modelos disponíveis. Precisamos manter em mente aqui que o termo "regulação", tal como usado em quadros, regimes regulatórios etc. adquiriu um sentido amplo e vago.[5] Quero resistir ao que vejo como uma expansão da obscuridade; contudo, nem sempre é possível fazê-lo ao discutir o trabalho de outros. Este é o caso nesta seção. Especificamente, uma parte do que é mencionado abaixo como regulação não é, a meu ver, nem o processo de regulação propriamente compreendido, mas algum outro processo, por exemplo, comportamento influenciador, nem o processo de regulação *per se*, mas a entidade ou entidades institucionais assim reguladas, por exemplo, o Estado regulatório. Além disso, existe algum grau de disputa e confusão entre corpos de profissões/indústrias e comentadores/analistas no que se refere a como o espectro regulatório deve ser desmembra-

---

5. Ver Arie Freiberg, *The Tools of Regulation*. Sidney: Federation Press, 2010.

do e classificado em distintos modelos ou modos regulatórios. Porém, há uma série de modelos regulatórios mais ou menos distintos. Entre eles se incluem autorregulação, metarregulação e regulação explícita governamental com leis estabelecidas ["black-letter law"]. Dessas, a autorregulação implica mínima intervenção governamental e, portanto, contrasta com a regulação governamental explícita ["black-letter law"], na outra ponta do espectro.

Esses modelos de regulação, é claro, são também diferentes de mecanismos particulares de integridade que podem estar sujeitos a regulação, como códigos de conduta, procedimentos disciplinares, restrições de entrada (por exemplo, qualificações mínimas, licença, registro). Muitos desses mecanismos de integridade podem estar sujeitos a regulação no contexto de uma série de modelos regulatórios diferentes, embora alguns mecanismos de integridade fiquem mais à vontade com alguns modelos regulatórios do que com outros.

Em modelos *autorregulatórios*, obrigações de cumprir códigos de conduta e outras exigências regulatórias são voluntariamente adotadas pelos membros de um grupo ocupacional ou indústria. As obrigações dos membros são contratuais no sentido de que se baseiam numa concordância voluntária, usualmente com seu grupo industrial ou profissional. O grupo profissional ou industrial se propõe a prover os membros de alguns benefícios, em troca de sua aceitação das exigências de pertencimento ao grupo.

O grupo ocupacional é responsável unicamente por regular a conduta de seus membros, e por aplicar sanções por má conduta (por exemplo, medidas disciplinares como cartas de advertência ou multas). Nem as exigências de conduta do grupo ocupacional bem as sanções que ele impõe têm base legislativa, e o governo não intervém diretamente para assegurar a conduta dos membros, aplicar sanções, monitorar as práticas do grupo ou auxiliando o grupo ocupacional a fazer qualquer dessas coisas.

Evidentemente, modelos autorregulatórios são apropriados para desvios éticos menores, inclusive formas relativamente menores de corrupção. Além disso, podem ter a virtude de limitar a carga e os custos da autorregulação. Porém, tendem a ter uma regulação abaixo do esperado e podem ser ineficazes em relação a formas sérias de corrupção, incluindo corrupção que pode não constituir crime. Por exemplo, modelos autorregulatórios com frequência toleram conflitos estruturais de interesse que têm alta probabilidade de conduzir à corrupção. Considere-se, sob esse aspecto, assessores financeiros que são empregados pelas próprias instituições financeiras que manufaturam os produtos financeiros que eles vendem. Por outro lado, modelos autorregulatórios podem ser apropriados para certos grupos profissionais, como jornalistas. Neste caso, a intervenção do governo é problemática, dado o papel do chamado Quarto Poder em manter governos em xeque. Pode-se argumentar que a intervenção resultará no amordaçamento da imprensa.

No caso dos *modelos regulatórios governamentais explícitos* "*black-letter*" não existem códigos ou padrões desenvolvidos pelos corpos profissionais/industriais voluntariamente adotados ou desenvolvidos. Quaisquer que sejam as exigências, códigos ou padrões aplicados a profissões/indústrias, todos eles são gerados pelo governo mediante legislação explícita, e reforçados pelo governo por meio de sanções legais. Regulação governamental explícita por meio de "black-letter law" é tipificada por padrões, códigos de conduta e exigências práticas ocupacionais impostos pela legislação; inspeção e monitoramento pelo governo para detectar não cumprimento; e sanções punitivas. Esse modelo está aberto à acusação de criar o fardo desnecessário da super-regulação. Por outro lado, esse modelo pode ser apropriado para algumas indústrias, como a indústria nuclear, na qual preocupação de segurança são de fundamental importância.

O "meta" em *modelos metarregulatórios* refere-se à regulação por parte do governo de arranjos autorregulatórios de grupos profissionais e industriais. Em vez de procurar regular profissões e organiza-ções diretamente por meio de estatutos e outras medidas amparadas pela coerção, o governo admite grupos representativos a regular-se diretamente (autorregular), mas adota um papel de monitoramento e garantidor da prestação de contas, e procurar assegurar que os procedimentos autorregulatórios que o grupo ocupacional adota são aplicados e recebem adequada adesão. Esse monitoramento pro-cedimental por parte do governo é expressamente especificado nas relevantes cláusulas estatutárias ou legais como condição para que o grupo ocupacional ou industrial se autorregule. Assim, modelos metarregulatórios procuram reter o melhor dos dois mundos. Por um lado, admitem autorregulação e, portanto, evitam a super-regu-lação. Por outro lado, fornecem mecanismos de prestação de contas e, com isso, pode-se sustentar, impedem os priores excessos da au-torregulação. Modelos metarregulatórios parecem apropriados para muitos grupos profissionais e industriais; porém, como os exemplos dos jornalistas e da indústria nuclear, talvez não o sejam para todos.

Em conclusão: o que vale para sistemas de integridade em geral vale para modelos regulatórios em particular. É mais uma questão de ter "cavalos diferentes para as corridas" do que de "ta-manho único".

7.3 Sistemas de integridade preventivos

Um sistema de integridade preventivo tipicamente incluirá, ou agirá em paralelo com um sistema de integridade reativo. No en-tanto, podemos considerar mecanismos preventivos para lidar com desvios de conduta de caráter ético-profissional de maneira inde-pendente de quaisquer elementos reativos. Se o fizermos, veremos que eles podem se dividir em quatro categorias:

- Mecanismos institucionais para promover um ambiente no qual a integridade é recompensada e, em consequência, o comportamento antiético é desencorajado; esta é uma tentativa de reduzir o desejo ou *motivação* para agir de maneira antiética, de modo que oportunidades para comportamento antiético não são buscadas ou utilizadas, mesmo quando surgem.

• Mecanismos institucionais para reduzir a *capacidade* daqueles que poderia ter a motivação para se envolver em corrupção, por exemplo, legislação para limitar o poder de oligopólios a fim de impedir cartéis;

• Um conjunto de mecanismos institucionais que limitam (ou eliminam) a *oportunidade* para comportamento antiético. Semelhantes mecanismos incluem mecanismos corporativos de governo, como separar os papéis de recebimento e pagamento a fim de reduzir a oportunidade de fraude.

• Esses mecanismos institucionais que agem para expor comportamento antiético, de modo que a organização ou comunidade possa lidar com eles. O termo *"transparência"* pode ser utilizado para caracterizar esses mecanismos.

Aceito que essa distinção em quatro partes é um tanto quanto artificial, e que alguns mecanismos institucionais aparecerão em mais de uma delas, e de fato, que alguns, por exemplo, regulações, possuem um papel tanto reativo quanto preventivo.

A primeira categoria em nossa lista de mecanismos de prevenção é a dos processos institucionais que existem para promover comportamento ético. Essa categoria é composta daqueles componentes de um sistema de integridade que têm a ver com o desejo do indivíduo de fazer o que é moralmente certo e evitar o que é moralmente errado, e de ser moralmente aprovado por outros por agir assim (ver Capítulo 2, Seção 2.3). Esses instrumentos institucionais incluem códigos de ética e programas de desenvolvimento profissional. Discuto códigos de ética no Capítulo 9, Seção 9.3. A segunda categoria consiste em grande parte de reformas macroestruturais que limitam o poder de organizações, indústrias ou governos em relação a outras instituições ou à comunidade como um todo. Discuto várias reformas desse tipo nos Capítulos 11, 12 e 14. Examinemos agora a terceira categoria.

7.3.1 Redução de oportunidades para comportamento antiético

Importante aspecto dos sistemas de integridade reside na redução de oportunidades para que indivíduos e organizações se envolvam em comportamento antiético. Existem vários mecanismos institucionais concebidos para reduzir essas oportunidades, indo da segurança física (por exemplo, cofres, cadeados e chaves, senhas de computadores, *firewalls*), e segurança pessoal (por exemplo, checagem de segurança, vigilância e monitoramento de empregados), até especificações de papéis (por exemplo, investigadores não estarem sujeitos à autoridade daquele a quem investigam), e o desenvolvimento de mecanismos para lidar com conhecidas fontes de desvio ético (por exemplo, conflitos de interesse).

Alguns mecanismos, a esse respeito, são:

- Separação de funções financeiras, por exemplo, contas a pagar separado de contas a receber.

- Proibição de conflito de interesses para indivíduos, por exemplo, interesses financeiros conflitantes, outro emprego fora da firma (ver Capítulo 9, Seção 9.6).

- Eliminação de conflitos de interesse estruturais (ver Capítulo (Seção 9.6). Por exemplo, Arthur Andersen era auditor da Enron e ainda assim ganhou 52 milhões de dólares em honorários da Enron – na verdade, a Enron era seu maior cliente, e agiu como consultor de negócios da Enron.

• Restrições de "porta giratória" ["revolving door"] a funcionários públicos deixarem suas posições para trabalhar para companhias cujo negócio consiste em efetuar lobby contra os governos, ou que possuem quantidade significativa de negócios com os governos. A preocupação surge da suspeita de que, antes de sair, os funcionários estabelecerão (em segredo) acordos altamente lucrativos, de modo a atraírem altos salários de seus futuros empregadores, e/ou utilizar sua extensa lista de contatos sociais dentro do governo para fornecer a seu novo empregador uma vantagem injusta.

• Eliminar pagamentos excessivos a administradores. Considere-se os recentes relatos generalizados por parte da mídia, após a GFC, relativos a enormes pagamentos feitos a executivos, em alguns casos, 100 vezes maiores do que o dos empregados.[6]

• Limitar opções de ações dos executivos, de modo a reduzir o interesse que estes possam ter em ignorar acordos suspeitos, os quais, se suspensos, exerceriam impacto negativo sobre o preço dos dividendos.

• Mecanismos de controle severos para lidar com desequilíbrios de poder entre superiores e subordinados em relação, por exemplo, a promoção dentro de uma organização.

• Auditoria independente; o conhecimento que um corpo independente terá ao examinar registros financeiros de uma organização age de modo a inibir atividade antiética. Por exemplo, a equipe da Enron deliberadamente ignorou prática contabilista aceita ao avaliar bens quando conspiraram com os bancos para representar empréstimos como lucros.

• Acordos e procedimentos contratuais, incluindo exigências para avisar os denunciantes, para especificar claramen-

---

6. Reich, *Saving Capitalism*, capítulos 10-12.

te o trabalho a ser feito e os critérios para que o acordo de delação seja bem-sucedido, estabelecer sistemas para garantir que os delatores não sejam acessados por ninguém mais além das autoridades designadas.

7.3.2 Transparência

Examinemos agora o último dos tipos mais relevantes de mecanismos preventivos para lidar com sério comportamento antiético, a saber, mecanismos de transparência. Uma das mais importantes condições que conduzem à corrupção e muitas outras formas de comportamento antiético é a atividade conduzida em segredo. Daí a importância de mecanismos de transparência – mecanismos que asseguram que transações são conduzidas de maneira aberta, e/ou estão sujeitas a apropriado escrutínio.

Em nível nacional, um sistema parlamentar em pleno funcionamento desempenha papel central em dissuadir desvio ético no setor público, pois os funcionários setoriais passam por detalhado e rigoroso processo em relação a seu gasto do dinheiro público e seu exercício dos poderes investidos nos cargos públicos que ocupam. Comitês do Congresso nos Estados Unidos, e comitês parlamentares, no Reino Unido e na Austrália, têm um papel crucial em fazer seus funcionários prestarem contas por suas ações, ao utilizar poderes para exigir que esses funcionários expliquem suas ações. Em nível menos dramático, existe uma variedade de instituições públicas que operam para permitir que a comunidade tenha certeza de que seus oficiais estejam agindo em acordo com as detalhadas exigências de prestação de contas presentes no setor público. Uma delas é a Ouvidoria Geral (ou General Accounting Office, nos Estados Unidos). Relatórios desses órgãos tornam transparentes os detalhes de gastos do dinheiro público.

Operando em outro nível, ainda, estão aqueles mecanismos de transparência que permitem que os cidadãos tenham acesso a razões para decisões que lhes afetam (Administrative Appeals Tribunal Act, Administrative Decisions (Judicial Review) Act) e Informação (Freedom of Information Act, Privacy Act, Archives Act). Todos os mecanismos descritos operam para abrir os trabalhos do governo para escrutínio e assim permitir que a comunidade avalie se está sendo bem governada, de uma maneira que atenda a suas expectativas de integridade.

Um conjunto paralelo de mecanismos de transparência, mas tipicamente menos oneroso, opera na esfera comercial. Exige-se que companhias preencham certos relatórios sobre suas atividades e estes são tornados públicos. A intenção por trás desses processos é tornar as decisões-chave transparentes, e ajudar a comunidade a fazer julgamentos sobre investimentos. Esses mecanismos de transparência têm força de lei, e o seu não cumprimento constitui uma infração criminal.

Antes de abandonar o tema da transparência, é necessário notar o papel crucial que a mídia desempenha na exposição de sérios desvios éticos, e portanto, se os outros mecanismos estiverem operando efetivamente, em reduzir o comportamento antiético. Uma mídia livre e vibrante é essencial para trazer para atenção da comunidade corrupção e outras formas sérias de comportamento antiético – quer ocorram no setor corporativo, como a Enron, quer no setor público. Retornarei a essa questão no Capítulo 14, Seção 14.3.

7.4 Sistema holísticos de integridade

Até aqui, na análise dos sistemas de integridade, eu examinei os sistemas e mecanismos de integridade sob as denominações de sistemas reativos e preventivos. É evidente que, na maior parte das sociedades, jurisdições e organizações, a tentativa de combater comportamento antiético envolve ambos. Em outros termos, estratégias de construção de integridade envolvem tanto sistemas reativos como preventivos, e dentro destes últimos existem mecanismos que promovem comportamento ético, existem vários mecanismos de governança corporativa, por exemplo, funções anticorrupção, e existem diversos mecanismos de transparência.

Em acréscimo, parece claro que um adequado sistema de integridade não pode dispensar sistemas reativos e preventivos, e que sistemas preventivos precisam ter todos os elementos acima detalhados. Isto sugere que existem duas importantes questões. A primeira é a adequação de cada um dos elementos dos sistemas acima. Por exemplo, quão adequados são os processos de queixas e disciplina, incluindo a capacidade investigativa a respeito? Quão efetivos são os mecanismos de transparência? A segunda questão pertence ao nível da integração e congruência entre os sistemas reativo e preventivo; em que medida eles agem em conjunto para mutuamente se reforçarem?

Sob esse aspecto, vale notar que muitas jurisdições possuem agências de vigilância [*"watchdog" agencies*]. Esses corpos são estabelecidos por estatutos, que também definem uma série de infrações e lhes conferem poderes para investigar e remeter as questões aos tribunais, para abertura de processo. No entanto, é notável que essas agências também se envolvam em programas de prevenção ligados ao desenvolvimento de mecanismos de prevenção; muitas não veem seu papel como sendo meramente o de uma agência reativa. Logo, devemos pensar nos sistemas de integridade efetivos como possuindo caráter holístico, e conceber mecanismos específicos de construção de integridade como elementos de um sistema holístico de integridade. Ao olharmos para o conjunto de processos de construção de integridade como um sistema holístico precisamos primeiramente nos lembrarmos do que é pressuposto por um sistema de integridade.

Em primeiro lugar, e de maneira mais óbvia, é preciso haver alguns valores morais comuns em relação à inaceitabilidade moral de formas específicas de comportamento, e uma desaprovação daqueles que se envolvem em semelhante comportamento. Em outros termos, é preciso haver um quadro de normas sociais aceitas (ver Capítulo 2, Seção 2.3). Em segundo lugar, é preciso haver uma concepção amplamente compartilhada em relação ao que precisa ser feito (os meios institucionais) para minimizá-lo (o fim coletivo), por exemplo, ele deve ser simplesmente criminalizado ou a resposta deve incluir elementos reparadores a fim de permitir os infratores serem reintegrados na comunidade relevante após renunciarem a seu comportamento errado (e, talvez, após ter pago algum preço por isso)?[7] Em terceiro lugar, é preciso que esteja presente alguma capacidade de criar e implementar mecanismos institucionais que lidem com a questão do comportamento antiético e a corrupção, e isto presume alguma forma de sistema legal ou regulatório e estrutura organizacional. Aqui, considerações de eficiência e efetividade são importantes.

Finalmente, precisa haver alguma fonte de autoridade pela qual sanções possam ser aplicadas a indivíduos que se envolvam em comportamento antiético. Todavia, isso precisa ser feito no contexto de uma compreensão na qual, e em um sistema de integridade holístico no qual, reduzir comportamento antiético é uma responsabilidade moral *coletiva* e uma responsabilidade coletiva que foi apropriadamente incorporada pela instituição (ver Capítulo 6, Seção 6.3).

7.5 Conclusão

Neste capítulo, delineei a noção de um sistema de integridade, um arranjo institucional que tem como um de seus propósitos centrais (bem coletivo) combater a corrupção. Assim, muitos dos atores institucionais dentro dos componentes organizacionais

---

7. Ver Seumas Miller e John Blackler, "Restorative justice; retribution, confession and shame", in J. Graithwaite e H. Strang (org.), *restorative Justice: From Philosophy to Practice*. Aldershot: Ashgate Press, 2000, pp. 77-93.

e suborganizacionais de semelhantes sistemas possuem responsabilidades institucionais e morais em grande parte derivadas desses fins institucionais. Precisamos distinguir entre estruturas de leis e regulações, por um lado, e sistemas de integridade, por outro (e entre sistemas de integridade e a noção mais estreita de um sistema anticorrupção). Eles se sobrepõem, mas não devem ser confundidos. Além disso, podemos distinguir entre modelos autorregulatórios, regras explícitas por parte do governo e modelos metarregulatórios. Como é o caso em relação a sistemas de integridade em geral, quando se chega a modelos regulatórios se trata de uma questão de "cavalos de corrida"; alguns modelos regulatórios são mais apropriados do que outros para grupos ocupacionais e industriais particulares. Também podemos distinguir, de maneira útil, entre sistemas de integridade reativos e preventivos. Sustentei que misturas apropriadas de sistemas de integridade reativos e preventivos devem, em geral, ser preferidas. Refiro-me a eles como sistemas holísticos de integridade. Finalmente, sugeri que a implementação efetiva de sistemas holísticos de integridade exige a incorporação institucional da responsabilidade moral coletiva subjacente a fim de combater a corrupção.

8

Investigações

Neste capítulo concentro-me em uma característica-chave de qualquer sistema anticorrupção ou de integridade adequado para seu propósito: investigações. Inicio com uma explicação geral das investigações e de alguns dos problemas éticos que surgem para os investigadores. Na próxima seção, discuto uma característica institucional crítica do papel investigativo: independência investigativa. Nas seções seguintes, discuto importantes ferramentas investigativas, a saber, informantes e armadilhas (infiltração) e os problemas éticos que elas suscitam. Aqui, como no restante, o problema consiste em integrar ética e eficácia.

Diferentemente do assassinato, por exemplo, a vítima de um crime de corrupção, pelo menos em princípio, está disponível para fornecer evidência em relação ao crime, por exemplo, a natureza dos bens roubados ou o edital fracassado que premiou um competidor não qualificado que pagou um suborno. Semelhante evidência pode dizer respeito a quem, o quê, onde, quando e/ou como do crime. Infelizmente, crimes de corrupção são tipicamente realizados em segredo, e, diferentemente de assaltos, por exemplo, a vítima não é capaz de identificar o agressor e, de fato, pode nem mesmo estar ciente do crime; além disso, muitas vezes, não existem testemunhas do crime. Por um lado, há com frequência *alguma* evidência do crime e do infrator, por exemplo, escrita, incluindo comunicações por mensagens eletrônicas, contas bancárias esvaziadas ou cheias. Se, por exemplo, os bens roubados ou dinheiro de propina são encontrados em posse da pessoa A, esta é uma evidência (*prima facie*) de que A roubou (ou, pelo menos, que A sabe quem roubou, uma vez que é de se presumir que A tenha recebido dessa pessoa), ou recebeu o dinheiro como propina.

A vítima direta da corrupção institucional é, às vezes, uma organização, por exemplo, uma corporação fraudada, uma força policial sistemicamente corrupta. No entanto, mesmo nesses casos, a vítima indireta – a vítima em última instância, por assim dizer – é uma pessoa ou pessoas, por exemplo, o acionista ou os clientes (fraude corporativa), os depositantes do banco (corrupção bancária e falência), a comunidade em geral (evasões fiscais), vítimas do crime (investigações policiais comprometidas). Este é o caso mesmo se a precisa quantidade da perda financeira ou outra perda sofrida por qualquer pessoa como consequência da corrupção não pode ser especificada devido ao fato de o impacto do crime ser demasiado indireto e difuso, por exemplo, quando uma corporação repassa a perda a seus clientes por meio de aumento de taxas.

Por uma série de razões, muitos crimes de corrupção que são cometidos não são reportados à polícia ou a outras agências de investigação. Entre essas razões se incluem:

(1) Os crimes de corrupção não são detectados pelas vítimas, por exemplo, propinas pagas a funcionários por favores.

(2) Existe uma crença, por parte da vítima, de que a polícia não faria ou não poderia fazer nada a respeito, mesmo se fosse avisada. Essa atitude prevalece com frequência em áreas nas quais existe um alto nível de corrupção, inclusive entre a polícia, políticos e outras autoridades públicas, e a população perdeu a fé na capacidade ou vontade da polícia em impedir crimes de corrupção.

(3) O fato de não reportar pode ocorrer em áreas nas quais as populações étnicas minoritárias, que possuem uma atitude "nós contra eles" em relação à população majoritária, desconfiam da polícia, e do sistema de justiça criminal de maneira mais geral.

(4) A vítima está coberta pelo seguro e simplesmente reivindica o pagamento de sua apólice.

(5) Grande parte da falta de relato de crimes de corrupção é devida a instituições financeiras que estão preocupadas com o risco à reputação e, de algum modo, estão se protegendo contra perdas do crime ao embutir essas perdas no custo dos negócios e, com isso, repassando-as a seus consumidores.

Os resultados moralmente problemáticos de não relatar crimes, inclusive corrupção, são múltiplos, e incluem os seguintes: (1) o dano feito à vítima, por exemplo, a perda financeira, pode não ser enfrentado – mantendo em mente que a falha em relatar pode não ser uma falha por parte da(s) vítima(s) em última instância, como no caso de uma organização que deixa de reportar corrupção e simplesmente repassa a perda para seus clientes ou acionistas; (2) o infrator pode escapar à justiça; (3) outros supostos infratores podem ter sua disposição de cometer corrupção reforçada; (4) o sistema de registro criminal pode não constituir um retrato (razoavelmente) acurado da atividade corrupta em determinada jurisdição, a qual, por sua vez, pode impedir os esforços da polícia para combater a corrupção, por exemplo, devido à má aplicação de recursos policiais; (5) como vimos, a corrupção, por definição, mina as instituições ao solapar processos institucionais, pessoas (enquanto atores institucionais), e fins institucionais (isto é, impede a produção dos bens coletivos que são a *raison d'être* das instituições); e (6) a comunidade pode passar a acreditar que o tipo de corrupção em questão pode ser cometido com impunidade, o que, por sua vez, pode levar os membros da comunidade a perder a fé na capacidade da polícia e das agências anticorrupção de proteger a si mesma e às instituições da corrupção.

8.1 Investigação de crimes de corrupção

Em casos nos quais as vítimas contactam a polícia, ou os crimes de alguma outra forma chegam a conhecimento da polícia, tipicamente uma investigação é deslanchada.[1] Meios tradicionais de investigação envolvem um(a) investigador(a) visitando a cena de crime a fim de efetuar um relatório detalhado do crime e avaliar a cena, a fim de determinar se um especialista forense deve examiná-la à procura de digitais, amostras forenses (por exemplo, saliva), evidência física (por exemplo, ferramentas), ou computadores deixados pelo infrator. É essencial haver rapidez a fim de assegurar a recuperação de qualquer evidência científica, como vestígios materiais por parte do corpo do infrator em roupas, veículos etc.

Investigações seriam feitas na vizinhança, a fim de encontrar testemunhas potenciais do crime e, onde disponíveis, informantes locais que possam ser contatados. Não é incomum, porém, encontrar testemunhas potenciais relutantes em falar com a polícia, e mesmo reter ou destruir importante informação a fim de proteger a família, amigos e colegas. Existe uma série de razões para essa má vontade em ser envolvido, mas pode ser resultado de uma experiência pessoal prévia como testemunha, ou relatos de outros que se apresentaram como testemunhas. O sistema judiciário, na maior parte dos países, é burocrático e tipicamente visto por aqueles que entram em contato com ele, seja como infratores, vítimas ou testemunhas, como insensível a suas necessidades e direitos. Por exemplo, frequentemente se pede que testemunhas se ponham à dispo-

---

1. Versão anterior mais detalhada do material desta seção pode ser encontrada em Miller e Gordon, *Investigative Ethics: Ethics for Police Detectives and Criminal Investigators*, capítulo 6. Para elaboração sobre os aspectos práticos de investigações sobre propriedade, ver Michael F. Brown, *Criminal Investigation: Law and Practice*, 2ª ed. Boston: Butterworth-Heineman, 2001, cap. 10. Sobre investigações de empresas, ver Iain MacNeil, Keith Wotherspoon e Kathrin Taylor, *Business Investigations*. Bristol: Jordan Publishing, 1998.

sição empregando tempo de trabalho e arcando com despesas de viagem, alimentação e outras pelo fato de serem testemunhas sem remuneração adequada ou, se o forem, com atraso.

Eventualmente, o método pelo qual um crime foi cometido (seu *modus operandi* – MO) pode ser tão incomum que aponta para um infrator que habitualmente utiliza esse MO, por exemplo, um esquema Ponzi no setor financeiro. Se o investigador possui esse conhecimento do MO ou o descobre pesquisando em uma base de dados inteligente ou questionando um informante, pode-se abrir caminho para um suspeito. Se as várias linhas de investigação se provarem negativas, é usual que o crime seja rapidamente arquivado como não detectado ou não resolvido. Essa decisão seria feita pelo investigador, e geralmente endossada por um supervisor. O relatório do crime seria preenchido, mantendo-se aberto a qualquer desenvolvimento no futuro. Investigações de crimes de propriedades, incluindo muitos, mas de modo algum todos, crimes de corrupção, estão tipicamente sujeitas a um processo de triagem em relação à extensão da investigação. Entre os fatores em jogo se incluem a sua possibilidade de solução à luz da evidência e das testemunhas disponíveis, tipo e localização da infração, valor do item roubado/danificado, dano feito à vítima, e assim por diante.

Idealmente, esse processo de priorização seria imparcial e baseado em fatores objetivos. Na prática, porém, haverá ocasiões em que o interesse público, a pressão da mídia e, em algumas jurisdições, pressão política poderão influir sobre a tomada de decisão a esse respeito e, às vezes, será difícil, senão impossível ignorá-lo. Semelhantes influências podem precisar ser acomodadas em certo grau, na medida em que está envolvida alocação de recursos, por exemplo. Contudo, é preciso resistir a ela, na medida em que constituem tentativas de interferir com o próprio processo investigativo, por exemplo, na determinação de suspeitos, acolhimento de evidências e avaliação. Naturalmente, a capacidade de resistir depende em grande parte da independência institucional tanto da organização policial quanto do investigador.

Com o advento das bases de dados computacionais e trabalho policial baseado em inteligência, existe a oportunidade de utilizar maciços metadados e desenvolver sofisticados novos métodos, como inteligência artificial (máquinas que aprendem), a fim de ajudar os investigadores a conduzir sua investigação. Métodos de espionagem, como vigilância intrusiva, uso de informantes e agentes infiltrados também são utilizados em relação a crime organizado e corrupção. A disponibilidade de tecnologia forense para os investigadores aumenta enormemente o vínculo de evidências entre cenas de crime e infratores. Evidência de DNA foi utilizada para resolver crimes de propriedade em países dotados de bases de dados. Descobriu-se que a coleta e a análise de evidência física, incluindo DNA, em cenas de crimes, não só melhoraram a capacidade dos investigadores de identificar, deter e processar infratores em crimes contra a pessoa, como assassinato e estupro, como fizeram o mesmo em crimes contra a propriedade.

Aqui, como sempre, os investigadores precisam recolher a maior quantidade de evidências, e de boa qualidade. O peso da totalidade da evidência disponível (incluindo tanto evidência incriminadora quanto exoneratória) é importante, e (obviamente) é função das quantidades e tipos de evidência, por exemplo, impressões digitais, DNA, relatos de testemunhas oculares e evidências periciais. Com efeito, é somente quando um investigador possui suficiente quantidade de evidências (mais uma vez, para incriminar ou eximir um suspeito) que ele/ela pode, com confiança, iniciar o processo de comparar as evidências incriminadoras e exoneratórias, e fazê-lo de acordo com o padrão apropriado, por exemplo, de estar além da dúvida razoável.

Recentemente, serviços policiais na maior parte dos países tiveram como foco melhorar procedimentos e práticas em relação à coleta de evidências. No RU [Reino Unido], por exemplo, entrevistas de suspeitos e testemunhas são conduzidas utilizando técnicas de entrevista estruturadas, como técnicas cognitivas. Em muitas jurisdições nos EUA, RU e Austrália, investigadores utilizam agora gravações de áudio e/ou vídeo para entrevistar suspeitos.

Se o desenvolvimento de novas tecnologias, a disponibilidade de novas formas de evidência e a utilização mais ampla das melhores técnicas práticas de investigação por parte de investigadores de casos de corrupção ajudaram no processo de combate à corrupção, a revolução digital e o processo de globalização, em particular, facilitaram enormemente a corrupção institucional e destacaram a importância de sistemas de integridade institucional e a integridade dos atores institucionais humanos individuais. Tome-se, por exemplo, o fraudador, Bernard L. Madoff. Ele operou recentemente o maior esquema Ponzi da história, fazendo-o durante trinta anos e causando perdas em dinheiro na ordem de 19 bilhões e meio de dólares. Logo após o colapso do sistema e a confissão por Madoff, em 2008, começaram a vir à tona evidências de que, por anos, os grandes bancos suspeitaram de que havia uma fraude. Nenhum deles reportou suas suspeitas às autoridades, e vários bancos decidiram ganhar dinheiro com isso sem, é claro, arriscar qualquer parte de seus próprios fundos.[2] É claro, como bem se sabe, organizações criminosas, notadamente cartéis de drogas, operam agora em escala global, estão em muitos casos mais ou menos fora de controle, e possuem profundo efeito corruptor sobre as instituições. Por uma estimativa, a indústria ilegal de narcóticos recebe anualmente mais de 300 bilhões de dólares.[3] Considere-se agora as recentes revelações Mandiant no que concerne a crimes cibernéticos baseados no Estado.

---

2. Charles Ferguson, "Heist of the century: Wall Street's role in the financial crisis", *The Guardian*, 20 de maio de 2020.

3. Tom Wainwright, *Narconoomics*. Londres: Ebury Press, 2016, p. 3.

Na periferia de Shangai, em uma vizinhança decadente dominada por uma torre branca de escritórios de 12 andares, localiza-se uma base do Exército de Libertação do Povo [People's Liberation Army] que engrossa os cada vez mais numerosos corpos de soldados cibernéticos da China. O prédio à margem da Datong Road, cercado por restaurantes, casas de massagem e uma importadora de vinhos, é o quartel-general do PLA, unidade 61398. Um crescente corpo de evidência forense digital – confirmado por funcionários da inteligência americana, que dizem ter registrado a atividade da unidade por anos – deixa pouco lugar à dúvida de que uma esmagadora porcentagem dos ataques a corporações, organizações e agências do governo norte-americano se originam ali e em torno da torre branca.[4]

O resultado dessa situação é que existe agora um imperativo moral por parte dos governos e agências responsáveis pela aplicação da lei em mobilizar recursos e desenvolver estratégias e táticas para combater o que constitui uma séria ameaça criminosa nacional e global (incluindo, como vimos, por parte de outros governos). Naturalmente, essas estratégias são políticas, sociais e econômicas. No caso da corrupção que advém dos cartéis de drogas e do tráfico internacional de drogas, há exemplos como fazendeiros que têm como fontes alternativas de renda o fornecimento de cocaína e plantações de ópio. No entanto, a ameaça é de tal ordem que existe uma necessidade de se envolver em um grau de *design* institucional em relação a agências de investigação, inclusive por (1) acelerar o processo de incorporação do modelo policial baseado em inteligência e estendê-lo a áreas emergentes de corrupção, inclusive crimes cibernéticos; (2) estabelecer vínculos interagências mais amplos e profundos, em níveis nacional e internacional, policiais e não policiais; (3) desenvolver e fundar unidades técnicas especializadas (por exemplo,

---

4. Miller e Gordon, *Investigative Ethics*, pp. 109-110.

contadores forenses computacionais); (4) repensar arranjos regulatórios nos setores financeiros e outros à luz do fracasso das organizações "vítimas" em responder de maneira adequada à corrupção, incluindo auxílio por parte de agências investigativas; e (5) introduzir programas visando despertar a consciência em relação à corrupção para instituições policiais, financeiras e outras, e para o público em geral.

8.2 Independência investigativa e prestação de contas

Como ilustram a interferência por parte do governo Blair na investigação de negócios com o exterior [*BAE systems*][5] do Escritório de Fraudes Sérias [Serious Fraude Office] do RU e, na época em que escrevo, o furor desencadeado pela demissão, por parte do Presidente Trump, do Diretor do FBI, James Comey, em meio às investigações do último sobre relações potencialmente inapropriadas entre Trump e funcionários graduados do governo russo, as democracias liberais, para não falar de regimes autoritários, não são imunes a interferência política em investigações criminais, a um ponto em que importantes investigações criminais podem ser encerradas. Precisamos invocar aqui a distinção entre a independência da agência investigativa e a independência do investigador particular. A primeira é em grande parte uma questão de *design* institucional. A segunda é mais uma questão das qualidades particulares de investigadores individuais.[6]

Como é evidente, investigadores individuais precisam ser altamente competentes; precisam ser especialistas. Isto é tanto um pressuposto quanto uma justificação de serem contemplados com

---

5. Miller e Gordon, *Investigative Ethics*, pp. 109-110.

6. Versões anteriores do material desta seção e da seguinte foram publicadas em Seumas Miller, "What makes a good internal affairs investigation?", *Criminal Justice Ethics*, 29 (2010), 30-41. Ver também Miller, *Corruption and Anti-Corruption in Policing*, cap. 6.

independência investigativa. Claramente, não terão altos níveis de competência se não tiverem realizado o treinamento necessário, por exemplo, tendo sido aprovados em um curso para investigadores, se não tiverem experiência, por exemplo, tendo conduzido um número razoável de investigações relevantes, não mostrarem aptidão, por exemplo, dando mostras de possuírem a necessária capacidade de pensamento lógico e abertura de espírito, e não demonstrarem expertise, por exemplo, tendo completado *com êxito* investigações prévias. Assim, competência e indicadores de desempenho, por exemplo, checagem dos relatórios de investigação anteriores do investigador, lista das provas, proporção de processos bem-sucedidos e malsucedidos, e assim por diante, tudo isso precisa ser feito a fim de determinar o que pode ser considerado como um investigador competente, e esses critérios devem ser aplicados a investigadores de maneira sistemática e objetiva.

Deve-se notar também que, em alguma medida, competência se relaciona à *pessoa* a ser investigada. Como é de se presumir, outras coisas permanecendo iguais, um investigador novato não deve receber a tarefa, por exemplo, de conduzir a investigação de uma queixa grave feita contra um policial, o qual é ele/ela próprio/a um(a) investigador(a) altamente experiente. Mais uma vez, competência, ou pelo menos, padrões de competência investigativa, é em alguma medida relativa à competência investigativa dentro e fora da organização: que processos instalados atraem investigadores de alta qualidade de outras partes da organização ou de outras organizações?

Como salientei, os investigadores precisam ser, e devem ser vistos como independentes. Existem pelo menos três aspectos sob os quais a independência do investigador pode ser comprometida: (1) independência institucional tanto por parte do governo quanto por parte de outras agências e por parte de uma dada organização policial. No que diz respeito a este último ponto, polícia de uma dada organização policial pode investigar muitas queixas de corrupção policial *sistêmica* nessa organização. Alguns afirmaram que, em relação a séria corrupção policial (seja supostamente sistêmica ou não) e a outras formas sérias de criminalidade, os investigadores não devem ser membros da organização policial cujos membros estão sob investigação.

(2) Conflito de interesse. Considere-se, por exemplo, um investigador que investiga uma alegação contra seu parente. A noção de conflito de interesse envolve uma pessoa, P_1, da qual se exige que exerça um julgamento em relação a outra pessoa, P_2 (por exemplo, P_1 está investigando uma alegação feita por P_3 contra P_2) e P_1 possui um interesse especial que tende a interferir com seu exercício do juízo em relação a P_2.[7] O interesse especial em questão pode ser pessoal, por exemplo, P_2 é um parente, ou um conflito de interesse no papel, por exemplo P_2 é o superior imediato de P_1 (para maior discussão, ver Capítulo 9, Seção 9.6).

(3) Viés. Considere-se, por exemplo, um detetive que investiga uma alegação de corrupção por parte de um reclamante não policial contra um policial. Estritamente falando, este não é necessariamente um conflito de interesse, uma vez que o investigador pode não ter um *interesse especial* no sentido requerido. Com efeito, pode-se razoavelmente esperar que a polícia resista a qualquer tentação de ser indevidamente influenciada pelo fato de que a pessoa investigada é apenas um policial na mesma organização, e não, por exemplo, amigo. Por outro lado, pode haver uma tendência a um viés ou, pelo menos, a aparência de haver um.

Em relação a cada um dos casos acima, indicadores de desempenho podem ser desenvolvidos, por exemplo existência de exigência de revelar conflitos de interesse (e evitá-los) e auditoria de investigações policiais em relação a conflitos de interesses.

---

7. Definição extraída de Michael Davis, "Conflicts of interest", *in* R. Chadwick (org.), *Encyclopedia of Applied Ethics*. Londres: Academic Press, 1998, vol. I (A_D), p. 590.

Os investigadores precisam prestar contas das investigações, incluindo processos conduzidos e os resultados obtidos. Desse modo, precisam ser capazes de suportar escrutínio tanto por parte de agências internas quanto externas. Uma variedade de formas de escrutínio foi mencionada acima, incluindo auditorias e coisas semelhantes. Uma importante dimensão da *accountability*, na verdade, pressuposto dela, é a transparência; que procedimentos estão em vigor que asseguram que os processos investigativos sejam transparentes, incluindo não só exame por parte de agências internas e externas, mas por parte das vítimas, testemunhas e suspeitos? (é claro, a natureza e o nível de transparência precisa ser consistente com exigências de segurança e confidencialidade).

Outro ponto aqui é que as decisões e recomendações feitas pelo investigador precisam ser justificadas em termos de razões, e estas precisam ser adequadamente documentadas.

A prestação de contas [*accountability*] opera em (pelo menos) dois níveis: (i) existe a prestação de contas do investigador em relação a uma investigação particular considerada em si; e (ii) existe a prestação de contas do investigador em relação a seu desempenho investigativo ao longo de um período. Este último é suscetível a indicadores de desempenho não necessariamente aplicáveis ao primeiro, por exemplo, o número e a proporção de investigações de corrupção nas quais a recomendação do investigador é que a queixa em questão seja mantida.

Investigação é um modo dinâmico de atividade, em parte porque os investigados procuram evitá-la e/ou subverter as técnicas investigativas. Daí a necessidade de identificar e implementar a melhor prática, incluindo utilizar as mais recentes ferramentas investigativas, por exemplo, ferramentas disponibilizadas pela ciência forense, e de maneira inovativa aplicar essas práticas e ferramentas no contexto dos assuntos internos nos quais os investigadores estão operando, por exemplo, no desenvolvimento de testes de integridade. Por conseguinte, um critério da qualidade das investigações é a medida na qual elas não desenvolvem a melhor prática, como são monitoradas tendo em vista a melhoria à luz dos recentes desenvolvimentos.

Além disso, precisam ser coletados dados em relação a investigações em andamento, incluindo o número de investigações conduzidas e finalizadas por ano, tempo dispendido para finalizá-las, o resultado em termos de decisões, como taxas de condenação, e os níveis de satisfação das vítimas, testemunhas etc., uma vez que estes fornecem um importante retrato do trabalho da agência e podem ser usados para indicar áreas de desempenho abaixo do esperado por parte dos investigadores.

8.3 Informantes

Informantes constituem importante fonte de informação para a aplicação da lei por parte das agências, especialmente em áreas como tráfico de drogas e corrupção, nas quais não existe uma vítima direta enquanto tal, por exemplo, drogas e corrupção, ou em relação a outros grupos difíceis de alcançar, onde é difícil encontrar informação voluntária, por exemplo, grupos terroristas.[8] Em seguida ao ataque às Torres Gêmeas, em 2001, a investigação foi crítica à CIA e à sua falta de informantes. Segundo Skolnick (1994), "sem uma rede de informantes – usualmente vítimas, às vezes policiais – a polícia de narcóticos não pode operar".[9] Por outro lado, informantes constituem uma espécie de espada de duplo gume. Alguns pesquisadores questionaram os benefícios de infor-

---

8. Versões anteriores do material desta seção foram publicadas em Miller e Blackler, *Ethical Issues in Policing*, cap. 4; Miller e Gordon, *Investigative Ethics*, cap. 9.

9. J. H. Skolnick, *Justice without Trial: Law Enforcement in a Democratic Society.* Nova York: Macmillan, 1994, p. 117.

mantes em termos de redução do crime,[10] e podem ter efeito corruptor sobre a polícia.[11]

Seguindo uma ascensão do crime organizado, nos anos 1970, o termo "dedo-duro" ["*Supergrass*"] começou a aparecer em reportagens jornalísticas sobre julgamentos criminais. Refletia a mudança dentro do serviço policial do RU na relação com informantes, grande parte deles criminosos, que foram preparados para fornecer informação e então testemunhar no tribunal contra criminosos de alto nível e gangues.[12]

Tipicamente, informantes são membros ou associados do elemento criminoso. E informam sobre outros criminosos, ou fornecem informação à polícia, por múltiplas razões, embora primariamente para sua própria vantagem. Assim, a informação fornecida não é necessariamente acurada.

Pode-se pensar que essas vantagens – pelo menos por parte do informante – incluem a polícia se abster de investigar infrações já cometidas pelo informante, ou mesmo fechar os olhos para infrações presentes e futuras do informante, por exemplo, a chamada licença para traficar dada a informantes que são eles próprios traficantes a fim de pegar um "peixe grande".[13] Às vezes, com efeito, o informante pode ser coagido pelo policial; a não cooperação poderia levar à detenção e condenação por crimes do passado até então ignorados. Isso é moralmente indesejável da perspectiva dos direitos morais

---

10. C. Dunnighan e C. Norris, "The detective, the snout and the audit commission: the real costs in using informants", *Howard Journal of Criminal Justice*, 38 (2005), 67-86.

11. Para uma útil discussão das questões éticas que o uso de informantes suscita, ver Clive Harfield, "Police informers and professional ethics", *Criminal Justice Ethics*, 31 (2012), 73-95.

12. Para uma discussão, centrada no RU, sobre informantes e práticas de gerenciamento de informantes e exigências legais, ver Clive Harfield e Karen Harfield, *Covert Investigation*, 3ª ed. Oxford University Press, 2012, capítulo 9.

13. R. Billingsley, T. Nemitz e P. Bean (orgs.), *Informers: Policing, Policy and Practice*. Cullompton, Devon, 2001, capítulo 1.

do informante. Em outros momentos, a relação entre (digamos) um detetive e seu informante pode se tornar uma na qual o primeiro é manipulado pelo segundo. Em alguns casos extremos, os informantes se tornaram *de facto* manipuladores e o policial o informante. O crime organizado, por exemplo, possui forte interesse em corromper policiais, e uma maneira favorita de fazê-lo é um criminoso se tornar informante da polícia, e o policial começar a passar informação para seu "informante" em retorno de recompensas financeiras disponibilizadas pelos chefões do crime organizado.[14]

Como ocorre com operações de vigilância e operações encobertas, o uso de informantes suscita preocupações com privacidade, embora elas possam estar longe das preocupações do próprio policial. Assim, se um informante infringe (distinto de "viola") os direitos de privacidade de um suspeito, pode haver uma suspeita razoável de sérios erros de conduta, e a infração deve ser justificada.[15] Existe também o risco potencial à vida e/ou corpo do informante, se o suspeito descobre que se trata de um informante. São os seguintes outros riscos que se ligam ao uso de informantes na ausência de um sistema apropriado de prestação de contas:

- Não existe administração ou documentação oficial das reuniões e, portanto, o que transpira, por exemplo, o que foi prometido pelo policial e pelo informante, fica aberto a questionamento.

- Não existe corroboração de que o pagamento ao informante foi feito, ou em que forma, por exemplo, drogas, reciprocidade de informação e, como consequência, o arranjo fica aberto a abuso por parte dos policiais, por exemplo, alguns deles se apropriaram de parte do pagamento destinado ao informante.

---

14. *Ibid.*, capítulo 2.

15. Ver Harfield, "Police informers and professional ethics".

- Não existe controle sobre o local e horário das reuniões e, portanto, existe risco físico para ambos, policial e informante.

- O caráter secreto da identidade do informante significa que a tarefa geral dos informantes por e em favor dos outros policiais não pode facilmente ser feita.

- Sob a pressão de atingir o alvo de uma investigação, policiais podem ser tentados a prometer grandes quantias ou facilidades processuais ou judiciais para os informantes. Infelizmente, em alguns casos, foram incapazes de manter essas promessas. Os informantes podem de fato receber uma redução de sentença por ajuda substancial, mas o que se qualifica como ajuda substancial é subjetivamente determinado por um juiz, não pelo investigador. Com frequência, essa subjetividade pode levar a demasiada leniência, ou leniência insuficiente.

- Há um risco de comprometer um caso no tribunal quando o informante faz alegações contra um policial a fim de se proteger.

Segue-se que, se a relação entre o policial responsável e o informante é de caráter secreto – a organização policial não tem conhecimento dela –, é improvável que problemas como esses sejam resolvidos, e é provável que a relação seja muito danosa, não só para o detetive, mas também para as operações policiais.

Alguns informantes podem não estar preparados para fornecer informação a menos que a confidencialidade seja garantida. Sob um aspecto, a relação entre investigadores e seus informantes é de confiança, similar àquela existente entre profissionais e seus clientes. Mesmo assim, as exigências para confidencialidade entre investigadores e informantes são obviamente diferentes. Entre outras coisas, a razão para confidencialidade nesse caso pode ter mais a ver com o possível dano que pode advir ao informante por parte daqueles que ele está delatando do que do direito básico à privacidade por parte do informante.

Nesse contexto, há obviamente necessidade de mecanismos de prestação de conta estritos, incluindo os seguintes: o informante seja nomeado na documentação; um investigador com um informante possua um supervisor que se reúna com ambos; o supervisor monitore os contatos entre ambos; todos os pagamentos sejam registrados (incluindo transferências eletrônicas, a fim de evitar roubo).

A primeira consideração que deve ser feita em relação ao gerenciamento de sistemas de informantes é que os informantes realizem seu propósito essencialmente epistêmico ou baseado em conhecimento em relação ao fornecimento de informação e provas. Assim, é preciso haver identificação ativa dos informantes e de suas oportunidades, e os informantes precisam ser regularmente acessados em relação à sua contribuição efetiva ou potencial para exigências de informação/provas.

Informantes abrangem uma vasta gama de pessoas que podem fornecer informação e/ou provas; pessoas que as fornecem em troca de recompensas pessoais de algum tipo, mas também policiais disfarçados e aqueles que agem como compradores fictícios, por exemplo, em investigações sobre drogas. Pode aplicar-se a um policial que, de maneira confidencial, relatou comportamento corrupto ou antiético por parte de um colega e é então solicitado a obter mais informação desse colega. Em muitas jurisdições, o policial deve ser registrado como informante, ou então a intrusão pode ser ilegal. O uso da fonte deve ser proporcional, com registros detalhados sendo mantidos e estando disponíveis para exame por parte de um corpo de supervisão.

Investigações envolvendo operações encobertas tipicamente geram grandes quantidades de informação que devem ser registradas no sistema de informação do serviço policial relevante. A informação em questão inclui as táticas utilizadas e as pessoas envolvidas em qualquer operação encoberta. Assim, existe um risco de que essa informação se torne disponível para pessoas que não deveriam ter acesso a ela. Desse modo, os sistemas precisam estar preparados para minimizar esse risco, ao mesmo tempo em que asseguram que a informação permaneça acessível às pessoas autorizadas.

Investigações envolvendo equipes de operações encobertas podem adquirir informação que não é relatada para a operação ou para a investigação da qual ela faz parte – informação colateral. Surge aqui uma importante questão moral sobre os limites que devem ser postos sobre a gravação, armazenamento e acesso a essas informações "colaterais". Por um lado, uma parte dessa informação pode constituir informação potencialmente útil em relação a outras investigações. Por outro lado, semelhante informação potencialmente útil pode infringir direitos de privacidade e/ou confidencialidade de indivíduos ou organizações.

Admitamos que adquirir, ou pelo menos reter, a informação potencialmente útil em questão, de fato infrinja os direitos de privacidade e/ou confidencialidade de algum indivíduo ou organização e, portanto, que *prima facie* não deve ser registrada e armazenada para acesso futuro. Por pressuposto, a aquisição e retenção da informação em questão não se justifica moralmente por servir aos propósitos da investigação (presumivelmente moralmente legítima) durante a qual foi adquirida. No entanto, sua retenção pode ser moralmente justificada se, de maneira demonstrável, servir aos propósitos de alguma outra investigação antiga, ou se pertencer a uma pessoa ou organização em relação aos quais havia uma suspeita razoável de atividade criminosa (e se sua aquisição/retenção nessa investigação ou em relação a essa pessoa/organização, por exemplo, proporcionalidade). Por outro lado, a retenção de informação não seria moralmente justificada pelo mero fato de que se julgou que ela seria potencialmente útil em relação a alguma investigação futura não especificada de um indivíduo ou organização em relação aos quais não havia suspeita razoável de atividade criminosa.

O gerenciamento de informantes idealmente envolve o uso de equipe treinada designada para recrutamento de informantes, juntamente com prioridades de inteligência para a organização, em lugar dos motivos dos supostos informantes buscando benefícios pessoais (por exemplo, redução de sentença, vingança). O uso de informantes para o trabalho anticorrupção requer alguma expertise adicional além daquela usual na investigação criminal.

8.4 Operações encobertas e armadilhas (tocaias)

Muitas operações encobertas podem ser consideradas armadilhas no sentido comum do termo, isto é, *apanhar* ou "armar" para alguém.[16] Esse sentido de armadilha deve ser distinguido das definições legais do termo, especialmente definições dos EUA, nas quais armadilha [*entrapment*] é uma defesa legal.[17] Utilizo o termo "armadilha" ["trap"] para me referir a uma estratégia de aplicação da lei proativa utilizada em muitas jurisdições em preferência a estratégias reativas, como investigações de denúncias. Armadilhas empregam agentes encobertos apresentando-se como compradores de drogas, subornadores ou criminosos. Exemplos de armadilhas bem-sucedidas podem ser encontradas na Austrália nos anos 1990.[18] A corrup-

---

16. Versões anteriores do material desta seção foram publicadas em Miller, *Corruption and Anti-corruption in Policing*, capítulo 7; Miller e Gordon, *Investigative Ethics*, capítulo 11; Miller e Blackler, *Ethical Issues in Policing*, capítulo 6; e Seumas Miller (org.), *Ethical Issues in Policing*. Wagga Wagga: Keon, 1997.

17. Para uma útil visão geral sobre questões éticas e legais suscitadas por formas correntes de armadilha e a aplicação da teoria normativa republicana contemporânea sobre essas questões, ver Simon Bronitt e Declan Roche, "Between rhetoric and reality: socio-legal and Republican perspectives on entrapment", *International Journal of Evidence and Proof*, 4 (2000), 77-106.

18. James Wood, *Royal Commission into Corruption in the NSW Police Service: Final Report (Vol. 2)*. Sidney: NSW Government, 1997.

ção na Polícia de NSW [New South Wales] era sistêmica, e evidentemente, a única maneira de levar os policiais corruptos à justiça era por meio de uma armadilha envolvendo policiais corruptos "convertidos" operando sob disfarce. Somente esses policiais teriam a confiança de colegas policiais corruptos, e somente um cenário de armadilha seria capaz de fornecer evidência confiável, como videoteipes.

Armadilhas podem ser aleatórias ou deliberadas. Armadilhas deliberadas se centram numa pessoa (ou pessoas) específica(s), a qual (as quais) se acredita estar(em) envolvida(s) em crime. Armadilhas aleatórias não são direcionadas a qualquer pessoa específica. Por exemplo, uma policial se passando por prostituta numa esquina a fim de apanhar clientes está envolvida em armadilha aleatória.

Armadilhas ou tocaias suscitam uma série de questões éticas, incluindo (a) engano; (b) invasão da privacidade; (c) incerteza em relação à culpabilidade moral do infrator, isto é, o infrator foi "induzido" a fazer o que ele ou ela não faria; e (d) impropriedade de agentes da lei, uma vez que podem criar crimes que de outra forma não existiriam.

O desrespeito à privacidade por parte de autoridades encarregadas de aplicar a lei é moralmente justificável se certas condições foram atendidas. Entre elas estão as seguintes: (a) existe uma suspeita razoável de que a pessoa cuja privacidade será invadida pretende cometer um crime grave; (b) os métodos em questão são eficazes; e (c) não existe método de investigação alternativo não intrusivo, ou menos intrusivo.

Pode-se argumentar que a armadilha é necessária – ou é bem mais eficaz do que métodos reativos, como investigação de denúncias – em relação a certos crimes. Entre esses crimes, alguns que não necessariamente envolvem um denunciante, por exemplo, corrupção, tráfico de drogas ou áreas como o crime organizado, nos quais pode ser difícil provar infrações devido ao fato de os infratores serem bem organizados, dotados de recursos e/ou altamente discretos. Mas, em relação a certos tipos de infrações e de infrator, é defensável afirmar que armadilhas têm uma melhor relação custo/benefício do que apoiar-se em informantes, ou em agentes encobertos que observam, mas não fazem armadilhas. Informantes com frequência fornecem informação não confiável, e muitas vezes deixam de fornecer evidência da culpa daqueles que eles implicam em crimes. Operações encobertas demandam muitos recursos e seu resultado é incerto. Este é especialmente o caso quando agentes encobertos simplesmente esperam que um suspeito crie a oportunidade para cometer um crime, e então têm a esperança de colher evidência em relação ao crime, quando ele ocorre. Já as armadilhas envolvem encenar um crime em um lugar e um momento escolhidos pelos investigadores; assim, existe a certeza de que o crime será gravado e o infrator condenado.

Para que as pessoas que foram apanhadas numa armadilha sejam justificadamente condenadas, elas precisam ter cometido um crime. No entanto, mesmo que tenham cometido um ato criminoso, pode haver importantes razões para não as condenar. Especificamente, podem ter sido vítimas de armadilhas moralmente injustificadas. Que testes devem ser aplicados para determinar se alguém foi vítima de uma armadilha moralmente injustificada (armadilha [*entrapment*] no sentido legal nos EUA)? Nos EUA, foram propostos dois testes legais para determinar se alguém foi apanhado numa armadilha; um subjetivo e um objetivo. Pode-se sustentar, porém, que elementos de ambos devem ser usados.[19] Note-se que, no sentido de "armadilha" em questão, no ambiente legal dos EUA, ela é necessariamente ilegal; nos EUA, por definição, armadilha envol-

---

19. Para úteis discussões desses testes e das questões que suscitam, ver Gerald Dworkin, *The Theory and Practice of Autonomy*. Cambridge: Cambridge University Press, 1988, capítulo 9; John Kleinig, *Ethics in Policing*. Cambridge: Cambridge University Press, 1996, capítulo 8.

ve práticas policiais proativas que falham (em particular) no teste subjetivo. Embora nossas preocupações neste livro não sejam com a lei, para não mencionar jurisdições específicas, os testes subjetivo e objetivo suscitam importantes questões éticas e filosóficas que possuem interesse intrínseco. Assim, discuto, de certa forma, esses testes, e as condições a eles associadas.

Os testes subjetivos questionam se o suspeito tem disposição de cometer crimes do tipo em questão. Teoricamente, mas não necessariamente, ou de fato, na lei, pode-se estabelecer a existência de uma disposição com base no comportamento passado, por exemplo, condenações criminais anteriores. Como é evidente, a finalidade desse teste é assegurar que a pessoa apanhada na armadilha tenha o grau requerido de culpabilidade; uma importante razão motivadora para utilizar esse teste é a preocupação de que, sem ele, a polícia poderia induzir uma intenção ou inclinação a cometer o crime que, de outra forma, estaria ausente.[20]

O teste objetivo questiona se o Estado agiu ou não impropriamente por instigar o crime. Isto, por sua vez, se resolve em duas questões. A primeira é sobre se a contribuição da polícia ou de outros investigadores para a criação da oportunidade de cometer o crime é excessiva. Por exemplo, suponha-se que um agente encoberto fornece a uma pessoa a matéria-prima e os equipamentos para fabricar heroína, e suponha-se que esses recursos não estariam disponíveis para a pessoa a partir de outra fonte. A segunda questão é sobre se a indução oferecida para cometer o crime era irrazoável (muito forte), por exemplo, oferece a alguém a propina de um milhão de dólares para evitar perda da licença de motorista por três meses, ou para se envolver em sexo ilícito.[21]

---

20. Dworkin, *Theory and Practice of Autonomy*, p. 134, e Kleinig, *Ethics in Policing*, p. 153.

21. Dworkin, *Theory and Practice of Autonomy*, p. 135, e Kleinig, *Ethics in Policing*, p. 154.

Um problema do teste subjetivo é como fornecer evidência de uma disposição. Esse problema é maior em contextos legais, nos quais o uso de conhecimento de crimes e condenações do passado é normalmente autorizado na determinação da culpa em relação a um crime do presente. Outro possível problema é que o teste subjetivo não exclui fortes induções. Policiais podem abusar do sistema oferecendo induções que são muito fortes, e ainda assim a condenação se seguiria se os suspeitos tivessem forte disposição para cometer o crime.[22] Um problema correlato surge do fato de que uma disposição para cometer um crime não é equivalente a uma intenção de cometer esse crime. Suponha-se que alguém possui uma intenção de cometer esse crime. Contudo, sabendo que tem essa disposição, põe-se num contexto no qual não existe oportunidade para cometê-lo. Considere-se um viciado em heroína que deseja evitar se drogar e decide viver em uma área livre de heroína, evita contato com outros viciados e assim por diante. Suponha-se agora um policial que procura o viciado e, de maneira persistente, oferece heroína ao viciado. Considere-se agora um policial que foi corrupto que está tentando continuar a "andar direito", a despeito de seus problemas financeiros; ele buscou a igreja comunitária local; evita seus colegas corruptos e assim por diante. Suponha-se agora que um agente disfarçado procura esse policial e, de maneira persistente, oferece-lhe propinas substanciais. Exemplos como esses mostram que a mera presença de uma disposição não é suficiente para armadilha moralmente justificada; assim, o teste subjetivo – pelo menos como descrito acima – teria que ser reforçado.

Um possível problema do teste objetivo é que ele protege algumas pessoas que deveriam ser consideradas culpadas.[23] Suponha-se que fortes induções são utilizadas em casos de suspeitos com fortes

---

22. W. Sinnott-Armstrong, "Entrapment in the Net", *Ethics and Information Techonology*, n. 1, 1999, p. 99.

23. *Ibid.*

disposições para cometer o crime, e suponha-se que esses suspeitos são de fato culpados desse tipo de crime. Semelhantes induções serão excluídas pelo teste objetivo, e as pessoas culpadas serão liberadas. Por outro lado, é preferível que alguns dos culpados fiquem livres do que alguns dos inocentes sejam condenados. Assim, essa objeção é relativamente fraca. Uma objeção mais forte é que o teste objetivo – na medida em que envolve teste aleatório – consiste em o governo adotar testes de integridade sobre seus cidadãos. Isto é certamente inaceitável; governos não têm direito de condenar cidadãos meramente porque eles falham no teste de resistir a uma indução para cometer um crime, mesmo que seja uma indução à qual deveriam ter resistido. Como assinala Dworkin, "Encorajar o cometimento de um crime na ausência de qualquer razão para acreditar que o indivíduo já está envolvido em uma ação é ser um testador de virtude, não um detector de crime".[24] Além disso, o teste objetivo não é um teste particularmente eficaz de virtude. Alguém que careça da disposição de cometer esse tipo de crime, ou crimes em geral, pode ainda assim falhar no teste objetivo em uma ocasião singular.

O que pode ser aceitável é teste de integridade selecionado de indivíduos sobre os quais se tem uma suspeita razoável que cometeram o crime que é objeto do teste. Além disso, podem ser aceitáveis testes aleatórios de integridade de certas categorias de servidores públicos, como policiais ou políticos, em relação a um conjunto circunscrito de crimes, sob certas condições. Por exemplo, suponha-se que subornos são frequentes em determinado departamento governamental, e todas as demais medidas foram incapazes de diminuí-la; talvez, testes aleatórios de integridade sejam agora justificados. A justificação moral geral para isso é que semelhantes servidores públicos precisam ter certo padrão de integridade em relação a tipos específicos de indução, e eles voluntariamente aceitam um cargo pú-

---

24. Dworkin, *Theory and Practice of Autonomy*, p. 144.

blico tendo como pressuposto que aceitam esse padrão. Assim, sua integridade pode razoavelmente estar aberta a testes, especialmente se for esclarecido a eles, antes de aceitarem o cargo público, que sua integridade pode ser submetida a testes.

Existe uma objeção geral a armadilhas, e essa objeção se mantém quer se aplique o teste subjetivo, quer o objetivo. Trata-se da objeção de que a armadilha envolve a criação do crime e da corrupção, em vez de detectar ou prevenir o crime e a corrupção que teriam existido independentemente da armadilha.[25] Caso essa objeção se sustente, então evidentemente a armadilha deve ser abandonada. Mas será que ela se sustenta?

Para ajudar em nossas deliberações, considere-se o seguinte.[26] Suponha-se que uma funcionária administrativa jovem de baixo nível, A, cujo contrato de trabalho está prestes a expirar, recebe a tarefa de contar uma grande quantidade de dinheiro de drogas confiscada pelos investigadores (aproximadamente 100 mil dólares). Ela forma a intenção de cometer o crime único de fraude pelo artifício de roubar 5 mil dólares desse dinheiro e subnotificar sua própria conta nesse valor. A funcionária A acredita que o dinheiro roubado não será notado, uma vez que sabe que a câmera que monitora a sala não está funcionando. Suponha-se agora que, sem que A soubesse, o investigador de corrupção B intencionalmente omitiu exigir que alguma outra pessoa estivesse presente na sala para fins de monitoramento, apesar da falha de funcionamento da câmera, e o fez a fim de realizar um teste aleatório de integridade tendo em vista apanhar A numa armadilha, pois A poderia ser um(a) desses(as) empregados(as) que, de maneira oportunística, cometem atos de roubo e fraude. De fato, embora A sempre tenha cumprido a lei, logo estará desempregada e com pouco dinheiro.

---

25. *Ibid.*, p. 136.

26. Ver *ibid.*, p. 140, para uma visão contrária.

De qualquer modo, A esconde os 5 mil consigo, é revistada e apanhada com a mão na botija.

Note-se que, se o teste objetivo for aplicado, a polícia e outros investigadores têm autorização para se envolver nesse tipo de armadilha. Em primeiro lugar, a indução, por exemplo, 5 mil dólares, é de um tipo que se poderia razoavelmente esperar que o funcionário normal poderia resistiria a pegar. Em segundo lugar, foi a quebra do equipamento de monitoramento que criou a oportunidade para fraude. O que o investigador de corrupção fez foi deixar de remover essa oportunidade; algo que, admitidamente, ele deveria ter feito e faria, se não quisesse fazer a armadilha. Por outro lado, esse tipo de armadilha é excluído pelo teste subjetivo; pois A, conforme supus, não tem disposição para cometer fraude.

Dada a natureza dessa oportunidade única, e a disposição geral de A para cumprir a lei, A provavelmente não teria cometido qualquer crime se o investigador de corrupção não tivesse feito uma armadilha para ela. A razão é que ela jamais teria a oportunidade para cometer o único tipo de crime oportunístico que ela é capaz de cometer. Ainda assim, dado que ela acreditava que a oportunidade surgira, formou a intenção de cometer esse crime. Sugiro que a mera intenção – num contexto de crime ou corrupção cuja oportunidade foi fornecida pelo investigador – não é suficiente para justificar a armadilha. O motivo não é que A não seja culpada; claramente, ela é culpada de um ato de fraude. O motivo é que montar a armadilha sob essas condições envolve a criação do crime, em lugar de detectar ou prevenir o crime que existiria independentemente da armadilha.

Examinemos outra versão de nosso cenário. Desta vez, suponhamos que, sem conhecimento do investigador, A_1 tenha uma disposição para cometer atos oportunísticos de fraude sobre grandes quantias, se estiverem disponíveis, e A_1 acredita que não será detectado. Mas suponhamos ainda que não haja semelhantes oportunidades. Enquanto A_1 espera por essas oportunidades, e se gaba para seus amigos que está deixando passar tais oportunidades, nenhuma surgiu ou sequer houve a possibilidade de que surgisse. No entanto, o investigador B preparou a mesma armadilha para A_1 que ele fez no cenário envolvendo A. Dada a disposição de A_1, este prontamente cai na armadilha. Obviamente, o teste subjetivo não exclui esse tipo de armadilha, pois A_1 tem disposição para se envolver em fraude oportunística desse tipo. Além disso, vimos que o teste objetivo tampouco exclui esse tipo de armadilha.

A despeito da existência de disposição por parte de A_1 de se envolver em fraudar, de maneira oportunística, grandes somas de dinheiro, ainda continua sendo o caso que A_1 não teria cometido qualquer crime se o investigador não tivesse armado para ele. A razão é que ele jamais teria a oportunidade de cometer o único tipo de crime oportunista que ele se dispunha a cometer. Assim, sugiro que a posse de uma disposição e uma intenção – em um contexto de fornecimento de oportunidade pelo Estado (por exemplo, por meio de um policial) consistente com as exigências do teste objetivo – não é suficiente para justificar a armadilha. A razão é que a armadilha, sob essas condições, envolve a criação do crime e da corrupção, em vez de detectar ou prevenir o crime e a corrupção que existiriam independentemente da armadilha.

Como corolário, concluo que nem passar pelo teste subjetivo, nem pelo objetivo, nem por ambos é suficiente para justificar montar armadilhas. Não é preciso dizer que, sob certas circunstâncias, elas não sejam justificadas.

Walter Sinnott Armstrong[27] afirma que armadilha na Internet é diferente de outras formas de armadilha, por ser (a) menos intrusiva, uma vez que não há tantos inocentes envolvidos como, por exemplo, passar-se por traficante em um campus universitário; (b) menos perigosa para os investigadores/agentes disfarçados; e

---

27. Sinnott-Armstrong, "Entrapment in the Net".

(c) menos sujeita a abuso, uma vez que a evidência está ali para quem quiser ver.

No entanto, os problemas gerais com armadilhas também afligem armadilhas na Internet. Armadilhas, seja na Internet ou não, enfrentam a objeção geral de que envolvem a criação do crime. Além disso, as objeções mencionadas aos testes objetivo e subjetivo se mantêm. Por outro lado, formas específicas de armadilhas, por exemplo, alvos determinados e armadilhas aleatórias de certas categorias de funcionários públicos, podem ser justificáveis.

Encerremos este capítulo tentando detalhar as condições gerais sob as quais a armadilha feita sobre cidadãos comuns pode ser moralmente permissível.[28] Ao fazê-lo, tento acomodar as várias objeções feitas acima às armadilhas, e aos testes subjetivo e objetivo.

Em primeiro lugar, existe uma série de condições gerais, como a condição de que o método de armadilha seja o único método factível disponível às agências de aplicação da lei e anticorrupção em relação a certo tipo de crime, e que o tipo de crime seja grave. Essa condição reflete o pressuposto geral contra armadilhas.

Em segundo lugar, a armadilha deve ser sobre uma pessoa determinada (ou grupo) que seja razoavelmente suspeito de se envolver em crimes do tipo relevante. Essa condição exclui testar a virtude dos cidadãos.

Em terceiro lugar, o suspeito é comumente apresentado, ou tipicamente cria o tipo de oportunidade que deve ser permitido no cenário da armadilha. Essa condição em grande parte exclui a criação de crime por parte da polícia.

Em quarto lugar, a indução oferecida ao suspeito deve ser (a) de um tipo que está tipicamente disponível ao suspeito e (b) tal que se pode esperar que um cidadão comum normalmente resis-

---

28. Ver Dworkin, *Theory and Practice of Autonomy*, p. 144, para um conjunto de condições bastante similar a este. Ver também kleinig, *Ethics in Policing*, p. 158.

tiria a ela.[29] Essa condição exclui induções excessivas, e portanto, uma maneira pela qual o crime poderia ser criado pela polícia.

Em quinto lugar, a pessoa não somente possui uma disposição[30] a cometer o tipo de crime em relação ao qual lhe está sendo preparada uma armadilha, como também uma intenção presente de cometer esse tipo de crime. Essa condição não só protege aquelas inclinações inoperantes ao crime, como também aqueles com uma frouxa intenção de cometer o crime único – intenção não apoiada por qualquer disposição à atividade criminosa. Evidência de uma disposição a cometer um tipo de crime pode consistir em um padrão ininterrupto de crimes desse tipo no passado, e nenhum indício de mudança de atitude ou circunstância. Evidência de uma intenção presente de cometer esse tipo de crime pode ser verbal e/ou haver evidência de presentes atividades detalhadamente planejadas, e/ou tentativas de fornecer os meios para cometer esses crimes.

8.5 Conclusão

Como vimos, investigações constituem componentes centrais de sistemas anticorrupção e de integridade e, de fato, da própria justiça criminal. Neste capítulo concentrei-me em investigações criminais, e investigações de corrupção grave, em particular. Entre as questões discutidas se incluem independência do investigador, desrespeito à privacidade, uso de informantes e uso de agentes disfarçados para montar armadilhas para suspeitos. Em relação a este último ponto, discuti os chamados testes subjetivo e objetivo, e estabeleci as condições sob as quais armadilhas por parte de investigadores de crime e corrupção podem ser moralmente justificadas.

---

29. Ou – no caso de testes para pessoa em ocupações de alto risco – "tal que haveria uma expectativa razoável de que uma pessoa nesse papel resistiria a ela".

30. A existência de semelhante disposição pode ser estabelecida por recurso a evidência, como um padrão ininterrupto de crimes no passado, e nenhum indício de mudança de atitude ou circunstâncias.

9

Sistemas de integridade para ocupações

No Capítulo 7, delineei as características gerais dos sistemas de integridade para instituições, incluindo a relação apropriada entre esses sistemas e propósito, estrutura e cultura institucionais. Além disso, diferentes modelos regulatórios foram discutidos. No Capítulo 8, centrei-me em um aspecto bastante fundamental dos sistemas de integridade, a saber, investigações criminais e de corrupção. Neste capítulo, de maneira mais detalhada, discuto sistemas de integridade para profissões, e ao fazê-lo, tomo como dadas as características mais gerais dos sistemas de integridade, incluindo investigações criminais e de corrupção.

9.1 Ocupações e profissões

Uma ocupação é definida por seu papel ocupacional.[1] Segundo minha explicação normal teleológica das instituições sociais, papéis institucionais, incluindo papéis ocupacionais, são teleológicos; distinguem-se um do outro de acordo com os fins coletivos a que servem, e esses fins, em termos normativos, são bens coletivos. Embora necessário para diferenciar papéis, o fim coletivo de um papel não é suficiente para distinguir um papel de outro. Talvez o fim dos advogados, como o da polícia, seja assegurar que a lei seja cumprida e, ao fazê-lo, que os princípios de justiça que sustentam a lei (ou que devem sustentá-la) não sejam rompidos. Assim, também precisamos atentar aos meios ou tipos de ação ou atividade pelos quais o

---

1. Alexandra e Miller, *Integrity Systems for Occupations*, capítulo 1.

fim de algum papel ocupacional é realizado. A polícia, mas não os advogados, sustenta a lei por meio de seu próprio uso, ou a ameaça de uso, de força coerciva. Desse modo, papéis ocupacionais são definidos em parte pelos fins a que servem, e em parte pelos tipos de ações ou atividades que realizam e que são os meios para esse(s) fim(fins). Dessa forma, todos os consultores financeiros fornecem consultoria (os meios), mas qual é o fim? Vender produtos ou servir aos interesses financeiros de seus clientes?

Alguns papéis são evidentemente definidos, em parte, pelas crenças morais, compromissos e atitudes associadas que os praticantes devem ter. Por exemplo, um compromisso com o bem-estar físico e mental dos "clientes" é uma característica das chamadas ocupações de "cuidados", como enfermeiras/os, assistentes sociais e psicólogos/as. Do mesmo modo, contadores e auditores devem ter compromissos morais com acurácia, confiabilidade e assim por diante. Semelhantes atitudes morais, se difundidas e mantidas de maneira interdependente, constituem em parte a cultura de uma organização ou grupo organizacional. Assim, qual é a cultura dos consultores financeiros em determinada indústria? Quais são seus principais compromissos? Como é evidente, membros de muitos negócios de planejamento financeiro contemporâneos possuem a cultura de uma equipe de vendas, por exemplo, o sucesso é medido em termos do valor financeiro das comissões ganhas.

Historicamente, uma distinção adicional foi feita entre ocupações e profissões. Todos os papéis profissionais são papéis ocupacionais, mas nem todos os papéis ocupacionais são papéis profissionais. Essa distinção é importante porque o processo de profissionalização é uma característica chave da estratégia para lidar com questões éticas entre membros de muitas ocupações, como a de consultor financeiro, por exemplo, na Austrália e no RU.[2]

---

2. Seumas Miller, "Trust, conflicts of intereste and fiduciary duties: ethical issues in the financial planning industry in Australia", *in* Nicholas Morris e David Vines (org.),

A despeito de tentativas de eliminar a distinção, existe elevado grau de consenso na literatura sociológica e filosófica no que se refere às características típicas das ocupações profissionais – características que servem para distingui-las de outras ocupações.[3] Três balizas como essas se destacam em particular. Um grupo ocupacional conta como profissão em virtude do fato de ter as seguintes características: o trabalho de seus membros é orientado para o fornecimento de algum bem (contraposto a mero desejo ou preferência), por exemplo, saúde (médicos), justiça (advogados); membros do grupo possuem e exercem expertise criativa no fornecimento desse bem; e possuem alto grau de autonomia no exercício de sua expertise. O bem ou bens em questão são tipicamente bens em parte constitutivos dos interesses dos clientes do profissional, por exemplo, o médico tem como fim a boa saúde do paciente, e a boa saúde do paciente é do interesse deste último. No entanto, o bem a que serve a profissão e o interesse do cliente podem divergir em casos particulares. Assim, o advogado serve ao interesse de seu cliente, e esse interesse com frequência coincidirá com as exigências da justiça. Todavia, as exigências da justiça podem não coincidir com os interesses do cliente, por exemplo, se o cliente for corretamente considerado culpado e sentenciado à prisão.

A concepção básica das profissões é necessariamente diferente de outras ocupações mais baseadas no mercado.[4] Como notado, sob certo aspecto as características marcantes das profissões po-

---

Capital Failure: Rebuilding Trust in Financial Services. Oxford: Oxford University Press, 2014, pp. 305-331.

3. Outras balizas, como a autorregulação, são mais controversas. Ver, por exemplo, Michael D. Bayles, "Professional power and self-regulation", *Business and Professional Ethics Journal*, 5 (1986), 27.

4. Ver Andrew Alexandra e Seumas Miller, "Needs, moral self-consciousness and professional roles", *in Professional Ethics* (co-autoria com A. Alexandra), vol. 5, no. 1-2 (1996), pp. 43-61; Miller, *Moral Foundations of Social Institutions*, capítulos 6 e 10, para discussão de algumas dessas questões.

dem ser compreendidas e avaliadas vendo-se o papel do profissional como fornecedor de bens éticos, incluindo cuidado com necessidades fundamentais, contraposto a meros desejos e preferências, por exemplo, desejo por um sorvete, uma roupa da moda ou um Porsche. Diferentemente dos desejos, as necessidades são objetivas, limitadas e, tipicamente – dado o dano causado por necessidades não atendidas – geram obrigações morais.[5] Assim, profissionais têm um dever de fornecer esses bens e satisfazer a essas necessidades. Além disso, os membros de uma profissão possuem obrigações coletivas (isto é, obrigações conjuntas) de prover aos agregados esses bens e serviços; ou seja, os bens e serviços em questão são bens coletivos cistos da perspectiva da profissão como um todo. E os padrões da prática profissional são padrões institucionais e, como vimos no Capítulo 1, esses padrões são com frequência padrões morais.

Dado isso, a relação entre profissionais e seu grupo de clientes não deve ser assimilada àquela que vige entre compradores e vendedores em um mercado. No quadro idealizado (e de modo algum isento de críticas) do mercado com o qual estamos familiarizados a partir dos escritos dos economistas contemporâneos, atores do mercado – tanto compradores como vendedores – são impulsionados por motivações egoístas, o desejo de satisfazer a seus próprios desejos. Uma transação é racional quando, e somente quando, cada uma das partes acredita, com bons motivos, que seus desejos estarão mais satisfeitos depois da transação do que antes. A meu ver, como ficará claro abaixo, esse quadro superestima o motivo do interesse próprio e, em consequência, simplifica excessivamente os motivos em jogo nos mercados. Não obstante, os motivos e obrigações dos atores do mercado (enquanto tais) permanecem em certo contraste com os

---

5. David Wiggins, "Claims of need", *in* David Wiggins (org.), *Needs, Values, Truth: Essays in the Philosophy of Value*, 2ª ed. Oxford: Blackwell, 1991, pp. 6-11.

dos profissionais (enquanto tais).[6] Por exemplo não existe obrigação por parte do dono de um produto de vendê-lo se prefere utilizá-lo, ou se julgar que não ficará em melhor situação após a transação do que antes. As questões são algo diferentes para profissionais, uma vez que eles possuem obrigação de fornecer certos tipos de bens aos que deles necessitam. Essa obrigação geral ajuda a explicar restrições sobre a liberdade contratual em negócios com clientes e profissionais. Um profissional é obrigado a fazer o que for necessário para satisfação das necessidades de um cliente, assim, não é livre para estabelecer acordos que o impediriam de agir assim. De maneira mais geral, diferentemente de atores do mercado, quando os interesses de profissionais e clientes entram em conflito, os profissionais são obrigados a agir em nome do interesse de seus clientes.

9.2 Sistemas de integridade, princípios morais e confiança

Conforme defendido no Capítulo 7, pode-se sustentar que sistemas de integridade[7] são o principal veículo institucional disponíveis para assegurar que obrigações ético-profissionais sejam cumpridas e para combater crime e corrupção (ambas sendo formas bastante graves de infrações). Pode-se afirmar que sistemas de integridade possuem quatro aspectos principais, pelo menos potencialmente. Em primeiro lugar, compreendem leis e regulações compulsórias, por exemplo, códigos criminais. Em segundo lugar, apoiam-se em alguma medida em mercados. Os mercados servem a múltiplos propósitos, um dos quais, segundo minha sugestão, é incentivar comportamento ético, por exemplo, é improvável que consumidores que são enganados por um fornecedor retornem, outras coisas

---

6. Muitos profissionais, é claro, também são atores do mercado. Porém, historicamente, conforme mencionado, um papel profissional no mercado teve caráter forçado. Este não é tanto mais o caso hoje.

7. Ver Miller, *Moral Foundations of Social Institutions*, capítulo 6; Alexandra e Miller, *Integrity Systems for Occupations*.

permanecendo iguais. Em terceiro lugar, existem sistemas de reputação, sobre os quais falaremos mais abaixo. Por último, existem normas sociomorais, os princípios morais que foram internalizados pelos membros de um grupo social, e os quais – por derivarem em parte dos bens coletivos das instituições – motivam (em parte) seu comportamento (ver Capítulo 2, Seção 2.3). Em última instância, obediência às leis, incentivos éticos fornecidos por mercados e mecanismos de reputação dependem de uma base sólida de crenças morais amplamente aceitas e outras atitudes morais motivacionais, por exemplo, aquelas definidoras das profissões. Sistemas de integridade procuram manter e reforçar essas atitudes motivacionais, por exemplo, por meio de treinamento e programas de educação.

Em relação a mercados, os sistemas de integridades concentram-se em remover ou ajustar estruturas de incentivo que, de maneira perversa, promovem comportamento antiético (por exemplo, sistemas de remuneração nos quais a imputabilidade não acompanha a responsabilidade), e desenvolvimento ou reforço de estruturas de incentivo que reduzem comportamento antiético (por exemplo, exigências de transparência).[8]

O que dizer sobre a reputação e sua relação com sistemas de integridade? A reputação se relaciona de maneira importante com o cumprimento de obrigações morais (virtude).[9] Como veremos depois, reputação merecida ou adquirida pode fornecer um nexo entre interesse próprio (incluindo o desejo de ser aprovado) e virtude, e entre (digamos) o interesse financeiro de consultores financeiros e fornecedores de crédito, por um lado, e devida diligência, confiabilidade etc. em suas ligações com investidores e tomadores de crédito, por outro.

---

8. Seumas Miller, "Institutions, integrity systems and market actors", *in* J. O'Brien (org.), *Private Equity, Corporatye Governance and the Dynamics of Capital Market Regulation*. Londres: Imperial College of London Press, 2007, pp. 297-327.

9. Seumas Miller, "Finacial servisse provideres: integrity systems, reputation and the traingle of virtue", *in* Dobos, Barry e Pogge (org.), *Global Finacial Crisis*, pp. 132-157.

No que diz respeito às obrigações institucionais que dependem da confiança, os sistemas de integridade não podem fazer muito. Em particular, sistemas de integridade não podem eliminar a vulnerabilidade dos tomadores de empréstimos em relação aos fornecedores, ou de clientes em relação a profissionais e, portanto, não podem eliminar a necessidade de confiança. Um sistema de integridade pode ser concebido e implementado de forma a fornecer sanções contra falha em cumprir obrigações contratuais, incentivar atores do mercado a não enganarem e (por meio de mecanismos de reputação) incentivar membros de grupos ocupacionais a ter em vista altos padrões éticos. No entanto, ele não é capaz seja de eliminar a vulnerabilidade dos tomadores de empréstimos, clientes e outros em situação similar, nem garantir retidão moral por parte dos fornecedores de empréstimos, profissionais e assim por diante: daí o caráter insubstituível da confiança.[10]

Uma característica dos sistemas de integridade contemporâneos é o aumento em regulações compulsórias e em contratos compulsórios ainda mais complexos, numa tentativa, pelo menos em parte, de realizar aquilo que a confiança (aparentemente) não está conseguindo realizar. Contudo, como fenômenos como a "indústria" legal de encontrar e explorar pontos-cegos regulatórios e a prática de repassar os custos da corrupção e da fraude para consumidores ilustram, o hiato de confiança, supondo que ele exista, não pode jamais ser preenchido dessa maneira. Se os consumidores não podem confiar em suas companhias financeiras para que elas vendam produtos financeiros "seguros", ou para que consultores financeiros forneçam conselhos profissionais independentes, é improvável que recorrer a regulações seja capaz de, por si só, a lidar adequadamente com o problema e podem, em vez disso, simplesmente criar custos adicionais; se os empregadores não podem confiar em seus empre-

---

10. Ver O'Neill, *A Question of Trust*, para um argumento estreitamente relacionado concernente à *accountability*.

gados, ou vice-versa, então mecanismos de *compliance* e de prestação de contas [*accountability*] não garantirão sua honestidade e, em lugar disso, podem simplesmente resultar em maiores custos, embora não necessariamente somente para os empregadores e/ou empregados.

Desse modo, sistemas de integridade não podem substituir a confiança. Além disso, de maneira mais geral, eles não podem garantir obediência moral (*compliance*). Refiro-me aqui à confiança geral em outros para que eles cumpram princípios morais, por exemplo, não matar, assaltar, estuprar, furtar, embora essa confiança nos leve além do sentido da confiança no sentido que estamos discutindo aqui.

Examinemos agora algumas das principais características de um sistema de integridade para grupos ocupacionais, a saber, códigos de ética e programas associados de educação, sistemas de denúncia e de disciplina, e auditorias éticas e indicadores de reputação ética.

9.3 Códigos de ética

Obviamente, códigos de ética se ocupam de ética.[11] Contudo, os termos "ética" e "moralidade" são com frequência utilizados de maneira intercambiável. Dito isto, às vezes se distingue ética de moralidade. Uma maneira de fazer essa distinção é a seguinte. Moralidade diz respeito a padrões mínimos de comportamento e atitude. Não mate o inocente, não minta, não roube ou cometa fraudes. Esses são todos padrões mínimos de comportamento; são princípios morais. Por outro lado – segundo essa maneira de ver –, a ética é uma noção

---

11. Para uma útil introdução a códigos de ética, ver Margaret Coady e Sidney Bloch (org.), *Codes of Ethics and the Professions*. Melbourne: Melbourne University Press, 1996. Versões anteriores do material desta seção foram publicadas em Seumas Miller, *Model Code of Principles of Ethics*. The Professional Council of New South Wales and Western Australia, 2002, pp. 1-68; e Alexandre e Miller, *Integrity Systems for Occupations*, capítulo 3.

mais ampla. Ética envolve ideais e aspirações; vai além dos padrões mínimos. Um médico competente e não negligente pode não se envolver em comportamento imoral. No entanto, ele pode não ser um bom médico. Ser um bom médico implica fazer mais do que meramente obedecer aos padrões mínimos. Por exemplo, um bom médico teria uma atitude de cuidado em relação a seus pacientes.

Distinguirei ética de moralidade da maneira descrita acima. Assim, moralidade se refere a padrões mínimos, ao passo que ética se refere a um campo mais amplo de valor que abarca noções do que é bom e ao que vale a pena aspirar – ideais, assim como padrões mínimos. Desse modo, códigos de ética se referirão não só a princípios morais, como a ideais do bem. Um ponto importante a considerar, a esse respeito, concerne a sanções punitivas. Como se pode presumir, sanções punitivas (formais) – sanções aplicadas no contexto de um sistema apropriado de denúncias e disciplina – devem ser aplicadas apenas em relação aos padrões mínimos (moralidade), mas não em relação aos ideais (ética). Um segundo ponto importante diz respeito à educação. Para que ideais sejam realizados, eles precisam ser inculcados. Se isto não for feito primariamente por meio de sanções punitivas, precisará ser feito (pelo menos em parte) por meio de educação formal e informal.

Ao apresentar em forma explícita os fins básicos (bens coletivos, em meu vocabulário) de uma ocupação, os direitos e deveres dos membros da ocupação, os limites de sua ocupação, os direitos dos clientes, e assim por diante, os códigos de ética servem a um propósito educativo.[12] Conhecimento do código de ética é conhecimento dos ideais e princípios éticos que pertencem a essa ocupação, e membros da ocupação podem e devem possuir esse conhecimento. Ele consiste principalmente no que se chama de conhecimento *prático*, contra-

---

12. Para uma útil discussão sobre funções de códigos de ética, ver Judith Lichtenberg, "What are codes of Ethics for?", *in* Coady e Block (org.), *Codes of Ethics and the Professions*.

posto a teórico. É conhecimento sobre como fazer algo, distinto de conhecimento sobre qual é o caso.

O conhecimento expresso em um código se expressa em forma condensada. Assim, existe uma necessidade de material explanatório adicional, por exemplo, concernente à natureza e função da ocupação específica em questão, e ferramentas adicionais para aplicar esse conhecimento, por exemplo, um modelo de raciocínio ético prático. Além disso, esse conhecimento precisa ser adequadamente contextualizado em relação a problemas éticos específicos e concretos com os quais podem se confrontar membros desse grupo ocupacional. Desse modo, existe igualmente necessidade de estudos de caso suplementares, entre outras coisas.

Em acréscimo, uma vez que esse conhecimento prático de princípios e ideais éticos, e o conhecimento prático de sua aplicação, não são coisas estáticas – problemas éticos e suas soluções estão sujeitos a mudanças – há necessidade de contínua revisão do código de ética, educação contínua em relação a mudanças no código de ética, e especificamente, educação contínua em relação à aplicação dos princípios e ideais expressos no código de ética. Este, e a educação ética a ele associada, devem constituir importante elemento em programas iniciais de educação formal e informal, e em programas contínuos de educação.

É importante notar que códigos éticos não só possuem conteúdo; não são simplesmente documentos que podem ser objeto de conhecimento (prático); envolvem ainda, ou devem envolver, compromisso por parte dos membros da ocupação ou organização em questão.

O compromisso em questão é tanto pessoa quanto coletivo. Cada praticante individual se compromete com o conteúdo do código, ou deveria fazê-lo. Mas cada um o faz sob condição de que outros o façam; os compromissos individuais são interdependentes, e portanto, coletivos. Semelhante interdependência de compromissos com o conjunto comum de ideais e princípios é em parte constitutivo de uma comunidade consciente de praticantes, e é uma condição necessária para que essa comunidade possua uma cultura ética. Assim, códigos de ética têm como propósito integração socio-ética ou cultural, assim como educação no sentido individualista estreito.

Para que esse compromisso exista de forma tangível, há necessidade, pelo menos, que os membros individuais da ocupação ou organização participem do estabelecimento, e revisão contínua, de seus códigos de ética. Sem essa participação o código não será um documento "vivo", e não será "encampado" pelos membros do grupo ocupacional ou organização.

O processo de elaboração ou reelaboração do código de ética deve envolver não só consultas concernentes aos princípios e ideais básicos, mas pesquisa sobre problemas éticos enfrentados pelos membros, e alguma tentativa de fazer que os membros ratifiquem ou indiquem de alguma outra maneira sua aceitação do código, uma vez finalizado.

Códigos de ética prescrevem e proscrevem ações específicas, e muitos deles vinculam sanções a seu não cumprimento. Assim os códigos de ética possuem um propósito regulatório, além de seus fins educativos e de integração cultural. Com frequência, o principal papel regulatório de um código de ética é efetivamente desempenhado por um manual de conduta associado. O código de ética consiste numa apresentação básica de princípios e ideais; o manual de conduta consiste numa descrição detalhada das ações que devem ser realizadas ou não devem ser realizadas, e das sanções que se ligam à sua realização/não realização. De qualquer modo, desejo aqui elaborar sobre regulação e sua relação com o comportamento ético e com a educação ética (formal e informal).

A regulação, como a educação ética, deve proceder de tal maneira a assegurar o cumprimento a princípios morais apropriados, especialmente aos padrões mínimos, por exemplo, evitar atividade criminal como fraude, roubo, abster-se de atividades injustas e assim por diante.

Além disso, a regulação de ocupações envolvidas na economia de mercado deve promover um mercado eficiente, competitivo, algo que a educação também deve promover. No entanto, a regulação de si mesmo, diferentemente da educação, é menos apta a promover a busca de ideais, o que é distinto da conformidade a padrões mínimos. Isto não significa que os papéis regulatório e educativo dos códigos de ética (e dos manuais de conduta) são independentes um do outro, ou que devam sê-lo. Devem ser interdependentes e se reforçando mutuamente.[13]

Elaborar e aperfeiçoar regulações suscita vasta gama de problemas éticos bastante específicos concernentes ao caráter justo de determinadas práticas ou sistemas de premiação, à inaceitabilidade ética de alguns conflitos de interesse etc. Muitos deles constituem complexos problemas intelectuais, e resolvê-los envolve não apenas a identificação de considerações éticas (muitas vezes concorrentes), como a elaboração de novos princípios que conferem o devido valor a elas. Faz-se necessária uma reflexão ética sistemática.

9.4 Sistemas de queixas e disciplina

Na seção anterior indiquei que os códigos servem idealmente a uma série de propósitos, identificados como educativo, integrativo e regulatório. À medida que qualquer código de fato sirva a esses fins diz respeito em parte a seu conteúdo e modo de desenvolvimento. Mas também depende da maneira pela qual ele se integra com outros elementos de um sistema de integridade ocupacional geral. De particular importância aqui é a existência de um bem concebido e

---

13. Ver Ian Ayres e John Braithwaite, *Responsive Regulation*. Oxford University Press, 1992.

operacional sistema de queixas e disciplina.[14] Existe com frequência uma boa dose de ceticismo, quando não puro e simples cinismo, sobre códigos de ética, os quais são vistos como "para inglês ver" ["window dressing"], tanto entre o público em geral quanto para os próprios membros da ocupação. Embora possa haver uma série de razões para isso, pode-se sustentar que uma importante razão é a falta de respostas efetivas a descumprimento dos padrões estabelecidos nos códigos.

Assim como um código de ética, um sistema de queixas e disciplina serve a vários propósitos. Como seu nome implica, existem dois componentes nesse sistema: primeiro, receber e classificar reclamações (o elemento de denúncia), depois, avaliar e responder a essas queixas que são, *prima facie*, bases para sancionar um membro da ocupação (o elemento disciplinar). Um método efetivo de recebimento de queixas é condição necessária para um sistema justo de disciplina; ao mesmo tempo, é mais provável que ocorram denúncias se for percebido que elas serão levadas a sério e respondidas de maneira apropriada. Além disso, o elemento de queixa pode servir a uma série de fins válidos, além de proverem o material sobre o qual o elemento disciplinar atua. Entre esses fins se incluem resolver queixas e recolher dados para auxiliar no trabalho policial. Como todos os elementos de um sistema de integridade ocupacional, o propósito institucional último de um sistema de queixas e disciplina é auxiliar os membros de uma ocupação a realizar seu propósito institucional último, isto é, seu fim coletivo que é um bem coletivo. Embora essa asserção seja um truísmo, vale a pena mantê-la em mente ao considerar o design e a aplicação de sistemas específicos.

---

14. Versões anteriores do material desta seção foram publicadas em Alexandra e Miller, *Integrity Systems for Occupations*, capítulo 4; e em Andrew Alexandra, Tom Campbell, Dean Cocking, Seumas Miller e Kevin White, *Professionalization, Ethics and Integrity*, Relatório para o Professional Standards Council (2006).

Em relação ao propósito da detecção de descumprimento dos padrões ocupacionais, deve-se estabelecer uma distinção entre conduta insatisfatória, por um lado, e má conduta ética, incluindo corrupção e criminalidade, por outro. Conduta insatisfatória é uma que fica abaixo do padrão de competência e diligência que se pode razoavelmente esperar de um funcionário competente, como consequência de falta de cuidado ou pressa, por exemplo. Má conduta, incluindo corrupção, descreve infrações mais sérias dos padrões ocupacionais. Pode envolver má conduta deliberada, como quando o funcionário afirma que possui qualificações ou competências que não possui, ou fornece ao cliente falsa informação a fim de ganhar uma comissão ou promoção. Pode envolver também comportamento negligente ou arriscado em infração a padrões ocupacionais, os quais o membro deveria saber que poderiam criar riscos substanciais de dano ou custo a outros. Além disso, um padrão de comportamento pode constituir má conduta mesmo que qualquer elemento singular nesse padrão não seja descumprido. No caso de infrações sérias, o sistema pode funcionar para identificar material para investigação criminal por parte da polícia, sancionar o membro por infração disciplinar e/ou orientá-lo para fornecer restituição àqueles prejudicados por suas ações.

Um sistema de queixas e disciplina possui importante papel no recebimento de informação para uso dos membros individuais de uma ocupação, estabelecimentos ocupacionais (como empresas ou agências do setor público) e a ocupação como um todo. Devem ser colhidos dados sobre o contexto, natureza (por exemplo, conflito de interesses, descortesia) e frequência das reclamações. Com o pano de fundo desses dados para a ocupação como um todo (ou relevantes subgrupos dela), a informação sobre indivíduos pode ser usada para identificar aqueles que estão "em risco" (que têm, digamos, um número incomum de queixas de baixo nível feitas contra eles) e ação, como um desenvolvimento profissional e/ou monitoramento a ser adotado. Do mesmo modo, comparações entre estabelecimentos ocupacionais podem revelar padrões anormais de queixas (isto é, notavelmente altos ou baixos comparados à norma), indicando a necessidade de maior investigação e, talvez, ação. A informação reunida por meio de um sistema de queixas e disciplina é igualmente importante fonte de informação para uma auditoria ética da ocupação (discutido na próxima seção).

Da caracterização dos propósitos institucionais de um sistema de queixas e disciplina acima delineada podemos derivar uma série de características gerais que semelhante sistema deve possuir. A exigência geral é que o sistema seja construído de maneira tal a realizar tanto a justiça procedimental quanto a substantiva. Em outros termos, deve possuir procedimentos justos, transparentes e efetivos que possam revelar a verdade no que concerne à (má) conduta ocupacional e fornecer respostas apropriadas a ela.

Justiça procedimental, nesse contexto, abrange mais do que meras regulações regendo o trabalho de tribunais disciplinares. Inclui o amplo "aspecto amigável" de todo o sistema, como facilidade de acesso, rapidez no processamento das queixas, apoio aos participantes e assim por diante, na medida em que isso afeta a justiça substantiva da maneira pela qual o sistema lida com os desvios de conduta. A maior parte das associações ocupacionais possui, na melhor das hipóteses, limitadores poderes investigativos, carece de poderes coercitivos e depende de voluntários para comparecerem aos tribunais. Seus sistemas de queixas e disciplina, portanto, só poderão funcionar de forma efetiva se seus membros, e aqueles afetados pelas ações de seus membros, estiverem dispostos a participar.

Se denunciantes (potenciais) perceberem que o processo de queixas é difícil ou fútil, ou que é provável que eles se deparem com hostilidade, obviamente é menos provável que façam as denúncias ou prossigam com elas. Isso afeta todos aos papéis do sistema de queixas e disciplina (por exemplo, distorce informação sobre má conduta ocupacional, subverte normas apropriadas no que concerne às relações entre funcionário e cliente, amplia, mais do que resolve conflitos, e assim por diante). De maneira similar, se membros das ocupações percebem que o sistema é duro de maneira irrazoável (ou leniente também de maneira irrazoável), ou aplicado de forma seletiva, podem estar menos inclinados a participar dele ou apoiá-lo.

9.5 Auditorias éticas e indicadores de reputação

Um elemento chave no estabelecimento de sistemas de integridade efetivos para ocupações, e especialmente para profissões, é a mobilização da reputação profissional.[15] Uma alta reputação profissional é muito almejada por membros das profissões, e uma baixa é evitada a todos os custos. Assim, existe uma oportunidade para mobilizar esse desejo por reputação a serviço da promoção de padrões éticos. O objetivo aqui é assegurar que a reputação profissional se alinhe com prática ética efetiva, isto é, que a reputação alta ou baixa de um grupo ou indivíduo seja merecida. A maneira de alcançar isso é concebendo sistemas de integridade apropriados. Elementos fundamentais de um sistema de integridade fazem acompanhar o cumprimento das regras com prestação de contas, por exemplo. O pensamento adicional aqui é que os elementos-chave de um sistema de integridade devem seguir características dos grupos ocupacionais que determinam ou devem determinar a reputação. De maneira mais explícita, deve ser construído um indicador de reputação, pelo qual uma auditoria ética recompensa as pontuações em relação a padrões ético-profissionais específicos.

Reputação merecida representa importante nexo entre o interesse próprio e a preocupação com outros, e assim, para nossos pre-

---

15. Alexandra e Miller, *Integrity Systems for Occupations*, capítulo 5; Miller, "Financial service providers: integrity systems, reputation and the triangle of virtue", *in* Dobos, Barry e Pogge (org.), *Global Finacial Crisis*, pp. 132-157.

sentes fins, entre o interesse próprio de grupos ocupacionais comerciais ou associações e preocupação com consumidores, clientes ou o público em geral. Existem aqui três elementos em jogo: (1) reputação; (2) interesse próprio; e (3) exigências éticas, como padrões ético-profissionais particulares, mas também, mais em geral, objetivos como a proteção do cliente/consumidor. Daí minha referência a um triângulo. A ideia é que esses três elementos precisam se interligar da seguinte maneira.

Em primeiro lugar, a reputação se vincula ao interesse próprio; este já é obviamente o caso – indivíduos, grupos e organizações desejam ter alta reputação e se beneficiar dela materialmente e de outras maneiras. Em segundo lugar, a reputação precisa se vincular à ética, pelo fato de que a reputação deve ser merecida; conforme mencionado, os sistemas de integridade são os meios para atingir isso. Em terceiro lugar, e como consequência dos dois nexos anteriores, o interesse próprio se vincula à ética; dados robustos sistemas de integridade que mobilizam preocupações com a reputação, é do interesse de indivíduos, grupos e firmas atender aos padrões éticos-profissionais. Devo reiterar ainda que o interesse próprio não é a motivação única ou última para a ação humana; o desejo de fazer o que é certo constitui também poderoso fator motivacional para muitos, se não para todos. Assim, o triângulo é ainda mais reforçado pela motivação a agir certo.

Nos últimos anos, a noção de um Indicador de Reputação passou a circular em uma série de contextos, especialmente em círculos empresariais e acadêmicos. O termo parece possuir muitos sentidos. É usado, às vezes, para descrever uma maneira de avaliar a reputação efetiva de uma organização, uma vez que a reputação existe, por assim dizer, aos olhos daquele que a possui. A reputação efetiva nem sempre corresponde à reputação merecida. Dessa forma, o termo é às vezes usado para descrever uma maneira de calcular a performance de uma organização com base na qual a reputação deve se basear.

O primeiro passo no processo de determinar uma maneira de avaliar acuradamente a performance ética de um indivíduo ou membros organizacionais de grupos ocupacionais e industriais; isso constitui uma auditoria ética. Enfatizo aqui a importância de medidas *objetivas* de performance ética. Elas podem incluir coisas como resultados de pesquisas de satisfação dos clientes; números significativos de queixas justificadas e tendências daí extraídas; várias questões disciplinares e seus resultados; resultados de auditorias financeiras, de saúde e de segurança (por exemplo, concernentes a crimes eletrônicos e vulnerabilidades à corrupção). Incluiria ainda a existência de processos institucionais estabelecidos para assegurar cumprimento dos padrões éticos-profissionais, por exemplo, códigos de ética e manuais de conduta, auditorias financeiras e outras, comitês de ética, sistemas de queixas e disciplina, unidades de ética e contra fraudes, programas profissionais de desenvolvimento ético e departamentos de ética.

Além da auditoria ética, é necessário que haja um processo que lide com reputação ética. Uma vez que esta deve refletir as descobertas da auditoria, uma auditoria de reputação ética deve impulsionar a relação entre performance ética *de facto* (na verdade, a reputação merecida) e reputação existente para a performance ética. A maneira de alcançar isso é por meio da participação do maior número possível de atores ocupacionais e industriais nas auditorias de ética, e pela ampla promulgação de resultados de sua performance ética *de facto* (conforme determinado pela auditoria de ética), incluindo a mídia. Naturalmente, os resultados promulgados podem ser mais ou menos detalhados; podem consistir, por exemplo, em um simples ranqueamento geral, distinto de uma descrição completa dos resultados da auditoria.

9.6 Conflitos de interesse

Um padrão ético fundamental de particular relevância para a reputação profissional é evitar ou administrar conflitos de interesse.

Estes, é claro, constituem uma poderosa fonte de má conduta ética, na verdade, de corrupção. Além disso, esses conflitos com frequência são mal compreendidos; isto se deve, em parte, pelo menos, ao fato de ser muitas vezes difícil determinar se algo constitui um conflito de interesse, necessitando de uma fundamentada análise ética. Finalmente, e o que é mais importante para nossas atuais preocupações, conflitos de interesse se relacionam intimamente com questões de reputação profissional. Tanto é assim que evitar até mesmo a *aparência* de um conflito de interesse pode ser uma exigência ética; isto em virtude do dano que pode fazer à reputação do funcionário, firma ou mesmo grupo ocupacional. Considere-se o dano à reputação feito a auditores quando parecem ter um conflito de interesse ao assumir colocações como consultores bem-remunerados para as próprias firmas nas quais fazem auditoria.

Um conflito de interesse ocorre quando o interesse de uma pessoa ou grupo entra em conflito com seus deveres ocupacionais, ou quando uma pessoa ou grupo possui dois papéis ocupacionais, e os deveres de um competem com os deveres do outro.[16] Por exemplo, se um membro do departamento de contas decidisse adjudicar sua própria taxa de juros, teria um conflito entre seu interesse pessoal e seu dever fiduciário. Em outro caso, se um(a) contador(a) fosse também o(a) administrador(a) de um time de futebol, e como contador(a) lhe fosse pedido que fizesse uma auditoria dos balanços financeiros do clube, ele(ela) teria um conflito de interesse.

Em relação ao conflito de interesse entre papéis, é importante distinguir o que poderia ser chamado de conflitos circunstanciais de conflitos estruturais de interesse. Estes últimos surgem continuamente devido à característica estrutural de uma ocupação em um ambiente institucional. Por exemplo, planejadores financeiros que

---

16. Uma versão anterior de uma parte do material desta seção foi publicada em Miller, Roberts e Spence, *Corruption and Anti-Corruption*, cap. 8.

se apresentam oferecendo conselho financeiro independentes, mas cuja remuneração consiste em grande parte em comissão pagas pelos bancos e outras instituições financeiras, aos quais produzem os produtos financeiros que o planejador em questão está vendendo a seus clientes.[17] De modo geral, conflitos estruturais de interesse são moralmente bem mais problemáticos do que conflitos circunstanciais; afinal, estes últimos provavelmente ocorrem apenas esporadicamente e tendem a ser menos graves.

Conflitos de interesse podem conduzir a má conduta ética de várias maneiras, dependendo da natureza do papel da pessoa ou grupo que tem conflito de interesse. Por exemplo, um magistrado ou policial com conflito de interesse pode deixar de aplicar a lei de maneira imparcial, ou um empresário que é membro de um governo local pode votar para conceder a si mesmo um contrato.

Às vezes, é difícil determinar se um aparente conflito de interesse é real ou não. E, teoricamente, um conflito de interesse que é somente aparente pode não ser problemático. Porém, com frequência, mesmo a *aparência* de impropriedade pode ser prejudicial para as reputações das pessoas e grupos, e para a confiança que as pessoas precisam ter nos funcionários e nas ocupações e instituições às quais pertencem. Assim, muitas vezes, é importante esclarecer e resolver conflitos de interesse *aparentes*, assim como evitar conflitos reais. Com efeito, pode ser importante evitar até mesmo a aparência de conflito de interesse.

Além disso, a natureza precisa e as fronteiras dos papéis ocupacionais devem ser claramente delineadas e tornadas transparentes, pois se isto não for feito, pode surgir confusão, e com ela a possibilidade de conflitos de interesse reais ou aparentes.

---

17. Miller, "Trust, conflicts of interest and fiduciary duties: ethical issues in the financial planning industry in Australia".

Antes de prosseguirmos, determinemos o que é um *conflito de interesse*. Segundo a "visão padrão":[18]

Um conflito de interesse é uma situação na qual alguma pessoa P (seja indivíduo ou órgão corporativo) possui um conflito de interesse. *P possui* conflito de interesse se e somente se (1) P está numa relação com outro requerendo que P julgue em favor do outro e (2) P possui um interesse (especial) que tende a interferir com o exercício apropriado do juízo nessa relação. Os termos cruciais nessa definição são "relação", "juízo", "interesse" e "exercício apropriado".

A "relação" requerida deve envolver uma pessoa que confia (ou pelo menos que tem razões para confiar) em outra para julgar a seu favor. "Juízo" é a habilidade de tomar certos tipos de decisões corretas e confiáveis que exigem conhecimento ou habilidade. "Interesse" é qualquer influência, lealdade, preocupação, emoção ou outra característica de uma situação que tende a tornar o juízo de P (nessa situação) menos confiável do que deveria ser. O que constitui um "exercício apropriado" de juízo é usualmente uma questão de fato social; inclui o que as pessoas normalmente esperam, e o que as leis, códigos profissionais ou outras regulações relevantes requerem.[19]

O que há de errado com um conflito de interesse, em geral, é que ele torna o juízo de alguém menos confiável do que deveria ser, e resulta no fracasso de se desincumbir apropriadamente do próprio dever. Em geral, um conflito de interesse pode surgir de pelo menos duas maneiras:

(1) A pessoa (ou pessoas) A possui um interesse próprio individual (ou coletivo) que está em conflito, pelo menos potencialmente, com seu dever ocupacional, e portanto, tende a interferir com o exercício apropriado do juízo de A em relação a esse dever.

---

18. A "visão padrão" é fornecida por Michael Davis em "Conflicts of interests", p. 590.

19. *Ibid.*

(2) A pessoa (ou pessoas) A possui dois deveres ocupacionais potencialmente concorrentes que estão em conflito entre si, pelo menos potencialmente, e portanto, um dever ou papel tende a interferir com o exercício apropriado do juízo de A em relação ao outro dever ou papel.

Por exemplo, existe um claro conflito de interesse no caso de um contador, Joe, o qual faz a auditoria dos balanços financeiros no clube que ele próprio administra. Joe enquanto administrador possui interesse em manter a imagem do clube como financeiramente viável. Considere-se agora o interesse de Joe como auditor em fornecer um balanço verdadeiro e justo da situação financeira do clube. O interesse de Joe como administrador em manter a imagem do clube pode tender a tornar seu juízo como auditor menos confiável do que deveria. Claramente, existe um potencial conflito de interesse aqui, o qual surge do fato de haver dois papéis conflitantes.

O que é crucial para nossos fins neste livro, conflitos de interesse podem conduzir à corrupção e a outras formas sérias de má conduta ética. Por exemplo, um policial que faz trabalhos extras para uma firma de segurança enfrenta um conflito de interesse quando chamado para investigar alegações criminais contra o gerente da firma de segurança. O interesse pessoal do policial em ter um segundo emprego entra em conflito com as exigências de seu papel como policial, e pode interferir com o exercício apropriado de seu juízo no cumprimento de seu dever, como policial, de aplicar a lei. Ele pode ser menos zeloso do que deveria em sua investigação das alegações criminais contra seu chefe. Em outro caso, um juiz que preside um julgamento que envolver sua filha como vítima em um caso de estupro possui conflito de interesse. Note-se que o policial, no primeiro caso, e o juiz, no segundo, pode não agir de maneira corrupta, de fato; cada um deles pode ter a intenção de cumprir com seu dever – ao investigar a alegação criminal de maneira plena (no caso do policial) ou de conduzir o julgamento de maneira justa (no caso do juiz); com efeito, cada um pode de fato cumprir seu dever. Porém, em cada caso, subsiste o conflito de interesse, e portanto, há pelo menos uma incapacidade aparente de se desincumbir propriamente das exigências de seu papel.

Os exemplos acima ilustram que, embora nem todo caso de conflito de interesse necessariamente resulte em uma ação condenável, conflitos de interesse podem levar a isso. Assim, é melhor evitar conflitos de interesse; é melhor, por exemplo, que um juiz sem conexões familiares com a vítima seja indicado para o julgamento. Em casos nos quais o conflito de interesses é menor, e/ou só poderia ser evitado com grande dificuldade, pode ser aceitável que a pessoa com o conflito o revele sem evitá-lo. Se for assim, a revelação pode precisar ser apoiada por algum processo adequadamente rigoroso de prestação de contas.

Como vimos, muitos conflitos de interesse envolvem um conflito entre o interesse próprio (individual ou coletivo) e as exigências do papel que se ocupa. Outros envolvem conflito entre dois papéis diferentes que alguém ocupa. Outros, ainda, envolvem um grau de confusão de papel que serve para mascarar um conflito de interesse.

Conflitos de interesse que envolvem interesse próprio (individual ou coletivo) são razoavelmente óbvios, mas o que dizer sobre *conflitos entre papéis*? À guisa de ilustração, considere-se as seguintes restrições impostas a algumas organizações ou profissões: não se pode ser simultaneamente juiz e advogado, ou editor e gerente de propaganda de um jornal, ou banqueiro de gerente de contas a pagar e a receber em uma grande corporação. Por trás dessa divisão institucional de papéis potencialmente conflitantes há o *princípio da divisão e separação de responsabilidades*. Adere-se a esse princípio de forma a que o exercício apropriado do juízo de alguém não pode ser afetado ao se permitir que se ocupe dois papéis ou funções potencialmente conflitantes. Os conflitos de papéis envolvem primariamente um conflito entre dois papéis, cargos ou instituições.

Tradicionalmente, um Estado democrático ocidental se divide em distintos "estados" institucionais, por exemplo, o executivo e o judiciário, cujos propósitos são concebidos de forma a se manter separados e independentes. A separação e independência dessas instituições entre si é concebida de modo a assegurar a divisão de poder, e também para assegurar que conflitos de interesse estruturais potencialmente danosos sejam evitados. Sem essa "separação de poderes", teríamos a intolerável situação na qual um político experiente é juiz em um caso envolvendo um opositor político, ou em um caso envolvendo uma adjudicação em relação à legalidade uma proposta política governamental.

A maneira mais óbvia de lidar com conflitos de interesse que podem resultar em corrupção é evitá-los. Em casos em que existe um conflito potencial entre o interesse de um ator e os deveres de seu papel institucional, regulações exigindo que se evite esses conflitos precisam ser introduzidas e alguma forma de mecanismo de prestação de contas seja estabelecido.

Pode-se evitar conflitos de papéis mediante uma estrita divisão de deveres e responsabilidades que não permitam a alguém ocupar ambos os papéis. Por exemplo, existe uma divisão tradicional de responsabilidades contábeis entre as funções de bancário e banqueiro, por um lado, e as funções de contas a pagar e a receber, por outro.

No caso das firmas de contabilidade, conflitos estruturais de interesse podem ser evitados mediante a estrita divisão e separação das funções de auditoria e de consultoria financeira dentro da firma. No entanto, esse controle não pode ser adequado para evitar conflitos de interesse se as taxas de serviços de consultoria financeira excederem as taxas de auditoria. Uma possível solução a esse problema consiste em aumentar substancialmente as taxas dessa última, de modo que pelo menos se equiparem aos serviços de consultoria. Se isso não for possível, talvez não seja viável que uma firma de contabilidade forneça serviços de auditoria e de consultaria ao mesmo cliente.

O potencial conflito estrutural entre a exigência de objetividade e imparcialidade em fornecimento de notícias e editoriais, por um lado, e as exigências comerciais de propaganda, por outro, pode ser evitado mediante uma estrita divisão entre essas duas funções em uma organização de mídia.

Nem sempre é possível evitar conflitos de interesse. A próxima melhor solução é revelá-los. No entanto, a revelação somente é aceitável no caso de práticas que sejam de outro modo aceitáveis. Não seria eticamente aceitável que um político fosse um juiz. Assim, a revelação não seria uma solução para esse conflito de interesse.

Por outro lado, a revelação obrigatória de matéria como sendo na verdade propagandas – e, portanto, de modo algum consideradas como fontes de informação imparcial e objetiva – pode ser suficiente para eliminar a pretensão de que sejam algo mais do que propagandas. Nesse tipo particular de conflito de interesse, a revelação tem quase o mesmo sentido que evitar o conflito, pois elimina o engano e exige que o editorial seja visto pelo que é – uma propaganda.[20]

Como vimos, alguns *conflitos de interesse aparentes* podem ser tão problemáticos do ponto de vista ético quanto outros reais, devido a seu potencial para gerar uma perda de confiança em processos institucionais, ou uma perda de confiança em atores institucionais. Uma maneira de eliminar esses efeitos indesejados de conflitos de interesse aparentes é a revelação. Com frequência, revelação plena e franca mostra que o conflito de interesse aparente não é real, e isso é suficiente para satisfazer partes relevantes de que não há bases para perda de confiança. Considere-se, sob esse aspecto, a plena re-

---

20. Davis, "Conflict of interest", p. 593.

velação de todas as doações a partidos políticos (em conjunção com um limite ao montante de todas as doações).

9.7 Conclusão

Neste capítulo delineei algumas das principais características de um sistema de integridade para ocupações (deixando de lado o sistema de justiça criminal como tal, uma vez que ele é abordado em outros lugares, por exemplo, nos capítulos 7 e 8) e discuti separadamente cada uma dessas características. Essas características são os códigos de ética, sistemas de queixas e disciplina, e auditorias éticas e indicadores de reputação. Ao longo do capítulo, enfatizei a importância de integrar essas diversas características de maneira a que elas mobilizem compromissos com normas sociais de fundo (princípios morais e valores éticos compartilhados) e reforcem-se mutuamente a serviço dos fins coletivos do grupo ocupacional particular em questão. Também discuti conflitos de interesse e distingui entre conflitos circunstanciais e estruturais de interesse. Conflitos estruturais de interesse constituem uma das principais condições que levam à corrupção em arranjos ocupacionais e, da mesma forma, em arranjos organizacionais.

10
Delações

Neste último capítulo da Segunda Parte, o foco é sobre um importante elemento de sistemas de integridade e anticorrupção que tem vindo à luz recentemente, a saber, a delação. Como as recentes revelações concernentes à firma de advocacia Mossack-Fonseca, com base no Panamá (os *Panama Papers*)[1] dramaticamente mostraram, a delação pode constituir uma poderosa arma anticorrupção. As revelações vieram de uma fonte anônima que "vazou" 11 milhões e meio de documentos a dois jornalistas, Bastian Obermayer e Frederick Obermayer, que trabalhavam para o jornal *Suddeutsche Zeitung*, de Munique. O número de documentos era tão grande que os jornalistas procuraram ajuda do Consórcio Internacional de Jornalistas Investigativos para selecionar, organizar e, finalmente, publicar as descobertas em escala global e de maneira quase simultânea. Esse processo envolveu jornalistas de oitenta países. As revelações mostraram que Mossack-Fonseca havia montado não menos de 24 mil companhias *offshore*. Essas companhias "laranjas" tinham como principal objetivo mascarar a propriedade das ações. De maneira não surpreendente, portanto, entre os clientes de Mossack-Fonseca se encontravam ditadores e traficantes de drogas. Uma segunda importante finalidade era evitar, se não simplesmente sonegar impostos. Nas Ilhas Virgens britânicas e em outros paraísos fiscais havia impostos baixos ou imposto algum a ser pago e, por conseguinte,

---

1. Obermayer e Obermayer, *The Panama Papers*.

além de pagarem poucos impostos ou nenhum, essas companhias tinham lucros mais altos nos países em que havia impostos substanciais a serem pagos. O que é notável, criar essas companhias *offshore* e utilizá-las para evitar pagar impostos não é tipicamente ilegal; não constitui sonegação fiscal. No entanto, evidentemente deveria ser ilegal e a Comunidade Econômica Europeia está atualmente adotando medidas para tornar esse ato ilegal.[2] O que é importante, essa prática, ilegal ou não, é corrupta. Pois se trata de uma prática deliberadamente adotada com o propósito de evitar impostos sobre lucros em determinada jurisdição, e tem o previsível efeito de minar os processos e fins institucionais de legítimos regimes tributários nessas jurisdições.

Como é natural, a revelação de informação por meio de delatores não se dá normalmente na grande escala dos *Panama Papers*. Além disso, diferentemente da publicação dos *Panama Papers*, a delação às vezes não é justificada ou, pelo menos, é moralmente ambígua. Com efeito, existe uma vasta gama de casos nos quais um empregado revela informação sem autorização da organização que a emprega. Em alguns casos, a revelação dessas informações é manifestamente ilegal e imoral, por exemplo, um agente corrupto de um serviço de inteligência que revela informação sensível sobre uma investigação de terrorismo para os terroristas sob investigação, em troca de recompensa financeira. Em outros casos, a revelação da informação, mesmo se *prima facie* não autorizada, pode ser legal e moralmente requerida, por exemplo, as revelações acima sobre Mossack-Fonseca ou a revelação por parte de um policial de informação sobre atividade criminosa do chefe de polícia a um grupo da corregedoria. Em outros casos, ainda, a legalidade, e especialmente, a moralidade da revelação pode não estar clara, por exemplo, a revelação por parte de um agente da inteligência, para a mídia, do que ele razoavelmen-

---

2. OECD, "Base erosion and proit sharing", www.oecd.org.

te acredita constituir atividade de vigilância ilegal e imoral conduzida pela organização à qual pertence.

Como é notório, Daniel Ellsberg entregou os *Pentagon Papers* ao *New York Times*, jornal que os publicou em 1971.[3] Robert McNamara, Secretário de Defesa dos EUA durante a Guerra do Vietnã, foi responsável por uma análise ampla do envolvimento de seu país nessa guerra e Ellsberg trabalhou no projeto. Ele chegou à conclusão de que as sucessivas administrações dos EUA mentiram sobre a guerra e, em particular, sobre as perspectivas de êxito. Além disso, considerou que o público norte-americano tinha direito a conhecer os detalhes a respeito disso. A reação da administração Nixon foi extrema; na verdade, sua reação envolveu atividade ilegal, como invadir os escritórios do Partido Democrata, o que levou ao Watergate e ao *impeachment* de Nixon.

Ellsberg revelou informação que o público norte-americano certamente tinha direito a conhecer. Além disso, é improvável que elas tivessem vindo a público se ele não tivesse procurado a mídia. Em acréscimo, as revelações, embora danosas para a administração Nixon, em particular, não envolviam risco desnecessário a terceiras partes. Por exemplo, elas não punham as vidas de agentes ou outros funcionários do Estado em risco. Assim, as revelações de Ellsberg foram evidentemente justificadas do ponto de vista moral.

As recentes revelações de Edward Snowden constituem um tipo de caso diferente.[4] Snowden, um funcionário privado contratado de baixo nível da Agência Nacional de Segurança (NSA), com base nos EUA, ignorou obrigações legais e morais *prima facie* de confidencialidade/segredo ao se envolver em acesso, recuperação e/ou entrega

---

3. Neil Sheehan, "Vietnam archive: Pentagon study traces 3 decades of growing US involvement", *New York Times*, 13 de junho de 1973.

4. Gleen Greenwald, *No Place to Hide: Edward Snowden, The NSA and the Surveillance State*. Londres: Penguin Books, 2014.

não autorizados de um grande volume de dados confidenciais da NSA para a imprensa e, possivelmente, para potências estrangeiras, como China e Rússia.[5] As atividades de Snowden constituem uma importante, na verdade, atordoante, quebra de confidencialidade institucional e foram possibilitadas pelas novas tecnologias de informação e comunicação e, especificamente, dados armazenados em um computador ligado a uma rede. Enquanto tais, suas atividades foram *prima facie* não só ilegais, como, uma vez que presumivelmente minaram processos e fins institucionais, corruptas.

No entanto, a entrega de alguns desses dados à imprensa podem ser moralmente justificada pelo "direito de saber" do público, por exemplo, seu direito de saber que a NSA estava envolvida em processo de coleta extremamente ampla de dados de cidadãos dos EUA e de outros países. Numa sociedade democrática liberal, se o Estado se envolve nesse tipo de processo de coleta em larga escala sem conhecimento e aprovação dos cidadãos, pode-se sustentar, vai além do que é perdoável e, potencialmente, mina a confiança pública no governo e nas agências de segurança. Em suma, embora o processo de coleta possa ser justificado, a maneira pela qual foi implementado o tornou, *prima facie*, um processo corrupto. Dito isso, a revelação por Snowden de dados confidenciais a potências estrangeiras, por exemplo, China e Rússia, se ocorreu, é uma forma de espionagem cibernética. Além disso, constitui, *pro tanto*, grave má conduta moral, uma vez que potencialmente mina fins e processos legítimos de segurança, e/ou põe pessoal de segurança e outros funcionários em risco. Se foi ou não moralmente errado, *tudo considerado*, depende do contravalor moral ligado à satisfação por Snowden do direito do público de saber sobre a reunião de dados da NSA e atividades correlatas.

---

5. Tom Harper, Richard Kerbaj e Tim Shipman, "British speis betrayed to Russians and Chinese", *Sunday Times*, 14 de junho de 2015.

Neste capítulo, tenho três tarefas. Em primeiro lugar (Seção 10.1), discuto a natureza da delação, tendo em vista diferenciá-la de outras formas de revelação não autorizada, por exemplo, vazamento. Em segundo lugar (Seção 10.2), analiso os princípios morais da privacidade e confidencialidade, e as diferencio dos princípios não morais (como pode se sustentar) do anonimato e do segredo (respectivamente). Os princípios da privacidade e confidencialidade possuem peso moral intrínseco – em sentido esclarecido abaixo – e, como tal, podem embasar uma exigência de não revelação. Isso não vale para o anonimato e o segredo. Estes possuem apenas valor instrumental, se e quando possuem valor. Finalmente (Seção 10.3), considero alguns dos argumentos a favor e contra diferentes formas de revelação não autorizada e o faço no contexto do direito do público a saber, a integridade das instituições, assim como os princípios de privacidade e confidencialidade.

10.1 Delação

Para nos ajudar em nossa tentativa de fornecer uma definição adequada de delação, consideremos este paradigma de um delator, Daniel Ellsberg, e tentar apontar as características-chave de sua atividade como delator. Ao proceder dessa maneira, a primeira e mais óbvia característica da delação é que ela envolve tornar alguma atividade supostamente imoral, corrupta e/ou criminosa de conhecimento público.[6] Isso significa muito mais do que verbalizar suas preocupações com um ou dois indivíduos. Com frequência, contamos a cônjuges, amigos e membros de nossas famílias sobre coisas perturbadoras que ocorrem no lugar de trabalho, pois que-

---

6. Versões anteriores do material desta seção foram publicadas em Alexandra e Miller, *Integrity Systems for Occupations*, cap. 4; e Miller, Roberts e Spence, *Corruption and Anti-Corruption*, cap. 8. Muitos dos argumentos apresentados neste capítulo foram fornecidos por Peter Roberts e isso se reflete na discussão aqui efetuada.

remos que eles compreendam e sintam empatia por nós. A delação envolve muito mais. Envolve registrar "informação" para uso público, de modo que "o mundo", mesmo que apenas de maneira potencial, possa acessá-la e, de fato, provavelmente o faça. Os métodos de atingir isso são muito diversos, e consistem em comunicações como relatórios para um consórcio de mídia, publicação de livros, revelações diante de um comitê na Câmara dos Deputados ou no Congresso e, mais recentemente, material postado na Internet.

Outra questão que surge diz respeito à posição do delator em relação à organização na qual a corrupção ou a má conduta supostamente ocorreu. O delator é na maior parte das vezes um atual ou ex-empregado da organização cujas atividades estão sendo expostas. Utilizando esse critério, Ralph Nader, que expôs práticas de engenharia pouco seguras na indústria automotiva dos EUA, não é um delator, pois não era empregado da companhia que criticava.

Examinemos agora a questão do lugar em que a queixa é levantada. Em casos nos quais a informação é publicada na mídia, é bastante claro que o delator está "indo para o público". Porém, caso o indivíduo levante suas preocupações inteiramente no âmbito da organização, está longe de ser evidente que se deva referir a isso como delação. Pois pareceria meramente ser parte da prática "normal" no interior de qualquer organização eticamente saudável, pela qual um indivíduo levanta uma preocupação e a administração lida com ela. De qualquer modo, eu me referirei a essa prática normal (como deve ser, mas com frequência não é) como relato profissional ou revelação interna. Essa distinção se torna importante quando organizações ostensivamente criam mecanismos para acomodar delações, mas impõem limites à revelação pública por parte dessas preocupações por parte de indivíduos. Nesses casos, parece que os indivíduos envolvidos não são delatores, mas estão comprometidos em uma sugestão formalizada de equipe, ou algo semelhante.

Essa distinção entre revelação interna e externa pode causar confusão, particularmente em instituições do setor público. Quando um indivíduo levanta suas preocupações com outro órgão do setor público – como o Ouvidor Geral ou Ombudsman – em certo sentido a queixa foi além do âmbito de uma administração interna. Porém, se concebermos a agência à qual o indivíduo pertence e a agência do setor público externa à qual a queixa foi referida como partes componentes da mesma entidade organizacional do setor público, o indivíduo não está envolvido em delação. Especificamente, o indivíduo não "tornou pública" a suposta atividade corrupta.

Implícito na discussão acima é que a delação, propriamente compreendida, restringe-se a atividade corrupta, imoral e/ou criminosa que está ocorrendo em um contexto organizacional. É difícil conceber o ato de "delatar" no comportamento que está ocorrendo em casa ou nas ruas, como um furto ou assalto.

Outra característica crucial da delação é que tornar pública a informação constitui um ato deliberado. Quando a informação é revelada porque um indivíduo inadvertidamente deixou documentos sensíveis em um táxi, não importa o efeito que essa informação teve, o ato não poderia ser chamado de "delação". Isso porque não foi feito com a *intenção* apropriada. Para que uma ação seja considerada como delação ela precisaria normalmente ser intencional, e deliberada, isto é, envolvendo alguma forma de decisão anterior baseada em razões.

A revelação pode ser uma forma de defesa preventiva; se for assim, constituirá ela delação? O caso de Sherron Watkins pode ilustrar esse dilema.[7] Como Vice-Presidente de Desenvolvimento Corporativo na Enron, ela trabalhava subordinada diretamente ao Chefe do Departamento de Finanças, Andrew Fastow, o qual foi

---

7. Dan Ackman, "Sherron Watkins had whistle, but blew it", *Forbes*, 14 de fevereiro de 2012.

subsequentemente indiciado por fraude. Em agosto de 2000, as engrenagens estavam começando a sair dos eixos na empresa Enron, com o preço das ações caindo e a renúncia do CEO Jeffrey Skilling. Embora não seja possível determinar com qualquer certeza o que a motivou, as circunstâncias fortemente sugerem que, ao esboçar duas preocupações com Keneth Lay, ela estava simplesmente procurando se distanciar dos erros de conduta na Enron, e não visava diretamente esses erros. As pessoas com frequência possuem motivos mistos, mas sua ação não contaria como delação caso se mostrasse que seu objetivo não era a revelação pública no interesse público, mas autoproteção.

Provavelmente, a mais importante característica da delação é sua relação com alguma forma de má conduta – tipicamente, atividade ilegal. O delator denuncia a má conduta. A esse respeito, a delação difere do vazamento. Informação vazada não diz respeito necessariamente a má conduta ou atividade ilegal. Considere-se, por exemplo, o vazamento de informação embaraçosa.

A relação entre delação e má conduta, todavia, nem sempre é tão nítida. Em muitos casos bem documentados de delação fica bastante claro que alguma forma de má conduta ocorreu, e o delator revelou essa má conduta ao público. Em outros casos, no entanto, não é assim. Dessa forma, existe importante distinção entre casos nos quais o(a) delator(a) fez uma falsa alegação de má conduta com base em inferência e conhecimento limitado. Uma das características típicas dos delatores é sua forte crença em sua causa, mas crenças fortes não devem necessariamente ser equiparadas a crenças *verdadeiras*. Assim, é importante distinguir entre delação no sentido primário de revelação pública de uma má conduta *efetiva* de uma delação no sentido secundário de *alegações* públicas de má conduta, nas quais as alegações não são provadas e podem ser falsas.

Outra característica-chave da delação é que o delator registra a má conduta de maneira pública com a clara intenção de que alguma ação seja tomada para corrigi-la. Delatores não são meros observadores passivos da má ação, mas procuram corrigir os erros que observam. Na maioria das histórias de delação, os indivíduos levantam as questões com seus superiores, na esperança de que o erro seja retificado, mas não é. Desiludidos com a resposta administrativa, exploram outros caminhos, e em última instância optam por exposição pública.

A última característica da delação é que o delator age em ambiente hostil e está sob ameaça potencial ou real de retaliação. Com efeito, se a pessoa que contempla a revelação de má conduta não acredita que isso disparará alguma forma de retaliação, ocorra ou não essa retaliação, pode-se dizer que a pessoa não está delatando. Em vez disso, pode estar simplesmente envolvida em um processo de denúncia mais ou menos rotineiro, embora um no qual pode haver conflito e até mesmo retaliação.

É importante aqui colocar uma série de questões. Em primeiro lugar, como indicado, o delator pode estar enganado sobre a má conduta que ele(a) acredita ter ocorrido. Em segundo lugar, existe uma obrigação moral por parte do empregado de revelar o tipo de séria má conduta em questão (supondo, é claro, que tenha ocorrido). Cada membro de uma organização possui obrigação moral – obrigação em conjunto com os outros membros – de contribuir para a eliminação ou redução, dentro da organização, de sérias más condutas, incluindo corrupção, notadamente relatando esses erros quando ocorrem. Em terceiro lugar, qualquer interferência intencional e não justificada no cumprimento dessa obrigação de relatar constitui ato de corrupção em virtude de ser uma tentativa de minar um processo institucional moralmente obrigatório. Esse é obviamente o caso quando o processo de relatar foi formalizado e existe uma exigência explícita de que isso seja feito. Mas é o caso, também, quando o processo é informal e implícito. Pois, neste caso, a exigência moral de relatar existe, mesmo que essa obrigação moral não tenha sido expressa em lei, regulamento ou anúncio policial.

Os principais elementos da delação podem ser resumidos como segue. O(A) delator(a) é membro de uma organização, e ele ou ela deliberadamente expõe para registro público informação sobre má conduta não trivial, fazendo-o com o fim de deter essa ação errada, e na expectativa de que ele ou ela possam sofrer alguma forma de interferência indesejada e/ou retaliação ameaçada ou real.[8]

10.2 Privacidade e confidencialidade

A delação é tipicamente uma revelação de informação que uma organização, ou membro de uma, não revelou e não queria que fosse revelada. Essa revelação, portanto, constitui o rompimento da privacidade de uma organização ou membro de organização. No entanto, essas noções de privacidade e confidencialidade frequentemente não são distinguidas entre si; nem são adequadamente distinguidas das noções de anonimato e segredo. Isso é problemático, uma vez que se trata de quatro diferentes noções com diversos pesos morais. Discutirei brevemente cada uma delas e, ao fazê-lo, mostrarei as relações entre elas.[9]

A noção de privacidade se mostrou difícil de ser adequadamente explicada.[10] No entanto, existe uma série de argumentos gerais

---

8. Ver também F. Elliston, *Whistleblowing Research: Methodological and Moral Issues.* Nova York: Praeger, 1985, p. 15. Para um tratamento detalhado dessas questões ver P. Roberts, A. J. Brown e J. Olsen, *Whistling While They Work: A Good-Practice for Managing Internal Reporting of Wrongdoin in Public Sector Organizations.* Canberra: ANU Press, 2011.

9. Versão anterior do material desta seção foi publicada em Seumas Miller e Patrick, Walsh, "NSA, Snowden and the Ethics and accountability of intelligence gathering", *in* Jai Galliott (org.), *Ethics and the Future of Spying: Technology, Intelligence Collection and National Security.* Abingdon-on-Thames: Routledge, 2015.

10. Thomas Nagel, *Concealment and Exposure and Other Essays.* Oxford University Press, 2002.

que pode ser apontada. Em primeiro lugar, a privacidade é um direito moral que uma pessoa possui em relação a outras pessoas no que concerne a (a) a posse de informação sobre si mesma ou outra pessoa ou (b) a observação/percepção de si mesma – incluindo ações, relacionamentos etc. – por outras pessoas.

Em segundo lugar, o direito à privacidade se relaciona estreitamente com o valor moral mais fundamental da autonomia. Por alto, a noção de privacidade delimita uma área, a saber, o eu íntimo; porém, o direito moral a decidir o que pensar e o que fazer é o direito à autonomia, e o direito moral a decidir *quem excluir e quem incluir* é um elemento do direito à autonomia. Assim, o direito à privacidade consiste no direito de excluir outros (direito à autonomia) do eu íntimo (a esfera privada).

Em terceiro lugar, uma dose de privacidade é necessária simplesmente para que uma pessoa persiga seus projetos, quaisquer que sejam esses. Entre outras coisas, é necessário reflexão para planejar, e a reflexão requer um grau de liberdade das intrusões de outros, ou seja, um grau de privacidade. Ainda, o conhecimento dos planos de alguém pode permitir que se interfira nesses planos, impedindo sua realização. *Autonomia* – incluindo o exercício da autonomia na esfera pública – requer uma dose de privacidade.

À luz dessa análise da privacidade, e especialmente sua estreita relação com a autonomia, somos autorizados a concluir que uma medida de alguns tipos de privacidade é constitutiva de um bem humano. Enquanto tal, existe um pressuposto contra desrespeito ao direito à privacidade. Dito isso, a privacidade pode razoavelmente ser derrubada por considerações de segurança sob certas circunstâncias, como quando vidas estão em risco. Afinal, o direito à vida, em geral, é um direito moral mais valioso do que o direito à privacidade. Desse modo, acessar os registros financeiros de um suspeito de terrorismo, se conduzido sob garantias, é certamente moralmente justificado. Examinemos agora algumas noções que se relacionam estreitamente com a privacidade, a saber, o anonimato, a confidencialidade e o segredo.

Às vezes se confunde privacidade com anonimato, mas se trata de noções distintas. O anonimato é preservado quando a identidade e de uma pessoa em determinado contexto não é conhecido em outro. Considere-se o caso de Jones, um respeitado homem casado. Em outro contexto, Jones pode ser o cliente anônimo de uma prostituta. É claro, Jones é "conhecido" pela prostituta, na verdade, conhecido de forma íntima. Porém, ela não o conhece em seus contextos de casa ou do trabalho e, da mesma forma, sua família e colegas de trabalho não conhecem Jones no contexto do bordel. Considere-se, ainda, Smith, um rico empresário. Em outro contexto, ele pode ser um doador anônimo.

O anonimato pode ser um meio para a privacidade (por exemplo, Smith deseja evitar publicidade), ou evitar prejudicar a si mesmo (por exemplo, o dano à reputação que Jones pode sofrer se suas visitas ao bordel se tornarem conhecidas). Com efeito, o anonimato é vital em algumas situações, por exemplo, um anônimo que dá uma "dica" para a polícia no que concerne a um criminoso violento, que mataria esse informante se soubesse sua identidade.

Esses exemplos demonstram que, às vezes, o anonimato constitui um bem instrumental. Mas eles também revelam que não se trata de um bem constitutivo. A esse respeito, o anonimato é bem diferente da privacidade. E a confidencialidade?

A esfera de privacidade individual pode ser ampliada de modo a incluir outros indivíduos que mantêm uma relação profissional com o primeiro indivíduo, por exemplo, o advogado ou médico de alguém. Além disso, fins institucionais moralmente legítimos suscitam exigências de confidencialidade em relação à informação, por exemplo, membros de comitês em relação a aplicações de editais.

Operações policiais suscitam exigências estritas de confidencialidade, dado o que está com frequência em jogo, como por exemplo dano a informantes e a possibilidade de comprometimento de importantes investigações. Operações militares também suscitam exigências estritas de confidencialidade, como princípios de "informação restrita" ["need to know"] e proibições legais sob legislação de segredos oficiais; mais uma vez, o caráter estrito dessas exigências pode ser justificado dado o que está com frequência em jogo, por exemplo, dano aos próprios combatentes, e a possibilidade de comprometimento de missões militares.

Pelo menos no caso das agências de segurança, como policiais, militares e agências de inteligência, um grau de obediência a princípios de confidencialidade é um bem institucional constitutivo, no sentido de que as agências de segurança não poderiam operar de maneira eficaz sem alto grau de confidencialidade.

A outra noção relacionada que aqui nos interessa é a de segredo.[11] A informação secreta não se baseia necessariamente no direito moral à privacidade ou sobre o princípio de confidencialidade. Pois, diferentemente da privacidade e da confidencialidade, trata-se de uma noção moralmente neutra ou até mesmo pejorativa. Assim, a pessoa A pode ter um direito moral a conhecer os segredos da pessoa B, e B pode não possuir motivos para não os revelar, como poderia ser o caso se A fosse um policial e B um criminoso. Aqui, B possui um segredo, mas que não possui peso moral enquanto segredo.

O segredo implica que alguém que possui informação não deseja que ela seja revelada, e que outra pessoa tem interesse em descobrir a informação secreta. O segredo é comum em contextos de conflito e alta competição, por exemplo, em guerras, crime organizado e companhias inseridas no mercado. De maneira mais geral, o segredo é usual em contextos de segurança (ver próxima seção).

Segredo em excesso mina a eficácia operacional; por exemplo, a incursão de helicóptero para resgatar reféns, em 1980, pelas forças

11. Sissela Bok, *Secrecy*. Nova York: Random House, 1985.

norte-americanas no Iraque, falhou porque o segredo impediu que várias tripulações de helicópteros coordenassem suas atividades. Além disso, altos níveis de segredo podem mascarar incompetência. Por exemplo, os altos níveis de segredo em relação à informação efetiva, em relação às armas de destruição de massa que falsamente se supunha estar de posse de Saddam Hussein mascarou as decisões incompetentes das autoridades do EUA e do RU com base nessas informações. Altos níveis de segredo podem também mascarar a corrupção, como no caso de Mossack-Fonseca, ilegalidade e abusos de direitos humanos em regimes autoritários, por exemplo. Assim, diferentemente da confidencialidade, o segredo não é um bem institucional constitutivo.

Distingui entre privacidade, anonimato, confidencialidade e segredo, e sustentei que, enquanto a privacidade é um bem humano constitutivo, e a confidencialidade um bem institucional constitutivo, nem o anonimato nem o segredo são bens constitutivos, mas, na melhor das hipóteses, apenas bens instrumentais. Um último ponto diz respeito ao peso moral da privacidade e da confidencialidade. Aqui, defendo que às vezes exigências de confidencialidade podem ser superadas pelo direito à privacidade, e às vezes o inverso é o caso. Os vazamentos da NSA por Snowden exemplificam convenientemente essa tensão. Embora as atividades da NSA fossem uma transgressão, se não violação, dos direitos de privacidade dos cidadãos dos EUA e de outros países, também é o caso que os vazamentos e subsequente publicação na mídia foram uma transgressão, se não violação, dos direitos de confidencialidade da NSA.

10.3 A ética da revelação não autorizada: segurança *versus* direito a saber

Até aqui, ofereci uma definição de delação. Também forneci explicações de privacidade e confidencialidade, de acordo com as quais ambas as noções possuem peso moral; cada uma é um bem constitutivo. A delação é tipicamente uma quebra de confidencialidade de uma organização, e essa quebra é, *pro tanto*, moralmente errada.[12]

Revelação não autorizada, no entanto, seja na forma de delação, seja de mero vazamento, pode em algumas circunstâncias ser moralmente justificada e, se for assim, tipicamente por meio do recurso ao direito do público de ser informado. Por contraste, opositores de atos de revelação não autorizada usualmente vão além da tese de que esses atos constituem quebra de confidencialidade: invocam o valor moral da segurança em algum sentido mais profundo ou, pelo menos, mais amplo, por exemplo, que as quebras de confidencialidade constituem uma ameaça à segurança nacional. A noção geral de segurança nacional é um tanto quanto vaga, mas conota algo de maior peso moral do que uma mera quebra de confidencialidade *per se*; implica que as quebras de confidencialidade em questão possuem outras consequências danosas de algum tipo. Por exemplo, o peso moral ligado à preservação da confidencialidade (contraposto a privacidade) pode se basear no dano que pode ser causado a um agente de campo infiltrado que pode ser visto como traidor pelo grupo, organização ou nação se sua real identidade for publicamente exposta. À luz da discussão anterior, podemos invocar a noção de integridade institucional. A confidencialidade é um bem institucional constitutivo e, por conseguinte, central para a integridade de uma instituição. Assim, embora as consequências danosas, particularmente, de sérias quebras de confidencialidade por atores institucionais possam variar consideravelmente em termos tanto de sua magnitude quanto de seu tipo, elas têm uma coisa em comum: sérias quebras de confidencialidade tendem a minar a integridade institucional e,

---

12. Estou supondo aqui que se trata de uma organização moral e legalmente legítima. Quebrar a confidencialidade da máfia não é *pro tanto* moralmente errado; na verdade, pode ser, *pro tanto*, tudo considerado, um dever moral.

enquanto tal, são casos de corrupção.[13] Assim, uma disputa moral fundamental nessa área diz respeito ao direito de saber, contraposto à integridade institucional. Sob que circunstâncias uma deve se sobrepor ao outro? Precisamos aqui ter uma ideia mais clara sobre o peso moral a ser ligado a cada um desses valores. Comecemos pelo direito de saber.

10.3.1 Direito a saber

O direito a saber é tipicamente invocado no contexto da liberdade de imprensa, a qual, por sua vez, se associa e em parte deriva da liberdade de expressão – esta última sendo uma das liberdades humanas fundamentais.[14] Organizações da mídia jornalística ocupam um papel particular como instituição de comunicação pública. Especificamente, possuem um papel institucional como imprensa livre a serviço do direito do público de saber – o papel do Quarto Poder, juntamente com o executivo, legislativo e judiciário em uma democracia liberal.[15] Por alto, a ideia normativa aqui presente é que, em Estados democráticos liberais contemporâneos, organizações de mídia jornalística – sejam de propriedade privada ou pública – possuem ou devem possuir como fim institucional fundamental a comunicação a membros do público de informação que estes têm o direito de conhecer.[16]

---

13. OU, pelo menos, são casos *prima facie* de corrupção, uma vez que é possível que, em alguns casos, seus perpetradores não poderiam saber que minariam, ou tenderiam a minar a integridade institucional.

14. *Da liberdade*, de John Stuart Mill (em qualquer edição) constitui a defesa clássica da liberdade individual. Ver também A. Meiklejohn, *Political Freedom*. Nova York: Harper, 1960; F. Schauer, *Free Speech: A Philosophical Inquiry*. Cambridge University Press, 1982.

15. Judith Lichtenberg (org.), *Democracy and the Mass Media*. Cambridge University Press, 1990.

16. Miller, *Moral Foundations of Social Institutions*, cap. 10.

Respeito por esse direito de saber e seu exercício são necessários para que os cidadãos livres de uma sociedade democrática governem a si mesmos de maneira responsável (ainda que indiretamente, por meio de um governo eleito). Além disso, esse direito a saber vem acompanhado da liberdade de expressão individual. Pois é somente sob condições de livre expressão que se torna provável que as verdades que os cidadãos têm o direito a conhecer lhe sejam comunicadas. O propósito institucional da mídia jornalística – o Quarto Poder – se deve em grande parte à busca de que as verdades em questão sejam *publicamente* comunicadas. Esse papel da mídia jornalística é especialmente importante em sociedades de massa, nas quais a palavra escrita ou oral é um meio não confiável de comunicação pública, ainda que, na sociedade de massas contemporânea, a mídia social tenha complicado bastante as questões nessa área.

Assim, a mídia jornalística fornece um fórum público permitindo comunicação por parte dos cidadãos, grupos de interesse, governo e outras instituições para o público em geral, permitindo que a comunicação seja de registro público; isso é a mídia como fórum público. Em segundo lugar, a mídia, ou pelo menos membros da mídia como os jornalistas, têm a tarefa de desencavar e disseminar informação de importância para o público; isso é a mídia como investigadora. Crucialmente, isso inclui informação sobre políticas e ações governamentais, que permitem que os cidadãos mantenham controle sobre o governo e seus membros. As revelações de Snowden, publicadas no jornal *The Guardian*, relativas a práticas de coletas de dados da NSA (sobre o que discorreremos mais adiante) estão nesse caso.

Importante ponto adicional acima abordado diz respeito aos limites do público em questão. Em explicações tradicionais da liberdade de imprensa, o público é tomado, de maneira explícita ou implícita, como sendo o conjunto de cidadãos de dado Estado-Nação democrático liberal; desse modo, o público fórum, na verdade, é o fórum nacional. No entanto, a globalização pelo menos colocou essa noção estreita de público em questão; existem múltiplos públicos, incluindo um público global. Em parte, isso se deve ao fato de que existem problemas globais, como a mudança climática ou o terrorismo internacional; o interesse público em questão é o interesse de toda ou a maior parte da humanidade. Assim, o fórum público não se limita mais simplesmente ao fórum nacional; é também, às vezes, o fórum internacional ou global. Dessa forma, um dos públicos ao qual a mídia jornalística tem a responsabilidade de servir fornecendo-lhe um fórum é a humanidade em geral.

Isso completa nossa breve exposição deste valor moral fundamental das democracias liberais: o direito a saber. O que dizer a respeito da segurança, cujo valor parece estar muitas vezes em conflito com o direito a saber?

10.3.2 Confidencialidade, segurança e integridade institucional

Conforme sustentado acima, a confidencialidade é um bem institucional constitutivo. No caso das agências de segurança – policiais, militares e de inteligência, por exemplo – é fácil de ver por que a confidencialidade é constitutiva de sua integridade. Essas agências têm a segurança como sua *raison d'être* (bem coletivo, em meu vocabulário) e requerem alto nível de confidencialidade para que seus fins institucionais sejam alcançados. Contudo, a noção de segurança é um tanto quanto vaga.[17] É às vezes utilizada para se referir a uma variedade de formas de segurança coletiva, por exemplo, segurança nacional (diante de agressão militar externa), segurança comunitária (diante de perturbações da lei e

---

17. Para uma explicação da noção de segurança, ver John Kleinig, Peter Mameli, Seumas Limmer, Douglas Salane e Adina Schartz, *Security and Privacy: Global Standard for Ethical Identity Management in Contemporary Liberal Democratic States*. Camberra: ANU Press, 2011, cap. 2.

da ordem), segurança organizacional (diante de fraude, quebras de confidencialidade e outras formas de má conduta e criminalidade). Em outras ocasiões é utilizada para se referir à segurança física pessoal. A segurança física, nesse sentido, é segurança diante de ameaças à vida, liberdade ou propriedade pessoal de alguém; estes últimos sendo bens aos quais um humano tem direito. Ameaças à segurança física, obviamente, incluem assassinato, estupro, ataque e tortura.

Segurança pessoal (física) é uma noção mais fundamental do que segurança coletiva; com efeito, a segurança coletiva, em suas várias formas, é em grande parte derivada da segurança pessoal. Assim, o terrorismo, por exemplo, é principalmente uma ameaça à segurança nacional precisamente porque ameaça as vidas de cidadãos inocentes. No entanto, a segurança coletiva não deve ser simplesmente identificada com uma ameaça à estabilidade de um governo e, enquanto tal, ameaça à segurança nacional, exemplo que pode ser visto no caso da ocupação pelo Estado Islâmico de grandes partes do Iraque e da Síria.

Além de questões sobre o escopo da segurança pessoal, organizacional e nacional, por exemplo, existe uma questão sobre o tipo de segurança. Aqui pode ser útil uma distinção entre segurança informacional e não informacional. Segurança informacional é evidente por si mesma e basicamente consiste em assegurar que direitos de privacidade sejam respeitados, e exigências de confidencialidade sejam cumpridas.

Segurança não informacional diz respeito a dano físico ou psicológico a seres humanos, dano a "objetos" físicos (incluindo ambiente físico e artefatos) e certas formas de dano a processos ou fins institucionais, por exemplo, por meio de corrupção. A segurança não informacional é tanto um bem humano constitutivo quanto um bem institucional constitutivo. Afinal, a falta de segurança não informacional evidentemente implica dano a pessoas e/ou instituições.

É amplamente aceito que direitos de privacidade e de exigências de confidencialidade podem ser superados pelas necessidades de segurança não informacional. Afinal, esta última pode envolver salvar vidas, enquanto os primeiros podem envolver apenas algumas revelações relativamente desimportantes de informação (privada ou confidencial). Talvez seja menos conhecido que segurança não informacional pode ser superada por direitos de privacidade e considerações de confidencialidade. Entre os exemplos se incluem vigilância intrusiva de um suspeito de roubo de pequena monta, ou o acesso a detalhes confidenciais da localização de uma pessoa no programa de proteção a testemunhas, a fim de entrevistá-lo a respeito de um crime menor do passado. Neste último caso, o direito à confidencialidade está ele próprio a serviço da segurança, não tanto o direito à privacidade, no primeiro caso.

Além do *escopo* e dos *tipos* de segurança, existem vários *contextos* de segurança. Entre eles se incluem aplicação doméstica da lei, crime organizado, contraterrorismo, guerra, guerra cibernética, "guerras" comerciais e assim por diante. Esses diferentes contextos envolvem uma variedade de preocupações de segurança de diferentes pesos morais; ganhar a Segunda Guerra Mundial obviamente era bem mais importante do que fazendeiros australianos ganharem um contrato comercial para fornecer gado à China. A coleta de informações de inteligência precisa ser compreendida nesses diferentes contextos, e os limites dos direitos de privacidade e exigências de confidencialidade precisam ser relativizados em relação a eles. Na aplicação doméstica da lei, por exemplo, existe um forte pressuposto a favor dos direitos de privacidade dos cidadãos, embora estes possam ser superados em certas circunstâncias, por meio de mandados judiciais. Por contraste, coleta de inteligência militar em tempos de guerra é bastante ampla e os direitos de privacidade dos cidadãos são reduzidos em situações de emergência. Além disso, direitos de confidencialidade das agências de segurança são ampliados sob um "manto de segredo" e os direitos de privacidade e confidencialidade do inimigo suspensos até o fim das hostilidades. Operações de contraterrorismo e as chamadas operações encobertas contra Estados hostis com os quais não se está efetivamente em guerra fornecem um conjunto adicional de contextos problemáticos.

10.3.3 Direito a saber versus segurança: Snowden e a NSA

À luz da discussão do direito moral a saber, integridade institucional e valor moral da segurança, como devemos pensar os vazamentos feitos por Edward Snowden de dados da NSA?[18] É Snowden um heroico delato, como alguns o veem,[19] ou um agente de espionagem estrangeiro *de facto*, culpado de traição, como sustentam outros?[20] De maneira geral, esses vazamentos foram uma quebra de segurança, no sentido de que infringiram exigências de confidencialidade da NSA e, na verdade, leis de segredo dos EUA. Enquanto tais, minaram a integridade institucional e, portanto, foram atos de corrupção, ainda que aparentemente atos de corrupção da causa nobre (supondo que Snowden agiu em prol do bem maior, como ele sustenta). No entanto, a grande questão é saber se esses vazamentos minaram a segurança coletiva no sentido mais forte, por exemplo, ao comprometer atividades legítimas de coleta de informação dos EUA e de seus aliados, e ao colocar as vidas de agentes de segurança e, em última instância, de cidadãos, em risco.[21] Por outro lado, existe a questão do direito do público a ser informado. Com certeza, os cidadãos dos EUA tinham direito a saber que essa coleta de dados

---

18. Boa parte do material desta seção é derivado de Miller e Walsh, "NSA, Snowden and the ethics and accountability of intelligence gathering".

19. Greenwald, *No Place to Hide*.

20. Edward Jay Epstein, "Was Snowden's heist a foreign espionage operation?", *Wall Street Journal*, 9 de maio de 2014.

21. Ver A. Etzioni, "NSA: national secutiry *vs.* individual rights", *Intelligence and National Secutiry*, 30 (2015), 100-136.

em larga escala estava ocorrendo. Além disso, as agências de inteligência, pode-se afirmar, estavam agindo fora de sua competência institucional e estavam elas próprias envolvidas em uma prática corrupta, ainda que fosse uma que pudesse ser moralmente justificável (uma ação que, de outro modo, poderia ser moralmente justificada, poderia ser corrupta se não tivesse sido apropriadamente autorizada, nesse caso, democraticamente autorizada, por assim dizer). Com efeito, supondo que os membros dessas agências agiram em prol do maior bem público, sua atividade talvez deva ser vista como caso de corrupção da causa nobre (ver Capítulo 4). Contudo, admitindo-se que os cidadãos dos EUA tem direito de ser informados, pelo menos em termos gerais, sobre as políticas de coleta de dados de suas agências de inteligência e, de fato, têm o direito a aprová-las ou reprová-las, não se segue, objetivamente falando, que essas políticas devem ser permitidas (ou proibidas). Assim, há uma série de questões que precisam ser mantidas separadas. Em primeiro lugar, há a questão do dano institucional cometido por Snowden; esta é em parte uma questão sobre corrupção e, especificamente, a atividade corrupta de um ator institucional, Snowden. Em segundo lugar, há a questão de saber se a NSA agiu fora de sua competência institucional; esta é também em parte uma questão sobre corrupção, embora por parte daquelas pessoas em posição de autoridade dentro da NSA e do governo. Em terceiro lugar, há a questão do caráter justificável da maciça coleta de dados por parte da NSA considerada em si mesma, isto é, independente de saber se foi ou precisava ser democraticamente autorizada. Em quarto lugar, há a questão do caráter justificável das ações de Snowden, tudo considerado. Já sugeri respostas para as duas primeiras questões. A resposta à quarta questão se relaciona à resposta à terceira. Começo por esta. Procuro inicialmente esclarecer alguns dos detalhes.

Conforme notado acima, a NSA estava envolvida em maciça coleta, em particular, dos dados de comunicação de cidadãos dos EUA e de outros países. Os dados em questão eram usualmente metadados. Estes não incluem o conteúdo das comunicações telefônicas ou outras. Em vez disso, é por exemplo o endereço exclusivo do telefone, e-mail do usuário, seja o que envia ou que recebe esses chamados, o horário das comunicações e sua duração, e a localização do emitente e do recebedor. Essa coleta de metadados geralmente consistia na maciça coleta de dados do telefone para chamadas domésticas e internacionais. O desenvolvimento de garimpagem de dados e técnicas e tecnologias de análise resultaram em intercepção mais rápida e eficiente do telefone e de outros tipos de comunicação, a integração desses dados com dados existentes e e análise disso para fins de inteligência.[22] As agências de inteligência aumentaram sua atenção a garimpagem de dados e tecnologias de análise a fim de extrair novas informações úteis de díspares fontes de dados, ao mesmo tempo que atores perigosos não pertencentes ao Estado, como terroristas, passaram a utilizar maneiras múltiplas e mais seguras para se comunicar.[23]

Após o 11 de setembro, o Tribunal de Vigilância da Inteligência Internacional dos EUA (FISC – *Foreign Intelligence Surveillance Court*) autorizou a coleta maciça de metadados, permitindo à NSA o acesso a registros gravados.[24] Essa foi considerada pelo governo e pela agência como a única maneira eficaz de continuar a rastrear as atividades, comunicações e planos de terroristas estrangeiros que disfarçam e ocultam suas comunicações e identidades. Soluções de coleta de metadados por parte de agências de segurança e inteligên-

---

22. Para uma boa discussão do desenvolvimento de capacidade de garimpagem de dados de segurança nacional nos Estados Unidos após o 11 de setembro ver J. W. Seifert, *Data Mining and Homeland Secutiry*, CRS Report RL31798 (Serviço de Pesquisa do Congresso, 2008).

23. C. Joye e P. Smith, "Most powerful spy says Snowden leaks will cost lives", *The Australian Financial Review*, 8 de maio de 2014, I e II.

24. O FISC foi estabelecido a fim de fornecer supervisão judiciária das agências de inteligência (a NSA e o FBI), em busca de interceptação de comunicação de suspeitos.

cia como aquelas reveladas por Snowden também foram adotadas porque atores não estatais (terroristas e sindicatos criminosos transnacionais) estão utilizando desenvolvimentos tecnológicos (em processamento de dados, informação de fonte aberta e codificação disponível comercialmente) para se comunicar, planejar ataques ou conduzir sua própria vigilância sobre autoridades de segurança nacional e outras encarregadas da aplicação da lei. Logo, agências de inteligência como a NSA precisavam explorar tecnologias de comunicação similares a fim de rastrear "digitais tecnológicas" em múltiplas bases de dados (metadados) – permitindo-lhes responder de maneira mais proativa a atividades de atores perigosos.

Além da informação sobre o programa de metadados, as revelações de Snowden também incluíam material sobre o programa PRISM da NSA, o qual permite à agência acessar grande quantidade de informação digital – e-mails, postagens no Facebook e mensagens instantâneas. A diferença entre coleta de metadados e o PRISM é que este último também coleta os conteúdos dessas comunicações.

A coleta maciça de metadados é moralmente problemática, na medida em que há uma presunção contra a coleta de informação pessoal de cidadãos por parte de funcionários do governo, incluindo policiais e outros agentes de segurança. Esse problema é evidente na coleta de metadados que emerge nas controvérsias da Verizon e do PRISM. Verizon envolveu a coleta por parte da NSA de metadados das chamadas feitas dentro dos EUA, e entre EUA e qualquer país estrangeiro, de milhões de usuários da Verizon e de outros provedores de telecomunicação, ao passo que o PRISM envolveu acordos entre a NSA e várias companhias de Internet baseadas nos EUA (Google, Facebook, Skype etc.) a fim de permitir à NSA monitorar as comunicações on-line de cidadãos não norte-americanos em outros continentes. Embora as leis de privacidade tendam a se centrar no conteúdo de chamadas telefônicas, e-mails e similares, o episódio da Verizon chama atenção para os metadados. Sustentou-se que, uma vez que esses dados não são conteúdo, sua coleta não levanta problema do ponto de vista moral. Pode-se responder a isso, em primeiro lugar, afirmando que esses metadados são coletados para facilitar os fins de comunicação dos emissores e receptores dessas chamadas e seus provedores de comunicação, e só se consente com esse propósito. Em segundo lugar, os metadados possibilitam a construção não consensual de uma descrição detalhada das atividades, associados, movimentos e assim por diante de uma pessoa, especialmente quando combinados com dados financeiros e de outros tipos. A disponibilização para agências de segurança dessas descrições é certamente uma transgressão da privacidade e, portanto, requer justificação.

Como vimos, Verizon e PRISM suscitaram legítimas preocupações com privacidade, tanto para cidadãos dos EUA quanto para estrangeiros, por exemplo, em relação a coleta e análise de metadados. No que concerne a coleta e análise de metadados no contexto da aplicação interna da lei, a solução, pelo menos em termos gerais, é evidente: estender os princípios existentes de causa provável (ou, fora dos EUA, suspeita razoável) e as exigências relevantes de prestação de contas existentes, por exemplo, o sistema de mandatos judiciais.

No entanto, algumas dessas preocupações de privacidade dizem respeito a cidadãos estrangeiros. Considere-se a Emenda FISA (Foreign Intelligence Surveillance Act) de 2008. Ele rege o monitoramento e coleta de dados de estrangeiros que estão fora dos EUA por parte da NSA. Além disso, os dados colhidos, mas que não são julgados relevantes para os fins da inteligência internacional, digamos, do contraterrorismo, não podem ser retidos. O que é importante, porém, é que não existe exigência de causa provável (ou suspeita razoável), a menos que a pessoa em questão seja cidadão dos EUA.

Isso é problemático, na medida em que a privacidade é considerada como direito *humano* e, portanto, direito de todas as pessoas, cidadãos dos EUA ou não. Além disso, essas inconsistências entre o tratamento dado a cidadãos dos EUA e estrangeiros talvez sejam mais aguda ou pelo menos mais óbvias quando se trata de direitos de privacidade e, portanto, de confidencialidade de cidadãos de outros países em Estados liberais democráticos aliados com os EUA, por exemplo, cidadãos da Europa.

A coleta de informações, vigilância etc. de cidadãos por parte de agências policiais domésticas é razoavelmente bem definida e regulada, por exemplo, de acordo com princípios de causa provável/ suspeita razoável e exigência de mandatos; logo, é factível simplesmente estender o modelo policial para a coleta de metadados dentro de jurisdições domésticas.[25] No entanto, esse modelo policial doméstico é demasiado restritivo, e não praticável, em relação a coleta de informação, digamos, de Estados estrangeiros hostis em época de paz, para não dizer em época de guerra.

Os direitos de privacidade dos membros da cidadania durante tempo de guerra são limitados sob poderes de emergência, e direitos de privacidade e confidencialidade de cidadãos de países inimigos são quase inteiramente suspensos. A coleta de informações militares em época de guerra possui poucas limitações de privacidade e, dado o que está em jogo em guerras externas abrangentes, como a Segunda Guerra Mundial, isso pode se justificar. Porém, essas são circunstâncias extremas e a suspensão dos direitos de privacidade só se dá até a cessação das hostilidades. Assim, esse modelo de coleta de informações militares é demasiado permissivo em relação à coleta de informações em atividades encobertas, por exemplo, em democracias liberais amigas em época de paz.

Atividades de coleta de informação, especialmente espionagem cibernética, por parte da NSA não se encaixam no modelo policial ou no modelo militar. De qualquer modo, surge a questão de saber o que fazer em relação a espionagem cibernética, em particular. Por

---

25. Isso não significa que seja provável que ocorra. Por exemplo, novas legislações na Austrália e no Reino Unido podem permitir a agências de inteligência acesso a metadados sem mandato.

um lado, não se pode esperar que os EUA e seus aliados defendam seus interesses nacionais legítimos com suas mãos atadas. Desse modo, seu recurso ao que é espionagem cibernética (o que é de fato) parece justificado. Por outro lado, existe evidentemente necessidade de um grau de renovação moral da espionagem cibernética tal como é atualmente conduzida.

10.4 Conclusão

Neste capítulo, forneci uma definição de delação (contraposta a informe profissional) – uma característica-chave de quaisquer sistemas de integridade e anticorrupção – e elaborei explicações das importantes noções morais de privacidade, confidencialidade, integridade institucional, direito moral a saber e valor moral da segurança. À luz dessas noções morais, discuti o vazamento para a imprensa, por Edward Snowden, de dados confidenciais da NSA, e distingui esse tipo de delação daqueles de Daniel Ellsberg e do anônimo delator nas revelações de Mossack-Fonseca. Pode-se sustentar que Snowden estava moralmente justificado ao dar a conhecer ao público os processos de maciça coleta de dados por parte da NSA. O público dos EUA, em particular, tinham direito a saber o que sua agência de inteligência estava fazendo nessa área, dado que estava ultrapassando sua competência democrática ao se envolver em amplas transgressões dos direitos de privacidade dos cidadãos norte-americanos, isto é, a NSA estava envolvida em uma forma de corrupção, ainda que corrupção de causa nobre. Por outro lado, pode-se sustentar que a maneira pela qual Snowden procedeu nessas revelações, e talvez sua escala, foi desnecessária em termos do que o público tinha direito a saber, e danosa à NSA, em particular, e aos interesses de segurança dos EUA, em geral, isto é, Snowden esteve envolvido em uma forma de corrupção, embora (mais uma vez) corrupção da causa nobre. Finalmente, as revelações de Snowden evidentemente colocaram em grande destaque uma série de importantes dilemas éticos e políticos em relação à coleta de informações; dilemas que, até o momento, permanecem sem solução.

Parte III

Contextos da corrupção

11

Instituições de mercado

A Primeira Parte (Capítulos 1-6) deste livro consistiu em análises filosóficas das principais noções teóricas utilizadas ao longo deste trabalho, a saber, instituições, corrupção institucional, poder institucional, formas específicas relevantes de corrupção (suborno, nepotismo, fraude e abuso de autoridade) e responsabilidade institucional e moral coletiva. A Segunda Parte (Capítulos 7-10) consistiu em uma elaboração – à luz do trabalho teórico da Primeira Parte – de sistemas anticorrupção ou, mais amplamente, sistemas de integridade, e algumas de suas principais características institucionais, notadamente investigações e delações. A Terceira Parte (Capítulos 11-14) dá continuidade a ênfase aplicada da Segunda Parte, mas a orienta em uma direção um pouco diferente. Os capítulos desta parte consideram tanto a natureza da corrupção à luz do fim institucional (bens coletivos) quanto medidas anticorrupção. Porém, cada um desses capítulos se centra em um arranjo institucional particular: instituições de mercado (neste capítulo), o setor bancário e financeiro (Capítulo 12), organizações policiais (Capítulo 13) e instituições políticas (Capítulo 14).

Existe uma tendência generalizada a ver a corrupção, pelo menos nos chamados Estados-nação desenvolvidos, como EUA, RU e outros países ocidentais, como sendo essencialmente uma questão de "algumas maçãs podres". Infelizmente, existe corrupção organizacional e sistêmica, se não grande corrupção, tanto nos Estados-nação desenvolvidos quando naqueles em desenvolvimento (para não mencionar os chamados Estados fracassados). Em relação à corrupção organizacional no setor corporativo norte-americano, a Enron é um paradigma de relevo. No contexto da desregulação da indústria de energia sob a administração Reagan, a Enron se tornou uma companhia comercial de ponta, negociando em uma gama diversificada de bens e serviços, incluindo gás natural, energia elétrica, licenças ambientais, telecomunicações, água e banda larga da Internet. No clima político da desregulação, mercados livres e maximização de lucros se tornaram a religião da Enron.[1] Novos negócios foram afetados na busca de maiores ganhos semanais, elevando as ações da Enron ao mais alto preço possível; isto permitiu aos vendedores da Enron reivindicar enorme lucros para a companhia e justificar grandes bônus para si mesmos. Além disso, nesse ambiente havia poderoso incentivo para conceber esquemas corruptos destinados a inflacionar os lucros e ocultar as dívidas, e foi precisamente isso o que ocorreu por meio das infames SPEs [Special Purpose Entities]. Em última instância, é claro, esse castelo de cartas ruiu.

Em relação à corrupção sistêmica envolvendo milhares de companhias em Estados-nação desenvolvidos, assim como em desenvolvimento, considere-se as recentes revelações dos *Panama Papers* concernentes às atividades da Mossack-Fonseca. Como vimos no Capítulo 10, Mossack-Fonseca é uma firma legal especializada em criar companhias de fachada sediadas em paraísos fiscais, como as Ilhas Virgens Britânicas, com o propósito de permitir a companhias e indivíduos evitar pagar impostos nos países nos quais obtiveram seus lucros. Segundo os *Panama Papers*, essa firma possuía mais de 200 mil clientes.[2] De forma notável, como já mencionado, essa prática é legal, pelo menos no caso dessas firmas e indivíduos, cujos

---

1. Peter C. Fusaro e Ross M. Miller, *What Went Wrong at Enron*. Hoboken, NJ: John Wiley and Sons, 2002, p. 46.

2. Obermayer e Obermaier, *Panama Papers*.

lucros iniciais derivaram de negócios legítimos embora, aparentemente, muitos indivíduos e firmas que utilizaram os serviços da Mossack-Fonseca fossem criminosos e organizações criminosas. De qualquer modo, o argumento geral a ser reiterado aqui é que essa prática extraordinariamente difundida constitui uma espécie de corrupção institucional sistêmica; é profundamente corruptora dos regimes tributários de muitos países e, em última instância, retira dos cidadãos desses países bilhões de dólares de fundos que deveriam estar disponíveis para lhes fornecer infraestrutura, serviços etc.

Em relação a essas e muitas outras formas de corrupção organizacional e sistêmica existentes, análises marxistas de estrutura econômica de classe e superestrutura ideológicas só são relevantes de maneira qualificada, uma vez que mesmo essa corrupção sistêmica generalizada invoca a necessidade de renovação das instituições do livre-mercado, e das corporações em particular, em lugar de seu abandono.[3] Um dos mais óbvios exemplos de ideologia em serviço próprio, baseada em classe, é a muito elogiada, mas profundamente danosa do ponto de vista institucional, teoria do valor dos acionistas (sobre a qual discorreremos adiante). De qualquer forma, nossa análise da corrupção institucional no setor empresarial e corporativo precisa começar com as teorias dominantes de mercados e instituições baseadas no mercado (Seção 11.1). Pois é essa "teoria" ou, em alguns casos, ideologia difusa, que primeiramente precisa ser criticada para que se possa combater de maneira bem-sucedida a corrupção nessas instituições. Em seguida (Seção 11.2), forneço minha própria explicação teleológica normativa, segundo a qual organizações baseadas no mercado são (por alto) estruturas de ação conjunta em múltiplas camadas (ver Capítulo 1, Seção 1.2) e indústrias que atuam no mercado devem ter como fim coletivo o fornecimento de uma adequada e sustentável cadeia de forneci-

---

3. Reich, *Saving Capitalism*.

mento de bens ou serviços a preços razoáveis e qualidade razoável. Note-se aqui a mudança de organizações singulares para indústrias. A meu ver, é a indústria de mercado como um todo, mais do que a organização singular *per se*, que é o *locus* primário de preocupação normativa. A organização singular é em grande parte meramente parte dos meios para um fim (coletivo) mais amplo. Na Seção 11.3 discuto três formas de corrupção institucional: organizacional, sistêmica e interinstitucional. Na Seção 11.4 discuto algumas estratégias anticorrupção.

11.1 Teorias normativas dos mercados e instituições de mercado

11.1.1 *Fundamentalismo do livre-mercado*

Para uma concepção normativa dos mercados, atores do mercado agem e devem agir em seu interesse próprio e são autorizados a fazê-lo sobre fundamentos libertarianos em sentido lato. Em suma, os mercados são, ou devem ser, expressão de liberdade individual (por parte tanto de compradores quanto de vendedores) e isto é tudo. Para essa concepção radical do livre-mercado, a estrutura normativa dos mercados consiste essencialmente em exigências procedimentais, notadamente competição livre e justa. Assim, não há a exigência moral de que os mercados sirvam a propósitos coletivos mais amplos, como maximizar a utilidade geral.

Esses entusiastas radicais do livre-mercado – fundamentalistas do mercado[4] – sustentam que quaisquer propósitos institucionais dos mercados devem ser subservientes a, ou na verdade, serem meramente expressão das escolhas livremente tomadas pelos atores do

---

4. George Soros, *The Crash of 2008 and What It Mean: The New Paradigm for Financial Markets*. Nova York: Perseus Books, 2009 refere-se a esses aderentes como fundamentalistas do mercado e os sujeita a consistente crítica pejorativa.

mercado. Aqui existe com frequência uma confusão entre organizações e indivíduos. Sem dúvida, a proteção e promoção da liberdade individual é uma boa coisa, mas grandes corporações estão longe de serem seres humanos individuais e, portanto, maximizar a liberdade das primeiras não significa necessariamente maximizar a liberdade dos últimos. De fato, é provável que o contrário seja o caso; aumentar a liberdade de agir de grandes e poderosas organizações com frequência ocorre às custas da liberdade de indivíduos relativamente impotentes, como empregados, consumidores e clientes individuais. Os excessos de bancos e outras instituições financeiras na Crise Financeira Global, e o dano consequente feito a consumidores, proprietários de imóveis, aposentados, investidores etc. ilustram graficamente esse ponto.

Além disso, essa crença não qualificada em livres mercados ignora o problema dos efeitos maciçamente danosos de muitas práticas de livre-mercado, como especulação em larga escala, sobre os não participantes desses mercados, por exemplo, a criação dos ciclos de bolhas e recurso aos fundos estatais que minaram a estabilidade financeira e contribuíram significativamente para graves depressões financeiras. Como enfatizam J.S. Mill[5] e outros, de linhagem liberal, é bom exercer a própria liberdade de escolha, mas ruim – e, provavelmente, errado do ponto de vista moral – causar danos a outros ao fazê-lo. Além disso, muitos, se não a maior parte, das grandes companhias não são firmas do setor privado no sentido requerido pela premissa desse argumento fundamentalista. Em vez disso, são corporações. E, de qualquer modo, mesmo firmas do setor privado são em parte constituídas por estruturas legais, regulatórias e outras e, em particular, pelas leis, regulações, convenções etc. constitutivas das instituições de propriedade privada.

---

5. J. S. Mill, *On Liberty* (qualquer edição).

Corporações são criações institucionais dos governos; não são os atores do mercado preexistentes da ideologia do fundamentalismo de mercado. Os governos concederam *privilégios* especiais às corporações (notadamente, a responsabilidade limitada dos acionistas) por uma boa razão ou, pelo menos, deveriam tê-lo feito.[6] A boa razão para conceder esse privilégio é que as corporações terão o fim institucional geral de servir à comunidade como um todo. A concessão moralmente justificável de privilégios especiais por parte dos governos deve servir a *algum* fim social defensável. Teorias libertarianas com frequência apresentam uma explicação contratualista das corporações, segundo a qual, aparentemente, as corporações não possuem qualquer fim institucional prévio além daquele sobre os quais seus proprietários (acionistas) decidem. Esse argumento ignora os privilégios especiais cedidos pelos governos, definidores das corporações.

Em acréscimo, mercados e atores do mercado, incluindo corporações, dependem de infraestrutura tipicamente fornecida pelos governos, incluindo não só infraestrutura de comunicação e transporta, como educacional, de saúde e segurança (por exemplo, policial, militar). De fato, alguns atores do mercado são em parte constituídos pela infraestrutura. Por exemplo, provedores de Internet, como a Google, são em parte constituídos pela Internet. Mais uma vez, mercados financeiros, em particular, são em parte constituídos por infraestrutura financeira, como taxas de juros e cotações de câmbio, os quais fornecem bens públicos sobre os quais os atores do mercado podem se apoiar. No núcleo dos mercados baseados na Internet e mercados financeiros reside a infraestrutura que serve a fins coletivos; a única questão a ser posta é saber se isso está sendo feito de maneira eficiente, eficaz e justa.

---

6. David Ciepley, "Beyond public and private toward a political theory of the Corporation", *American Political Science Review*, 107 (2013), 139-158.

Em terceiro lugar, mesmo que muitas companhias não dependam diretamente dos governos, elas tipicamente se apoiam em outras instituições que o são, como bancos. O sistema bancário depende do governo pelo fato, por exemplo, de que dependem de outros bancos, a saber, os bancos centrais. Em suma, o indivíduo livre, que age racionalmente em seu próprio interesse, anterior à instituição da ideologia do fundamentalismo de mercado é um mito, e um mito que atende a interesses próprios e é socialmente danoso.

11.1.2 Outras explicações normativas

Para uma segunda concepção normativa, os mercados de fato servem, ou deveriam servir, a fins coletivos. Essa segunda concepção é certamente mais plausível do que a primeira, dado que a primeira nega que os mercados possuam qualquer propósito institucional. No entanto, essa segunda concepção normativa é um templo muito amplo e inclui uma série de "teorias" normativas bastante diferentes, muitas vezes opostas. Em relação aos mercados em geral aos trabalhos da chamada mão "invisível";[7] cada ator do mercado busca a realização de seu interesse individual racional econômico próprio e, por meio da mão "invisível", o bem comum é maximizado. Existem também teorias normativas da corporação, como a Teoria do Valor dos Acionistas (*Shareholder Value Theory* – SVT)[8] e teorias da Responsabilidade Social Corporativa (*Corporate Social Responsibiloty* –

---

7. Meu uso de aspas é para indicar que a chamada mão invisível é, e deve ser, mais visível do que às vezes se assume, especialmente a legisladores, reguladores e líderes empresariais.

8. Ver Milton Friedman, "The social responsibility of business is to increase its profits", *New York Times Magazine*, 13 de setembro de 1970. Para críticas, embora diferentes das que faço aqui, ver Lynn Stout, *The Shareholder Value Myth: How Putting Shareholders First Harms Investors, Corporations and the Public*. San Francisco: Berrett-Koehler, 2012. Importante destacar, Stout defende que não existe obrigação legal por parte dos CEOs e outros administradores em maximizar o valor dos acionistas; isto é um mito.

CSR).[9] A SVT sustenta que o propósito institucional último das corporações consiste em maximizar os lucros e, com isso, maximizar o valor dos acionistas. Uma vez que muitas instituições financeiras são corporações, seu propósito último também deve ser, ao que se presume, maximizar lucros e valor dos acionistas. As teorias CSR englobam uma gama mais vasta de "associados" ("stakeholders")* como empregados, consumidores e a comunidade, e enfatizam a chamada linha tripla inferior de "Lucro, Pessoas e Planeta". Porém, nenhuma dessas influentes teorias normativas atuais da corporação individual ou dos mercados nos quais competem é predominante.

A ideia do mecanismo da mão "invisível", embora importante, precisa ser posta sobre uma base mais restrita e correta do que um apelo geral a noções amorfas de maximização da utilidade (como quer que se entenda utilidade, por exemplo, felicidade, prazer, satisfação de preferência), otimização do bem-estar ou coisas semelhantes. Além disso, está longe de ser óbvio que em todos os mercados, ou na maioria deles, a busca racional de satisfação do próprio interesse, mesmo no contexto de competição livre e justa, efetivamente maximize a utilidade geral. Considere-se, por exemplo, grupos ocupacionais no setor financeiro com deveres fiduciários em relação a seus clientes:[10] ocupações como as de banqueiro, administrador de fundos, planejador financeiro e assim por diante. Como é evidente, a busca do interesse individual racional próprio por parte dos membros desses grupos ocupacionais, nota-

---

9. Para elaboração e críticas (mais uma vez, diferentes das que faço aqui) dessas várias teorias, incluindo teorias da CSR, ver Robert Audi, *Business Ethics and Ethical Business*. Oxford: Oxford University Press, 2008. Algumas dessas teorias normativas podem ser combinadas em explicações híbridas, por exemplo, SVT com a visão da mão invisível.

* O autor distingue aqui entre "shareholders", acionistas, mas que não necessariamente pertencem ou estão ligados às companhias das quais possuem ações, dos "stakeholders", pessoas que, pelo contrário, estão ligadas de maneira direta ou indireta às companhias: empregados, consumidores e a comunidade em geral, por exemplo (N.T.).

10. Miller, "Trust, conflicts of interest and fiduciary duties", pp. 305-331.

damente a maximização de lucros, longe de maximizar a utilidade geral, foi extraordinariamente danosa para os clientes e altamente prejudicial para o próprio mercado.

Por sua parte, a SVT confunde (parte dos) meios (valor do acionista) com o fim (por exemplo, uma quantidade adequada de algum bem ou serviço). Evidentemente, recompensas financeiras, como salários, remuneração executiva e dividendos são fins aproximativos, não fins últimos; são parte do sistema de recompensa e, enquanto tais, meios para um fim. A *raison d'être* para o estabelecimento de corporações ou outras firmas em um dado setor não é maximizar os dividendos dos acionistas, muito menos enriquecer executivos corporativos, mas fornecer uma quantidade adequada e sustentável de algum bem (por exemplo, casas) ou serviço (por exemplo, serviços legais). O propósito institucional dos bancos, por exemplo, consiste em fornecer um lugar seguro para os fundos dos depositantes, permitir que pagamentos sejam feitos e coisas semelhantes. Se um banco varejista, continuamente, deixar de realizar esses fins, então está falhando como instituição, mesmo se, por algum motivo, continue a ter lucros e, com isso, a beneficiar acionistas. Mais uma vez, o propósito último de companhias de seguro é fornecer seguros, e não maximizar os dividendos dos acionistas; estes últimos são meios para o primeiro. Se uma companhia de seguros tem lucros, mas continuamente deixa de pagar o que deve, está falhando como instituição; não está fornecendo seguros de fato (distinto de prometido), a despeito dos benefícios dos acionistas. Além disso, a SVT, de maneira inaceitável, corta a lista de associados [stakeholders], de modo que consiste somente em seus acionistas;[11] o que é notável, os interesses dos consumidores e clientes, em particular, são omitidos!

---

11. Na melhor das hipóteses, são tornados subservientes aos interesses dos acionistas.

Teorias CSR, por outro lado, ampliam demais a rede de associados e, com isso, diluem o propósito institucional. Teorias CSR fornecem longas listas de associados, incluindo não só acionistas, administradores, empregados, consumidores e clientes, mas também fornecedores, outros atores industriais, o meio ambiente, a sociedade em geral e assim por diante. Sem dúvidas, firmas precisam de tempos em tempos atender a uma ampla gama de partes que são afetadas por suas atividades, de maneira positiva ou negativa, como todo nós precisamos fazer. Certamente, elas devem evitar prejudicar pessoas e danificar o meio ambiente (e devem fornecer compensação caso o façam). Porém, o conteúdo de uma teoria normativa da corporação ou de uma indústria ou mercado particular não pode simplesmente consistir em uma longa lista de partes afetadas, sob risco de ter fornecido pouco mais do que uma prescrição geral inócua para evitar dano e ser benéfica sempre que possível. Além da ausência de uma clara direção fornecida por semelhante prescrição, isso pode tender a encorajar ações de fachada (por exemplo, pequenas doações para caridade) às expensas da atenção que deveria ser dirigida para sua atividade central enquanto indústria, e exame da maneira pela qual essa atividade é empreendida. Em suma, CSR perde de vista o principal que está em jogo em qualquer indústria: os produtores ou fornecedores do produto ou serviço e seus consumidores ou clientes.

11.2 Uma explicação teleológica normativa das instituições de mercado

À luz das deficiências apontadas nas explicações normativas dominantes dos mercados e instituições de mercado, desenvolvi uma teoria teleológica normativa geral e dela derive teorias normativas especiais. Sobre essa concepção, que elaborei em detalhes em outro lugar,[12] os mercados são instituições sociais e, enquanto tais, devem

---

12. Miller, *Moral Foundations of Social Institutions*.

servir a fins coletivos e, especificamente, gerar bens coletivos. Contudo, os bens coletivos em questão são estreitamente especificados. Não é uma questão de maximizar a utilidade geral, como quer que seja definida, mas de atores de mercado competindo entre si sob condições de livre e justa competição, e ao fazê-lo, produzir conjuntamente uma quantia adequada e sustentada de algum bem ou serviço específico a um preço razoável e de razoável qualidade. Saliento que os bens ou serviços em questão têm de ser bens de acordo com algum padrão objetivo, incluindo, mas não se restringindo a eles, padrões de saúde e de segurança. Por exemplo, um matador profissional fornece um serviço e traficantes de heroína fornecem um bem desejado; no entanto, nenhum deles atende aos padrões objetivos requeridos. A necessidade de que atores do mercado conjuntamente produzam um fornecimento adequado de algum bem ou serviço (desejável) talvez seja óbvia no caso da indústria de construção de casas, na indústria automobilística e em mercados para bens agrícolas. Porém, isso não é menos verdade de outros mercados, como os mercados financeiros. No caso do mercado de capitais, o bem em questão constitui um fornecimento adequado e sustentável de capital financeiro para investimento por parte de empresas produtoras; no caso de fundos de pensão, trata-se de uma quantidade de fundos adequada e sustentável para fornecer aposentadoria aos trabalhadores, e assim por diante.

À luz disso, é claro que, para a explicação teleológica normativa das instituições sociais, as instituições, incluindo aquelas baseadas no mercado, devem atingir fins institucionais particulares no plano geral macroinstitucional moral e legal no qual existem. Além disso, isso é feito por meio de estruturas institucionais específicas e, portanto, culturas. Assim, surgem pelo menos três questões normativas *gerais* relevantes, a saber:

1. *Propósito institucional.* Quais *devem ser* os propósitos institucionais principais dos vários mercados e indústrias que atuam

no mercado? Uma ideologia difusa que identifica propósito institucional com os interesses financeiros de uma categoria limitada de associados, mais do que com bens coletivos, como faz a STV [*shareholder theory of value*], é não só moralmente problemática, ao confundir meios (estrutura de recompensa, por exemplo, salários, dividendos) com fins (bens coletivos), é profundamente corruptora das instituições.

2. *Meios institucionais*: *(a) Estrutura, incluindo direitos e deveres institucionais*: É a indústria baseada no mercado ou ocupação em questão estruturada de forma a adequadamente realizar seus fins institucionais – seus bens coletivos definidores? Por exemplo, existem instituições "muito grandes para falirem", como no caso dos bancos globais? É a estrutura dos direitos institucionais (por exemplo, direitos de propriedade), deveres (por exemplo, deveres fiduciários) e recompensas (por exemplo, pacotes de remuneração dos CEOs) moralmente aceitável e adequada para o propósito institucional? Ou ela apenas recompensa o pensamento de curto prazo e encoraja a cobiça? (b) *Cultura*. É a cultura organizacional, por exemplo, o chamado pensamento de curto prazo, moralmente problemática? Mais especificamente, ela atende aos princípios morais relevantes e conduz à realização dos principais propósitos institucionais da indústria baseada no mercado em questão?

3. *Contexto macroinstitucional*: Que papel deve o mercado, indústria que atua no mercado ou ocupação ter na ordem econômica mais ampla e, mais especificamente, qual deve ser seu relacionamento institucional com outras instituições relevantes? Por exemplo deve Wall Street servir à Main Street? Além disso, existe uma tendência, em cenários contemporâneos, de instituições de mercado se prevalecerem de seu poder e corromper (corrupção institucional), por exemplo, instituições públicas como o governo, por exemplo, via captura regulatória?

11.2.1 *Propósito institucional: Bens coletivos*

A questão normativa básica que precisa ser posta a respeito de uma organização empresarial, mercado ou ocupação, segundo sugiro, é a mesma para qualquer instituição social, a saber: Que *bem* (*bens*) *coletivo(s)* existe(m) para serem fornecidos? Considere-se mercados de capital. O mais evidente – se não o único (ver adiante) – bem coletivo para cujo fornecimento os mercados de capital existem é uma provisão adequada e sustentável de capital a um preço razoável. Noto a distinção entre propósitos ou fins institucionais aproximados e últimos: bens coletivos são os propósitos últimos das instituições sociais, mas não necessariamente seus propósitos aproximados.

No caso das organizações empresariais e mercados, esses bens coletivos incluem (1) a coordenação de compradores e vendedores de bens e serviços, e (2) uma quantia de um produto ou serviço suficiente para atender às necessidades agregadas contínuas relevantes da população em questão.[13] Aqui, o mecanismos da mão "invisível" de Adam Smith é evidente.[14] O resultado (um bem coletivo) dos trabalhos da mão invisível é o propósito último (fim coletivo) desse mecanismo institucional (por exemplo, um fornecimento adequado de casas, de serviços de auditoria, resgate de poupança, resgate de capital); a maximização dos lucros é o fim aproximado.

A existência de maximização dos lucros adiciona uma complicação no caso das organizações baseadas no mercado, o que não

---

13. Para a versão desenvolvida do material desta seção ver Miller, *Moral Foundations of Social Institution*, caps. 2 e 10. Parte do material desta seção é retirado desse volume.

14. Adam Smith, *The Wealth of Nations* [*A riqueza das nações*] (qualquer edição). Na verdade, a noção de mão invisível, embora famosamente atribuída a Smith, praticamente não é encontrada em seus escritos. Ver Emma Rotschild e Amartya Sem, "Adam Smith's economics", *in* Knud Haakonssen (org.), *The Cambridge Companion to Adam Smith*. Cambridge University Press, 2006, p. 363.

está presente no caso de outras instituições sociais. No caso das primeiras, mas não necessariamente no das demais instituições sociais, existem *três* fins coletivos, a saber: (1) o fim coletivo constitutivo (por exemplo, a produção de carros, a acumulação dos fundos do depositante em bancos, a acumulação de poupança para investimento, a acumulação de poupança para uso futuro); (2) o bem coletivo (por exemplo, transporte, segurança da poupança, investimento de fundos em infraestrutura, fluxo de renda para aposentados); e (3) maximização dos lucros.

Note-se que um fim constitutivo não é necessariamente um bem coletivo. Considere-se os chamados produtos financeiros tóxicos, por exemplo, pacotes de amortizações *subprime*. A produção desses produtos financeiros foi o fim coletivo (realizado) dos membros dos bancos de investimento. No entanto, como se revelou, esses produtos contribuíram significativamente para a crise financeira global; causaram grande dano a muitos grupos, incluindo, em última instância, aos que pagam impostos, quando bancos que mantinham esses "bens" foram abalizados pelos governos. Assim, a realização desse fim coletivo não foi um bem coletivo; muito pelo contrário.

Em acréscimo, podemos ver agora que existem dois fins coletivos potencialmente conflitantes, a saber, bens coletivos e maximização dos lucros (no caso das corporações, a maximização dos lucros para maximizar o valor do acionista). À luz de nossa explicação das instituições sociais, deve-se defender que a busca do fim coletivo de maximização dos lucros, como fato contingente – e em virtude da mão invisível – realizará o bem coletivo definidor da instituição social em questão. Infelizmente, a tese empírica sobre a qual a eficácia da mão "invisível" se baseia é contestável e, em alguns casos, evidentemente falsa. Por exemplo, o apoio em mecanismos inteiramente baseados no mercado para o fornecimento de fundos de investimento para muito necessária infraestrutura, em vários países, notavelmente nos EUA e Austrália, foi evidentemente um fracasso.[15]

11.2.2 Meios institucionais: estrutura, direitos e deveres

Até aqui nos centramos em uma dimensão do caráter normativo das instituições sociais, a saber, propósito institucional e, especificamente, nos bens coletivos que as instituições produzem (ou devem produzir). Porém, existem duas outras dimensões normativas que vale a pena notar aqui. Em primeiro lugar, existem as coerções morais sobre a atividade institucional. A esse respeito, a atividade institucional não é diferente da atividade humana não institucional; as proibições de assassinato, fraude e roubo, por exemplo, restringem as atividades institucionais.

Em segundo lugar, e mais importante para nossas preocupações aqui, existe a estrutura de instituições particulares, mantendo em mente que o fim institucional deve fornecer direção à estrutura. Em um nível geral, há a questão de saber se uma instituição deve ser baseada no mercado ou não. Isso não deve ser uma questão de ideologia, mas uma questão empírica; qual estrutura, seja ela baseada no mercado ou não, melhor realiza o propósito institucional?

Deve-se notar aqui que a distinção entre instituições baseadas no mercado e não baseadas no mercado não é necessariamente uma dicotomia estrita; existe a possibilidade de instituições híbridas: instituições que utilizam o mecanismo do mercado, mas não são inteiramente baseadas nele. Como vimos, sistemas de poupança de aposentadoria compulsória e marcos financeiros dos quais os mercados de capital dependem são casos assim, e existem muitos outros. Mas para reiterar: à luz de nossa explicação teleológica normativa das instituições sociais, se uma instituição deve ser inteiramente basea-

---

15. Isto não significa, é claro, que a parceria de setores privados com o setor público não seja eficaz em muitos casos.

da no mercado, não baseada ou híbrida é uma questão a ser resolvida por recurso aos bens coletivos: é uma questão de saber qual desses três modelos permite de maneira mais eficiente e efetiva que o bem coletivo em questão seja produzido.

Outras questões estruturais dizem respeito ao tamanho dos atores do mercado (por exemplo, bancos "grandes demais para falir"), conflitos estruturais de interesse (por exemplo, agências de ranqueamento que avaliam os produtos financeiros de bancos de investimento, os quais, por sua vez, proveem fundos para as agências de ranqueamento), e reguladores os quais são eles próprios "jogadores", por exemplo, a Autoridade de Conduta Financeira [*Financial Conduct Auhthority*] do Reino Unido segue os interesses particulares da Cidade de Londres, potencialmente às custas de outros centros financeiros. Mais uma vez, à luz de minha explicação telelológica normativa essas questões de estrutura devem ser resolvidas por recurso a bens coletivos que os mercados em questão, incluindo mercados globais, devem realizar. Bancos "muito grandes para falirem" são obviamente inaceitáveis, dado a ameaça que colocam para o sistema financeiro internacional e, portanto, para os bens coletivos que o sistema deve realizar. Pela mesma razão, conflitos estruturais de interesse precisam ser afastados. No que concerne a reguladores que não são imparciais, o que se deve observar é que o bem coletivo de um mercado financeiro global não pode se resumir aos interesses da Cidade de Londres.

Em terceiro lugar, existe, como já se notou, uma variedade de direitos e deveres morais *institucionalmente relativos* (enquanto opostos a direitos e deveres morais que são logicamente anteriores a todas as instituições – isto é, direitos e deveres naturais – ou que de outra maneira transcendem as instituições particulares) que deriva pelo menos em parte de bens coletivos institucionalmente produzidos e, de fato, que são constitutivos de papéis institucionais específicos, por exemplo, os direitos e deveres de um bombeiro, de um banqueiro, de um administrador de fundos, de um consultor financeiro, de um investidor ou de um inventor. Esses direitos e deveres institucionais (que também são direitos e deveres morais) são constitutivos de papéis institucionais e, por conseguinte, são em parte constitutivos da estrutura de instituições específicas. E uma vez que a estrutura de uma instituição é, ou deve ser, parte importante dos meios pelos quais seus fins institucionais são alcançados, esses direitos e deveres morais institucionais são parte dos meios e, portanto, em parte, derivados do propósito institucional mais amplo – seu bem coletivo definidor. Assim, debates sobre se consultores financeiros devem ter o direito institucional de cobrar de comissões, contraposto, digamos, a taxas por serviços, deve, segundo essa visão, ser resolvidos em grande parte por meio de recurso a contribuições relativas dessas duas estruturas concorrentes de direitos e deveres ocupacionais para o propósito institucional mais amplo (a saber, provimento eficiente e efetivo de poupanças de aposentados). Mais uma vez, debates sobre direitos de propriedade (por exemplo, direitos de patente) de indivíduos ou companhias que desenvolvem novos produtos (por exemplo, novas vacinas) devem ser resolvidos em grande parte por meio de recurso às contribuições relativas dos dois regimes de propriedade concorrentes para o propósito institucional mais amplo (a saber, fornecimento sustentável de vacinas a preços acessíveis, efetivas, para os que delas necessitam).

Como vimos, às vezes o fim realizado em ação conjunta, inclusive em estruturas em múltiplas camadas de ação conjunta (ação organizacional), não é meramente um fim coletivo, é também um *bem* coletivo (por bem *coletivo* entendo simplesmente que o bem é produzido de maneira coletiva ou conjunta; não pretendo dar a entender que é coletiva ou conjuntamente consumido – pode ser, e com frequência é, individualmente consumido (ver Capítulo 1). Se for assim, um direito conjunto pode ser gerado. Qual a relação entre direitos morais conjuntos e bens coletivos? O bem é um fim coletivo realizado, e os participantes na realização desse fim coletivo, isto é, aqueles que contribuíram para a produção desse bem, possuem um direito conjunto a esse bem coletivo.

É fácil verificar por que essas pessoas, e não outras, teria direito a semelhante bem: são aquelas responsáveis por sua existência, ou existência em forma continuada. A esse respeito, considere-se os acionistas, membros do quadro de diretores, administradores e trabalhadores (acionistas, gerentes e empregados) em uma companhia que constrói blocos de apartamentos que são vendidos em busca de lucro. Membros da diretoria, administradores, acionistas e trabalhadores da construção têm direito conjunto a ser financeiramente remunerados pelas vendas dos apartamentos que produziram conjuntamente (embora a quantia a que cada um tenha direito possa variar de um indivíduo a outro, dependendo da natureza e da extensão de sua contribuição individual). Além disso, se um componente dos benefícios financeiros aos quais têm direito conjunto é canalizado, digamos, para um fundo de pensão, eles têm direito conjunto a esses fundos (embora, mais uma vez, a quantia à qual cada um tem direito individual possa variar de um indivíduo a outro, dependendo da extensão de suas contribuições individuais ao longo do tempo). Está claro também que, se um agente participante tem direito ao bem, então – outras coisas permanecendo iguais – o mesmo vale para os demais. Em outros termos, existe interdependência de direitos em relação ao bem em questão. O mesmo se aplica aos trabalhadores (que fornecem a mão de obra), gerentes (que proveem liderança) e investidores (que proveem capital): eles possuem direitos conjuntos em relação aos benefícios financeiros advindos dos bens ou serviços produzidos (seja na forma de salários ou dividendos).

Naturalmente, a remuneração, em muitos casos depende dos contratos legais específicos que foram feitos, incluindo contratos de trabalho. No entanto, esses direitos morais conjuntos não são equivalentes, ou não podem ser reduzidos, a direitos morais baseados em contratos legais. Normativamente falando, na verdade, esses contratos pressupõem esses direitos morais; é porque um trabalhador da construção, por exemplo, contribuiu (juntamente com outros) para a construção dos prédios que ele tem direito moral a um salário (qualquer que seja a situação legal). Além disso, essa relação normativa entre contratos e direitos morais conjuntos subjacentes é uma prova quando se afirma que determinado pagamento contratual foi justo ou não, pois um contrato pode ou não refletir a contribuição de uma pessoa para a produção de um bem coletivo, dependendo de uma variedade de contingências (notadamente, relações de poder). Considere-se, sob esse aspecto, os pacotes de compensação executivos extraordinariamente generosos oferecidos em algumas corporações, incluindo bancos de investimento que tiveram que ser socorridos pelo dinheiro dos contribuintes. Em muitos casos, não existe correlação entre compensação executiva e contribuições para os bens coletivos produzidos pela corporação, ou mesmo com os lucros gerados pela corporação.[16]

11.2.3 Meios institucionais: cultura

É cada vez mais reconhecido por reguladores e outros que a cultura institucional é um importante determinante do comportamento individual.[17] No entanto, essas discussões tipicamente central em comportamento antitético ou ilegal e sobre a influência maléfica da cultura, por exemplo, a cultura dos agentes bancários em casos recentes de manipulação de indicadores. O que falta nesses debates é

---

16. Paulo Gregg, S. Jewell e Ian Tonks, *Executive Pay and Perfomance in the UK 1994-2002*, CMPO Working Paper Series No. 05/122. Bristol: Centre for Market and Public Organisation, 2005.

17. Por exemplo, Greg Mederaft, o primeiro presidente da IOSCO, salientou esse ponto (por exemplo, "Corporate culture and corporate regulation" – discurso proferido no seminário Law Council of Australia BLS AGM, realizado em Melbourne em 20 de novembro de 2015.

a relação, ou sua falta, entre cultura (incluindo as dimensões éticas e antiéticas da cultura) e fim institucional. Internalizem ou não os membros de alguma organização os fins e princípios *desejáveis* de uma organização – contrastando com indesejáveis – é em parte uma questão de estrutura, por exemplo, eliminar conflitos de interesse estruturais, mas também em parte uma questão de cultura institucional. Esta, por sua vez, depende da medida em que a responsabilidade moral coletiva[18] em atingir fins desejáveis, e evitar práticas corruptas está impregnada na organização por meio de mecanismos institucionais explícitos (por exemplo, programas contínuos de educação formal em ética profissional, esquemas de proteção a denunciantes, sistemas de remuneração que não encorajem assumir riscos excessivos) e práticas implícitas (por exemplo, gerentes que reconhecem seus erros, empregados que não têm medo de expressar suas preocupações).

Se, por outro lado, o *ethos* ou cultura dominante de uma organização, e talvez mesmo a ideologia de elementos centrais de um setor, coloca em segundo plano metas institucionais desejáveis e outras considerações éticas em favor da busca de interesse individual, então não deve surpreender que interesses individuais superem o compromisso com princípios éticos, mesmo aqueles previstos em lei. Esse é especialmente o caso, sem dúvida, em um contexto de alta tentação e oportunidade, por um lado, e baixo risco de detecção e condenação, por outro, por exemplo, a manipulação da LIBOR por agentes bancários motivados por grandes bonificações em um contexto de um corpo de controle com conflito estrutural de interesse.

11.3 Corrupção em mercados e instituições de mercado

Na Introdução, distingui entre organizações intrinsecamente corruptas, como a Máfia, e organização que se envolvem em comportamento corrupto, por exemplo, a Enron. Nesse contexto, Mossa-Fon-

---

18. Miller, "Collective moral responsibility: an individualista account".

seca fornece um caso interessante. Por um lado, diferente da Máfia ou de cartéis de drogas, sua atividade central, isto é, criar companhias *offshore*, não é ilegal. Por um lado, sua atividade central, como vimos, é intrinsecamente corruptora de regimes fiscais, em particular. Pode-se sustentar, portanto, que se trata de uma organização intrinsecamente corrupta, e não apenas uma organização que se envolve em atividade corrupta.

Também podemos distinguir entre organizações corruptas e indústrias corruptas, por exemplo, alguns mercados monopolísticos nos quais a competição inexiste e, como resultado, os preços são exorbitantes. A eficiência e a efetividade dos mercados se baseiam em competição livre e justa. Sem dúvida, é difícil determinar o que constitui competição livre e justa em diversos contextos. No entanto, uma indústria baseada no mercado dominada por uma única organização que exerce seu poder econômico para estabelecer preços exorbitantes e eliminar a competição não constitui um mercado livre e justo, independentemente do que se diga. Outras coisas permanecendo iguais,[19] em virtude do exercício de seu poder econômico, os monopólios tendem a minar os mercados. Em geral, como bem se sabe, o poder tende a corromper; como corolário, monopólios tendem a corromper os mercados.

Como demonstram nossos exemplos, essas várias distinções se aplicam a ocupações baseadas no mercado, organizações e mercados; fazem parte da própria corrupção dos negócios e dos mercados. No entanto, além dessa corrupção, existe a corrupção potencial *por* atores baseados no mercado de outras instituições; corrupção interinstitucional (por assim dizer). Corrupção por organizações baseadas no mercado da mídia jornalística em seu papel como Quarto Poder é um caso ilustrativo (ver Capítulo 14, Seção 14.3).

---

19. Monopólios, é claro, por ser restringidos por regulação e pelo uso de poder estatal intrusivo.

Há, é claro, outros conjuntos de distinções que poderiam ser invocadas em relação à identificação e análise da corrupção institucional em indústrias baseadas no mercado. Robert Reich, por exemplo, distinguiu de maneira útil[20] o que ele chama de cinco blocos de construção do capitalismo. Da perspectiva deste livro, esses blocos de construção são cinco importantes componentes da estrutura geral da instituição de indústrias baseadas no mercado. Enquanto tais, eles não incluem o propósito institucional, ou propósitos, das indústrias baseadas no mercado, isto é, seus fins coletivos (bens coletivos).[21] Eu defendi neste livro e em outros lugares que, em termos gerais, o fim coletivo de indústrias baseadas no mercado consiste em fornecer uma quantidade adequada e sustentável de algum bem ou serviço, de preço e qualidade razoáveis. Segundo essa visão, cada um desses componentes estruturais deve ser avaliado e moldado ou reformulado, em grande parte, à luz de sua contribuição para fins institucionais, isto é, sua contribuição para os bens coletivos relevantes produzidos pela indústria em questão. De qualquer modo, os cinco componentes estruturais são direitos de propriedade, por exemplo, direitos autorais, patentes; poder de mercado, por exemplo, monopólios, oligopólios; contratos, por exemplo, entre compradores e vendedores de bens, serviços, trabalho e capital; falência, por exemplo, quem recebe o que quando um negócio vai à falência; aplicação da lei e regulações, por exemplo, debilidades, punições. Cada um desses componentes estruturais está potencialmente sujeito a interferência de um tipo que mina propósitos institucionais de indústrias baseadas no mercado. Reich e outros demonstraram a grande extensão dessa

---

20. Ver Reich, *Saving Capitalism*, capítulos 2-9.

21. O próprio Reich favorece uma explicação normativa de um procedimentalismo democrático, em lugar de uma explicação teleológica, pois pensa que noções abstratas do bem público são inúteis. Minha explicação, porém, evita essas noções abstratas inúteis em favor de bens e serviços específicos. Ver Reich, *Saving Capitalism*, p. 82.

interferência, isto é, da corrupção institucional de indústrias baseadas no mercado no EUA e em outros lugares.[22] Não tenho espaço para examinar cada um desses componentes estruturais em minha discussão da corrupção de indústrias baseadas no mercado, por mais útil que possa ser esse exercício. Em vez disso, utilizarei a distinção entre corrupção organizacional e de indústria baseada no mercado.

11.3.1 Corrupção de uma organização: Enron

O colapso da Enron ilustra o nexo entre poder e corrupção no interior de uma grande corporação. As práticas corruptas, incluindo a criação das SPEs [*Special Purpose Entities*] para esconder as fraquezas e oferecer um quadro enganoso das finanças da Enron para investidores, foram criações do CEO, CFO e outros membros da equipe administrativa. Foi sua posição de autoridade na organização que possibilitou a existência de corrupção em tão larga escala e com consequências tão devastadoras.

A Enron também evidencia o papel de conflitos estruturais de interesse na facilitação da corrupção. Entre esses conflitos se incluem os do Diretor Financeiro [CFO – *Chief Financial Officer*] e os daqueles remunerados com bônus para atrair novos negócios. Tradicionalmente, o CFO é o funcionário em uma organização que é responsável por assegurar que ela opera dentro de padrões de disciplina financeira e adequação. No entanto, em um ambiente empresarial no qual os investidores esperam, e os administradores exigem, ganhos financeiros crescentes a cada semana, os CFOs ficam sob pressão para "arrumar os livros" [*"cook the books"*] e fazer esses

---

22. Reich mesmo sustenta que esses processos de interferência não constituem corrupção básica, aparentemente, que são mais sutis do que propinas (Reich, *Saving Capitalism*, p. 83). Mas, como argumentei ao longo deste livro, a noção de corrupção na qual ele se baseia aqui é demasiado estreita.

registros parecem melhores do que são na realidade.[23] Os CFOs podem chegar a ter dois papéis potencialmente conflitantes: (1) o papel tradicional de policiar a integridade e acurácia dos balanços e relatórios financeiros de uma companhia, e (2) o "papel" contemporâneo de assegurar que os ganhos semanais da companhia tenham a melhor aparência, e mesmo, às vezes, ajudar nesse resultado recorrendo a alguma contabilidade "criativa". Esse conflito de papéis, por sua vez, cria um conflito de interesse que tende, pelo menos potencialmente, a interferir com o exercício adequado de seu dever fiduciário – enquanto CFOs – de assegurar a integridade e acurácia dos balanços financeiros da companhia; dever a ele confiado pela diretoria e pelos acionistas da companhia. O papel duplo de Andrew Fastow como CFO da Enron e administrado das SPEs, como LJM (ver Seção 9.6), envolvido em grave conflito de interesses; conflito o qual, como controlador financeiro da companhia, Fastow devia ter evitado.

Os corretores da própria Enron iniciaram novos negócios independentemente dos riscos envolvidos. Eles o fizeram para acelerar os ganhos semanais e o valor das ações da companhia e, em consequência, ganharam grandes bônus para si mesmos. Esses corretores tinham interesse em ganhar imediatamente grandes bônus, embora fossem negócios arriscados. Esse interesse estava em conflito, pelo menos potencialmente, com seu dever fiduciário de promover os ganhos da companhia em termos reais e no longo prazo; ou seja, não simplesmente por meio de lucros fictícios no curto prazo.

Naturalmente, essa corrupção não depende apenas do poder dos infratores, depende também de sua imoralidade; o CEO e o CFO da Enron, por exemplo, tinham poucos escrúpulos morais, e pequena preocupação com o bem-estar dos acionistas e empregados da companhia. Desse modo, a existência desse nexo entre poder

---

23. Dave Lindorff, "Chief fudge-the-books officer", www.salon.com, 20 de fevereiro de 2002.

e corrupção aponta para a importância de normas sociais robustas: compromisso e obediência por parte dos indivíduos a princípios morais socialmente engendrados. Porém, as normas sociais não são suficientes; são necessárias, mas não suficientes. Conforme sustentado no Capítulo 7, uma condição adicional necessária para combater a corrupção consiste em mecanismos de prestação de constas institucionais adequados. No caso da Enron, entre esses mecanismos se incluíam controles de auditoria inadequados.

Na ausência de prestação de contas, mecanismos relacionados com os poderosos, baseados mais no apadrinhamento do que no mérito, tendem a se desenvolver, e assim benefícios, como a promoção, são distribuídos com base na "lealdade" aos poderosos, incluindo cumplicidade em esquemas corruptas, mais do que com base no mérito, por exemplo, performance de alta qualidade. Esse ponto não diz respeito somente ao governo. Vale igualmente para outros arranjos organizacionais, como grandes corporações. Com efeito, essa tese foi defendida de maneira persuasiva por Robert Jackall[24] em relação a grandes corporações dos EUA, em particular. Quando a noção de democracia é discutida, isto é normalmente feito no contexto do governo. No entanto, o nexo entre poder e corrupção fornece boas razões para democratizar muitas outras instituições, inclusive corporações.

11.3.2 *Mercados, monopólios e corrupção*

Apesar da retórica difusa em favor dos "livres mercados" e contra o "grande governo", muitas das mais importantes indústrias baseadas no mercado no EUA e no mundo assumem caráter de monopólio ou oligopólio e, enquanto tais, não cumprem os princípios fundamentais da competição livre e justa e necessitam de regulação mais estrita, e não menos. Isso não significa que necessitem de mais

---

24. Jackall, *Moral Mazes*.

regulação; precisam em vez disso é da chamada regulação "inteligente", e em muitos casos, forte, incluindo a quebra de monopólios e oligopólios, se necessário.

Segundo Reich (que ecoa muitos outros):

> Muitas das corporações que passaram a dominar grandes fatias da economia em anos recentes o fizeram estendendo seus domínios de propriedade intelectual [grandes companhias farmacêuticas, como a Pfizer, e grandes corporações de biotecnologia, como a Monsanto]; expandindo sua propriedade de monopólios naturais, nos quais as economias de escala são críticas [grandes operadores de cabos, como a Comcast]; fundindo-se ou adquirindo outras companhias no mesmo mercado; ganhando controle de redes e plataformas que se tornam padrões industriais [grandes companhias da Internet, como Amazon e Google]; ou utilizando licenças arranjadas para ampliar seu domínio e controle. Semelhante poder econômico aumentou simultaneamente sua influência sobre decisões do governo a respeito de saber se essas práticas deveriam ser permitidas. Tudo isso afetou a capacidade de empresas menores.[25]

Neste ponto, surge a questão de saber por que os governos não intervieram para reformar esses mercados de uma maneira que limite o poder excessivo de certos atores do mercado em indústrias monopolísticas ou oligopolísticas baseadas no mercado. Por que não introduziram robusta legislação antitruste? Como é evidente, parte da resposta é que as corporações em questão se tornaram tão poderosas que podem efetivamente constituir *lobbies* sobre os legisladores de forma a que estes não promulguem a requerida legislação antitruste. Certamente, as corporações em questão gastam grandes quantias para fazer esse *lobby* sobre os legisladores e, em particu-

---

25. Reich, *Saving Capitalism*, p. 30.

lar, fornecendo milhões de dólares para suas campanhas eleitorais. Volto a tratar disso no Capítulo 14. Aqui, reitero que a interferência deliberada e em interesse próprio por parte de atores do mercado de um tipo que mina os propósitos institucionais das indústrias baseadas em mercado, como bloquear ou cortar legislação antitruste, constitui corrupção institucional.

11.4 Estratégias anticorrupção para indústrias que atuam no mercado

Em relação ao estabelecimento de estratégias anticorrupção para a corrupção relacionada a indústrias que atuam no mercado, sugiro que há quatro passos principais, assim como uma série de passos intermediários a serem adotados. Em relação aos últimos, veja-se, por exemplo, o Capítulo 9. Como vimos, em termos normativos, organizações de mercado são estruturas em múltiplas camadas de ação conjunta envolvidas em competição livre e justa em um mercado, a fim de realizar bens coletivos que consistem em fornecimento adequado e sustentável de algum bem ou serviço a preço e qualidade razoáveis. Logo, corpos de governo e da indústria devem intervir de modo a assegurar que indústrias baseadas no mercado estejam de fato atingindo esse resultado. Assim, o passo principal é que esse fim institucional mais amplo esteja contido em legislação relevante, por exemplo, leis corporativas, e isso de encontro à ideologia dominante de maximização do valor dos acionistas.

Em segundo lugar, como corolário disso, robusta legislação antitruste precisa ser introduzida em indústrias baseadas no mercado que sofrem de distorções monopolísticas ou oligopolísticas, isto é, relações de mercado desequilibradas, tendendo a "rebaixar" atores do mercado excessivamente poderosos e quebrando conglomerados excessivamente poderosos horizontalmente estruturados. Outra legislação relevante para o problema de atores do mercado excessivamente poderosos diz respeito à propriedade intelectual, por exemplo, um sistema de patentes que eleve os preços de remédios e gêneros alimentícios básicos.

Em terceiro lugar, deve-se exigir que as corporações implementem uma estrutura mais democrática que reflita melhor as contribuições efetivas feitas pelos acionistas, gerentes e trabalhadores no contexto geral do que realmente existe, e não simplesmente de acordo com meu modelo de ação conjunta, um empreendimento essencialmente cooperativo. Aqui, a representação substantiva de trabalhadores nos quadros de diretores e propriedade pelos trabalhadores de uma porcentagem significativa das ações são úteis pontos de partida.

Em quarto lugar, um regime coercivo mais eficaz precisa ser introduzido e coordenado. Esse regime precisa incluir criminalizar as corporações *per se* e introduzir previsões de imputabilidade criminal e civil mais estritas para diretores e gerentes, isto é, a chamada mente diretiva e expressão da vontade da companhia. Crucial em tudo isso é a atividade regulatória que determina responsabilidade, e em última instância, imputabilidade, por danos causados. Por exemplo, no contexto de aumento em crime corporativo, e a tendência das corporações de simplesmente tratar as multas como um custo empresarial. Fisse e Braithwaite defenderam a estratégia da chamada prestação de contas obrigatória. Ela consiste em reforçar e reestruturar a imputabilidade criminal corporativa de modo tal a forçar medidas disciplinares internas contra indivíduos infratores.[26] Um segundo exemplo é a sugestão de Romasic e Bottomley de que regras de imputabilidade por parceria sejam introduzidas nas diretorias de companhias públicas, de modo que os membros da diretoria se tornam conjunta e severamente imputáveis pelas ações de qualquer diretor

---

26. Brent Fisse e John Braithwaite, *Corporations, Crime and Accountability*. Cambridge University Press, 1994.

particular.[27] Um terceiro exemplo, é a estratégia pela qual terceiras partes, como firmas de advocacia e de contabilidade, são consideradas imputáveis por inadequação na administração em virtude do fato de que ajudaram na inadequação e, o que é mais importante, o fato de que também embolsaram algo.[28]

Estratégias como essas suscitam importantes questões éticas em relação à responsabilidade moral coletiva das corporações e subgrupos de corporações, distintas da responsabilidade moral individual de seres humanos particulares. No entanto, minha explicação da responsabilidade moral coletiva como responsabilidade moral conjunta ajuda aqui, uma vez que ela subscreve a essas estratégias, supondo-as eficazes. A meu ver, embora possa ser inteiramente legítimo atribuir imputabilidade *legal* a entidades não humanas, como as corporações, somente os seres humanos são propriamente falando agentes *morais*. Assim, meu ponto de partida em relação à noção de responsabilidade coletiva ou conjunta é que, embora os seres humanos individuais possuam discrição moral, e portanto, responsabilidade moral, corporações e outras instituições não possuem. Essa posição foi defendida em detalhe em outro lugar.[29] Basta dizer aqui que as corporações não são agentes porque não possuem estados mentais, como intenções e crenças. Mas, se não são agentes, não são agentes morais, e portanto, não podem ser considerados moralmente responsáveis. Digo tudo isso a despeito do fato de que, *no direito*, podem ser considerados agentes, capazes de realizar ações e são imputáveis. Pois simplesmente não se segue do fato de que as corporações podem ser consideradas legalmente imputáveis que possuam responsabilidade moral. Desse modo, minha rejeição da noção de responsabilidade moral corporativa é consistente com aderir, por

---

27. R. Tomasic e S. Bottomley, *Directing the Top 500*. Allen and Unwin, 1993, p. 174.

28. Paul Finn, "The liability of third parties for knowing receipt or assitance", *in* Donovan Waters (org.), *Equities, Fiduciaries and Trusts*. Toronto: Carswell, 1993.

29. Miller, "Collective moral responsibility: an individual account".

exemplo, à estratégia de Fisse e Braithwiate, mencionada acima, de prestação de contas obrigatória.

Segundo minha concepção normativa teleológica, podemos conceber as corporações como consistindo em um conjunto de agentes individuais conjuntamente participativos. Segue-se que os diretores, gerentes e empregados (e, sob esse aspecto, acionistas, embora existam complicações aqui) de uma corporação podem ser considerados conjuntamente moralmente responsáveis por muitas de suas ações, a saber, suas ações conjuntas. Por exemplo, todos os membros de uma equipe de produção podem ser considerados conjuntamente responsáveis pela existência do novo carro que suas ações individuais conjuntamente produziram. Além disso, a equidade dita que os membros dessa equipe de produção sejam recompensados, pelo menos em parte, com base no sucesso econômico desse novo carro e, inversamente, penalizados caso ele se revele de alguma maneira defeituoso.

É claro, o fato de que uma corporação seja hierarquicamente estruturada e consista de esferas especializadas de atividade individual, assim como conjunta, possui implicações para atribuições de responsabilidade moral. Por um lado, diretores e outros gerentes – a chamada mente diretora e vontade da corporação – podem muito bem ser em grande parte moralmente responsáveis pelas ações de seus subordinados, na medida em que estes agem sob instruções dos primeiros. De maneira correspondente, empregados em escalões inferiores têm responsabilidade individual e coletiva menor pelas políticas e procedimentos das corporações. O resultado é que administradores e empregados, tomados em conjunto, possuem responsabilidade moral coletiva (conjunta) pelo comportamento em consonância com as políticas e procedimentos da corporação (naturalmente, aqui, como em qualquer outro lugar, agentes que partilham da responsabilidade coletiva por alguma atividade podem ter diferentes graus de responsabilidade, por exemplo, determinado gerente pode ter um grau maior de responsabilidade moral do que um funcionário de escalão mais baixo).

Todavia, é um fato contingente que as corporações são extremamente hierárquicas; com efeito, é um fato contingente que, em algumas corporações, longe de estarem envolvidos no processo de tomada de decisão, os trabalhadores da corporação são vítimas de exploração ou coerção. Se for assim, esses trabalhadores cujas tarefas contribuam para os fins coletivos da corporação não adotaram esses fins. Porém – pelo menos idealmente -, empregados livremente realizaram seu trabalho a fim de assegurar o fim coletivo de uma empresa produtiva e, portanto, devem receber sua recompensa por isso. Além disso, a existência de corporações nas quais trabalhadores são impotentes, é de se presumir, são moralmente repugnantes. Isso seria um argumento para maior democratização das corporações e maior proteção dos direitos individuais como autonomia, em lugares de trabalho. Mais uma vez, o resultado de semelhante processo de democratização e autonomia individual seria conduzir as corporações em direção ao modelo de empresa conjunta que estou apresentando para análise, juntamente com os benefícios que o acompanham em termos de redução de corrupção.

11.5 Conclusão

Neste capítulo, discuti e rejeitei uma série de teorias normativas predominantes de indústrias baseadas no mercado e elaborei minha própria explicação normativa teleológica, segundo a qual o fim coletivo (bem coletivo) de indústrias baseadas no mercado é o fornecimento adequado e sustentável de algum bem ou serviço a preço e qualidade razoáveis. Dada essa explicação, e minha análise da corrupção institucional (Capítulo 3), identifiquei uma série de importantes formas de corrupção institucional em indústrias baseadas no mercado (nos níveis organizacional e industrial) e exemplifiquei algumas delas. Finalmente, e à luz das discussões de sistemas anticorrupção e de integridade, nos Capítulos 7-10, e da responsabilidade coletiva, no Capítulo 6, sugeri uma série de medidas gerais anticorrupção para organizações e indústrias baseadas no mercado.

12
Bancos e finanças

Os prejuízos econômicos, sociais, políticos e outros, em larga escala, causados pela Crise Financeira Global, pela Crise da Dívida Soberana e pela Grande Recessão geraram uma investigação consideravelmente minuciosa dos mercados financeiros e instituições financeiras, especialmente bancos, e uma variedade de falhas foram identificadas.[1] Entre elas problemas estruturais (por exemplo, importantes instituições financeiras "grande demais para falir"),[2] inadequações regulatórias (por exemplo, permitir arbitragem regulatória), comportamento criminoso e antiético indicador de culturas corruptas (por exemplo, manipulação de indicadores) e pensamento de curto prazo (por exemplo, em mercados de ações). Assim, uma grande variedade de reformas estruturais, regulatórias e de mudança de cultura foram propostas e, em alguns casos, implementadas.[3] Entre elas, aumento de exigência de capital para bancos, dividir conglomerados bancários em instituições exclusivas quer de

---

1. Garnaut, *The Great Crash of 2008; G. Gilligan e H. O'Brien (org.), Integrity, Risk and Accoutability in Capital Markets: Regulating Culture*. Oxford: Hart Publishing, 2013; I. MacNeil e J. O'Brien (org.), *The Future of Financial Regulation*. Oxford: Hart Publishing, 2010; Dobos, Barry e Pogger (org.), *Global Financial Crisis: Ethical Issues*; N. Morris e David Vines (org.), *Capital Failure: Rebuilding Trust in Financial Services*. Oxford: Oxford University Press, 2014.

2. Ver, por exemplo, Procurador Geral dos EUA, Eric Holder, responde ao Comitê Judiciário do Senado, como relatado em A. Sorkin, "Realities behind prosecuting big banks", *New York Times*, 12 de março de 2013.

3. Financial Services Authority, *Turner Review: A Regulatory Response to the Golbal Banking Crisis*. Londres: FSA, 2009.

varejo, quer de investimentos,[4] prover o governo de poder legal para converter dívida bancária em ações,[5] simplificar e harmonizar sua arquitetura regulatória, reconfigurar corpos fiscalizadores externos e aumentar seus poderes investigativos e outros, reformar inteiramente os arranjos administrativos e metodologias em relação aos indicadores financeiros, reforçar as exigências para licenciamento das instituições e ocupações financeiras, banir produtos financeiros "não seguros" (por exemplo, vários derivativos complexos), reduzir a remuneração dos executivos, realinhar os pacotes de incentivos para administradores de fundos com os interesses de longo prazo dos poupadores e companhias, introduzir deveres fiduciários com base legal para fornecedores de serviços financeiros, elaborar códigos de ética e incorporar processos educacionais e profissionais, e a lista poderia se estender.

Quaisquer que sejam as virtudes de muitas dessas reformas sugeridas – e, pode-se sustentar, seu principal defeito é sua dificuldade de implementação diante da oposição de interesses financeiros poderosos[6] –, em sua maior parte elas não enfrentam a questão do *fim* institucional. Houve uma tendência a negligenciar o fim institucional no processo de reforma.[7] Porém, como sustentado nos Capítulos

---

4. Talvez em consonância com a chamada Regra Volcker, originalmente contida na Reforma Dodd-Frank de Wall Street e o Ato de Proteção ao Consumidor, mas subsequentemente excluída.

5. Finacial Stability Board, "FSB announces policy measures to address systemically importante financial institutions (SIFIs) e names initial group of global SIFIs", www.fsb. org , 4 de novembro de 2011.

6. Ver, por exemplo, Seumas Miller, "'Trust me... I'm a (systemically importante) bank!': Institutional corrupption, Market-based industries and financial benchmarks", *Law and Financial Markets Reviews*, 8 (2014), 322-325.

7. Nem sempre é o caso. Mark Carney, por exemplo, Diretor do Banco da Inglaterra, implicitamente reconhece o fim institucional em Mark Carney, "Inclusive capitalismo: creating a sense of the systemic", *Inclusive Capitalism Conference*, Londres, 27 de maio de 2014, e no momento em que escrevo existe uma discussão de certa forma relacionada na Austrália a respeito da questão de saber se o propósito do esquema de apo-

7 e 11, uma das principais tarefas daqueles que regulam os mercados, principalmente legisladores e agências reguladoras, é assegurar que o os propósitos institucionais últimos dos mercados, sejam eles financeiros ou outros, sejam de fato alcançados.

A noção de propósito institucional que aqui está em jogo é normativa: os fins que os mercados financeiros e instituições financeiras *devem possuir*. Como é natural, esses propósitos variam, ou devem variar, de um tipo de mercado financeiro para outro, e de um tipo de instituição financeira para outra. Assim, o propósito institucional de mercados de ações não é o mesmo que o de mercados de comércio exterior. Mais uma vez, o propósito institucional de fundos de pensão não é o mesmo que o dos bancos, e o de bancos de varejo não é o mesmo que o de bancos de investimento. Além disso, se examinarmos os objetivos de muitas agências reguladoras de mercados financeiros, por exemplo, encontra-se tipicamente somente objetivos limitados, por exemplo, reduzir o crime e proteger os consumidores, e preocupações de procedimento, como promover competição e eficiência. Existe pouca ou nenhuma referência aos propósitos ou fins institucionais últimos de mercados financeiros particulares. Assim, existe uma necessidade urgente de uma explicação normativa *geral* adequada, ou "teoria" dos mercados financeiros, e de "teorias" normativas *especiais* adequadas de mercados financeiros particulares, por exemplo, mercados de ações.

Neste capítulo aplico minha explicação normativa teleológica das instituições em geral, e das instituições e ocupações com base

---

sentadoria compulsória da Austrália (limite de idade) deve ser especificado e inserido na lei (Corporations Act, 2001) e, em particular, especificado como o propósito de fornecer um fluxo de renda adequado para aposentados, diferentemente, digamos, de um grupo de poupança para investimento por parte do governo ou de poupadores. Mesmo uma instituição que foi concebida e construída pelo governo não possuía propósito institucional especificado e objeto de consenso. Ver, por exemplo, Joanna Mather e Sally Rose, "Low tax sought for $2.5m super", *Australian Financial Review*, 11 (2006), 6.

no mercado, em particular, aos mercados financeiros. Mais especificamente, aplico minha explicação à recente corrupção institucional generalizada no setor bancário, mercados de capital, indicadores financeiros e provedores de serviços financeiros, e proponho uma variedade de medidas anticorrupção.

12.1 Bancos

Segundo minha explicação teleológica, tanto organizações quanto mercados são essencialmente estruturas de ação conjunta complexas em múltiplas camadas e, enquanto tais, possuem fins coletivos que são também bens coletivos.[8] Instituições financeiras, como os bancos, não são diferentes de qualquer outra instituição social, sob esse aspecto; em outros termos, há a necessidade de identificar fins coletivos que são bens coletivos e, enquanto tais, fornecem a *raison d'être* de sua existência. No entanto, como é evidente no caso do setor bancário, assim como em qualquer outra parte do sistema financeiro, a questão ética fundamental prévia em relação aos propósitos institucionais últimos (bens coletivos) desse setor permanece sem resposta ou, pelo menos, sem uma resposta inconteste. Porém, conforme argumentado acima, sem uma resposta a essa questão, governos, agências reguladoras e legisladores não podem fornecer uma orientação racional apropriada para o setor bancário.

Segundo a explicação teleológica do mecanismo do mercado, há um resultado ao qual se deve almejar, se não necessariamente

---

8. Versões anteriores do material desta seção e da seguinte foram publicadas em Seumas Miller, "Capital markets and institutional purposes: The Ethical issues", *in* Lisa Herzog (org.), *Just Financial Markets*. Oxford University Press, 2017; Miller, "'Trust me... I'm a (systemically importante) bank!': Institutional corruption, Market-based industries and financial benchmarks"; Seumas Miller, "The Global Financial Crisis and collective moral responsibility", *in* Andre Nollkaemper e Dov Jacobs (org.), *Distribution of Responsibilities in International Law*. Cambridge University Press, 2015, pp. 404-433; Miller, "Global financial institutions, Ethics and Market fundamentalismo"; Miller, *Moral Foundations of Social Institutions*, capítulo 10.

por parte de todos os atores do mercado, certamente por parte de legisladores, agências reguladoras e, segundo sugiro, representantes e membros da indústria responsáveis. Estes últimos estão bem cientes do mercado como um todo e da necessidade de regulá-lo e, se necessário, configurá-lo e reestruturá-lo de forma a atingir os resultados desejáveis.[9] Nessa medida, a mão "invisível" é em grande medida visível. Além disso, em termos normativos, esse resultado, para reiterar, é um fim coletivo que é também um bem coletivo. Em acréscimo, é um fim que é realizado pelo mercado como um todo e não simplesmente por um único ator do mercado. Sustentei no Capítulo 11 que o fim coletivo em questão é o provimento adequado e sustentável de algum bem ou serviço. Além disso, o bem ou serviço em questão deve estar disponível com qualidade e preço razoáveis.

Se isso estiver correto, há uma série de questões a serem postas em relação a qualquer mercado ou instituição baseada em mercado, incluindo instituições financeiras como bancos. Em primeiro lugar, é o produto ou serviço efetivamente um bem, em termos normativos, merece ser produzido? Como é de se presumir, como é o caso com produtos inseguros, produtos financeiros "inovadores" que não são seguros não devem ser produzidos. Em segundo lugar, é o bem ou serviço oferecido a um preço razoável? Os oligopólios no sistema bancário no RU, EUA e Austrália, e em outros lugares, são problemáticos desse ponto de vista. Em terceiro lugar, é o fornecimento sustentável? O pensamento de curto prazo impulsionado pelo desejo de maximizar lucros, refletidos em retornos semanais, é um problema em relação a esse parâmetro de longo prazo.[10] Em quarto lugar, é a quantidade de bens ou serviços adequada? Podemos distinguir aqui entre diferentes segmentos de um consumidor ou grupo de

---

9. É claro, existe com frequência discordância em relação a regulações específicas e outras propostas.

10. John Kay, *Kay Review of UK Equity Markets and Long Term Decision-Making*. Londres: UK Houseof Commons, 2013.

clientes; especificamente, podemos distinguir entre ganhadores de alta, média e baixa renda. O mercado mobiliário, por exemplo, seria inadequado caso se limitasse a fornecer uma quantidade de casas caras acessíveis aos clientes de alta renda; o mesmo valeria para um mercado de hipotecas que não atendesse a pessoas de baixa renda.

Além disso, segundo minha explicação teleológica normativa, recompensas financeiras, como salários, remunerações para executivos e dividendos são fins próximos, não últimos; são parte do sistema de recompensas e, enquanto tal, são meios para um fim. O fim em questão, segundo essa explicação, é o fornecimento adequado e sustentável de algum bem ou serviço (com qualidade e preço razoáveis).

Examinemos agora diretamente a questão dos propósitos institucionais do setor bancário. Parto do ponto de vista de que o propósito institucional último do setor bancário e financeiro é prover as necessidades do setor produtivo não financeiro e, em última instância, as necessidades agregadas baseadas em direitos dos seres humanos (contraposto a, digamos, corporações). Em termos normativos, os setores bancário e financeiro são um derivativo de segunda ordem da atividade econômica. Em resumo, Wall Street existe ou, pelo menos, deveria existir, para prover às necessidades da Main Street. Assim, o propósito institucional dos mercados de capital consiste em fornecer uma quantidade adequada e sustentável de capital a uma razoável taxa de juros (direta ou indireta) para o setor produtivo. Novamente, o propósito institucional de mercados derivados (por exemplo, trocas, opções, futuros) consiste em mitigar o risco (fornecer seguro financeiro), com frequência, como se admite, para atores no setor financeiro, mas não somente para eles, pois a estabilidade financeira é condição necessária para que o setor produtivo funcione de maneira eficaz.[11]

---

11. Trata-se de uma questão empírica saber se eles efetivamente atingem esse propósito. Claramente, os chamados produtos financeiros tóxicos fazem o contrário disso.

Segundo essa explicação normativa teleológica, é de grande importância especificar o propósito ou propósitos institucionais específicos do setor bancário. Considero que os propósitos institucionais centrais do setor bancário são o fornecimento do seguinte:[12]

(1) locais seguros para que os depositantes depositem e retirem seus fundos;

(2) sistema de pagamentos;

(3) fornecimento adequado de empréstimos com preço e qualidade razoáveis (isto é, baseados em produtos seguros) para proprietários de imóveis e para pequenos e médios negócios (SMBs ou SMEs).

Seguindo a terminologia de John Kay, nós nos referiremos a instituições que possuem esses propósitos como bancos pequenos [*narrow*].[13] Segundo ele, recentemente "instituições de poupança de varejo se metamorfosearam do propósito de atender às necessidades bancárias rotineiras para funções que eram tratadas como centros de lucro propriamente ditos.[14] Kay prossegue argumentando que bancos pequenos devem ser vistos como estabelecimentos comerciais comuns. Além disso, somente eles devem ser instituições de depósito bancário, com garantia dos fundos depositados.

Dessa perspectiva, surge uma importante questão em relação à especulação financeira, por exemplo, especulação sobre câmbio, bens e derivativos. Pode-se sustentar, a especulação financeira é em grande parte um método baseado no mercado de redistribuir fun-

---

12. John Kay, "Sholud we have narrow banking?", *in The Future of Finance: The LSE Report*. Londres: London School of Economics and Political Science, 2010.

13. Kay poderia não ter esse conjunto preciso de propósitos em mente; isto não importa para meus fins aqui, por exemplo, empréstimos empresariais.

14. *Ibid.*, p. 224.

dos de uma parte para outra. Além disso, especulação financeira em larga escala pode criar bolhas que estouram e podem levar a quebras do mercado de ações, falências bancárias, desemprego, escassez e/ ou bens e serviços a preços excessivos, e assim por diante. Talvez, portanto, a especulação financeira deva ser restringida, por exemplo, inserindo limites nos investimentos especulativos em mercados de bens [*commodity markets*] (voltaremos a tratar da especulação adiante). De qualquer modo, o que deve ser ressaltado aqui é que atividades de alto risco, como a especulação financeira, são altamente problemáticas para instituições de depósitos. Daí concordamos com a recomendação de Kay de que semelhantes atividades não devem ser permitidas em bancos pequenos.

Outra questão no setor bancário global diz respeito à estrutura institucional. Como notado, uma importante característica macroinstitucional do setor bancário global é o fenômeno das instituições financeiras globais que são "muito grandes para falir". Assim, houve uma série de empréstimos de grandes bancos e outras instituições financeiras que se seguiram à decisão, em 2008, de permitir que Lehman Brothers declarasse falência; decisão que se considera ter levado virtualmente todo o sistema financeiro internacional a ficar de joelhos. O que é importante para nossas preocupações aqui é que o fenômeno dos bancos que são "muito grandes para falir" se transformou no fenômeno dos bancos que são "muito grandes para serem regulados". Por exemplo, existe o caso recente de lavagem de dinheiro do banco multinacional HSBC.[15] Esse banco recebeu US$1,9 bilhões de multa por deixar de adotar medidas contra lavagem de dinheiro e por não conduzir uma investigação devida sobre algumas das contas de seus clientes. A despeito da negligência criminosa, o HSBC manteve sua licença de funcionamento, sendo de fato considerada pelas agências reguladoras como "muito grande para falir". No entanto, a inferên-

---

15. J. Treanor e D. Rushe, "HSCB to pay 1.2 billion pounds over Mexico scandal", *The Guardian*, 10 de dezembro de 2012, disponível em www.theguardian.co.uk.

cia que se deve tirar da manutenção pelo HSBC de sua licença, nessas circunstâncias, é que ele era na verdade muito grande para ser regulado.

Segundo a Diretoria de Estabilidade Financeira [*Financial Stability Board*],[16] existem 29 instituições financeiras sistemicamente importantes; na verdade, 29 instituições que são muito grandes para falirem e, portanto, muito grandes para serem reguladas ou, pelo menos, para regular de maneira eficaz. Como é evidente, a corrupção, a instabilidade e outros danos surgindo da competição comercial entre os setores de investimento dos bancos em contexto de mercado nos quais existe um imperativo absoluto para maximizar os lucros, sendo que muitos desses bancos são "muito grandes para falir", é algo difícil de ser superado, a não ser por meio de substancial remodelamento e reestruturação institucional. Isso envolveria separar o investimento do varejo, de modo a formar duas instituições distintas, como recomendado por Kay – ou, pelo menos, que haja uma segregação rígida no interior de uma instituição, se isso for possível – e "diminuir" os bancos "muito grandes para falir" e, portanto, "muito grandes para serem regulados". Um mercado no qual um ator individual não pode falir é uma contradição em termos e, de qualquer modo, dado o que está em jogo, a saber, a estabilidade financeira global, é intolerável no setor bancário global.

12.2 Mercados de capital

Conforme notado antes, a Crise Financeira Global, a Crise da Dívida Soberana e a Grande Recessão – recessão que parece estar continuando, de uma forma ou de outra, na época em que escrevo, pelo menos na Europa, Japão e em algumas das chamadas economias emergentes, como Brasil – revelaram várias deficiências, em

---

16. Financial Stability Board, "FSB announces policy measures to address systemically importante financial institutions".

particular, nos mercados de ações. Entre elas se incluem o pensamento de curto prazo (impulsionado pelo desejo de maximizar lucros tais como expressos em relatórios semanais),[17] um excesso de negociação puramente especulativa de ações, e fuga maciça e danosa de capitais (por exemplo, de economias em desenvolvimento). Essas deficiências foram exacerbadas pelo advento do comércio de alta velocidade[18] e os não regulados mercados paralelos [*dark pools*].[19]

Segundo Kay, o declínio das principais companhias britânicas, como a ICI e GEC, por exemplo, foi em grande parte consequência da mudança de concepção do executivo corporativo como um administrador eficiente e efetivo de bens e serviços para um "administrador de metafundos, adquirindo e dispondo de um portfólio de negócios, da mesma forma que um administrador de fundos poderia ver um portfólio de ações".[20] Kay prossegue afirmando: "As questões centrais para esta Revista [*Kay Review of UK Equity Markets*] surgiram da substituição de uma cultura de serviços financeiros baseada em relações de confiança por uma baseada em transações e negócios. Podemos ver essa mudança no desenvolvimento de um mercado no qual fundos de pensão e investidores de alta frequência respondem pela maior parte da mudança do câmbio em Londres, mesmo que tenham uma proporção insignificante do estoque".[21]

---

17. John Kay, *Kay Review of UK Equity Markets and Long Term Decision-Making*.

18. Michael Lewis, *Flash Boys: Cracking the Money Code*. Londres: Penguin, 2014.

19. Thomas Clarke, "High frequency trading and dark pools: sharks never sleep", *Law and GFinancial Markets Review*, 8 (2014), 342-351. [*Dark pools*, que traduzimos livremente por "mercados paralelos", consistem em plataformas de investimentos paralelos, utilizadas pelas grandes instituições financeiras. Veja-se a seguinte matéria, publicada na Folha de São Paulo em 13 de setembro de 2010: "Bolsa tenta evitar que bancos tragam 'mercado negro' ao Brasil": https://www1.folha.uol.com.br/fsp/dinheiro/fi1302201004.htm#:~:text=O%20maior%20pesadelo%20da%20Bolsa, menores%20do%20que%20na%20Bolsa . Acesso em 03/09/2020 (N.T.)].

20. Discurso de John Kay no lançamento da *Kay Review of UK Equity Markets and Long Term Decision-Making*.

21. *Ibid.*

Como já enfatizado à luz de minha explicação teleológica normativa das instituições sociais, os mercados de capital possuem como propósito institucional (bem coletivo) fornecer de maneira adequada e sustentável capital financeiro para firmas produtivas (especialmente não financeiras) a um custo razoável. Além disso, as firmas produtivas em questão são aquelas que atendem a necessidades humanas agregadas (por exemplo, de comida, vestuário, abrigo) inclusive – na verdade, especialmente – em países pobres nos quais essas necessidades são maiores.

Mercados de capital caracterizados pelo pensamento de curto prazo e dominados pelo comércio especulativo estão em conflito com esse bem coletivo, uma vez que eles não estão focados em investimento de longo prazo em firmas produtivas. Além disso, como indica Kay, essas características indesejadas dos mercados de capital contaminaram a própria administração das firmas. Em suma, a cauda (Wall Street) está agora sacudindo o cachorro (Main Street).

Ironicamente, o problema é criado por mercados livres. Por exemplo, a ausência de controle sobre fluxos de capital permite entradas e retiradas de capital maciças e danosas de uma economia para outra, com base em especulação, entre outras, sobre flutuações nos preços dos bens, câmbios e taxas de juros e, em particular, sobre as prováveis ações de outros investidores, em lugar de uma consideração da probabilidade da produtividade de firmas no longo prazo. Aqui, como sempre, os grupos mais prejudicados tendem a ser os menos favorecidos.

Uma série de reformas foi sugerida para lidar com essas deficiências nos mercados de capital. Elas vão da reconfiguração de estruturas de direção corporativa e regulação das "dark pools", passando pela reintrodução de controle de capital em algumas circunstâncias e propostas inovadoras, como a extensão radical do conceito de Direitos Especiais de Retirada [*Special Drawing Rights*] para criar uma nova reserva global a fim de ajudar a estabilizar os mercados financeiros globais e dispor de reservas para investimento em empresas produtivas em países pobres.[22]

Conforme notado, uma importante característica macroestrutural do setor financeiro global diz respeito a legisladores e agências reguladoras. Governos nacionais e agências reguladoras possuem papel ambíguo em relação aos mercados financeiros globais, pois os governos nacionais e suas agências reguladoras são em alguma medida parciais e (compreensivelmente) procuram atender aos interesses de seus próprios setores bancários (por exemplo, a "City", no caso das agências reguladoras do RU). Esse é especialmente o caso se, como no RU, o setor financeiro e bancário é de grande importância para a economia como um todo. Além disso, na ausência de um conjunto uniforme de regulações globais e um único regulador global com real autoridade, as agências reguladoras que operam em nível nacional podem ser manipuladas umas contra as outras por corporações multinacionais. Como é evidente, há uma necessidade de remodelar a estrutura regulatória global a fim de lidar com esse problema. John Eatwell sugeriu que deveria ser estabelecida uma Autoridade Financeira Global, com base em que o domínio do regulador deveria ser o mesmo que o do mercado que é regulado.[23] Isto é certamente correto, pelo menos em teoria. No entanto, enfrenta prodigiosas dificuldades práticas, como Estados-nação que não desejam ceder autoridade a semelhante órgão. Eatwell, porém, sustentou que é possível estabelecer esse órgão, dado o grau de interesse recíproco em jogo.

---

22. Joseph Stiglitz, *Making Globalisation Work: The next Steps to Global Justice*. Londres: Penguin, 2006, pp. 206-208.

23. John Eatwell, "The challenge facing international financial regulation", discurso proferido no Queens College, Cambridge, 2000, pp. 1-20; John Eatwell e Lance Taylor, *Global Finance at Risk: The Case for International Regulation*. Nova York: New Press, 2000.

De qualquer modo, o ponto geral a ser salientado aqui é que semelhantes propostas precisam ser adjudicadas por meio de recurso ao propósito institucional: são elas eficientes e efetivas em relação à realização do bem coletivo que deve ser fornecido pelos mercados de capital?

12.3 Manipulação de indicadores financeiros

Recentes revelações de manipulação de indicadores financeiros, por exemplo, da LIBOR (importante indicador global no qual trilhões de dólares de transações financeiras se baseiam), por parte de muitos, se não a maioria, dos principais bancos globais, denotam que os problemas no setor bancário global não só continuam após a CFG [Crise Financeira Global], como são sistêmicos. Conforme defendido ao longo deste livro, a corrupção institucional é tanto uma noção moral quanto uma noção causal ou quase causal. Que ela seja uma noção moral, e não meramente legal, é evidente pelo fato de que a corrupção pode existir na ausência de leis que a proscrevem.[24] Por exemplo, até recentemente, não era ilegal fazer falsas submissões à LIBOR, para fins de ganho financeiro. No entanto, semelhante manipulação de indicadores financeiros é, e sempre foi, um paradigma da atividade corrupta; daí o fato de ter sido criminalizada, ainda que tardiamente. A corrupção é uma noção causal, uma vez que uma ação só é corrupta se corrompe algo ou alguém. Desse modo, uma ação, por exemplo, manipulação de taxas de câmbio de moedas estrangeiras para fim de ganho, é uma ação de corrupção institucional, em virtude de ter um *efeito corruptor* sobre um processo ou fim institucional, por exemplo, minar o processo de determinar taxas de câmbio medianas.

---

24. Miller, *Moral Foundations of Social Institutions*, cap. 5. Ver também Lawrence Lessig, "America: *compromised* studies in institutional corruption", 2014-2015. Berlin Family Lectures, Universidade de Chicago.

Indicadores como a LIBOR são exemplos desses mecanismos.[25] Outros exemplos são votar para eleger um candidato para cargo político, uso de dinheiro como meio de troca e, de maneira mais geral, sistemas de comércio como mercados para bens e serviços. Mecanismos institucionais conjuntos[26] (capítulo 1, seção 1.3) consistem em (a) um complexo de ações diferenciadas, mas relacionadas (o *input* do mecanismo); (b) o resultado da realização dessas ações (o *output* do mecanismo); e (c) o próprio mecanismo. No caso da LIBOR, os *inputs* são as estimativas de taxas de juros submetidas pelos bancos. Assim, existe a ação relacionada e diferenciada (os vários *inputs* submetidos). Além disso, existe o processo aplicado aos *inputs* (o mecanismo). Esse mecanismo consiste em estabelecer a média entre as diversas submissões.[27] A aplicação do mecanismo (o processo de fazer a média) ao *input* (as submissões) produz um *output*: a taxa de juros da LIBOR para alguma moeda ao longo de um período.

Note-se os seguintes importantes pontos no que concerne ao mecanismo institucional conjunto, supondo-se que esteja funcionando como deveria e esteja realizando seus fins normativos institucionais, isto é, se ele não está em mau funcionamento ou corrompido. Em primeiro lugar, que haja um resultado é (em parte) constitutivo do mecanismo. O resultado, isto é, a taxa de juros particular ao que se chegou (LIBOR) não é visada por cada um ou por qualquer dos bancos; afinal, nenhum deles pode predizer o resultado, muito me-

---

25. Versões anteriores do material desta seção foram publicadas em Miller, "'Trust me... I'm a *systemically importante) bank!': institutional corruption, Market-based industries and financial benchmarks"; Miller, "The Global Financial Crisis and collective moral responsibility"; e Seumas Miller, "The corruption of financial benchmarks: financial markets, collective goods and institutional purposes", *Law and Financial Markets Review*, 8 (2014), 155-164.

26. Miller, *Social Action*.

27. O processo de estabelecer a média é bem mais complexo do que simplesmente fazer a média, pois algumas das mais altas e mais baixas taxas submetidas são excluídas. No entanto, essa é uma descrição suficiente para nossos presentes propósitos.

nos produzi-lo ao tê-lo em vista. No entanto, cada um dos bancos possui um fim comum (mais precisamente, um fim *epistêmico* coletivo),[28] a saber, que a taxa de juros média – qualquer que seja – será produzida por esse mecanismo.

Em segundo lugar, a geração de uma taxa de juros por meio desse mecanismo serve a um propósito institucional adicional que é a *raison d'être* do mecanismo (e, enquanto tal, em parte constitutiva dele), a saber, o de fornecer uma taxa de juros *indicadora* sobre a qual várias instituições e indivíduos podem se apoiar. Assim, em um nível de descrição, o resultado da aplicação do mecanismo é simplesmente uma taxa de juros à qual se chega por fazer a média, mas em outro nível de descrição, essa taxa de juros é um indicador. Esse propósito último de constituir um indicador é ele próprio um fim coletivo do mecanismo institucional conjunto, mas um que é visado não apenas pelos banqueiros, mas por aqueles que utilizam a LIBOR para ajustar suas próprias taxas de juros. Que qualquer dessas taxas de juros sirva como indicador é um fim que é realizado não simplesmente pelo fato de os bancos a gerarem através de suas submissões, mas também por outras instituições e indivíduos que as utilizam. Ausente a participação de ambas as partes (ou categorias de partes), a LIBOR deixaria de existir.

Em terceiro, e desnecessário dizer, fazer falsas submissões, ou de alguma forma procurar manipular os resultados do mecanismo, é uma questão de significação moral, dado seu importante propósito institucional e a confiança que nele é depositada por tantos. Esse ponto foi reforçado pela recomendação da *Wheatley Review* de que

---

28. Mais precisamente, existe um processo em dois estágios, o primeiro sendo a produção da LIBOR, o segundo sua comunicação e aceitação por numerosas instituições e indivíduos como sendo digna de crédito como indicador. O fim coletivo é epistêmico, uma vez que consistem em um item de conhecimento (idealmente). Para mais a respeito, ver Miller, *Moral Foundations of Social Institutions*, capítulo 11 e "Joint epistêmica action: some applications".

o não cumprimento, por exemplo, ao intencionalmente fazer falsas submissões, seja considerado um crime.

O fim institucional dos indicadores financeiros, como as taxas de juros referenciais da LIBOR da WM/Reuters, é a produção de um bem público no sentido econômico de bens não rivais e não excludentes –, mas também, e importante para nossos presentes propósitos, um bem coletivo, em meu sentido – embora um cuja produção esteve até recentemente sem regulação.[29] Além disso, esses bens públicos que são também bens coletivos são produzidos por ação *cooperativa*, em vez de ação competitiva, por exemplo, a ação cooperativa daqueles que fazem as submissões, no caso da LIBOR. Assim, indicadores não são produzidos por atores do mercado envolvidos em competição como são, por exemplo, os preços. Indicadores financeiros não são simplesmente preços resultantes de fornecimento e demanda, mas os quais não são visados por ninguém; em vez disso, são visados na média (ou outra relação numérica) calculada com base em dados transacionais registrados e nos quais se confia como bem público e coletivo, isto é, como indicador mutuamente conhecido sobre o qual os atores do mercado podem se apoiar. Além disso, como recentes revelações tornaram abundantemente claro, indicadores financeiros constituem infraestrutura que seja vulnerável à corrupção por parte de atores do mercado. Significativamente, as diversas manipulações dos indicadores financeiros em questão envolveram conluios entre bancos e implicaram o *staff* sênior dos bancos; desse modo, a questão não pode ser simplesmente descartada como um caso de "umas poucas maçãs podres".

Sobre a concepção defendida neste livro da responsabilidade coletiva como responsabilidade conjunta, a responsabilidade coletiva é atribuída a indivíduos. Cada membro do grupo é individualmente

---

29. Miller, "The corruption of financial benchmarks: financial markets, collective goods and institutional purposes".

moralmente responsável pelo resultado da ação conjunta. No entanto, cada um é individualmente responsável, juntamente com outros; daí a concepção possuir caráter relacional. Desse modo, no caso de um assalto a banco de um milhão de dólares, cada membro da gangue é conjuntamente responsável, juntamente com os outros, pelo roubo desse dinheiro, pois cada um contribuiu com sua ação para esse fim coletivo (o roubo de um milhão de dólares).

Sobre esse tipo de visão relacional, os diversos bancos relevantes que fizeram submissões, corretores e/ou gerentes envolvidos em algum episódio particular de manipulação da taxa de juros da LIBOR pode ser imputado com responsabilidade moral por sua ação corrupta particular e por qualquer dano (pessoa e/ou institucional) que possa resultar. Como vimos em relação ao escândalo da LIBOR, a rede de ações e omissões conjuntas pode ser bem ampla e complexa, sem necessariamente envolver todo, ou mesmo a maioria, da equipe bancária. Além disso, algumas ações ou omissões conjuntas podem ser de maior importância moral do que outras, e algumas contribuições individuais, por exemplo, as dos gerentes sêniores do banco, de maior importância do que outras. Ainda, o dano cumulativo feito por uma série contínua de episódios como esses de ação corrupta por parte de equipes bancárias de diferentes instituições e em múltiplas ocasiões pode ser estendido ao grupo todo, embora existam várias barreiras para a atribuição de responsabilidade moral coletiva a grandes grupos nos quais cada membro tem apenas uma pequena contribuição causal.

O que é importante, como notado pela *Wheatley Review*,[30] existe uma responsabilidade institucional coletiva por parte daqueles que submetem à LIBOR de fornecer dados bem fundamentados, confiáveis e, com isso, chegar às taxas corretas. Foi essa responsabilidade *institucional* coletiva – e, dada a importância moral em termos do

---

30. *Wheatley Review, op. cit.*

dano resultante, quebra de confiança etc., responsabilidade *moral* coletiva – que aqueles que se envolveram em falsas submissões deixaram de cumprir e, ao fazê-lo, corromperam o processo da LIBOR. O que é notável é que, pré-*Wheatley*, provavelmente não era uma infração legal envolver-se em manipulação das taxas da LIBOR; como é evidente, roubo a bancos era visto como uma coisa, mas roubo por banqueiros, outra.

Não é preciso dizer que a resposta à corrupção de indicadores precisa ser um processo de remodelamento institucional resultando em um administrador independente do indicador, uma estrutura de direção apropriada para o administrado, uma metodológica confiável para calcular as taxas do indicador, e rígido controle externo e poderes disciplinares em relação a supostos manipuladores.[31] Contudo, há um ponto adicional que precisa ser enfatizado e que foi aparentemente ignorado pela IOSCO e por comentaristas financeiros. Uma vez que os indicadores financeiros constituem infraestrutura produtora de bens públicos que são também bens coletivos, por meio de ação cooperativa, mais do que por atividade competitiva baseada no mercado, o veículo institucional mais apropriado para administrar os indicadores financeiros é uma fator de utilidade ou quase utilidade, mais do que um ator de mercado. Com efeito, ao realizar essa função, um administrador é com efeito uma utilidade ou quase utilidade, e deve ser tratado como tal e financiado adequadamente, por exemplo, por meio de taxas pagas por usuários. As contínuas revelações de corrupção sistemática dos indicadores financeiros por parte de atores do mercado serve apenas para enfatizar a necessidade de utilidade independente para realizar essa função. Além disso, como ocorre com outros atores do mercado que operam sem a disciplina integral do mercado, os administradores

---

31. IOSCO, International Organization of Securities Comissions, *Principles for Financial Benchmarks: Final Reporta*. Madri: International Organization of Securities Comissions, 2013, disponível em www.iosco.org .

de indicadores que são eles próprios atores do mercado possuem um problema de prestação de contas; problema que deverá ser sanado por meio de um aparato regulatório adicional e intrusivo. Essa é uma razão a mais para abandonar a ficção de que mecanismos institucionais para o fornecimento de indicadores financeiros são essencialmente elementos de mercado.

12.4 Prestadores de serviços financeiros

No contexto geral da CFG [Crise Financeira Global] e da Crise da Dívida Soberana, da União Europeia, a indústria de planejamento financeiro nos EUA, RU e Austrália, como em geral no setor financeiro, questões éticas têm vindo recentemente à tona.[32] Considere-se, a esse respeito, a venda de produtos financeiros "exóticos", como CDOs (*collateralized debt obligations* = obrigações colaterais de débito) para investidores ingênuos, e vários esquemas Ponzi nos quais consultores financeiros desempenharam papel crucial recrutando investidores-vítimas.

A profissionalização, evidentemente, é parte da proposta solução para problemas identificados nas indústrias de planejamento financeiro. Precisamos aqui estabelecer alguns pontos gerais sobre profissionalização e sistemas de integridade.

Talvez se possa pensar na profissionalização como um conjunto de processos estreitamente relacionados, mais do que como um processo singular, único; o processo de profissionalização não pode ser um caso de "tamanho único". A profissionalização dos jornalistas,

---

32. Versões anteriores do material desta seção foram publicadas em Miller, "Capital markets and institutional purposes: the ethical issues"; Miller, "Trust, conflicts of interest and fiduciary issues: ethical issues in the financial planning industry in Australia", *in* Morris e Vines (org.), *Capital Failure: Rebuilding Trust in Financial Services*. Oxford: Oxford University Press, 2014, pp. 305-331; Miller, "The Global Financial Crisis and collective moral responsibility"; Miller, "Global financial institutions, Ethics and market fiundamentalism"; Miller, *Moral Foundations of Social Insrtitutions*, cap. 10ss.

por exemplo, não pode significar o mesmo que a dos advogados, dado os problemas potenciais postos pela liberdade de imprensa para o estabelecimento de uma autoridade regulatória. Mais especificamente, não é óbvio que os membros de todas as ocupações que são profissões, ou devem se profissionalizar, têm ou devem ter deveres fiduciários, por exemplo, os jornalistas não devem ter.

Profissionalização no sentido aqui empregado é simplesmente o processo, ou processos, por meio do qual uma ocupação que carece das principais características de uma profissão – características listadas no Capítulo 9, Seção 9.1 – se transforma em uma ocupação com essas características; ou, pelo menos, o processo por meio do qual semelhante ocupação passa a ter a maior parte dessas características. Nesse sentido, a profissionalização decididamente não é o processo por meio do qual uma ocupação adquire vários traquejos das profissões para fins de alcançar um *status* mais elevado, mais poder institucional e maiores recompensas financeiras e outras do que se poderia esperar normalmente.

No sentido que preferimos, a profissionalização pode ser importante componente de um sistema de integridade para uma ocupação, supondo que esta não deva se tornar profissão. Precisamos ter em mente aqui que muitas ocupações não são, e não devem jamais se tornar, profissões. Suponhamos, portanto, que no setor financeiro, em fase de evolução, há necessidade da profissão de consultores financeiros, isto é, um grupo ocupacional considerado profissionalmente possuidor de conhecimento especializado, independência profissional e com dever fiduciário baseado na vulnerabilidade dos necessitados, por exemplo, aposentados, e assim por diante. Se for assim, e dados os problemas identificados no setor de planejamento financeiro, por exemplo, confusão de papéis de vendedor e consultor, há boas razões para pensar que a profissionalização pode funcionar como importante componente na construção de um sistema de integridade geral para consultores financeiros.

Dito isso, deve-se enfatizar também, logo de início, que essa profissionalização é apenas um dos componentes na construção desse sistema de integridade; seria ilusório, segundo sugiro, pensar que ela poderia fornecer a solução completa para todos os problemas. Especificamente, aquilo a que me referi antes como contexto macro-institucional, por exemplo, da indústria de serviços e produtos financeiros, precisa ser levado em conta ao focar na reforma das micro-ocupações, por exemplo, a ocupação do consultor financeiro.

É importante ainda – e, mais uma vez, a despeito da contribuição geral que a profissionalização pode dar para a "integridade" ocupacional – sustentar uma distinção entre as ocupações que possuem papel distintivo como elementos-chave de um sistema de integridade (por exemplo, auditores) e aquelas que possuem obrigações, cujo cumprimento cabe ao sistema de integridade assegurar (por exemplo, as corporações cujos registros financeiros são auditados). Diferentes ocupações possuem diferentes papéis em relação a sistemas de integridade: auditores são "porteiros", no sentido de examinadores independentes da saúde financeira, advogados possuem importante papel em relação a assegurar compreensão e cumprimento da lei (por exemplo, por parte de seus clientes/empregados corporativos), e assim por diante (isto é uma função de "portaria" [*gate-keeping*] em um sentido diferente).

Como é natural, em certo sentido os próprios membros de uma ocupação, profissão ou instituição são parte do sistema de integridade e, simultaneamente, atores com obrigações cujo cumprimento cabe ao sistema de integridade assegurar. No entanto, a verdade desse ponto geral não deixa óbvia a necessidade de identificar o papel preciso que cada ocupação relevante deve desempenhar em um sistema de integridade, digamos, para serviços financeiros e, por conseguinte, em que deve consistir a profissionalização para cada uma dessas ocupações. Aqui, como sempre, o demônio está em alguma medida nos detalhes. Por exemplo, um consultor financeiro que era membro de um grupo ocupacional plenamente profissionalizado de consultores financeiros seria inteiramente independente daqueles que produzem os produtos financeiros. Além disso, esse profissional teria não só, é de se presumir, compreensão detalhada de qualquer produto financeiro relevante e dos fins econômicos desejáveis visados por esse produto, mas teria uma obrigação profissional e moral de fornecer conselhos a seus clientes, afiliados, criadores de produtos financeiros, agências reguladoras e, de resto, para o público em geral em relação aos riscos ligados a produtos financeiros específicos; com efeito, esse consultor profissional, caso considerasse apropriado, recomendaria fortemente – talvez por meio da associação profissional – que determinados produtos financeiros fossem banidos por não terem finalidade econômica útil, e como provavelmente causadores de danos graves. Esse consultor financeiro profissional seria de fato parte do sistema de integridade geral para a indústria de produtos e serviços financeiros, e forneceria o serviço "ético" como parte de seu papel profissional como consultor financeiro e não, como deve se salientar, como "cavaleiro branco" envolvido em boas ações além de suas obrigações. Se membros da profissão médica se calam sobre as deficiências de determinados medicamentos e, na verdade, continuam a prescrevê-los, isto não deveria ser visto como rompimento de suas obrigações profissionais morais? Do mesmo modo, se advogados estão envolvidos principalmente em encontrar e explorar brechas legais para seus clientes ricos, e sem se preocupar com os propósitos mais amplos da lei em sua esfera legal particular – como foi evidentemente o caso em vários setores financeiros e corporativos –, certamente estão infringindo suas obrigações profissionais morais em relação ao propósito mais amplo da administração da justiça (e independentemente de terem ou não infringido qualquer lei particular). Além disso, certamente seus colegas advogados – mais uma vez, talvez por meio da associação profissional relevante – devem fazer algo a respeito.

O estabelecimento de um dever fiduciário legalmente embasado e o banimento de certas formas de remuneração em conflito de interesses são importantes contribuições para edificar "integridade" ocupacional entre consultores financeiros, tanto direta quanto indiretamente (via profissionalização). A probabilidade de sucesso dessas intenções no nível micro-ocupacional depende, em parte, segundo minha sugestão, de algumas questões mais abrangentes concernentes ao quadro macroinstitucional; uma instituição e, portanto, um quadro institucional, ele próprio compreendendo propósito(s), estrutura(s) e cultura(s).[33] Qual é o quadro macroinstitucional no qual o visado processo de profissionalização deve ocorrer? Que impacto, se houver um, devem ter as mudanças legislativas sobre esse quadro institucional?

Sugeri que sistemas de integridade são o principal veículo institucional para promover a conduta ética e combater o crime e a corrupção. Se isso for correto, deve ser instrutivo ver todo proposto processo de profissionalização de consultores financeiros pelas lentes de um sistema de integridade apropriado para essa ocupação. Como a legislação e esse processo de profissionalização complementam e completam (?) um sistema de integridade apropriado?

A legislação e o visado processo de profissionalização, de maneira mais geral, devem enfrentar as várias dimensões de um sistema de integridade identificado nos Capítulos 7 e 9 em relação ao motivo, capacidade e oportunidade de se envolver em corrupção, incluindo reforma macroestrutural, regulação centrada em impedi-la, incentivos de mercado, incentivos de reputação e destaque para crenças e atitudes morais amplamente aceitas. Além disso, além de funcionar como parte do (assim chamado) sistema de integridade externo para consultores financeiros, ele fornece um novo conjunto de, por assim dizer, obrigações internas constitutivas do papel do

---

33. Ver Miller, *Moral Foundations of Social Institution*, Introdução.

planejador financeiro; assim, em certo sentido, procura construir a integridade tanto de dentro quanto de fora.

Em relação à dimensão regulatória do sistema de integridade para consultores financeiros o que é mais saliente, é claro, é a legislação que provê um quadro regulatório que conduz à profissionalização. Naturalmente, essa legislação precisa ser imposta, e as autoridades regulatórias precisam ser dotadas de poderes aumentados para revogar as licenças daqueles que deixam de cumprir as novas exigências e banir consultores individuais que não atendem a suas obrigações profissionais.[34]

Crucialmente, é necessário uma série de medidas bastante específicas expressamente concebidas para contribuir para o processo de transformação de uma ocupação previamente composta, essencialmente, de equipes de vendedores, em fornecedores financeiros profissionais independentes, de alta qualidade. Para reiterar: essas medidas incluem a criação de uma obrigação fiduciária (legal) e o banimento de várias formas de remuneração em conflito, em favor de um modelo de taxas por serviços *bona fide*.[35] A lista de remunerações conflitantes é extensa, mas deve incluir algumas como comissões para consultores financeiros emanando (em última instância) dos criadores dos produtos financeiros em relação aos quais o consultor está aconselhando.

Em relação a padrões e valores morais subjacentes amplamente aceitos, um processo de compreensão e internalização de padrões e valores ético-profissionais por parte de consultores financeiros individuais é visado. Logo, existe um foco em códigos de ética e, de ma-

---

34. FOFA Bill No. 1 Items 2–4. ss. 913B(1)(b), 913B(4)(a), e 915C(1)(aa) (cancelamento de licença); FOFA Bill No. 1 Items 5–7. ss. 920A(1)(ba), 920A(1)(d), 920(1)(da), e 920A(1)(f) (banimento de indivíduos).

35. Por *bona fide*, entendo um que exclua todas remunerações conflitantes, incluindo vínculos entre conselhos dados e transações realizadas, como nas chamadas taxas baseadas em ativos. Ver adiante, no texto desta última seção.

neira relacionada, sobre despertar de consciência ético-profissional, treinamento e educação, inclusive em corpos profissionais. Nessa medida, existe uma tentativa de especificar e comunicar obrigações e valores profissionais e, ao fazê-lo, de enfatizar os padrões e valores morais gerais subjacentes, amplamente aceitos e pré-existentes dos atores institucionais em questão.

No que concerne aos incentivos à reputação, é necessário um plano que utilize recursos de reputação como camada adicional e complementar do sistema de integridade geral para a ocupação. Por exemplo, um índice de reputação (composto de indicadores objetivos de "saúde" "ética" poderia ser construído, uma auditoria ética conduzida (por parte de um corpo independente) – cujos resultados forneceriam um quadro comparativo das várias firmas no ramo – e esses resultados seriam promulgados.[36] Dada a sensibilidade de muitos atores no ramo de serviços financeiros a riscos à reputação, notadamente falta de confiança por parte de consumidores/clientes na independência dos consultores financeiros, a ausência de recursos de reputação seria uma omissão significativa.

No entanto, é na área da (chamada) "integridade" induzida pelo mercado à qual me referi como o nível macroinstitucional que existe tipicamente a maior preocupação. Não se nega que existam incentivos e desestímulos padrões do mercado que (respectivamente) encorajam comportamento ético e desencorajam comportamento antiético, especialmente, mas não exclusivamente, entre fornecedores independentes de conselhos financeiros. Esses incentivos existem e são reforçados pela proposta ênfase maior em revelação apropriadamente comunicada, aumento de conhecimento financeiro por parte de consumidores/clientes etc.

---

36. Para maiores detalhes sobre esse e outros recursos reputacionais, ver Alexandra e Miller, *Integrity Systems for Occupations*, cap. 5. Ver também Miller, "Financial servisse providers: integrity systemas, reputation and the traingle of virtue" e "Financial servisse providers, reputation and the virtuous traingle".

Não obstante, incentivos e desestímulos de mercado são pesadamente influenciados pela estrutura macroinstitucional particular (por assim dizer) do mercado em questão e, no caso de muitas firmas de serviço financeiro, essa estrutura se caracteriza por um pequeno número de grandes, verticalmente integradas organizações. Além disso, funcionalmente, essas organizações são atores de mercado impulsionados pelo lucro. Segue-se que a cultura pervasiva nessas organizações será reflexo dessa função e estrutura. A questão que surge neste ponto da discussão é saber se é provável que o processo de profissionalização do consultor financeiro seja substancialmente diluído e/ou desviado sob importantes aspectos no quadro institucional. Em suma, é provável que o ambiente macroinstitucional desencaminhe a agenda micro-ocupacional?

Concluo este capítulo formulando alguns argumentos específicos que conferem alguma substância a essas preocupações.

1) Se uma empresa de consultoria financeira é de propriedade, ou de alguma forma é associada a um criador de produto financeiro, como um banco, companhia de seguros ou administrador de fundos, existe potencial para conflito entre o compromisso do consultor financeiro com esse criador de produto e a exigência de agir no interesse de seu cliente. Trata-se de um conflito de papéis. Do mesmo modo, se a taxa do planejador financeiro por serviços se vincula de alguma forma a uma transação de produto (por exemplo, se o investimento recomendado pelo consultor aumenta em x% quando a taxa aumenta por x%), existe um conflito potencial entre o interesse do consultor e o interesse do cliente.[37] Esta é uma remuneração em conflito.

---

37. FOFA bane essas taxas apenas para empréstimos (FOFA Bill No. 2 ss. 964B-G). Vários comentadores sugeriram que múltiplos conflitos de interesse permanecem pós FOF. Ver, por exemplo, D. Kingsford Smith, "Insider the FOFA Deal: success of the experi-

2) Existe uma questão em relação à *capacidade* dos consultores financeiros em se desincumbir de suas obrigações profissionais, confrontado com quaisquer preocupações éticas diretas em relação a conflitos de interesse e/ou obrigações fiduciárias. Conforme afirmado antes, profissionais se distinguem em parte de outras ocupações em virtude da posse de um corpo de conhecimento especializado, e deve-se exigir de planejadores financeiros que possuam um treinamento superior. No entanto, na ausência de qualquer exigência de que os consultores financeiros tenham compreensão do conjunto *pleno* de produtos financeiros em competição disponíveis no mercado (ou talvez, mesmo aqueles com os quais estão familiarizados, caso sejam produtos complexos "exóticos"), o quão provável é que os consultores financeiros estejam em posição de satisfazer adequadamente às necessidades de seus clientes, isto é, fornecer conselho não enviesado baseado em uma compreensão detalhada completa, ou quase completa, dos produtos disponíveis?

3) Dado que muitos, se não a maioria, das empresas de planejamento financeiro em algumas jurisdições pertencem, ou são de algum modo associadas, a criadores de produtos financeiros, há a questão de saber se a cultura dos membros da ocupação do consultor financeiro mudará, digamos, de uma cultura baseada em vendas para a cultura de uma profissão. O impulso substancial fornecido pela legislação e processos de profissionalização associados seriam decisivos? De particular importância aqui será o crescimento do número relativo de empresas de financiamento genuinamente independentes.

12.5 Conclusão

Neste capítulo apliquei minha explicação teleológica normativa das instituições sociais (inclusive estruturas em múltiplas camadas

---

mente depends on extent and quality of implementation", www.clmr.unsw.edu.au, data desconhecida.

de ação conjunta e mecanismo institucional conjunto) a mercados financeiros. Ao fazê-lo, distingui a "teoria" normativa geral dos mercados financeiros de "teorias" normativas especiais de mercados financeiros particulares e suas constitutivas instituições baseadas no mercado. As aplicações em questão foram a respeito do setor bancário, mercados de capital (especificamente, de ações), indicadores financeiros (uma espécie de mecanismo institucional conjunto) e o ramo de planejamento financeiro. Identifiquei corrupção nesses mercados financeiros e mencionei várias propostas de medidas de integridade anticorrupção ou mais amplas. Sustentei que esses casos de má conduta institucional constituem corrupção, e se tratava de soluções principalmente à luz dos propósitos institucionais (normativamente compreendidos) desses mercados financeiros e dessas instituições baseadas no mercado.

13
Organizações policiais

Em outros lugares[1] elaborei minha explicação teleológica normativa da polícia, segundo a qual organizações policiais têm como propósito fundamental a proteção de direitos morais legalmente prescritos, passíveis de coerção, incluindo direitos de propriedades e outros direitos institucionais. Ao fazê-lo, expliquei igualmente a noção de ordem, como em lei e ordem, em termos de sua contribuição para a proteção dos direitos morais. Neste livro enfatizei o papel central das organizações policiais como parte de sistemas de integridade e anticorrupção e, de maneira mais óbvia, como componente crítico do sistema de justiça criminal (que é o sistema anticorrupção mais importante dentro de uma sociedade moderna). Praticamente não precisa ser dito que a corrupção policial é profundamente problemática, dado o crítico papel anticorrupção das organizações policiais. Por comparação com instituições bancárias e financeiras, há pouca confusão ou controvérsia em relação aos propósitos fundamentais de combate ao crime e à corrupção por parte das organizações policiais; poucos duvidam de que se trata de importantes fins das organizações policiais, mesmo que sustentem que elas possuem outros importantes propósitos.[2] Além disso, as diversas formas de corrupção policial não são em geral contestadas. Por esse motivo,

---

1. Miller e Blackler, *Ethical Issues in Policing*, cap. 1; Miller e Gordon, *Investigative Ethics*, cap. 1; Miller, *Moral Foundations of Social Institututions*, cap. 9; e Miller, *Corruption and Anti-Corruption in Policing*, cap. 1.

2. *Ibid.*

neste capítulo minha ênfase residirá sobre a natureza da corrupção policial e sobre o modo como combatê-la, em vez de defender minha explicação dos propósitos institucionais da organização policial.[3]

13.1 Sistemas de integridade para organizações policiais

Conforme defendido no Capítulo 9, ocupações, incluindo profissões e grupos quase profissionais, como policiais, são definidas em termos de propósitos básicos aos quais têm que servir, assim como de suas atividades constitutivas.[4] Os diferentes fins e atividades das diferentes profissões geram diferenças no caráter moral requerido. Desse modo, é porque a polícia precisa perseguir e deter criminosos que os policiais precisam ter disposição para serem desconfiados, uma alta dosagem de coragem física, e assim por diante. Ao ingressar em determinada profissão, os indivíduos aceitam obrigações profissionais. Como vimos no Capítulo 6, algumas dessas obrigações são também obrigações morais. Estas são diferentes e mais extensas do que as obrigações morais que possuíam antes de ingressar na profissão. Por exemplo, se um policial não intervém em uma tentativa de roubo, não só deixou de realizar o que sua profissão exige, como falhou também com o que a moralidade agora lhe exige. Assim, ao que parece, ao assumir determinada

---

3. Versões anteriores do material deste capítulo foram publicadas em Miller, *Issues in Policing*; Miller, *Corruption and Anti-Corruption in Policing*, caps. 4 e 5; Miller, "Integrity systems and professional reporting in police organisations", *Criminal Justice Ethics*, vol. 29, no. 3, 2020, pp. 241-257.

4. Existe uma disputa a respeito de saber se a polícia deve ser vista como profissão ou como técnica. Sugiro que a polícia é uma profissão em ascensão. De qualquer modo, ela deve pelo menos ser vista como quase-profissão, para distingui-la de ocupações que exigem pouco ou nenhum treinamento e conhecimento especializado. Porém, essas controvérsias não fazem diferença para o argumento que defendo aqui, uma vez que em outro lugar defini a polícia de acordo com essa concepção teleológica e esta não depende do fato da polícia receber o *status* de profissão. Ver Miller e Blacler, *Ethical Issues in Policing*, cap. 1. Sobre a noção de profissão, ver Alexandra e Miller, *Integrity Systems for Occupations*, cap. 1.

profissão, um indivíduo é obrigado a possuir ou desenvolver um caráter moral específico a fim de ser capaz de desincumbir-se da obrigação moral distintiva da profissão.

Pelo menos duas coisas parecem se seguir dessa explicação do caráter moral de um membro de uma profissão, ou pelo menos, do caráter moral dos policiais. Em primeiro lugar, o fato de que um policial apresenta uma deficiência em algum traço de caráter que é altamente desejável do ponto de vista moral em membros de alguma outra profissão, ou em algum papel privado específico, não contaria necessariamente contra o policial *enquanto tal*. Por exemplo, podemos comparar um policial sexualmente promíscuo com um marido, esposa ou padre católico sexualmente promíscuo. Se o policial restringe suas atividades sexuais à sua vida privada e, por exemplo, não assedia colegas de trabalho ou outros com os quais lida em sua capacidade como policial, então, pode-se sustentar, sua promiscuidade sexual não influi sobre sua aptidão para desincumbir-se de seu papel. As questões são inteiramente diferentes para maridos, esposas e padres católicos.

Em segundo lugar, o fato de que um policial tenha uma deficiência em algum traço de caráter pode contar contra ele, mesmo que o traço em questão não esteja presente, ou seja altamente desejável, em membros da maior parte de *outras* ocupações, ou na maioria dos papéis *privados*. Considere-se a coragem física. Ela é necessária para policiais, mas é de se presumir, não para professores universitários e contadores. Com efeito, um traço de caráter pode ser uma virtude em um policial, mas um *vício* em membros da maior parte das outras profissões – e mesmo na maior parte dos papéis privados. A desconfiança seria um desses traços de caráter. A mesma constante que procura más ações que constitui um bom detetive pode tornar alguém um mau marido ou esposa.

Outro ponto sobre o caráter moral pode derivar da natureza e propósitos do trabalho policial. Isso diz respeito ao caráter moral concebido em termos gerais, distinto de traços de caráter específicos. Talvez os mínimos padrões morais de integridade, honestidade, coragem, lealdade e assim por diante exigidos dos policiais devem ser mais altos do que para muitos, talvez a maioria, de outras ocupações. Afinal, os policiais possuem poderes extraordinários que não são dados a outros, incluindo o poder de retirar por períodos limitados a liberdade de seus concidadãos. Além disso, os policiais estão sujeitos a tentações morais em uma extensão que não é tipicamente encontrada em outras ocupações. Considere-se detetives trabalhando em aplicação da lei antidrogas: são expostos a traficantes preparados para oferecer grandes propinas apenas para que o policial não faça nada. Pode-se sustentar que a conjunção de poderes extraordinários com grandes tentações justifica estabelecer padrões mínimos de caráter moral mais elevados para policiais do que para membros de muitas outras profissões.

Conforme defendido ao longo deste livro, manter e aumentar a integridade de uma profissão é em parte uma questão de atender à *estrutura, propósito* e *cultura* das organizações nas quais os praticantes estão sediados. Considere-se a estrutura, tanto legal quanto administrativa. Em uma organização que precisa possuir integridade, como a organização policial, os processos e procedimentos administrativos em relação, por exemplo, a promoção, queixas e disciplina, deve conter relevantes princípios éticos de equidade, justiça procedimental, transparência e coisas similares. Considere-se agora o propósito. Numa organização policial que possui integridade, os fins organizacionais efetivamente perseguidos devem se alinhar de perto com os propósitos moralmente legítimos da profissão policial, como justiça e proteção aos direitos humanos, incluindo os direitos à vida e à liberdade.[5] Finalmente, considere-se a cultura. Numa organização que precisa possuir integridade, como a policial, o *ethos*

---

5. Miller e Blacler, *Ethica Issues in Policing*, cap. 1.

ou espírito pervasivo, ou seja, a cultura, deve conduzir, por exemplo, à alta performance, tanto técnica quanto eticamente, e deve oferecer apoio em tempos de necessidade, mas ser intolerante em relação a grave incompetência ou má conduta. Naturalmente, a natureza e influência da cultura pode e, pode-se sustentar, deve variar de um tipo de organização para outra, dependendo em parte da natureza do trabalho do grupo ocupacional estabelecido dentro de uma organização. Organizações policiais, por exemplo, caracterizam-se por uma cultura na qual um alto nível de lealdade pode ser esperado.

Como notado no Capítulo 7, ao examinar opões para promover a integridade e combater falhas éticas por parte de profissionais, é muito fácil buscar e optar por algum tipo de solução tipo "bala mágica", como aumentar as penalidades ou fornecer poderes mais intrusivos para agências de investigação. Considere-se o teste de integridade para policiais. Será que essa prática de fato reduz a corrupção policial? Ou ela simplesmente eleva os níveis de desconfiança entre, digamos, policiais de escritório e policiais da rua, contribuindo com isso para o problema da chamada parede azul [*blue wall*] de silêncio, pela qual policiais de rua (em particular) protegem seus colegas corruptos?[6] Talvez, testes randômicos de integridade em relação a desvios de conduta ética menores sejam problemáticos a esse respeito, ao passo que testes de integridade pontuais em relação a formas graves de corrupção sejam menos problemáticos, pois amplamente aceitos por policiais. As descobertas de um estudo empírico de atitudes de oficiais de Vitória parecem confirmar isso.[7]

Ao tentar determinar as causas de práticas profissionais antiéticas é preciso enfrentar uma série de questões preliminares. Um

---

6. Ver, por exemplo, Jerome Sklnick, *Justice without Trial: Law Enforcement in a Democratic Society*. Nova York: Macmillan, 1977, p. 58.

7. Seumas Miller, Steve, Curry, Ian Gordon, John Blakler e Tim Prenzler, *An Integrity Systema for Victoria Police: Volume 2*. Camberra: Centre for Applied Philosophy and Public Ethics, 2008.

conjunto de questões diz respeito à natureza precisa da prática antiética em questão, e o contexto no qual ocorre. Que práticas estão envolvidas? Receber favores menores? Roubo de material roubado? Força excessiva? Fabricação de provas? Qual a motivação? Cobiça? É um senso de justiça (possivelmente deslocado, corrupção da causa nobre)?[8] Existem por exemplo, fatos práticos conclusivos que explicam a prática, digamos, de uma crença de que a única maneira de assegurar condenações de sérios traficantes envolve o uso de métodos ilegais? Que outras pressões, como falta de recursos, podem explicar a prática antiética em questão? Outro conjunto de questões diz respeito à extensão da corrupção ou prática antiética: trata-se de algo esporádico ou contínuo, restrito a algumas "maças podres" ou disseminado no departamento policial?[9] Aqui, como sempre, a retórica não substitui conclusões baseadas em provas, por mais difícil que possa conseguir estas últimas.

Sistemas de integridade para organizações policiais pode e devem variar. No entanto, semelhantes sistemas devem ter pelo menos os seguintes componentes ou aspectos:[10]

- Um sistema efetivo, rígido de queixas e disciplina;

- Uma série abrangente de processos de vetos e indução dos diferentes níveis de risco em diferentes áreas da organização;

- Um código básico de ética e códigos especializados de prática – por exemplo, em relação ao uso de armas de fogo – apoiados por educação ética no treino dos recrutas, e programas contínuos de desenvolvimento profissional;

---

8. Ver capítulo 4 e Miller, "Noble cause corruption revisited", *in* Villiers e Adlam (org.), *A Safe, Just and Toleant Society: Police Virtue Rediscovered*.

9. Miller e Blackler, *Ethical Issues in Policing*, cap. 5.

10. Seumas Miller e Tim Prenzler, *An Integrity System for Victoria Police: Volume 1*. Canberra: Centre for Applied Philosophy and Public Ethics, 2008.

- Sistemas adequados de apoio ao bem-estar, por exemplo, em relação a abuso de drogas e de álcool, e dano psicológico;

- Recolhimento de informações de inteligência, administração de riscos e sistemas precoces de aviso para policiais em risco, por exemplo, policiais com altos graus de queixa;

- Investigações internas, ou seja, a organização policial assume alto grau de responsabilidade por seus policiais antiéticos;

- Sistemas de intervenção anticorrupção proativos, por exemplo, testes de integridade direcionados;

- Liderança ética, por exemplo, promover policiais que priorizam fins coletivos definidores da organização, em lugar de suas próprias ambições de carreira; e

- Controle externo por parte de um corpo independente, dotado de recursos e com poderes investigativos.

Como sugerem os pontos acima, um elemento-chave em um sistema de integridade para organizações policiais é um processo abrangente, baseado em informações, e um plano abrangente de avaliação de riscos éticos – a identificação de riscos de má conduta/corrupção/violação de direitos na organização policial. Os riscos éticos em uma organização policial contemporânea incluem muitas, se não a maioria, das seguintes áreas:

- Segurança de dados, especialmente dados eletrônicos;

- Investigações sobre drogas, dados os fundos massivos envolvidos e a ausência de vítimas que possam se queixar;

- Uso excessivo da força;

- Gerenciamento de informantes, dado que muitos dos informantes são eles próprios criminosos; e

- Infiltração por parte do crime organizado.

Outras áreas de preocupação em muitas organizações policiais são os riscos éticos que derivam de *stress* grave entre policiais e a inabilidade dos administradores de identificar e responder de maneira efetiva ao *stress* grave em seus subordinados; corrupção da causa nobre, na qual policiais infringem a lei para alcançar bons resultados, por exemplo, ao adulterar relatórios e mesmo forjar evidências; pressão política e/ou da mídia e/ou da hierarquia policial por resultados, ou mesmo interferências efetiva em investigações de altos perfis, comprometendo assim o processo investigativo e (potencialmente) seu resultado.

Uma vez identificadas as áreas de risco, contramedidas preventivas precisam ser adotadas. Elas devem acompanhar os riscos identificados. Entre as contramedidas e os riscos que elas acompanham estão as seguintes:

• Em relação à segurança de dados: segregação, e acesso controlado a bases de dados de assuntos internos; auditorias do acesso à base de dados.

• Em relação às investigações sobre drogas: sistemas precoces de alarme, por exemplo, perfis de policiais em risco, localizações e áreas de alto risco; testes de integridade direcionados baseados em informações de inteligência, por exemplo, um número alto de queixas de uso de força excessiva.

• Em relação ao gerenciamento de informantes: mecanismos de prestação de contas como documentação nomeando o informante, assegurar que o policial que tenha um informante possua um supervisor que se encontre com ambos, tendo um supervisor que monitora as negociações do policial com o informante, e registrar todos os pagamentos (inclusive transferências eletrônicas, a fim de prevenir o roubo).

• Em relação à infiltração por parte do crime organizado: processos de veto rigorosos e constantemente atualizados (especialmente para policiais em áreas sensíveis), assegurando supervisão adequada de todos os policiais, e monitoramento e utilização de bases de dados de inteligência (incluindo associações criminosas).

• Em relação ao *stress*: assegurar supervisão adequada de todos os policiais; introdução de ferramentas de gerenciamento de *stress*.

• Em relação a todos os itens acima: treino ético contínuo baseado em riscos identificados em papéis específicos.

Tendo discutido sistemas de integridade para organizações policiais em termos gerais, volto-me agora para um desafio historicamente importante com o qual se deparam organizações policiais, a saber, denúncias profissionais, tendo em mente a distinção feita no Capítulo 10 entre delação (revelação externa, por exemplo, para a mídia), e denúncia profissional (revelação interna). Minha preocupação, aqui, é principalmente com esta última.

13.2 Denúncia profissional e cultura policial

Sistemas de integridade organizacional, incluindo sistemas de integridade para organizações policiais, apoiam-se pesadamente nos membros da organização para denunciar a má conduta ética de seus colegas e, no caso de infrações criminosas, de estar preparados para fornecerem testemunhos juramentados contra eles. Historicamente, policiais sempre foram relutantes em "dedar" seus colegas corruptos, e a relutância foi explicada em grande parte em termos da cultura policial[11] e, especificamente, da "parede azul de silêncio" ["blue wall of silence"].[12]

---

11. Ver, por exemplo, Robert Reiner, *The Politics of the Police*. Brighton: Harvester, 1985, capítulo 3, "Cop culture".

12. Ver, por exemplo, John Kleinig, "The blue wall of silence: an ethical analysis", *International Journal of Applied Philosophy*, 15 (2001), 1-23.

A cultura policial é um fenômeno complexo e sobre o qual muito se comenta. Além disso, precisamos distinguir a descrição sociológica da cultura policial de sua análise ética, ou, em sentido mais amplo, normativa. Segundo Robert Reiner, uma característica definidora da polícia é um senso de "missão": "a força policial é uma seita, é como uma religião", "você é 'ordenado' policial, por assim dizer";[13] "é importante, ao compreender o trabalho policial, que ele é visto como uma missão, uma tarefa que vale a pena, não como um trabalho como outro qualquer".[14] "O aspecto central da visão policial é essa mescla sutil e complexa dos temas da missão, amor hedonístico pela ação e cinismo pessimista".[15] Brian Chapman se refere a noção de Balzac da polícia como a mais nobre profissão, pois em sua pessoa o policial desempenha os papéis de soldado, sacerdote e artista".[16] Chapman sugere, porém, que existem perigos morais associados a esses papéis:

> O policial, como o funcionário público, o juiz e o soldado, é pré-condicionado a aceitar a doutrina do fim dourado, a doutrina dos jesuítas, a *raison d'être* da saúde da República, de Santo Inácio, de Bismarck e de Gauguin. O policial, como o soldado, não recua diante do uso da força, uma vez que o contato com a violência, assim como com a estupidez humana, é parte de sua vida profissional. O risco inerente a essa doutrina, para o policial, é que, se não questionado, no final o soldado pode ter que sacrificar mulheres e crianças, o padre, os judeus e o artista e sua família.[17]

Cientistas sociais documentaram como policiais inseridos numa cultura policial desse tipo podem começar a ver muitas das

---

13. Reiner, *The Politics of the Police*, p. 245.

14. *Ibid.*, p. 85.

15. *Ibid.*, p. 91.

16. Brian Chapman, *Police State*. Londres: Pall Mall Press, 1970.

17. Ibid., p. 103.

situações que eles enfrentam como cenários "Dirty Harry". O policial passa a acreditar que tem que sujar suas mãos por meio de uso ilegal da força, logro ou fabricação de provas a serviço do fim mais alto ("missão") da justiça. O filme *Dirty Harry*, com Clint Eatswood, incorpora essa maneira de pensar: o Inspetor Harry Callaghan tortura um assassino psicopata a fim de determinar o paradeiro da garota que este teria sequestrado, e o faz com a aparente aprovação da plateia do cinema. O ponto a ser salientado aqui é uma variante do argumento apresentado por Chapman, a saber, o potencial inerente a essa noção de missão policial de levar o policial a acreditar que, pelo menos em algumas ocasiões, ele pode desconsiderar a lei, ou mesmo pensar que se encontra de certa maneira acima dela.

Conforme notado antes, uma característica da cultura policial é o forte senso de lealdade sentido por policiais uns em relação aos outros. O trabalho policial é intrinsecamente perigoso e exige alto grau de cooperação e confiança, particularmente entre policias de rua. Assim, não é de surpreender que a cultura policial se caracterize em parte por um forte senso de solidariedade entre policiais. Além disso, pelo menos em muitos serviços policiais de grandes metrópoles, essa solidariedade acompanha de perto uma mentalidade de "nós contra eles" em relação tanto ao público quanto à administração policial. Os policiais pensam no público com frequência como compreendendo erroneamente, tendo aversão e/ou medo da polícia; afinal, é o público que está sendo policiado e, em áreas urbanas de alta criminalidade pode ser difícil para a polícia separar infratores de cidadãos comuns cumpridores da lei. Os policiais de rua, com frequência, consideram os administradores da polícia como não apoiadores, não merecedores de confiança e punidores; afinal, são os administradores que policiam a polícia e, em organizações policiais com um reconhecido problema de corrupção, a polícia de rua provavelmente desconfia especialmente dos administradores que estão sob pressão política para serem vistos fazendo algo a respeito da corrupção.

Várias pesquisas sobre corrupção policial notaram que os policiais tipicamente esperam que outros policiais não os delatem, mesmo quando estão envolvidos em atos criminosos, e a despeito da exigência legal de que o façam. Essa "parede azul de silêncio" depende em parte dos sentimentos de lealdade que tenho descrito. Talvez também se apoie no sentimento existente entre policiais de que, às vezes, eles têm justificativa para infringir a lei, seja por deixar de relatar corrupção, seja por se envolver em corrupção da causa nobre (pelo menos). Muitos policiais entrevistados no mencionado estudo sobre a polícia de Vitória, disseram que teriam muita relevância em relatar um ataque pouco grave de um policial a um criminoso, se este tivesse sido provocativo ou tivesse, de outra maneira, "merecido isso", apesar do ataque em questão constituir um ato criminoso.[18]

A solidariedade policial pode muitas vezes ser uma virtude. Ela permite que policiais cooperem entre si e permaneçam firmes diante do perigo, por exemplo, para se desincumbir de maneira bem-sucedida de suas responsabilidades em relação a controle de turbas ou quando dois policiais confrontam um criminoso violento "no calor da hora". Também reforça a capacidade individual de coragem física, incluindo uma preparação para morrer a serviço de outros. E gera uma disposição de ajudar outros policiais quando mais precisam. Mas a solidariedade também pode ser um vício. Historicamente, em muitas organizações policiais, ela se manifestou numa disposição para elevar o interesse da organização acima daqueles do público, inclusive tolerando corrupção nas fileiras. Notoriamente, a polícia se envolveu em acobertamentos de crimes de colegas policiais. Esses

---

18. Ver Miller et. al., *An Integrity System for Victoria Police: Volume 2*, e Kleinig, "The blue wall of silence".

acobertamentos representam exemplos da imoralidade que pode ser produzida pela solidariedade.

Conforme antes mencionado, uma dimensão da cultura policial é o cisma entre policiais de rua e policiais da administração e, mais especificamente, entre policiais de rua e investigadores da corregedoria.[19] Esse aspecto da cultura policial pode ter profundas implicações para a eficácia da organização policial. Se houver uma atitude "nós-eles" entre funcionários de baixo e alto escalão, uma organização dificilmente é capaz de alcançar níveis ótimos de eficiência e eficácia. Por exemplo, pode conduzir a uma cultura punitiva na qual desvios menores de conduta por parte dos subordinados, uma vez expostos, dificilmente são punidos – muitas vezes seguindo-se a uma investigação da corregedoria [*Internal Affairs* (IA)] a serviço de uma direção da policia determinada a demonstrar uma firme postura anticorrupção a seus superiores políticos e ao público em geral – quando uma resposta paliativa, ou de desenvolvimento, seria bem mais apropriada. Naturalmente, semelhante cultura punitiva reforça a "parede azul de silêncio", particularmente entre policiais de baixo escalão.

Pode-se argumentar, em resposta a isso, e como maneira de apoiar a ação punitiva por parte da direção, que é com frequência muito difícil condenar policiais experientes por formas graves de corrupção. Eles possuem conhecimento completo da lei criminal e dos métodos policiais de investigação, e o limite para condenação por meio de provas – ou seja, além da dúvida razoável – é alto. Assim, segue o argumento, a direção pode precisar aceitar menos, e deve fazê-lo. Logo, é supostamente justificável perseguir incansavelmente e punir duramente policiais por desvios de conduta relativamente menores, ou seja, por questões, disciplinares, não criminosas.

---

19. E. Reuss-Ianni e F. A. Ianni, "Street cops and management cops: the two cultures of policing", *in Control in the Police Organisation*. Org. Maurice Punch. Londres: MIT Press, 1983.

Afinal, sabe-se que esses policiais cometeram graves infrações criminosas – embora isso não possa ser provado – e o limite de provas (por exemplo, sobre a avaliação de probabilidades) é muito mais baixa para questões disciplinares; desse modo, é mais fácil ser bem-sucedido.

Esse argumento é altamente problemático. Entre outras coisas, na ausência de boas provas, o suposto "conhecimento" por parte da direção ou dos investigadores da corregedoria sobre as atividades corruptas de certos policiais é questionável; assim, existe um risco real de adotar ação excessivamente punitiva contra policiais que são inocentes ou que, no máximo, envolveram-se em desvios éticos menores. Outro aspecto, mesmo no caso de policiais que se envolveram em atividade criminosa, a ação disciplina que não resulta em demissão não afasta o problema. Com efeito, pode exacerbá-lo, por exemplo, ao alertar os policiais em questão do fato de que estão sendo investigados.

Embora a estrutura, propósito e cultura de uma instituição pode fornecer um quadro dentro do qual os indivíduos agem, essas dimensões não determinam inteiramente as ações dos indivíduos. Existem várias razões para isso. Por exemplo, regras e regulamentos não podem cobrir toda contingência que possa surgir, e leis, normas e fins precisam ser interpretados e aplicados. Outro exemplo: a cultura não determina necessariamente toda ação, ou não é sequer o fato dominante. Não só existe espaço dentro do quadro institucional e da cultura ocupacional para um grau de autonomia individual, como a mudança das circunstâncias e problemas imprevistos pode tornar desejável dotar indivíduos, inclusive policiais, de poderes discricionários.

A despeito da influência perversa de certos aspectos da cultura policial em muitas organizações policiais, a coragem moral dos policiais individuais pode capacitá-los a resistir a restrições no exercício de sua autonomia. A imagem de uma atitude e uma ação geral, monolítica e dominante determinando a cultura é somente em parte verdadeira. Além disso, existe uma gama de respostas aos aspectos perversos da cultura policial, incluindo reduzir as oportunidades para corrupção e introduzir um sistema elaborado de detecção e dissuasão. Conforme discutido antes, semelhantes respostas constituem parte do sistema de integridade global. No entanto, não são suficientes.

Apoiar-se apenas na detecção e dissuasão ignora a questão da responsabilidade moral que está no centro da corrupção. Em última análise, a única força suficientemente forte para resistir à corrupção é o senso moral – a crença motivadora em fazer o que é certo e evitar fazer o que é errado. Se a maioria dos policiais, incluindo membros de departamentos de corregedoria e a hierarquia policial – os que investigam a corrupção – não possuírem em sua maioria uma crença motivadora em evitar fazer o que é ilegal ou de alguma forma imoral, nenhum sistema de detecção e dissuasão, não importa o quão extenso e elaborado seja, bastará para controlar a corrupção. A crença motivadora entre policiais em fazer o que é certo pode ser reforçada ao se assegurar um sistema justo de recompensas e penalidades dentro da própria organização policial. Sistemas injustos de promoção, procedimentos disciplinares excessivamente duros por erros menores, cargas de trabalho injustas e assim por diante são profundamente corrosivas do desejo de se realizar bem o trabalho e de resistir a induções ao que é ilegal ou imoral.

A crença em fazer o que é certo pode ser reforçada pela garantia de um sistema apropriado de comando e controle – apropriado, quer dizer, para os tipos de responsabilidades que se ligam ao papel de policial. Pode ser que sistemas hierárquicos muito militarizados ou burocratizados de comando e controle sejam inapropriados na maior parte das áreas do policiamento moderno, dada a natureza do papel do policial. Policiais possuem poderes consideráveis – incluindo o poder de retirar a liberdade das pessoas – e exercem esses poderes em situações de complexidade moral. É inconsistente fornecer às pessoas uma posição de responsabilidade substancial envolvendo alto grau de julgamento ético discricionário e esperar que elas façam mecanicamente e sem pensar o que lhes é ordenado.

A crença em fazer o que é certo não existe independentemente do hábito de reflexão e julgamento sobre questões éticas particularmente urgentes. Deixando de lado qualquer outra coisa, só se pode fazer o que é certo caso se saiba o que é correto, e existem muitas áreas cinzentas no policiamento. Assim, a crença em fazer o que é certo pode ser reforçada ao se garantir que questões éticas no trabalho policial, incluindo os fins éticos do próprio policiamento, são questões de discussão e reflexão contínua em programas de treinamento iniciais, além de programas de educação, supervisão, comitês de ética e em relação a códigos morais. Uma vez que a crença em fazer o que é moralmente certo, e a capacidade correspondente de reflexão e julgamento ético, incluindo em relação aos fins morais do policiamento, são de fato importantes nesse trabalho – muito mais do que em muitas outras profissões – a discussão e a deliberação ética deve ter papel central no trabalho policial.

A crença em fazer o que é certo pode ser reforçada utilizando-se a natureza intrinsecamente coletiva do trabalho policial e, em particular, ao salientar que os policiais são coletivamente (conjuntamente) responsáveis por controlar a corrupção. É um erro minar a solidariedade e a lealdade policiais, deixando indivíduos isolados que são responsáveis unicamente por suas próprias ações, e que só fazem o que é certo porque temem fazer o que é errado. É igualmente um erro apoiar-se inteiramente no heroísmo individual das imitações de Frank Serpico.

É óbvio que os policiais são coletivamente responsáveis por assegurar que os fins morais do trabalho policial sejam realizados. A aplicação da lei, manutenção da ordem e assim por diante não podem ser efetuadas por policiais individuais agindo sozinhos. Como notado, o trabalho policial é uma atividade cooperativa. No entanto, a corrupção policial mina os fins próprios desse trabalho. Além disso, essa corrupção depende em parte da cumplicidade ou consentimento tácito de colegas policiais. Assim, controlar a corrupção policial constitui uma responsabilidade coletiva. Segue-se que não só a lealdade com policiais corruptos é deslocada, como se trata de uma ab-rogação do dever – eles estão deixando de cumprir a lei. A responsabilidade coletiva implica uma cultura de lealdade seletiva – lealdade aos policiais que agem certo, mas não com aqueles que agem errado. A lealdade dos policiais é garantida somente àqueles que incorporam os ideais do trabalho policial, e em particular, aos que não são corruptos. Com efeito, a responsabilidade coletiva também implica ações como delação de colegas policiais corruptos, e apoio, e não oposição, a policiais bem-intencionados que denunciam corrupção policial.

O esforço coletivo para assegurar que os propósitos institucionais fundamentais (bens coletivos) do trabalho policial sejam perseguidos contribuirá para sua internalização por parte dos policiais. O que é mais importante, semelhante esforço coletivo assegurará que policiais se identifiquem com esses propósitos de modo que o respeito próprio, assim como o respeito pelos outros, dependa da consecução desses fins e uma oposição à corrupção. Isto redunda em uma transformação da cultura policial, mas não uma que seja feita às expensas da lealdade por si, ou do compromisso com cooperação e ajuda a colegas que a suportem.

É claro, uma coisa é fornecer uma explicação coerente do que *deve* ser a cultura policial, e outra bem diferente é mudá-la e, especificamente, romper a "parede azul de silêncio" e criar uma cultura que seja intolerante à corrupção e incentive denúncia profissional de corrupção. No entanto, o fornecimento dessa explicação normativa coerente é um primeiro passo necessário, e designar os diversos elementos de um sistema de integridade – incluindo redução de oportunidades, mecanismos de prestação de contas, programas de educação ética – um importante segundo passo.

Um aspecto importante do processo de desenvolver uma cultura que seja intolerante à corrupção envolve racionalidade, enquanto distinta da moralidade e da legalidade. Sugiro que desenvolver semelhante cultura pressupõe que existem as condições sob as quais seja racional para os policiais, em termos individuais, denunciar seus colegas corruptos, e não simplesmente que seja apenas legal ou moralmente obrigatório que eles o façam. É esta questão que exploro na última seção, com particular referência à relação entre denúncia profissional e investigações da corregedoria.

13.3 Denúncia profissional e investigação da corregedoria

Na discussão até agora feita, sugeri que a cultura policial não é necessariamente uma força social pervasiva e monolítica determinante das atitudes e ações dos policiais em todas as organizações policiais. Além disso, entre e dentro dessas organizações, existem significativas diferenças de atitude e comportamento em relação à corrupção policial. Sugeri, ainda, que a cultura policial constitui em grande parte uma resposta racional e moralmente legítima ao ambiente operacional da polícia e, enquanto tal, não pode ser e não deve ser inteiramente deixada de lado. Sugiro agora que a cultura policial, não sendo a força pervasiva, monolítica e dominante pela qual é frequentemente apresentada, é um fenômeno maleável; em princípio, pode ser modificada e, em particular, suas facetas perversas podem ser restringidas, se não inteiramente removidas.

A restrição depende de uma série de coisas, notadamente a formulação e implementação de sistemas de integridade apropriados. Porém, no contexto de um sistema de integridade geral, a restrição tipicamente depende em parte de ajustar as estruturas de incentivo de modo a tornar a aceitação dos ditames de características perversas da cultura policial menos racionais do que seria (isso talvez seja mais obviamente o caso nos mecanismos de dissuasão que seriam uma característica necessária da maioria dos sistemas de integridade).

Infelizmente, em organizações disfuncionais, enleada em corrupção, obediência por parte de qualquer policial às características perversas da cultura policial pode ser algo bem racional. O que não significa que essas características perversas constituam uma força irresistível. Longe disso; elas não são de modo algum os únicos fatores importantes presentes, e a obediência, embora racional, não é a única escolha disponível. No entanto, deve-se dizer que as configurações de fatores particulares em jogo são tais que essas características perversas da cultura policial acabam sendo os fatores decisivos. Assim, o desafio enfrentado por aqueles que procuram moldar um sistema de integridade apropriado é como fazer para que essas caraterísticas perversas deixam de ser os fatores decisivos na cultura policial; não se trata, necessariamente, pelo menos num primeiro momento, de diretamente remover essas características.

Desejo aqui restringir meu foco e explorar, em particular, uma relação aparentemente importante entre a relutância por parte da polícia de delatar colegas corruptos, por um lado, e a qualidade das investigações da corregedoria, por outro. Boa evidência empírica, embora de modo algum decisiva, foi fornecida no estudo sobre a Polícia de Vitória.[20] As partes relevantes do estudo compreendem uma investigação das atitudes éticas, uma análise de todos os arquivos de investigações da corregedoria sobre corrupção em um período de cinco anos e a condição de cerca de 70 grupos de policiais da ativa (cerca de 500 policiais de uma força policial de 9 mil). Além disso, os indícios para essa relação são reforçados pela consideração de que ela corresponde intuitivamente a uma estrutura racional.

O primeiro ponto a ser sustentado aqui é que em Estados democráticos liberais bem-ordenados, como a Austrália, a maioria dos

---

20. Miller et al., *An Integrity System for Victoria Police – Volume 2.*

policiais, em muitas, se não a maioria, das organizações policiais contemporâneas, não são corruptos e não se envolvem em contínuas atividades corruptas. Por exemplo, embora a Comissão Real Wood, nos anos 1990, tenha encontrado corrupção sistêmica na Política de New South Wales, na Austrália, ela se limitou em grande parte a grupos de detetives funcionando na área de investigações ilegais de drogas e comandos em locais específicos nos quais havia um problema endêmico de drogas, por exemplo, a área vermelha na King's Cross em Sidney. Além disso, indícios da Polícia de Vitória e, ao que se presume, organizações policiais similares, desejam fortemente se livrar de sua organização de corrupção e criminalidade. Uma descoberta adicional do estudo sobre a polícia de Vitória foi que a maior parte dos policiais acredita que eles devem moralmente (e não só legalmente) delatar/fornecer provas em relação à minoria de colegas corruptos.

A despeito dessa crença de que devem denunciar e fornecer provas em relação a seus colegas corruptos, a maior parte dos policiais aparentemente não tem intenção de delatar seus colegas; essa foi outra descoberta do estudo sobre a polícia de Vitória (Austrália). Como pode ser isso?

Certamente, não há nada de ilógico ou mesmo atípico nisso. As pessoas com frequência têm a crença moral de que não devem agir dessa maneira, especialmente quando não é em seu interesse fazê-lo ou quando há outras considerações morais em jogo, como sentimentos de lealdade. De maneira não surpreendente, mostra-se que as atitudes e, portanto, a cultura da polícia de Vitória constituem um fenômeno complexo e diferenciado: como é evidente, existe uma crença forte e generalizada de que há um dever moral de delatar policiais corruptos – inclusive porque é ilegal não fazê-lo –, mas existe um sentimento contrário de que é ou pode ser desleal fazê-lo. Esse sentimento contrário constitui uma barreira em termos de atitude de delatar colegas corruptos, especialmente na ponta inferior da corrupção ou em relação à corrupção da causa nobre. No contexto de minha presente tentativa de explicação da estrutura racional por trás da ação policial (ou, pelo menos, a omissão), essa barreira pode ser pensada como um pressuposto de não delatar colegas corruptos. Considerado por si próprio, esse pressuposto pode ser derrubado pela crença entre policiais de que a corrupção policial (pelo menos em suas formas mais graves) deve ser relatada. No entanto, existe uma terceira consideração a fazer, a saber, a irracionalidade de denunciar colegas corruptos. Como é evidente, essa terceira consideração é a decisiva. Permitam-me explicar.

Segundo a evidência empírica fornecida pelo estudo sobre a polícia do Estado de Vitória (Austrália), um importante aspecto (não digo que seja o único) da estrutura racional da situação é o seguinte:

Conclusão: (c): policiais (novatos e veteranos) relutam em fornecer provas em relação a colegas corruptos porque (pelo motivo de que):

Premissa (a): a polícia *acredita* que é improvável que investigações internas resultem em condenação e/ou demissão e que, de qualquer modo, eles são com frequência caçadores de bruxas motivados pela administração, atrás de policiais inocentes ou que, no máximo, envolveram-se em desvios éticos menores;

Premissa (b): se policiais honestos denunciam/fornecem provas em relação a colegas corruptos e estes forem inocentados e permanecerem na força policial, a cultura policial é tal que suas próprias carreiras sofrerão do estigma de terem se associado a administração/corregedoria punitiva e "dedado" seus colegas (os quais se acredita amplamente serem inocentes ou, no máximo, serem culpados de uma infração menor).

É claro, o fato de que se acredite amplamente que seus colegas inocentados sejam de fato inocentes, ou no máximo, culpados de infração menor, é em grande parte em função da cultura policial. A lealdade de colegas policiais ("camaradas") certamente requer forte presunção em favor da inocência de alguém ou, pelo menos, de que a infração de um princípio ético ou legal em questão é compreensível (ela pode ser vista como compreensível porque o princípio em questão é pouco importante ou porque as circunstâncias foram tais que a não obediência era vista como não problemática ou algo do tipo).

Note-se, porém – para retornar à estrutura racional de (a) e (b), logo (c) –, que a cultura policial (a "parede azul de silêncio") só é acionada com base no pressuposto de que é improvável que as investigações internas resultem em condenação e/ou demissão dos policiais corruptos, e que haverá, em consequência, uma percepção geral de que os policiais investigados não eram culpados de qualquer infração grave, mas seriam meras vítimas de uma administração/corregedoria punitiva.

A crença generalizada da polícia, em muitas organizações, de que é improvável que as investigações internas resultem em condenações e/ou exonerações de policiais corruptos não deixa de ter fundamento racional. Historicamente, as investigações internas em muitas, se não na maior parte, das grandes organizações policiais metropolitanas – incluindo, até recentemente, a polícia de Vitória – tiveram *de fato* (e não eram simplesmente crenças dos policiais) relativamente pouco sucesso; certamente, tipicamente resultaram em baixas taxas de condenação e/ou exoneração de policiais sob investigação. Além disso, mais uma vez historicamente, em muitas, se não na maioria, das grandes organizações policiais metropolitanas, policiais que informam sobre outros policiais são *de fato* "enviados para a solitária", se não sujeitos a assédio por parte de seus colegas, e em muitos casos suas carreiras foram arruinadas. Assim, as crenças dos policiais a esse respeito são bem fundadas.

A falta de êxito das investigações da corregedoria, é claro, depende em parte da relutância de policiais de fornecer provas em relação a seus colegas corruptos. Existe relutância também, por parte dos policiais, de se tornarem investigados da corregedoria; a solidariedade sugere que é improvável que investigar alegações de corrupção contra colegas seja um papel atrativo, e é altamente improvável que seja preferido ao papel de investigar supostos infratores que não são policiais. De qualquer modo, por estas e por outras razões, é improvável que os investigadores da corregedoria seja detetives de alta qualidade e, mesmo que sejam, suas investigações de colegas podem manifestar uma falta de compromisso ou serem de outro modo falhas. Todavia, as investigações internas precisam ser de alta qualidade, dado que as pessoas sob investigação são elas próprias policiais e, portanto, familiarizadas com métodos de investigação policial.

Uma das falhas que podem ser encontradas em muitas investigações da corregedoria é uma quebra de confidencialidade que compromete a investigação. Essas quebras de confidencialidade são elas próprias atos de corrupção, e ainda assim ficaram com frequência impunes. Mais uma vez, isso reflete as características perversas da cultura policial; uma cultura de ser relutante em assegurar que os policiais suspeitos de corrupção sejam fichados, sejam eles os envolvidos no ato original de corrupção, sejam aqueles que os protegem se envolvendo no ato secundário de corrupção, por exemplo, uma quebra de confidencialidade.

Assim, existe um círculo vicioso em operação: a "parede azul de silêncio" mina a eficácia das investigações internas, o que por sua vez reforça a "parede azul de silêncio". No entanto, o ponto que desejo salientar é que – *nessas* circunstâncias – seria irracional por parte dos policiais delatar, ou fornecer provas em relação a seus colegas corruptos. Pois, por um lado, eles acreditam, de maneira razoável, que isso não resultará em condenação/exoneração desses policiais e, por outro lado, de maneira também razoável, acreditam que arruinará suas próprias carreiras. Além disso, a irracionalidade de delatar colegas corruptos, conforme sugiro, é o fato decisivo em determinar sua ação (ou, pelo menos, omissão). Eles acreditam que é moralmente errado não delatar seus colegas corruptos (pelo menos em casos graves), a despeito dos sentimentos de lealdade; porém, acreditam que isso não resultará em boa vontade em relação a eles próprios, somente prejuízos.

Qual a maneira de sair do impasse? São necessárias as seguintes contramedidas: em primeiro lugar, os departamentos de assuntos internos (corregedorias) devem investigar somente questões de crimes e graves questões disciplinares que garantam exoneração (e, talvez, a dificuldade de exonerar policiais também precise ser examinada, por exemplo, recorrendo a cláusulas de Perda de Confiança do Comissário [*Loss of Comissioner Confidence*], embora haja questões de direitos procedimentais nessa área).[21] Outros desvios éticos devem ser vistos como questões de administração ou paliativas. Isso é importante em parte como meio de reduzir a possibilidade de que lapsos éticos iniciais menores por parte dos novos recrutas sejam vistos, por parte dos próprios infratores, assim como por outros, como compromissos morais fatais que impugnam para sempre sua integridade e os impede de futuramente relatar desvios éticos graves por parte de seus colegas corruptos.

Em segundo lugar, a taxa de condenações/exonerações da corregedoria precisa ser aumentada, com uma taxa mais alta de sucessos. Em primeira instância (ou seja, no contexto da relutância por parte dos policiais de informar sobre seus colegas corruptos), isso pode ser em parte alcançado da seguinte forma:

1) Aumentando a qualidade das investigações internas (por exemplo, buscando investigadores de alta qualidade), aumentando as medidas de segurança dos dados (por exemplo, o uso de "corredores estéreis", de acesso restrito inclusive a pessoal

---

21. Existem cláusulas de Perda de Confiança do Comissário [Loss of Comissioner Confidence] em vários serviços policiais australianos, inclusive na polícia de Vitória e de New South Wales [Nova Gales do Sul].

de IA [Internal Affairs – Investigações Internas] e pessoal administrativo, auditoria das investigações e provimento adequado de recursos para as corregedorias;

2) Uso de estratégias anticorrupção proativas e dotadas de recursos, por exemplo, testes direcionados de integridade, métodos de vigilância intrusivos que não se apoiem excessivamente na boa vontade dos policiais em fornecer provas em relação a seus colegas corruptos; e

3) Recurso a corpos externos de controle, dotados de recursos, com capacidade investigativa independente, especialmente em relação a grave corrupção nos escalões mais elevados de uma organização policial.

Em terceiro lugar, o estigma ligado a ser um investigador da corregedoria e à delação, ou a fornecer provas contra um policial corrupto, precisa ser reduzido, da seguinte forma:

1) Normalizar o papel do corregedor, por exemplo, ao tornar dois anos como investigador de assuntos internos obrigatório para todos os investigadores em busca de promoção para posições mais altas;

2) Instituir medidas para proteger (tanto fisicamente quanto no que concerne às suas carreiras) aqueles que fornecem provas contra colegas corruptos, por exemplo, implementação de programas de proteção à testemunha internas e processos de promoção transparentes; e

3) Introduzir programas de educação ética direcionados e contínuos que enfrentem de maneira sensível e direta as questões da cultura policial, investigações de assuntos internos e delação profissional.

Em suma, a delação e fornecimento de provas em relação a colegas corruptos por parte de policiais precisa ser racional, e não simplesmente obrigatório do ponto de vista ético e legal. Dado que a maioria dos policiais não é ela própria corrupta e acredita que moralmente devem delatar ou fornecer provas em relação a seus colegas corruptos, eles o farão – ou pelo menos, é mais provável que o façam – se forem criadas condições sob as quais será racional fazê-lo; em outros termos, se for bom para eles e lhes for compensador, em vez de lhes proporcionar punição. Entre essas condições se incluirão as seguintes.

Um número razoável e uma alta taxa de condenações/exonerações de policiais corruptos como resultado de uma corregedoria de alta qualidade dotada de recursos focada apenas em questões criminais e disciplinares graves, e operando no contexto de:

1) Normalização do papel do corregedor; e

2) O sentimento que a maior parte dos policiais sente de ter de reportar/fornecer informações/provas no que concerne a colegas criminosos/corruptos, sabendo que se o fizerem:

a) É provável que as pessoas em questão sejam condenadas/exoneradas; e

b) Elas próprias não sofrerão prejuízos ou consequências adversas para suas carreiras.

Essas condições específicas são consistentes com – e podem levar a – uma cultura policial defensável que seja adequada ao propósito institucional – um no qual a lealdade se aplica a policiais que incorporam os ideais e fins legítimos do trabalho policial, mas não a colegas corruptos. É provável que essa cultura policial, por sua vez, facilite o surgimento dessas condições específicas.

Naturalmente, essas recomendações em relação a investigações internas e delação profissional são apenas uma peça no quebra-cabeças; não estou sugerindo que constituam uma panaceia. Com efeito, elaborei anteriormente um conjunto detalhado de elementos-chave de um sistema de integridade para organizações policiais. De maneira mais geral, sugiro que, ao combater a corrupção policial, é preciso se prestar mais atenção à estrutura racional subjacente À tomada individual de decisão por parte dos policiais e às maneiras pelas quais ela pode ser ajustada (e, em certo sentido, uma ênfase menor deve ser dada à cultura policial como fator determinante). No entanto, a estrutura racional em questão não é a conhecida de atores racionais com interesse próprio, não afetados pela moralidade ou por por forças sociais irracionais (ou não racionais); os policiais são claramente motivados por um misto complexo de interesse individual próprio, crenças morais e fatores culturais.[22] Combater a corrupção no trabalho policial, como em todo lugar, envolve em parte revelar essa estrutura racional e conceber maneiras de ajustá--lo de forma que o interesse próprio, crenças morais e fatores culturais operem em conjunto para promover conduta ética e reduzir a corrupção, e não o contrário.

13.4 Conclusão

Neste capítulo identifiquei algumas das principais causas da corrupção policial e esbocei um sistema de integridade para organizações policiais. Dada a importância de delação profissional para reduzir e prevenir corrupção em organizações policiais, e a entranhada oposição de base cultural a essa delação em muitas delas (a chamada parede azul de silêncio), analisei os pontos éticos chaves da delação profissional e da cultura policial. Na última seção, discuti a importantíssima relação entre delação profissional e investigações internas e, em particular, as circunstâncias nas quais a delação profissional pode se tornar racional (assim como moral) da perspectiva dos policiais tomados individualmente, por exemplo, a circunstância de que exista uma crença generalizada de que as investigações internas sejam justas e eficazes.

---

22. Não pretendo significar com isso que essas categorias sejam mutuamente excludentes.

14

Governo

Como vimos, segundo minha teoria teleológica individualista das instituições sociais, a justificação última para a existência de instituições humanas – como governo, sistema educacional, sistema econômico, sistema de justiça criminal e seus elementos organizacionais – é o fornecimento por parte delas de algum bem ou bens coletivos para a comunidade.[1] Além disso, esses bens coletivos, em termos normativos, são os fins coletivos das instituições, e como tais especificam normas sociais prévias que governam, ou devem governar, os papéis e atividades constitutivos dos membros das instituições, e condicionam as propriedades deontológicas (direitos e deveres institucionais) que se ligam a esses papéis. Assim, um policial possui certos poderes deontológicos para investigar, apreender e deter, mas esses poderes se justificam em termos do bem coletivo – a proteção de direitos morais legalmente previstos, cuja aplicação pode ser obrigatória, suponhamos – cuja manutenção compete, ou deve competir, ao papel do policial. Vale a pena reiterar também que não existe uma fácil distinção entre direitos e bens. Os direitos humanos certamente funcionam como fator lateral de coerção do comportamento dos atores institucionais. Mas, igualmente, a segurança dos direitos humanos e outros direitos morais pode ser um bem visado pelos atores institucionais.

---

1. O material das duas seções de abertura deriva de Miller, *Social Action*, capítulo 3; e Miller, *Moral Foundations of Social Institutions*, capítulo 12.

Outra propriedade definidora de uma instituição é seu fim institucional ou, de outro ponto de vista, sua função (ver Capítulo 1). Assim, uma suposta entidade institucional com propriedades deônticas, mas despojada de seu propósito institucional ou função substantiva, tipicamente deixa de ser uma entidade institucional, pelo menos do tipo relevante; supostos cirurgiões que não podem realizar cirurgias não são cirurgiões. Do mesmo modo, supostos policiais que são incapazes de conduzir uma investigação, ou que não podem fazer detenções ou exercer qualquer forma de autonomia sobre os cidadãos, não são realmente policiais. Aqui, por "função substantiva" tenho em mente os fins coletivos definidores específicos da instituição ou profissão (ou outra ocupação). No caso das instituições, incluindo profissões, os fins definidores serão fins coletivos que são bens coletivos; não serão em geral meramente fins desejados ou fins que um indivíduo poderia realizar por sua própria ação individual (embora, a cadeia de meios/fins que culmina nesses fins coletivos consista em grande parte de ações individuais dirigidas para fins individuais). Em suma, neste trabalho partimos do pressuposto de que a teoria normativa das instituições é minha teoria *teleológica*. Além disso, como notado, instituições em geral, e qualquer instituição em particular, exigem teorias teleológicas normativas *empiricamente informadas*.

Até aqui, falei em geral em termos da teoria da ação institucional, na qual as instituições foram tomadas como sendo organizações (ou organizações de organizações) separadas e diferentes. Assim, como é o caso com outras instituições, na medida em que os ocupantes de cargos políticos intencionalmente (ou com negligência) realizam ações (em sua capacidade institucional) que minam processos políticos legítimos, pessoas (enquanto atores políticos) ou propósitos (bens coletivos), eles estão envolvidos em corrupção política. Além disso, conforme defendido no Capítulo 3, atores institucionais, incluindo autoridades do governo, podem realizar atos de corrupção, mesmo que esses atos sejam legais.[2] Desse modo, políticos que apoiam somente políticas para as quais receberam suborno para fazê-lo, ou que utilizam seus cargos para fornecer empregos para seus parentes e amigos (nepotismo), ou que são responsáveis pela detenção e encarceramento arbitrários de seus opositores políticos (abuso de autoridade) estão envolvidos em corrupção política (assim como em violações de direitos humanos), e isso mesmo que calhe de essas ações não serem ilegais nas jurisdições em questão.

Até aqui, não há problema. Porém, como notado na discussão sobre as redes institucionais de interdependência, no Capítulo 1, Seção 1.8, faz-se necessária também uma explicação teórica das *inter-relações* entre diferentes instituições e essas inter-relações trazem consigo o potencial para corrupção política. Há alguma evidência de que, nas últimas décadas, nas democracias liberais ocidentais, instituições do setor público, de maneira inaceitável, foram debilitadas em consequência de políticas que as comprometeram sob a bandeira do chamado racionalismo. Entre essas políticas estão a chamada regulação "leve" e a desregulação no setor financeiro, levando a instituições no varejo e conglomerados financeiros de investimento "muito grandes para serem regulados", anteriormente proibidas (ver Capítulo 12), a privatização de agências de aplicação da lei e prisões, e a terceirização por parte do governo de serviços administrativos e de informática. Além disso, atores institucionais, como legisladores e agências reguladoras, assim como poderosos atores do mercado defendendo seus interesses por meio de lobistas e utilizando, por exemplo, contribuições de campanha política,[3] atuaram conjuntamente para debilitar

---

2. Em alguns casos, com efeito, podem ser atos que não devem ser ilegais.

3. Lawrence Lessig, "Institutional corruptions", *Edmond J. Safra Working Papers*, 15 de março de 2013, disponível em www.ethics.harvard.edu/lab ; Reich, *Saving Capitalism*.

ou de alguma forma minar a instituição do governo ou, em muitos casos, deixaram de agir conjuntamente para deter processos de debilitação e solapamento do governo, de modo que – dadas suas responsabilidades institucionais a respeito – podem, pelo menos em princípio, serem considerados coletivamente (isto é, conjuntamente) moralmente responsáveis por pelo menos parte desse dano institucional ao governo. Ainda, uma vez que suas ações ou omissões a esse respeito não foram coagidas, evidentemente se segue que as ações e omissões em questão foram corruptas. Noto que, com toda probabilidade, o processo em questão de debilitação e solapamento da instituição do governo foi em grande parte um processo de corrosão institucional (ver Capítulo 3, Seção 3.1). No entanto, também parece improvável que não tenha sido também em parte um processo de corrupção institucional, uma vez que o papel desempenhado pelo *lobby* deliberado, contribuições de campanha e atividades relacionadas de poderosos interesses coletivos. Aqui, os processos de corrosão e corrupção, em toda probabilidade, reforçaram-se mutuamente.

Mais especificamente, a doutrina de separação institucional, no contexto de um quadro inter-relacionado com um propósito ou propósitos (bens coletivos), foi em certa medida solapado, especialmente nos EUA, em consequência de uma forma de obstrução interinstitucional, pelo qual uma instituição (ou ramo do governo) procura atrapalhar ou impedir outra, em vez de cooperar com ela. Considere-se, a esse respeito, o obstrucionismo da Câmara de Deputados, dominada pelo Partido Republicano, em relação às políticas da administração do Presidente Obama. Um fenômeno relacionado, embora diferente, é um no qual uma dessas instituições (ou ramos do governo) se envolve em uma ação institucional que vai além de seu alcance, ou mesmo passando por cima de outra instituição, minando esta última. Pode-se sustentar que, nos EUA, a chamada guerra ao terror forneceu um pretexto para que o executivo passasse por cima do legislativo.[4] Naturalmente, obstrução interinstitucional temporário ou sobreposição institucional menor, episódica pode não ser deliberada e ser simplesmente um efeito colateral não desejado de, respectivamente, processos de competição feroz ou zelo excessivo na busca de consecução de fins institucionais legítimos. Se for assim, semelhante atividade não pode ser qualificada de corrupta. Contudo, se atores institucionais forem coletivamente moralmente responsáveis por contínua obstrução institucional, ou sobreposição interinstitucional, isso seriamente solapa o funcionamento das instituições políticas em questão, e suas ações potencialmente constituem uma forma de corrupção política, e não meramente uma forma de corrosão das instituições políticas.

No que concerne à *natureza* da relação entre instituições – e, portanto, as várias redes de interdependência institucional e, em alguns casos, cadeias de responsabilidade institucional coletiva (ver Capítulo 6, Seção 6.2.1) –, para minha explicação teleológica ela deve ser primariamente determinada com base na medida em que os fins coletivos definidores diferenciais das instituições forem complementares, mais do que rivais, e/ou na medida em que elas se mesclam a serviço de fins coletivos mais elevados. Sob esse aspecto, considere-se os fins complementares dos componentes institucionais do sistema de justiça criminal, a saber, a polícia (um fim coletivo de reunir provas e deter suspeitos), os tribunais (um fim coletivo de julgar e sentenciar infratores) e as prisões (um fim coletivo de punir, deter e reabilitar infratores). Mais uma vez, considere-se os fins complementares (coletivos) do legislativo, do executivo e do judiciário no Estado democrático liberal.

Todavia, é preciso apontar também que as instituições sociais não devem necessariamente ser compreendidas como os elementos

---

4. John W. Dean, *Broken Government: How Republican Rule Destroyed the Legislative, Executive and Judicial Branches*. Nova York: Penguin, 2007.

constitutivos de uma concepção holística, por exemplo, organicista, de uma sociedade. Entre outras coisas, muitas instituições sociais são transsocietárias ou transnacionais, por exemplo, o sistema financeiro internacional. Ainda, o alcance *de facto* e normativo de muitas instituições sociais, como universidades e organizações de meios de comunicação de massa, vão além da sociedade ou nação na qual se localizam.

Em épocas de crise institucional, ou pelo menos de dificuldade institucional, estratégias de resolução de problemas e políticas para reformas precisam ser inseridas em fins ou objetivos fundamentais da instituição ou conjunto de instituições complementares; o que significa que precisam ser planejadas e implementadas com base em sua contribuição para transformar a instituição ou estrutura institucional de maneiras que lhe permitam prover, ou prover de forma melhor, o bem coletivo ou bens coletivos que justificam sua existência.

14.1 Governo como metainstituição

No que concerne à instituição do governo, noto três importantes aspectos sob os quais ela deve ser distinguida de muitas outras instituições. Em primeiro lugar, o governo é uma *metainstituição*. Vimos que muitas instituições sociais são organizações ou sistemas de organizações. Por exemplo, o capitalismo é um tipo particular de instituição econômica, e em na contemporaneidade o capitalismo consiste em grande parte em formas organizacionais específicas – incluindo corporações multinacionais – organizadas em um sistema. Também notei que algumas instituições são metainstituições: são instituições (organizações) cujos propósitos e principais atividades consistem em organizar outras instituições. A mais importante meta-instituição é o governo; governos promulgam leis, e desenvolvem e implementam políticas a respeito das atividades de outras instituições, assim como de cidadãos individuais. Com efeito, as tarefas de um governo contemporâneo consistem em grande parte em organizar, incluindo criar e reconfigurar outras instituições (tanto individual quanto coletivamente). O que é importante, governos possuem como fim coletivo verificar se outras instituições realizam seus fins coletivos específicos, por exemplo, que as instituições do mercado disputem sob condições de competição livre e justa. Logo, outras coisas permanecendo iguais, autoridades do governo que intencionalmente (ou de maneira negligente) promovem ou deixar de impedir monopólios ou oligopólios podem ser em parte moralmente responsáveis, coletivamente, por corrupção institucional dos mercados em questão (ver Capítulo 11). Essas autoridades podem também ser responsáveis por corrupção política na medida em que, de maneira culpada, deixaram de cumprir suas próprias responsabilidades institucionais e, em consequência, os fins dessas instituições políticas são minados. Mais uma vez, autoridades do governo que são culpadas em um contexto de captura regulatória por corporações podem estar envolvidas em corrupção política.

De maneira geral, os governos possuem como fim coletivo fazer que outras instituições consideradas como totalidade funcionem no interesse da comunidade como um todo: o bem público (ou interesse público) – no sentido do bem comum da sociedade, e não no sentido econômico de bens não rivais e não excludentes. Diferentemente da maioria dos fins definidores coletivos de outras instituições, o bem coletivo (o bem público) dos governos democráticos liberais, pelo menos, é extremamente vago e subespecificado. Assim, é em muitos casos extremamente difícil determinar se estão ou não envolvidos em corrupção, enquanto contraposto a simplesmente terem formulado más políticas; com efeito, em muitos casos não haverá resposta determinada a essa questão. No entanto, o bem público é em considerável medida especificado tanto por direitos naturais específicos anteriores à cidadania, de tal modo que os governos são moralmente obrigados a proteger, quanto pelo muito menos vago conteúdo dos fins coletivos das instituições que esses governos regulam. Assim, o fracasso por parte dos legisladores de prover financiamento adequado ao judiciário pode muito bem constituir corrupção política, e uma política de legisladores de interferir em investigações policiais é quase certamente corrupta. Além disso, como vimos no Capítulo 1, Seção 1.7, os cidadãos possuem um direito conjunto a participação política, por exemplo ao votar e apoiar o cargo público, e a participação política é tanto um fim-em-si coletivo quanto um bem coletivo dos sistemas de governo, e certamente de democracias liberais. Desse modo, ações individuais ou coletivas por parte dos legisladores que minem esse bem coletivo ao, por exemplo privar os cidadãos de seus direitos de voto, provavelmente constitui corrupção (além de ser uma violação de direitos).

Em seu importante papel como metainstituições, os governos promulgam legislação e política não só em relação a cada instituição considerada por si própria, como em relação ao grau apropriado de cooperação e mesmo integração entre instituições, incluindo a interface entre instituições privadas e públicas, e em relação a instituições híbridas, como as áreas financeira e de segurança. Aqui surge uma gama de questões de *design* institucional para as democracias liberais contemporâneas. Devem bancos de varejo ser divididos de bancos de investimento, providos de garantias para os depositantes por parte dos governos, e serem transformados em serviços de utilidade pública? Deve haver, por exemplo, instalações correcionais pertencentes a organizações? Qual a relação apropriada entre organizações policiais e unidades antifraude das corporações? Mais em geral, as instituições de mercado, e especialmente corporações multinacionais, passaram a possuir um grau de poder institucional que é inconsistente com o grão de poder institucional que os governos devem possuir para que sejam capazes de cumprir adequadamente seus fins institucionais?

Além disso, os governos possuem como fim coletivo a manutenção e renovação do quadro dos direitos morais da cidadania, incluindo uma gama de direitos naturais, como direito à vida e direito à liberdade de pensamento, e direitos políticos. Como vimos, esses direitos políticos são direitos conjuntos dos cidadãos à participação política e compreendem direitos de escolher o governante, concorrer a cargos públicos e, em sentido amplo, determinar a agenda legislativa e política do governo. O exercício desses direitos conjuntos constitui a chamada vontade pública. Claro, pode haver considerável tensão entre a vontade pública e o bem público mais estreitamente construído (os eleitores podem errar) e entre esses dois e direitos morais individuais (a tirania da maioria).

O papel do governo é potencialmente falho, na medida em que direitos morais individuais são potencialmente, e frequentemente, na verdade, em contraste com o exercício do poder (distinto de autoridade do governo). Assim, existe um grave risco de corrupção política nessa área: especificamente, abuso de autoridade (abuso de poder) por parte dos políticos. Um importante corretivo estrutural para esse risco é a separação dos poderes institucionais, incluindo judiciário independente, mídia independente e organizações policiais dotadas de independência investigativa (sobre o que discorreremos mais abaixo). Com efeito, estas últimas instituições são componentes chaves do sistema global de integridade para governos. Não é preciso dizer que em aspectos-chave dessas instituições do governo é ela própria potencialmente, e às vezes de fato, em contraste com o exercício do poder (distinto de autoridade do governo). Aqui, mais uma vez, existe um grave risco de corrupção política na forma do abuso de autoridade (abuso de poder) por parte dos políticos. O único impedimento institucional mais importante a esse processo de corrupção política é a democracia, embora, como mostra a ascensão de demagogos, a democracia está longe de ser uma panaceia. O poder da metainstituição do governo precisa ser limitado pela cidadania em geral, via instituições democráticas; cidadãos podem votar para substituir políticos que abusam de sua autoridade violando direitos dos cidadãos, ou minando a independência de outras instituições, como o judiciário, a mídia (Quatro Poder) ou a polícia.

Noto aqui que, uma vez que as instituições sociais não são específicas de sociedades, ou nações, o papel dos governos em termos de regulação e coordenação de outra instituição não é necessariamente bilateral (por assim dizer) ou mesmo de um em relação a muitos. Pode ser que muitos governos precisem estar envolvidos na regulação e coordenação de uma única instituição social, por exemplo, o sistema global de mercado de capitais.

Como é natural, ao sustentar que os governos são metainstituições não quero negar que os governos, em última instância, governam cidadãos individuais, pois certamente o fazem. Como afirmei antes, os governos governam os cidadãos individuais *diretamente*, por exemplo, por meio das leis criminais contra assalto. Porém, em grande parte, os governos contemporâneos também governam cidadãos individuais *indiretamente*, por meio de alguma outra instituição, por exemplo, enquanto empregados de uma corporação, ou por meio da receita, ou da polícia. Com efeito, o edifício das leis sucessivamente promulgadas por governos a respeito das ações de cidadãos individuais, seja enquanto cidadãos, seja enquanto ator institucional de algum tipo, é ele próprio um arranjo institucional que faz a mediação entre governo e cidadãos.

Uma segunda importante propriedade dos governos é sua vulnerabilidade à aceitação coletiva; um argumento apontado no Capítulo 2. Existe um motivo para a vulnerabilidade das autoridades institucionais, especialmente autoridades políticas. No caso especial das autoridades institucionais, propriedades deontológicas são *ontologicamente dependentes* da aceitação coletiva. O ponto aqui não é simplesmente que, digamos, governantes não podem *exercer* seu direito a governar se este não for coletivamente aceito. Em vez disso, falando de maneira geral, um governante nem sequer possui um *direito* a governar a menos que seja capaz de exercer autoridade sobre seus governados. Esta parece ser uma característica geral das propriedades deontológicas daqueles em posição de autoridade (qualquer que seja o tipo de autoridade que possuam) e das autoridades políticas em particular.

Noto que esse ponto concernente à vulnerabilidade das instituições políticas em virtude de sua dependência ontológica da aceitação coletiva precisa ser distinguido de teorias do governo baseadas em consenso, por exemplo, a teoria representativa do governo democrático liberal. Esta última constitui uma teoria normativa específica de uma espécie de governo; a primeira é uma propriedade de todos os governos, sejam baseados no governo ou não.

Noto ainda que essa dependência das instituições políticas da aceitação coletiva é uma espada de dois gumes. É claro, trata-se de uma boa coisa na medida em que constitui um potencial freio para os excessos de governos autoritários. Por outro lado, pode levar à emasculação da instituição do governo, a ponto em que se torna um Estado fracassado, por assim dizer, compreendendo facções envolvidas em conflitos internos. Um importante contrapeso para a emasculação do governo é uma cidadania informada, racional e reflexiva comprometida com o bem ou bens coletivos como um fim e com a instituição do governo como meio necessário para a realização desses, ou desses fins. Infelizmente, como há muito observou Platão, governos corruptos conduzem à ascensão de demagogos, e estes facilitam mais corrupção da instituição do governo e, além disso, corrompem os cidadãos, cuja irracionalidade e ignorância exploram; Pode-se sustentar que Vladimir Putin, o Presidente da Rússia e, desse ponto de vista, Donald Trump, o Presidente dos EUA, são casos ilustrativos.

Uma terceira propriedade importante do governo é seu uso da força coerciva e, especificamente, a tese normativa de que o governo tem direito a um monopólio do uso da força coerciva sob pena de um retorno ao estado de natureza. Aqui, não temos que aceitar o contratualismo hobbesiano ou outras formas impalatáveis de autoritarismo. Pois o que é incontroverso é que os governos democráticos liberais contemporâneos governam em grande parte por meio de *legislação obrigatória*, e não poderiam agir de outro modo (o que é também incontroverso é que existem limites morais para o poder governamental, e a legitimidade moral dos governos – e, portanto, seu direito a legislar e usar força coerciva para obrigar ao cumprimento da lei – depende em parte de respeitarem esses limites. Retornarei a esse ponto abaixo).

Na discussão das instituições policiais (Capítulo 13), sugeri que o principal fim coletivo das organizações policiais era a proteção de direitos morais legalmente previstos, justificadamente obrigatórios. A exigência de que direitos morais justificadamente obrigatórios sejam legalmente previstos amarra a instituição da polícia à instituição do governo e, em particular, à legislatura. A polícia existe em parte para forçar o cumprimento das leis que o governo introduz e, especificamente, aquelas leis que contêm direitos morais justificadamente obrigatórios.

Há muitas leis, no entanto, que não parecem incorporar direitos morais justificadamente obrigatórios. Muitas dessas leis prescrevem ações (ou omissões) cuja realização (ou não realização) fornece um benefício social. Considere-se as leis tributárias. Os benefícios fornecidos pela tributação incluem o fornecimento de estradas e outros serviços aos quais, pode-se sustentar, os cidadãos não possuem um direito moral básico, e certamente, não um direito moralmente justificadamente obrigatório. Por outro lado, os impostos também permitem o fornecimento de benefícios aos quais os cidadãos têm direitos morais justificadamente obrigatórios, por exemplo, medicamentos para doenças fatais, bem-estar básico e assim por diante. Os direitos morais em questão são direitos morais justificadamente obrigatórios. Porém, há muitas leis que não são desse tipo. Muitas delas são justas e razoáveis, e a conformidade a elas permite que bens coletivos sejam providenciados. Mas qual a justificação para sua aplicação forçada por parte da polícia? Argumentarei brevemente no sentido de que o fato de que elas forneçam benefícios coletivos e/ou de que sejam justas e razoáveis não provê por si mesmo uma justificação adequada para sua implementação forçada. Talvez, o consentimento à aplicação obrigatória de leis justas e razoáveis que permitam o fornecimento de benefícios coletivos seja uma justificação moral adequada para essa implementação. Há aqui uma questão em relação ao grau e tipo de implementação que pode ser justificada dessa maneira; força letal pode não se justificar, mesmo que haja um consentimento em relação a leis justas e razoáveis que permitam o fornecimento de benefícios coletivos. Além disso, como é bem conhecido, existe um problema em relação ao consentimento. Evidentemente, não existe de fato um consentimento explícito em relação à maior parte das leis, e o recurso ao consentimento tácito não parece oferecer uma noção de consentimento suficientemente forte e determinada.

De qualquer modo, desejo salientar dois pontos aqui em relação ao que não passa de uma versão do problema tradicional da justificação para o uso da força coerciva por parte do Estado para aplicar suas leis.[5] Em primeiro lugar, como é evidente, não existe um problema óbvio em relação à aplicação forçada das leis que contêm direitos morais *justificadamente obrigatórios*, incluindo direitos humanos. Além disso, pode muito bem haver outras leis que possam ser justificadamente obrigatórias (até certo ponto) com base em que não somente elas são justas, razoáveis e produtoras de benefícios

---

5. Ver Ronald Dworkin, *Law Empire*. Oxford: Hart Publishing, 1998, p. 190. Existem questões aqui em relação ao direito *exclusivo* do Estado de forçar a aplicação dos direitos morais. Pode-se sustentar que somente o Estado possui direito exclusivo para punir, mas não um direito exclusivo para forçar sua aplicação no sentido estrito de proteção contra violações de direitos.

sociais, como os cidadãos consentiram para sua implementação forçada (até certo ponto).

Em segundo lugar, quero sugerir que, apesar de nosso primeiro ponto, existem leis justas, razoáveis e socialmente benéficas cuja implementação forçada não é moralmente justificada. Além disso, pode não haver justificação adequada para a aplicação forçada de algumas dessas leis, mesmo que houvesse um consentimento em relação a isso. A razão para isso é que a natureza e o grau de implementação forçada requeridos para assegurar o cumprimento dessas leis – digamos, uso de força letal – não se justifica moralmente.[6] Certamente, o recurso à força letal – distinto de força coerciva não letal – não se justifica no caso de muitas ações ilegais; especificamente, ações ilegais não consideradas como crimes graves. Com efeito, esse ponto é reconhecido nas jurisdições em que se tornou ilegal que a polícia faça uso de armas de fogo em muitas categorias de "suspeitos em fuga". Agora é com mais frequência considerado ilegal, porque imoral, atirar em (digamos) um batedor de carteiras em fuga.

Segue-se do acima exposto que existem limites morais para o governo, e eles são em geral de dois tipos. Primeiro, há os limites que existem em virtude do *fato contingente* de que cidadãos não autorizaram (não consentiram legitimamente) que o governo aja fora desses limites. Logo, um governo democrático não pode, ou não deve embarcar numa guerra sem prazo definido sem o consentimento de seus cidadãos (isto é consistente com o governo agir em autodefesa no contexto de um inesperado ataque armado e, então, procurar receber autorização retrospectiva para fazê-lo. Trata-se de um abuso de sua autoridade e, portanto, de corrupção institucional.

---

6. Isto é consistente com o fato de haver uma obrigação moral para obedecer a essas leis; estamos falando aqui da justificação para a *aplicação forçada* dessas leis. Para uma explicação da justificação moral para obedecer à lei, ver Miller, *Social Action*, pp. 141-151; ver também David Luban, *Lawyers and Justice*. Princeton University Press, 1988, cap. 3.

Em segundo lugar, há aqueles limites (teoricamente mais restritos) que existem em virtude da inalienabilidade de alguns direitos morais básicos, como o direito à vida e o direito à liberdade; esses limites existem porque os governos *não poderiam ser autorizados* por seus cidadãos a excedê-los. Assim, em nenhuma circunstância um governo democrático liberal poderia legitimamente ser autorizado a escravizar alguns ou a maior parte de seus cidadãos, por exemplo, se uma maioria ou mesmo todos os cidadãos consentissem com a escravidão, isso não forneceria uma autorização legítima. Claramente, se os membros de um governo fossem moralmente responsáveis por violações de direitos em larga escala, como a escravidão, o governo em questão seria, por isso, ilegítimo. No entanto, o ponto a ser salientado no contexto deste livro é que os membros de semelhante governo também estariam envolvidos em corrupção institucional; especificamente, corrupção política. Exploremos um pouco mais esse conceito.

14.2 Corrupção política

Dennis Thompson discute o caso de Charles Keating, empreiteiro que, por muitos anos, generosamente contribuiu para as campanhas de eleição e reeleição de vários políticos em ascensão, e então convocou seus amigos políticos devedores – cinco senadores – a fazer-lhe em troca um grande favor.[7] Investigadores do governo estavam a ponto de confiscar os bens de uma subsidiária (*Lincoln Savings and Loans*) de uma companhia pertencente a Keating e ele queria que os senadores fizessem as autoridades reguladoras recuar. Para tanto, ele instigou duas reuniões entre os reguladores e cinco senadores que haviam sido objeto de sua generosidade. Embora, em consequência de sua auditoria, as agências reguladoras de São Francisco, sob a direção do Banco Federal de Empréstimo Bancário [*Federal Home*

---

7. Ver Miller et al. *Corruption and Anti-Corruption*, cap. 3.

Loan Bank], Edwin J. Gray houvesse recomendado o confisco da Lincoln, Gray foi substituído por um diretor e a investigação transferida para Washington, para uma nova auditoria; resultado muito apreciado por Keating. Porém, em abril de 1989, dois anos após as reuniões com os senadores, o governo confiscou o banco Lincoln, que declarou falência. Em setembro de 1990, Keating foi acusado por 42 contas fraudadas. As perdas do Lincoln somaram 3,4 bilhões de dólares e muitos de seus investidores mais antigos sofreram individualmente perdas financeiras substanciais. As agências reguladoras moveram um processo de 1.100.000,00 dólares por trapaça e fraude contra Keating, acusando-o de desviar depósitos do Lincoln para sua família e para campanhas políticas.

Como aponta Thompson,[8] o caso Keating envolveu (1) o fornecimento, ou pelo menos a aparência de fornecimento, de um serviço inapropriado por parte de legisladores (os senadores) para um réu (Keating), a saber, interferir com o papel de um regulador (Gray) em favor de Keating, (2) um ganho político na forma de contribuições de campanha (de Keating para os senadores) e (3) um elo, ou pelo menos a aparência de um elo, entre (1) e (2), a saber, o serviço sendo oferecido *por causa* do ganho político. Assim, o estudo de caso envolve pelo menos a aparência de atividade corrupta por parte dos senadores. Além disso, concordo com Thompson que essa aparência pode ser suficiente para caracterizar a corrupção institucional, no fato de que (a) dano foi feito a uma instituição política em virtude de uma diminuição da confiança pública nessa instituição, e (b) os senadores deveriam saber que suas ações poderiam ter esse efeito, e portanto, não deveriam tê-las realizado.[9] Ainda, essa corrupção institucional resultou da aparência de um conflito de interesses, embora

---

8. Dennis F. Thompson, *Ethics in Congres: From Individual do Institutional Corruption*, p. 37 ss.

9. *Ibid.*, pp. 42-43.

no contexto (como se revelou) das atividades fraudulentas de Keating, o colapso de uma grande instituição financeira e o dano subsequente feito a investidores. Como legisladores, os senadores possuem o dever de fornecer um serviço para seus eleitores. No entanto, a aparência de um conflito de interesse surge quando legisladores utilizam seu cargo para fornecer um "serviço" questionável a uma pessoa da qual recebem, ou receberam, pesadas contribuições de campanha.

Um tipo relacionado de conflito de interesses – acompanhado de corrupção – no governo envolve a extensão inapropriada de um papel político; enquanto tal, trata-se de uma espécie de sobreposição institucional. Considere-se, a esse respeito, um caso de suposta corrupção envolvendo o Primeiro-Ministro da Itália, Silvio Berlusconi. Parece que seu governo utilizou seu poder político para introduzir uma controversa lei que permitiria aos réus pedirem transferência de seus julgamentos de um tribunal para outro, se *eles* sentissem que o primeiro tribunal pudesse ter um viés parcial contra eles. Os advogados de Berlusconi indicaram que eles mesmos se prevaleceriam da "suspeita legítima" para conseguir transferir o julgamento de seu cliente por acusação de suborno a juízes de Roma, a realizar-se em Milão (onde se sentia que o tribunal teria um viés contra Berlusconi), para Brescia (cidade em que Berlusconi goza de amplo apoio político). Suspeitou-se que a nova lei fora deliberadamente introduzida pelo governo de Berlusconi para ajudar sua defesa contra acusações de corrupção, e com isso, permitir que ele escapasse da condenação. A tentativa por parte do governo italiano de introduzir a lei da suspeita legítima pode ser vista como um caso no qual o papel legislativo foi utilizado para interferir de maneira inapropriada com a função judicial. Se este foi o caso, isso consiste em corrupção política de um processo judicial, a saber, o processo de determinar que questões devem ser ouvidas em que tribunais.

Lawrence Lessig sustentou que o processo eleitoral democrático dos EUA é institucionalmente corrupto.[10] Lessig afirma que, embora os cidadãos dos EUA como um todo participem na eleição, digamos, do Presidente dos EUA, no entanto, o resultado não é *inteiramente* dependente desses cidadãos, como deveria ser em uma democracia *bona fide*. O resultado também depende de um pequeno grupo de "Financiadores" que bancam candidatos particulares na eleição e sem cujo financiamento nenhum candidato potencial teria esperança de vencer as eleições; afinal, as eleições são enormemente caras. Uma vez que esses financiadores não representam em absoluto os cidadãos dos EUA, concordo que a democracia nos EUA é corrupta, sob o aspecto identificado por Lessig.[11]

A respeito dos três casos acima e suas análises por Thompson ou Lessig, digo o seguinte: em primeiro lugar, a explicação de corrupção institucional de Thompson é demasiado estreita. Trata-se de uma descrição de apenas uma espécie de corrupção institucional, ainda que importante. Como demonstra o exemplo de Berlusconi, a corrupção política pode ser motivada por ganho pessoal (incluindo evitar punição justa) e não meramente por ganho político. Thompson tampouco pode renomear essa corrupção de "corrupção individual". Pois as ações de Berlusconi, se bem sucedidas, teriam sido um caso de abuso de autoridade por parte de um Primeiro-Ministro agindo em conjunto com outros membros do governo (ainda que a serviço de seu ganho pessoal)[12] e, enquanto tal, corruptoras da instituição do governo. Além disso, conforme notado, também teria sido cor-

---

10. Lessig, "Institutional corruptions".

11. Noto que o sucesso recente de Bernie Sanders, embora fracassado em última instância, nas primárias do Partido Democrático dos EUA ao apoiar-se apenas em pequenas doações, e o sucesso final de um bilionário (não necessariamente dependente de grandes doações de outros bilionários), isto é, Donald Trump, complicou bastante esse quadro.

12. Assim como, talvez, seu ganho pessoal e político, dado seu papel de liderança.

ruptora da instituição do judiciário. Ao me ater à minha explicação da corrupção institucional e, especificamente, da corrupção política, os motivos para corrupção política são múltiplos, diversificados e não restritos ao ganho político; com efeito, ganho privado e político são com frequência inseparáveis na prática, especialmente no caso de líderes corruptos de governos. O que conta é que a ação (ou omissão) seja realizada por um ator institucional em sua capacidade como ocupante de papel institucional (por exemplo, legislador) e que ele ou ela pretendida, sabia ou deveria ter sabido que ela minaria (ou seria uma ação de um tipo que tende a minar) um processo institucional (por exemplo, processo judicial), pessoa (enquanto ator institucional) ou fim (bem coletivo) (ver Capítulo 3).

Em segundo lugar, e de maneira consistente com o que Lessig sustenta, a responsabilidade moral pela corrupção institucional do processo eleitoral democrático dos EUA é uma espécie de responsabilidade moral *coletiva* compreendida como responsabilidade conjunta (noto que esta é uma explicação individualista relacional; assim, em última instância, são os indivíduos que são plenamente moralmente responsáveis por suas próprias ações ou omissões que contribuíram para esse resultado, mas com frequência, são apenas parcialmente responsáveis (juntamente com outros) pelos resultados dessas ações ou omissões conjuntas para as quais contribuíram – ver Capítulo 6). Entre outras coisas, tanto os candidatos quanto seus financiadores sabem, ou deveriam saber, que estão participação do solapamento do processo eleitoral democrático dos EUA.[13] Além disso, existem os já mencionados, deliberados e mutualmente benéficos processos relacionados de financiamento de campanha (que podem ser rastreados e ligados, por exemplo, a membros individuais da Grande Parma (*Big Parma*) ou Wall Street, que, por exemplo, autorizaram os fundos em questão) e legislação institucionalmente

---

13. Não é uma condição necessária para que uma ação seja um ato de corrupção que quem a realiza saiba que a ação atende à minha definição de corrupção.

danosa (que pode ser rastreada e vinculada a legisladores institucionais que votaram a favor dela). Mais uma vez, esse processo institucionalmente danoso é conhecido dos participantes, ou deveria sê-lo. Com efeito, pelo menos no caso dos membros relevantes das corporações em questão, esses indivíduos – ao financiar candidatos e/ou partidos políticos particulares – pretendiam (por meio de seus lobistas) influenciar os legisladores a promulgarem legislação institucionalmente danosa (embora, talvez, não sob essa descrição), e ao fazê-lo buscaram atender a seus interesses corporativos (e individuais) às expensas da integridade das instituições políticas de seus países. Além disso, claramente os membros do governo dos EUA poderiam mudar o sistema de financiamento de campanhas se conjuntamente escolhessem fazê-lo, e com isso combater o efeito corruptor dos financiadores sob o cenário atual. Por exemplo, o financiamento eleitoral poderia ser limitado a certo nível e haveria uma exigência de que as campanhas fossem publicamente financiadas. Em suma, poderia ser estabelecido um regime anticorrupção em relação ao financiamento de campanha nos EUA, caso os legisladores tivessem a vontade política de fazê-lo. Poderia ser estabelecida ainda uma comissão nacional independente, dotada de recursos, com poderes intrusivos para investigar falhas no nova regulação de financiamento de campanhas e outras formas de corrupção política.

Em terceiro lugar, no entanto, a tese de Lessig no que concerne à relação entre corrupção da dependência e processos institucionais é problemática. Lessig afirma que há casos de "corrupção da dependência" sem levar em conta os processos necessários para que a instituição cumpra seu propósito, ao passo que Thompson, por exemplo, sustenta que precisamos nos referir a esses processos caso queiramos determinar se uma dependência é inadequada (e, portanto, corrupta).[14] À luz de minha explicação normativa teleo-

---

14. Thompson, "Two concepts", 12.

lógica das instituições (e, por extensão, como se pode presumir, da própria explicação teleológica ampla de Thompson) uma dependência é corrupta somente se mina fins institucionais, seja direta, seja indiretamente, ao minar processos institucionais efetivos (legítimos) – ou, no caso de minha, se não no da explicação de Thompson, ao minar pessoas enquanto ocupantes de papéis institucionais. Em acréscimo, corruptores que são ocupantes de papéis institucionais utilizam sua posição institucional para realizar as ações que corrompem ou, pelo menos, tendem a corromper. Por exemplo, uma vez eleitos, membros do Congresso dos EUA podem prestar um serviço a grandes financiadores de suas campanhas – um serviço que não financiadores não obtêm. Essa dependência de membros do Congresso de grandes financiadores mina o propósito institucional de duas maneiras. Em primeiro lugar, a vontade pública de um bem coletivo foi minada, uma vez que, como assinala Lessig, os financiadores podem de fato restringir o ingresso no cargo político. Em segundo lugar, o interesse público, também ele um bem coletivo, foi minado, uma vez que as ações dos membros do Congresso tendem a seguir interesses privados, especificamente, aqueles dos grandes financiadores, em vez do interesse público. Assim, seja ou não uma dependência inapropriada ela deve ser determinada, *em última instância*, por recurso ao fim institucional (entendido em termos de bens coletivos) e, uma vez que os fins institucionais não existem em abstrato, por recurso aos processos institucionais que são eficazes ou falhos em relação à realização desse fim e que atendem (ou deixam de atender) a outros propósitos, notadamente variáveis morais (e, em particular, variáveis morais institucionais). No Congresso dos EUA, por exemplo, os processos de financiamento de campanha são falhos. Em resumo, certamente precisamos recorrer tanto a processos institucionais quanto a processos – ou, pelo menos, aos direitos e deveres constitutivos dos papéis institucionais – que realizam (ou deixam de realizar) esses fins, caso queiramos determinar se uma ação (ou conjunto de ações) é ou não corrupta. Noto que algumas falhas nas estruturas institucionais podem consistir meramente na ausência de um processo, mais do que em um processo defeituoso *per se*. Se for assim, é ao menos concebível que fins institucionais estejam sendo minados por atores que cumprem integralmente com os fins institucionais e ainda assim, que nenhum processo existente deveria ser substituído ou ajustado; existe em vez disso a necessidade de conceber e implementar um novo processo sem efetuar qualquer outra mudança. Porém, mesmo nesse caso, haverá processos e papéis institucionais que são incorretamente assumidos, ou talvez, que se defenda sem sinceridade serem meios para realizar o fim institucional; um fim institucional não pode ser simplesmente um pensamento vazio desprovido de qualquer veículo institucional concreto para sua realização. Além disso, os processos a serem concebidos e implementados, aqueles que *devem* estar operando, são processos que realisticamente poderiam sê-lo, tendo em vista a grande estrutura remanescente da instituição em questão; assim, existem variáveis teleológicas estruturais, assim como institucionais, que atuam mesmo sobre processos inteiramente novos.

14.3 Corrupção política e a mídia

Examinemos agora finalmente o papel da mídia na corrupção política, tendo em mente a importante parte que a mídia desempenha na interface entre o governo e a cidadania em democracias liberais compreendidas como democracias deliberativas, no sentido mínimo de que os cidadãos são razoavelmente bem-informados, bem-intencionados e reflexivos. Até agora, nós nos concentramos nas ações corruptas dos ocupantes de cargos públicos e a necessidade para eles de ter de explicar os componentes institucionais independentes do sistema de integridade global, por exemplo, o judiciário, as agências de investigação criminal e o Quarto Poder.

No entanto, os cidadãos possuem um papel institucional em uma democracia, por exemplo, enquanto eleitores. Como vimos no Capítulo 1, os cidadãos possuem direitos morais e institucionais conjuntos a participar das instituições políticas democráticas, mas também possuem obrigações morais e institucionais, notadamente de assegurar que estejam adequadamente informados e aceitem os resultados de eleições apropriadamente conduzidas. Com efeito, a cidadania constitui um componente crucial do sistema de integridade para governos, juntamente, como mencionado acima, com instituições independentes (o judiciário, Quarto Poder etc.). Assim, surge uma questão no que se refere à medida que membros da cidadania são corruptos e/ou corruptores. Mais especificamente, possui a mídia, em determinada sociedade, um efeito corruptor sobre a relação institucional entre o governo e a cidadania? Essa relação é complexa. Em um nível, o governo permanece numa relação de autoridade face à cidadania; em outro, o governo é autorizado pela cidadania – entendida como conjunto dos cidadãos. Desse modo, a relação é de confiança pública; a cidadania encarrega o governo de autoridade de governar para o bem coletivo e não para exceder sua competência ou de outra forma abusar de sua autoridade.

Conforme argumentado no Capítulo 11, sendo meros instrumentos institucionais, organizações de mercado podem *per se* facilmente ser utilizadas para propósitos prejudiciais, por exemplo, corporações que produzem e vendem tabaco e armas. Além disso, como notado também no Capítulo 11, essas instituições sociais que produzem um bem coletivo que é idêntico (pelo menos em parte) a seus fins coletivos podem sofrer um processo de corrosão ou corrupção, uma vez "privatizadas" ou de outra forma transformadas em empresas predominantemente de mercado. Pode-se afirmar que algumas organizações nos setores da mídia impressa e eletrônica nos EUA, RU e em outros lugares ilustram esse caso. Claramente, agências da mídia visando fornecer notícias imparciais e objetivas, mas que se encontram sujeitas a regimes autoritários, como no caso da China, por exemplo, estão falhando em cumprir seu alegado fim institucional em virtude da interferência institucional por parte do governo, e são, portanto, institucionalmente corruptas, pelo menos em algum grau, sejam elas agências do setor público ou privado.

Pelo fato da mídia tradicional, inclusive aquilo a que me referirei como TV tabloide, ser muito difundida – 75% do tempo discricionário (não focado no trabalho ou no sono) dos norte-americanos é gasto assistindo TV[15] - ela influencia profundamente, de maneira direta ou indireta, as instituições de comunicação pública e, com isso, as atitudes sociais e a política pública. A maior parte das organizações de mídia impressa e eletrônica nas nações ocidentais consiste em negócios comerciais, isto é, são instituições de negócio.[16] No entanto, essas organizações também possuem particular papel como instituições de comunicação pública. Especificamente, possuem um papel institucional como imprensa livre a serviço do direito do público de saber: o papel do Quarto Poder em uma democracia liberal, ao lado dos poderes executivo, judiciário e legislativo. Além disso, no caso da mídia impressa e eletrônica – pelo menos em seu papel como comunicador público e comentador de notícias –, sua existência como corporação de negócios em mercados competitivos não são fins em si, mas devem ser vistas como puramente instrumentais; este é certamente o caso da mídia impressa e eletrônica em relação a seu papel como comunicadores e comentadores públicos de notícias.

É importante reafirmar aqui a distinção entre fins *de facto* da mídia e fins que ela deveria ter. Talvez, o principal fim da mídia tradicional nos EUA seja de fato fornecer entretenimento e gerar

---

15. A. Gore, *The Assault on Reason*. Nova York: Penguin, 2007, p. 6.

16. Versões anteriores do material desta seção foram publicadas em Seumas Miller, "Freedom of the press", *Politikon* 22 (1995), 24-36; e Miller, *Foundations of Social Institutions*, cap. 6.

lucros para as corporações, mais do que funcionar como Quarto Poder. Existe uma série de considerações em apoio a essa tese. Em primeiro lugar, boa parte da mídia tradicional de notícias e comentários jornalísticos é constituída de "dados sonoros", reportagens tolas, esporte, "notícias" sobre celebridades, informações fotográficas de entretenimento, publicidade disfarçada de notícias [*advertorials*] e coisas semelhantes; o conteúdo carece de fôlego descritivo ou profundidade analítica, e tipicamente apela para o mais baixo denominador comum. Em suma, boa parte do conteúdo de notícias da mídia tradicional é uma forma de entretenimento, incluindo "vender" um modo de vida orientado para o consumo.

Em segundo lugar, existe uma alta taxa de concentração de propriedade na mídia tradicional. Os meios de comunicação de massa dos EUA, incluindo notícias e comentários, são em grande parte propriedade de grandes conglomerados corporativos para os quais as notícias constituem apenas um produto comercial, por exemplo, a companhia assada da grande rede de notícias NBC é a General Electric.[17]

Em terceiro lugar, empresas de mídia são com frequência meros componentes de grandes conglomerados corporativos, e a maior parte delas possui estreitas relações institucionais com corporações externas à mídia. De acordo com Elliot Cohen, citando um recente estudo baseado em universidades dos EUA, "somente 118 pessoas compõem o quadro de diretores das dez gigantes do setor de mídia. Esses 118 indivíduos, por sua vez, estão presentes nos quadros corporativos de 288 corporações nacionais e internacionais".[18]

Finalmente, existe evidentemente uma relação pouco saudável entre essas empresas de mídia e instituições políticas (o governo e

---

17. Elliot Cohen (org.), *News Incorporated: Corporate Media Ownership and Its Threat to Democracy*. Nova York: Prometheus Books, 2005, p. 18.

18. Elliot Cohen e B. W. Fraser, *The Last Days of Democracy: How Big Media and Power-Hungry Governmenet Are Turning America into a Dictatorship*. Nova York: Prometheus Books, 2007, p. 14.

partidos políticos dos EUA, em particular). Considere-se a gritante e unilateral parcialidade exibida por comentadores políticos satíricos [*"shock jock" commentators*] como Sean Hannity, da Fox TV, e Steve Bannon. Com efeito, Bannon foi recentemente indicado pelo Presidente Eleito Donald Trump como seu principal estrategista e conselheiro.*

Da perspectiva de uma imprensa livre a serviço do direito do público de saber (o Quarto Poder), cada uma dessas quatro considerações é bastante perturbadora. Tomadas em conjunto, colocam em questão a independência dessas empresas de mídia e de seus jornalistas, e a verdade, objetividade e equilíbrio das notícias que disseminam.

Uma consequência política específica do atual estado dessas instituições midiáticas corporativas se relaciona com as eleições dos EUA. Como diz Al Gore:

> Uma vez que os eleitores têm o poder real de eleger seus líderes, aqueles que quiserem trocar riqueza por poder devem fazê-lo, em parte, pagando por elaboradas campanhas de relações públicas, para tentar moldar as opiniões de milhões que passam grande parte de seu tempo assistindo televisão. Às vezes parece que está ocorrendo uma genuína conversa democrática, mas ela flui principalmente em uma direção – daqueles que juntaram bastante dinheiro para pagar a publicidade na TV para aqueles que assistem aos comerciais e possuem poucos meios efetivos para se comunicar na direção oposta.[19]

---

* Mais recentemente ainda, em agosto de 2020, Steve Bannon foi preso, acusado de fraude na arrecadação de fundos para a construção do muro entre os EUA e o México, promessa de campanha de Trump. Veja-se: https://noticias.uol.com.br/colunas/balaio-do-kotscho/2020/08/20/a-prisao-de-steve-bannon-o-guru-do-guru-dos-bolsonaros.htm . Acesso em 24/09/2020 (N.T.).

19. Gore, *Assault on Reason*, p. 78.

A participação de jornalistas, editores e comentadores em grandes corporações da mídia e conglomerados corporativos evidentemente comprometeu o papel da mídia como veículo independente de comunicação. Considere-se, a esse respeito, Bill O'Reilly, o âncora do programa *The O'Reilly Factor*, na Fox TV. Os comentários de O'Reilly deram uma "girada" à direita nos acontecimentos e nem sequer tentaram respeitar os cânones do debate objetivo; com efeito, até mesmo suas afirmações factuais são suspeitas.[20] Com efeito, o desrespeito pelos fatos é agora aparentemente tão disseminado nos canais de comunicação pública que grandes números de pessoas entre os cidadãos foram condicionados a ponto de não mais considerarem que dizer a verdade seja de importância fundamental no que concerne à política. Certamente, o desprezo de Donald Trump pela verdade e a prática de mentir de maneira flagrante (por exemplo, no que concerne ao local de nascimento do Presidente Obama) quase deteve sua marcha rumo à Presidência. Com efeito, embora se presuma que isto seja uma hipérbole, segundo Francis Fukuyama vivemos em um "mundo pós-fato".[21] Se for assim, a cultura política nos EUA e em outros lugares foi profundamente erodida, se não corrompida, e aquelas pessoas na mídia que são em parte moralmente responsáveis por esse estado de coisas são corruptores, à luz de nossa definição.

Como notado, a justificação geral para a existência da mídia como fórum público é que membros do público – ou pelo menos seus representantes ou porta-vozes – possuem um direito moral de se dirigir ao público em geral. Sob esse aspecto, a recente chegada da Internet e da mídia social é importante. Essas tecnologias permitem a muitas pessoas ter acesso a audiências mais amplas. Por outro lado, elas não são imunes a interferência e censura, por exemplo, com a

---

20. Cohen e Frase, *Last Days of Democracy*, p. 83.

21. Francis Fukuyama, "The emergence of a post-fact world".

cumplicidade do gigantesco site de buscas Google, o autoritário governo chinês emprega dezenas de milhares de pessoas para vigiar os cidadãos chineses, interceptando suas comunicações por meio da Internet, derrubando sites etc.[22] Além disso, recentes decisões políticas nos EUA ameaçam minar a liberdade da Internet, ao se recusar a manter seu *status* como um "meio de comunicação comum" similar a sistemas de telecomunicações como redes telefônicas; meios de comunicação são abertos a todos, e seu controle pertence inteiramente aos usuários.[23] Uma Internet sem regulação e redes sociais infensas a regras tampouco fornecem necessariamente uma solução a esses problemas. Pois, como demonstra recente publicação de falsidades em relação a Hilary Clinton e a outros no Facebook, durante as eleições presidenciais norte-americanas, a Internet e as redes sociais estão sujeitas a abusos e requerem regulação. Além disso, as redes sociais, em particular, não suplantam a necessidade de um fórum público para o corpo de cidadãos de determinada sociedade como um todo, o que é diferente de uma ampla variedade de fóruns para grupos diversos, segmentados e sectários.

O resultado dessa discussão é que existe uma necessidade de renovar o Quarto Poder a fim de assegurar que ele possa se desincumbir de seu papel institucional. Como é evidente, é necessária uma rede difusão de comunicações pública independente e dotada de recursos (nas linhas da concepção original da British Broadcasting Corporation [BBC], no RU, e Australian Broadcasting Corporation [ABC], na Austrália) com a missão de fornecer notícias e comentários objetivos, imparciais e equilibrados (embora, não necessariamente neutros). Além disso, distinções tradicionais nessa área, por exemplo, entre notícias e comentários, e entre ambos e publicidade disfarçada de notícia, precisam ser ressuscitadas. Monopólios ou

---

22. *Ibid.*, p. 219.

23. *Ibid.*, p. 218.

oligopólios nas organizações de mídia precisam ser reduzidos. É necessário ainda promulgar leis para assegurar independência editorial em relação aos proprietários da mídia. De maneira relacionada, é preciso assegurar um grau apropriado de independência de jornalistas em relação a editores. Finalmente, uma agência independente e dotada de recursos para monitorar e controlar o Quarto Poder precisa ser estabelecida, com poderes para investigar quebra de independência editorial e jornalística.

14.4 Conclusão

Neste capítulo, elaborei uma explicação da instituição do governo como metainstituição: uma instituição que dirige e regula outras instituições. Quando membros do governo legislam de maneira que mina processos e fins institucionais de outras instituições para fins de ganho pessoal ou político, outras coisas permanecendo inalteradas, é como se esses legisladores estivessem envolvidos em corrupção política. Sistemas de integridade para governos democráticos liberais incluem uma gama de instituições independentes ou quase independentes, incluindo o judiciário e a polícia. O que é importante, porém, é dizer que os governos devem prestar contas aos cidadãos, notadamente por meio de eleições democráticas. A esse respeito, e a despeito da ascensão das redes sociais, o papel do Quarto Poder, como fornecedor de um fórum público para a o corpo de cidadãos como um todo (em lugar das audiências segmentadas das redes sociais), como fonte de notícias e comentários informados, equilibrados e objetivos, e como investigador, é crucial, uma vez que os cidadãos precisam ser razoavelmente bem-informados, bem-intencionados e reflexivos caso queiram cumprir adequadamente seu papel como cidadãos em uma sociedade democrática liberal. Além disso, a corrupção do corpo de cidadãos está longe de ser uma possibilidade remota, especialmente no contexto do enfraquecimento de normas sociais e na ausência de um compromisso com o bem coletivo. Sob esse aspecto, um problema central é a existência de corrupção na mídia a respeito de seu papel crítico como interface entre o governo e o corpo de cidadãos, ao ser um meio facilitador da democracia deliberativa. Assim, forneci algumas sugestões no que concerne a um sistema de integridade para o Quarto Poder.

Referências

ALCKMAN, D. "Sherron Watkins had whistle, but blew it", *Forbes*, 14 de fevereiro de 2012.

ACTON, Lord. *Essays on Freedom and Power*. Londres: Skyler J. Collins, 2013.

ALEXANDRA, Andrew. "Dirty Harry and dirty hands", *in* COALY, TONY, JAMES, STEVE, MILLER, Seumas e O'Keefe, M. (org.). *Violence and Police Culture*. Melbourne: Melbourne University Press, 2000.

ALEXANDRA, ANDREW e MILLER, Seumas. "Needs, moral sellf--counsciosness and professional roles", *Professional Ethics* 5, no. 1-2 (1996), 43-61.

ALEXANDRA, ANDREW, CAMPBELL, TOM, COCKING, DEAN, MILLER, Seumas e WHITE, Kevin. *Professionalization, Ethics and Integrity*, Relatório para o Professional Standards Council (2006), pp. 1-185.

AUDI, Robert. *Business Ethics and Ethical Business*. Oxford University Press, 2008.

AYRES, I. e BRAITHWAITE, John. *Responsive Regulation*. Oxford University Press, 1992.

BACHRACH, P. e BARATZ, M. S. *Power and Poverty: Theory and Practice*. Oxford University Press, 1970.

BANFIELD, E. *The Moral Basis of a Backward Society*. Nova York: Free Press, 1958.

BAYLES, M. D. "Professional Power and Self-Regulation", *Business and Professional Ethics Journal*, 5 (1986), 22-46.

BEHR, P. e WITT, A. "Visionary's Dream Led to Risky Business", *Whashington Post*, 28 de julho de 2002.

BELOW, A. *In Praise of Nepotism: A Natural History*. Nova York: Doubleday, 2003.

BILLINGSLEY, R.; NEMITZ, T. e BEAN, P. (org.). *Informers: Policing, Policy and Practice*. Cullompton: Devon, 2001.

BOK, Sissela. *Secrecy*. Nova York: Random House, 1985.

BOVENS, Mark. "Analysing and Assessing Accountability", *European Law Journal*, 13 (2007), 447-468.

BOWDEN, *Killing Pablo*. Londres: Atlantic Books, 2001.

BOYLAN, Michael. *Basic Ethics*. Upper Saddle River, NJ: Prentice Hall, 1999.

BRATMAN, Michael. *Shared Agency*. Oxford University Press, 2014.

BRONITT, Simon e ROCHE, Declan. "Between Rhetoric and Reality: Socio-Legal and Republican Perspectives on Entrapment", *International Journal of Evidence and Proof*, 4 (2000), 77-106.

Brown, M. F. *Criminal Investigation: Law and Practice*, 2ª ed. Boston: Butterwoth-Heineman, 2001.

CARNEY, Mark. "Inclusive capitalismo: creating a sense of the systemic", Inclusive Capitalism Conference. Londres, 27 de maio de 2014.

CARSON, T. L. "Bribery", in BECKER, L. C. e BECKER, C. B. (org.), *Encyclopaedia of Ethics*, 2ª ed. Londres: Routledge, 2001.

CHAPMAN, Brian. *Police State*. Londres: Palla Mall Press, 1970.

CIEPLEY, D. "Beyond public and private: toward a political theory of the Corporation", *American Political Science Review*, 107 (2013), 139-158.

CLARKE, Thomas. "High frequency trading and dark pools: sharks never sleep", *Law and Financial Markets Review*, 8 (2014), 342-351.

COADY, C. A. J. "Dirty hands", *Encyclopaedia of Ethics*, 2ª ed. Londres: Routledge, 2001.

IDEM, *Messy Morality: The Challenge of Politics*. Oxford University Press, 2008.

COADY, M. e BLOCH, S. (org.). *Codes of Ethics and the Professions*. Melbourne University Press, 1996.

COHEN, Elliott (org.). *News Incorporated: Corporate Media Ownership and Its Threat to Democracy*. Nova York: Prometheus Books, 2005.

COHEN, Elliott e FRASER, B. W. *The Last Days of Democracy: How Big Media and Power-Hungry Government Are Turning America into a Dictatorship*. Nova York: Prometheus Books, 2007.

COHEN, Howard. "Overstepping Police Authority", *Criminal Justice Ethics*, 6 (1987), 52-60.

COPP, David. "Collective Moral Autonomy Thesis", *Journal of Social Philosophy*, 38 (2007), 369-388.

DAVIDSON, Donald. "Freedom to Act", *in* HONDERICH, T. (org.), *Essays on Freedom of Action*. Londres: Routledge and Kegan Paul, 1973.

DEAN, J. W. *Broken Government: How Republican Rule Destroyed the Legislative, Executive and Judicial Branches*. Nova York: Penguin, 2007.

DeGEORGE, Richard. *Competing with Integrity*. Nova York: Oxford University Press, 1993.

DeGEORGE, Richard. *Nature and Limits of Authority*. University of Kansas Press, 2000.

DELATTRE, Edwin. *Character and Cops*, 2ª ed. Washington, DC: AEI Press, 1994.

DOBOS, N.; BARRY, C. e POGGER, T. (org.). *Global Financial Crisis: The Ethical Issues*. Londres: Palgrave Macmillan, 2011.

DUFF, R. A. *Answering for Crime: Responsibility and Liability in the Criminal Law*. Oxford: Hart Publishing, 2007.

DUNFEE, T. W. e WARREN, D. E. "Is Guanxi ethical? A normative analysis of doing business in China", *Journal of Business Ethics*, 32 (2001), 191-204.

DUNNINGHAN, C. e NORRIS, C. "The detective, the snout and the audit comission: the real costs in using informants", *Howard Journal of Criminal Justice*, 38 (2005), 67-86.

DWORKIN, Gerald. *The Theory and Practice of Autonomy*. Cambridge University Press, 1988.

DWORKIN, Ronald. *Laws Empire*. Oxford: Hart Publiching, 1998.

EATWELL, John e TAYLOR, L. *Global Finance at Risk: The Case for International Regulation*. Nova York: New Press, 2000.

EITAN, N.; HOEREL, C.; McCORMACK, T. e ROESSLER, J. *Joint Attention: Communication and Other Minds*. Oxford University Press, 2005.

ELLISTON, F. *Whistleblowing Research: Methodological and Moral Issues*. Nova York: Praeger, 1985.

EPSTEIN, E. K. "Was Snowden's Heist a Foreign Espionage Operation?", *Wall Street Journal*, 9 de maio de 2014.

ERSKINE, Toni. "Assigning responsibilities to institutional moral agentes", *Ethics and International Affairs*, 15 (2001), 67-85.

ETZIONI, Amitai. "NSA: National Security *vs.* individual rights", *Intelligence and National Security*, 30 (2015), 100-136.

FAN, Y. "Guantxi's consequences: personal Gains at social cost", *Journal of Business Ethics*, 38 (2002), 371-380.

FERGUSON, C. "Heist of the century: Wall Street's role in the financial crisis", *The Guardian*, 20 de maio de 2012.

FINANCIAL SERVICES AUTHORITY. *Turner Review: A Regulatory Response to the Global Banking Crisis.* Londres: FSA, 2009.

FINANCIAL STABILITY BOARD. "FSB announces policy measures to address systemically importante financial institutions (SIFI) and names initial group of global SIFIs", www.fsb.org , 4 de novembro de 2011.

FINN, Paul. "The liability of third parties for knowing receipt or assistance", *in* WATERS, D. (org.), *Moral Responsibility.* Londres: Cornell University Press, 1986.

FISSE, Brent e BRAITHWAITE, John. *Corporations, Crime and Accountability.* Cambridge University Press, 1994.

FRANKFURT, H. G. "Three concepts of free action", *in* FISCHER, J. M (org.), *Moral Responsibility.* Londres: Cornell University Press, 1986.

FREIBERG, Arie. *The Tools of Regulation.* Sydney: Federation Press, 2010.

FRENCH, Peter. "The corporation as a moral person", *American Philosophical Quarterly*, 16 (1979), 207-215.

FRIEDMAN, Milton. "The social responsibility of business is to increase its profits", *New York Times Magazine*, 13 de setembro de 1970.

FUKUYAMA, Frances. *Trust: The Social Virtues and the Creation of Prosperity.* Londres: Penguin Books, 1996.

FUSARO, P. C. e MILLER, R. M. *What Went Wrong at Enron.* Hoboken, NJ: John Wiley and Sons, 2002.

GARNAUT, Ross. *The Great Crash of 2008.* Melbourne University Press, 2009.

GERT, Bernard. *Common Morality.* Oxford University Press, 2007.

GIDDENS, S. *The Constitution of Society: Outline of the Theory of Structuration.* Cambridge: Polity Press, 1984.

GILBERT, M. *On Social Facts*. Princeton University Press, 1989.

GILLIGAN, G. e O'BRIEN, J. (org.). *Integrity, Risk and Accountability in Capital Markets: Regulationg Culture*. Oxford: Gart Publishing, 2013.

GORE, A. *The Assault on Reason*. Nova York: Penguin, 2007.

GRABOSKY, Peter; SMITH, R. e DEMPSEY, G. *Eletronic Theft: Unlwaful Acquisition in Cyberspace*. University of Cambridge Press, 2001.

GREEN, L. *The Authority of the State*. Oxford University Press, 1989.

GREEN, S. P. *Lying, Cheating and Stealing A Moral Theory of White Collar Crime*. Oxford University Press, 2006.

GREENWALD, G. *No Place to Hide: Edward Snowden, the NSA and the Surveillance State*. Londres: Penguin Books, 2014.

GREGG, P.; JEWELL, S. e TONKS, I. *Executive Pay and Performance in the UK 1994-2002*. CMPO Working Paper Series no. 05/122. Bristol: Centre for Market and Public Organisation, 2005.

GRIFFIN, James. *On Human Rights*. Oxford University Press, 2008.

HARFIELD, Clive e HARFIELD, Karen. *Covert Investigation*. 3ª ed. Oxford University Press, 2012.

HARPER, T.; KERBAJ, R. e SHIPMAN, T. "British spies betrayed to russians and chinese", *Sunday Times*, 14 de junho de 2015.

HARRE, Rom. *Social Being*, 2ª ed. Oxford: Blackwell, 1993.

HEIDENHEIMER, A. J. e JOHSON, M. (org.). *Political Corruption: Concepts and Contexts*. 3ª ed. Piscataway, NJ: Transaction Publishers, 2001.

HINDESS, Barry. "Good government and corruption". Camberra: Asia-Pacific Press, 2001, pp. 1-10.

IDENTITY THEFT RESOURCE CENTER. *Aftermath Study: What Victims Have to Say about Identity Theft* (The Identity Theft Resource Center, 2015, disponível em www.idtheftcenter.org

IOSCO, Internation Organisation fo Securities Comissions. *Principles for Financial Benchmarks: Final Report*. Madri: International Organization of Securities Comissions, 2013, disponível em www.iosco.org

JACKAL, Robert. *Moral Mazes*. New York: Oxford University Press, 1998.

JOYE, C. e SMITH, P. "Most powerful spy says Snowden leaks will cost lives", *The Australian Financial Review*, 8 de maio de 2014.

KAY, John. "Should we have narrow banking?", *in The Future of Finance: The LSE Report*. Londres: London School of Economics and Political Science, 2010.

IDEM. *Kay Review of UK Equity Markets and Long Term Decision--Making*. Londres: UK House of Commons, 2013.

KINGSFORD SMITH, D. "Insider the FOFA deal: success of the experimente depends on extent and quality of implementation", www.clmr.unsw.edu.au

KLEINIG, John. *Ethics in Policing*. Cambridge: Cambridge University Press, 1996.

IDEM. "The Blue Wall of silence: na ethical analysis", *International Journal of Applied Philosophy*, 15 (2001), 1-23.

IDEM. "Rethinking Noble Cause Corruption", *International Journal of Police Science and Management*, 4 (2002), 287-314.

KLEINIG, John. MAMELI, P.; MILLER, S; SALANE, D. e SCHWARTZ, A. *Security and Privacy: Global Standards for Ethical identity Management in Contemporary Liberal Democratic States*. Camberra: ANU Press, 2011.

KLITGAARD, Robert. *Controlling Corruption*. Los Angeles: University of California Press, 1988.

KLITGAARD, Robert; MACLEAN-ABAROA, R. e LINDSEY PARRIS, H. *Corrupt Cities: A Practical Guide to Cure and Prevention*. Oakland, CA: ICS Press, 2000.

KLOCKARS, C.B. "The Dirty Harry problem", republicado *in* BLUMBERG, A. S. e NIEDERHOFFER, E. (org.), *The Ambivalent Force: Perspectives on the Police*. Nova York: Holt, Rinehart and Winston, 1976.

KUNG, Hans. *Global responsibility: In Search of a New World Ethic*. Nova York: Crosswords, 1991.

LADD, J. "Philosophical remarks on professional responsibility in organisations", *International Journal of Applied Philosophy*, 1 (1982), 58-0.

LAMBSDORFF, J. G. *The Institutional Economics of Corruption and Reform: Theory Evidence and Reform*. Cambridge University Press, 2003.

LESSIG, Larence. "Institutional corruptions", *Edmond J. Safra Working Papers*, 15 de março de 2013, disponível em www.ethics.harvard.edu/lab

LESSIG, Lawrence. *Republica, Lost: How Money Corrupt Congress – and a Plan to Stop It*. Nova York: Twelve, 2011.

LEWIS, M. *Flash Boys: Cracking the Money Code*. Londres: Penguin, 2014.

LICHTENBERG, Judith. "What are codes of ethics for?", *in* COADY, M. e BLOCH, S. (org.), *Codes of Ethics and the Professions*. Melbourne University Press, 1996.

LINDORFF, D. "Chief fudge-the-books officer", www.Salon.com – 20 de fevereiro de 2002.

LIST, C. e PETTIT, P. *Group Agency*. Princeton University Press, 1988.

LUKES, Steven. *Power: A Radical View*, 2ª ed. Londres: Palgrave Macmillan, 2005.

MAQUIAVEL, N. *O príncipe*, qualquer edição [No Brasil, veja-se, por exemplo, as edições da Cia. das Letras/Penguin e da Martins Fontes (N.T.)].

MacNEIL, I. e O'BRIEN, J. (org.). *The Future of Financial Regulation*. Oxford: Hart Publishing, 2010.

MacNEIL, I.; WOTHERSPOON, K. e TAYLOR, K. *Business Investigations*. Bristol: Jordan Publishing, 1998.

MANDIANT INTELLIGENCE CENTRE. *APTi: Exposing One of China's Cyber Espionage Units*. Washington, DG: Mandiant Intelligence Centre, 2013, disponível em http://intelreport.mandiant.com

MATHERM, J. e ROSE, S. "Low tax sought for $2.5m super", *Australian Financial Review*, 11 (2016).

MAY, Larry. *Sharing Responsibility*. University of Chicago Press, 1992.

McCORMACK, G. *The Emptiness of Japanese Affluence*. Sidney: Allen and Unwin, 1996.

MEDCRAFT, G. "Extending the regulatory perimeter: mapping the IOSCO agenda". *Law and Financial Markets Review*, 8 (2014), 95-97.

MEIKLEJOHN, A. *Political Freedom*. Nova York: Harper, 1960.

MELLEMA, G. "The collective responsibility and qualifying actions", *Midwest Studies in Philosophy*, 30 (2006), 168-175.

MILLER, Kaarlo e TUOMELA, R. "We-intentions", *Philosophical Studies*, 53 (1988), 115-137.

MILLER, Seumas. "Joint action", *Philosophical Papers*, 11 (1992), 275-299.

IDEM."On conventions", *Australian Journal of Philosophy*, 70 (1992), 435-445.

IDEM. "Freedom of the press", *Politikon*, 22 (1995), 24-36.

IDEM. "Collective responsibility", *Public Affairs Qarterly*, 15 (2001), 65-82.

IDEM. "Collective moral responsibility: an individualista account", *Midwest Studies in Philosophy*, 30 (2006), 176-193.

IDEM. "Against the moral autonomy thesis", *Journal of Social Philosophy*, 38 (2007), 389-409.

IDEM. "Is torture ever morally justifiable?", *International Journal of Applied Philosophy*, 19 (2005), 179-192.

IDEM. "What makes a good internal affairs Investigation?", *Criminal Justice Ethics*, 33 (2014), 21-39.

IDEM. "Integrity systems and professional reporting in police organizations", *Criminal Justice Ethics*, vol. 29, no. 3, 2010, 241-257.

IDEM. "Trust me... I'm a (systemically importante) bank!", *Law and Financial Markets Review*, 8 (2014), 322-325.

IDEM. "The Global Financial Crisis and collective moral responsibility", *in* NOLLKAEMPER, A. e JACOBS, D. (org.), *Distribution of Responsibilities in International Law*. Cambridge University Press, 2015, 404-433.

IDEM. "Social norms", *in* HOLMESTROM-HINTIKKA, G. e TUOMELA, R. (org.), *Contemporary Action Theory*. Synthese Library Series. Dordrecht: Kluwer, 1997, vol. II, pp. 211-229.

IDEM. "Noble cause corruption revisited", *in* VILLIERS, P. e ADLAM, R. (org.), *A Safe, Just and Tolerant Society: Police Virtue Rediscovered*. Winchester, UK: Waterside Press, 2004.

IDEM. "Concept of corruption", *in* ZALTA, E. N. (org.), *Stanford Encyclopaedia of Philosophy*, outono de 2005.

IDEM. "Institutions integrity systems and market actors", *in* O'BRIEN, J. (org.), *Private Equity, Corporate Governance and the Dynamics of Capital Market Regulation*. Londres: Imperial College of London Press, 2007, pp. 297-327.

IDEM. "Individual autonomy and sociality", *in* SCHMITT, F. (org.), *Sozialising Metaphysics: Nature of Social Reality*. Lanham: Rowman & Littlefield, 2003, pp. 269-300.

IDEM. "Noble cause corruption in politics", *in* PRIMORATZ, F. (org.), *Politics and Morality*. Basingstroke: Palgrave Macmillan, 2007, pp. 92-112.

IDEM. "Financial servisse providers: integrity systems, reputation and the triangle of virtue", *in* DOBOS, N.; BARRY, C.; POGGE, T. (org.), *The Global Financial Crisis: Ethical Issues*. Londres: Palgrave Macmillan, 2011, pp. 132-157.

IDEM. "Trust, conflicts of interest and fiduciary duties: ethical issues in the financial planning industry in Australia", *in* MORRIS, N. e VINES, D. (org.). *Capital Failure: Rebuilding Trust in Financial Services*. Oxford: Oxford University Press, 2014, pp. 305-331.

IDEM (org.). *Ethical Issues in Policing*. Wagga Wagga: Keon, 1997.

IDEM. *Social Action: A Teleological Account*. Cambridge University Press, 2001.

IDEM. *Model Code of Principles of Ethics*. The Professional Standards Council of New South Wales and Western Australia, 2002.

IDEM. *The Moral Foundations of Social Institutions: A Philosophical Study*. Nova York: Cambridge University Press, 2010.

IDEM. *Corruption and Anti-Corruption in Policing: Philosophical and Ethical Issues*. Dordrecht: Springer, 2016.

IDEM. "Joint epistemic action: some applications", *Journal of Applied Philosophy*, publicado on-line em fevereiro de 2016.

MILLER, Seumas e BLACKLER, John. "Restorative justice: retribution, confession and shame", *in* BRAITHWAITE, J. e STRANG, H. (org.), *Restorative Justice: From Philosophy to Practice*. Aldershot: Ashgate Press, 2000.

IDEM. *Ethical Issues in Policing*. Aldershot: Ashgate, 2005.

MILLER, SEUMAS e GORDON, Ian. *Investigative Ethics. Ethics for Police Detectives and Criminal Investigators*. Hoboken, NJ: Wiley Blackwell, 2014.

MILLER, SEUMAS e MAKELA, Pekka. "The collectivist approach to collective moral responsibility", *Metaphilosophy*, 36 (2005), 634-651.

MILLER, SEUMAS e WALSH, Patrick. "NSA, Snowden and the ethics and accountability of intelligence gathering", *in* GALLIOT, J. (org.), *Ethics and the Future of Spying: Technology, Intelligence Collection and National Security*. Abingdon-on-Thames: Routledge, 2015.

MILLER; SEUMAS; CURRY; STEVE; GORDON, Ian; BLACKLER, John; e PRENZLER, Tim. *An Integrity System for Victoria Police: Volume 2*. Camberra: Centre for Applied Philosophy and Public Ethics, 2008.

MOFFIT, A. *A Quarter to Midnight: The Australian Crisis – Organised Crime and the Decline of the Institutions of State*. Sydney: Angus and Robertson, 1985.

MOORE, Michael. S. *Causation and Responsibility: An Essay in Law, Morals and Metaphysics*. Oxford University Press, 2009.

MORRIS, N. e VINES, David (org.). *Capital Failure: Rebuilding Trust in Financial Services*. Oxford University Press, 2014.

MORRISS, Peter. *Powe A Philosophical Analysis*. Machester University Press, 2002.

NAGEL, Thomas. *Concealment and Exposure and Other Essays*. Oxford University Press, 2002.

IDEM. *The Last Word*. Oxford University Press, 1997.

NOONAN, J. T. *Bribes. Nova York: Macmillan*, 1984.

NYE, Joseph. "Corruption and political development: a cost-benefit analysis", *American Political Science Review*, 61 (1967), 417-427.

O'NEILL, Onora. *A Questiono of Trust: Reith Lectures for 2002*. Cambridge University Press, 2002.

OBERMAYER, B. e OBERMAIER, F. *The Panama Papers: Breaking the Story of How the World's Rich and Powerful Hide Their Money.* Londres: Oneworld, 2016.

OECD, Organisation for Economica Co-operation and Development. "Base erosion and profit sharing", www.oecd.org/ctp/beps.htm

PARSONS, Talcott. *On Institutions and Social Evolution.* Chicago: Chiacgo University Press, 1982.

PEARSON, Z. "An international human rights approach to corruption", *in* LARMOUR, P. e WOLANIN, N. (org.), *Corruption and Anti-Corruption.* Camberra: Asia-Pacifica Press, 2001, pp. 30-61.

PEI, Minxin. *China's Crony Capitalism: The Dynamics of Regime Decay.* Harvard University Press, 2016.

PHONGPAICHIT, P. e PIRIYARANGSAN, S. *Corruption and Democracy in Thailand.* Chang Mai: Silkworm Books, 1994 (edição de 1996).

POGGE, Thomas. *World Poverty and Human Rights.* Cambridge, UK: Polity Press, 2008.

POPE, J. (org.). *National Integrity Systems: The TI Source Book.* Berlim: Transparency International, 1997.

PRITCHARD, M. S. "Bribery: the concept", *Science and Engineering Ethics,* 4 (1998), 281-286.

RAZ, Joseph (org.). *Authority.* Nova York: New York University Press, 1990.

Reich, R. B. *Saving Capitalism: For the Many Not the Few.* Nova York: Alfred A. Knoff, 2015.

REINER, Robert. *The Politics of the Police.* Brighton: Harvester, 1985.

REUSS-IANNI, E. e IANNI, F. A. J. "Street Cops and Management Cops: The Two Cultures of Policing", *in* PUNCH, M., *Control in the Police Organisation*. Londres: MIT Press, 1983.

ROBERTS, Peter; BROWN, A. J.; e OLSEN, J. *Whistling while they work: A good-practice guide for managing internal reporting of wrong-doing in public sector organisations*. Camberra: ANU Press, 2011.

ROSE-ACKERMAN, S. *Corruption and Government*. Cambridge University Press, 1999.

ROTHSCHILD, E. e SEN, Amartya. "Adam Smith's Economics", *in* HAAKONSSEN, K. (org.), *The Cambridge Companion to Adam Smith*. Cambridge University press, 2006, pp. 319-365.

SAKS, M. J. "Explaining the tension between the Supreme Court's embrace of validity as the touchstone of admissibility of expert testimony and Lower Courts' (seeming) rejection of same", *Episteme*, 5 (2008), 329-331.

SAMPFORD, Charles; SMITH, R.; e BROWN, A. J. "From Greek temple to bird's nest: toward a theory of coherence and mutual accoutnability for national integrity systems", *Australian Journal of Public Administration*, 64 (2005), 96-108.

SANGER, D. E.; BARBOZA, D.; e PERLROTH, N. "Chinese army uni tis seen as tied to hacking against US", *New York Times*, 18 de fevereiro de 2013.

SCHAUER, F. *Free Speech: A Philosophical Inquiry*. Cambridge University Press, 1982.

IDEM. *Profiles, Probabilities and Stereotypes*. Cambridge: Harvard University Press, 2003.

SCHMITT, F. "Joint action: from individualismo to supraindividualism", *in* SCHMITT, F. (org.), *Socializaing Metaphysics: The Nature of Social Reality*. Lanham: Rowman and Littlefield, 2003, pp. 129-166.

SCHOEMAN, F. *Responsibility, Character and the Emotions*. Cambridge University Press, 1987.

SEARLE, John. *The Construction of Social Reality*. Nova York: Free Press, 1995.

IDEM. *Intentionality*. Cambridge University Press, 1983.

SEIFERT, J. W. *Data Mining and Homeland Security*. CRS Report RL_{31798}. Congressional Research Service, 2008.

SHARMAN, J. C. *The Despot's Guide to Wealth Management: On the International Campaign against Grande Corruption*. Ithaca, NY: Cornell University Press, 2014.

SHEEHAN, N. "Vietnam Archive: Pentagon study traces 3 decades of growing US involvement", *New York Times*, 13 de junho de 1971.

SINNOTT-ARMSTRONG, W. "Entrapment in the Net", *Ethics and Information Technology*, no. 1, 1999, p. 99.

SKOLNICK, J. *Justice without trial: Law enforcement in a democratic Society*. Nova York: Macmillan, 1977.

SMITH, G.; BUTTON, M.; JOHSON, L.; e FRIMPONG, K. (org.). *Studying Fraud as White Collar Crime*. Londres: Palgrave Macmillan, 2011.

SORKIN, A. "Realities behind prosecuting big banks", *New York Times*, 12 de março de 2013.

SOROS, Goerge. *The Crash of 2008 and What It Meands: The New Paradigm for Financial Markets*. Nova York: Perseus Books, 2009.

STIGLITZ, Joseph. *Making Globalisation Work: The Next Steps to Global Justice*. Londres: Penguin, 2006.

IDEM. The Great Divide: Unequal Societies and What We Cand Do. Nova York: W. W. Norton, 2016.

STOUT, Lynn. *The Shareholder Value Myth: How Putting Shareholders First Harms Investors, Corporations and the Public*. São Francisco: Berrett-Koehler, 2012.

SZIGETI, Andras. "Are individualista accounts of collective moral responsibility morally deficient?", *in* KONZELMANN-ZIV, A. e CHMID, H. B. (org.). *Institutions, Emotions and Group Agents: Contribution to Social Ontology, Studies in the Philosophy of Sociality 2.* Dordrecht: Springer, 2014.

THOMPSON, Dennis F. "Moral responsibility and public officials: the problem of many hands", *American Political Science Review*, 74 (1980), 259-273.

IDEM. "Two concepts of corruption: individual and institutional", *Edmond J. Safra Working Papers*, 16 (2013), disponível em SSRN: http://ssrn.com/abstract=2304419 ou http://dx.doi.org/10.2139/ssrn.2304419

IDEM. *Ethics in Congress: From Individual to Institutional Corruption*. Washington, DC: Brookings Institution, 1995.

TOMASIC, R. e BOTTOMLEY, S. *Directing to the Top 500*. Allen and Unwin, 1993.

TREANOR, J. e RUSHE, D. "HSCB to pay 1.2 billion pounds over Mexico scandal", *The Guardian*, 10 de dezembro de 2012.

WAINRIGHT, T. *Narconomics*. Londres: Ebury Press, 2016.

WALZER, Michael. "Political action: the problem of dirty hands", *Philosophy and Publi Affairs*, 2 (1973), 160-180.

IDEM. *Spheres of Justice: A Defense of Pluralism and Equality*. Nova York: basic Books, 1983.

WEBER, Max. "Political as a vocation", *in* GERTH, H. e WRIGHT MILLS, C. (org.), *From Max Weber: Essays in Sociology*. Londres: Routledge, 1991, 77-128.

IDEM. *Economy and Society: An Outline of Interpretive Sociology*. Nova York: Qorum Book, 1992.

WIGGINS, David. "Claims of need", *in* WIGGINS, David (org.), iNeed, Values, Truth: Essays in the Philosophy of Value, 2ª ed. Oxford: Blackwell, 1991, pp. 6-11.

WOOD, J. J. *Final Report: Royal Comission into Corruption in the New South Wales Police Service*. Sydney: NSW Government, 1998.

ZIMMERMAN, Michael. "Sharing responsibility", *American Philosophical Quarterly*, 22 (1985), 115-122.

Índice analítico

abuso de autoridade 32, 104, 120, 159, 173-177, 181, 182, 213, 325, 414, 420, 429
cf. tb. abuso de cargo

abuso de cargo 176, 181, 226
cf. tb. abuso de autoridade

abuso de poder 173, 174, 420
cf. tb. abuso de autoridade

ação conjunta 31, 40-43
níveis de 44-47
estruturas multicamadas de 31, 33, 44, 54, 68, 71, 81, 130, 191, 199, 201, 210, 216, 327, 341, 351, 360, 383

ação organizacional 43-47, 81, 191, 201, 215, 341

Acton, Lord 21, 73

Alexandra, Andrew 17, 135, 215, 269, 271, 273, 276, 281, 284, 299, 381, 386, 443

ambientes morais 14-17
condições que conduzem à corrupção dos 18-22
conflitos e parcialidade 18
desequilíbrio de poder 21

confusão moral 19
sistemas injustos e desiguais de riqueza e *status* 19

apartheid 18, 59, 93, 126, 136

armadilhas. Cf. investigações

Armstrong, Walter Sinnott 262, 266, 457

Banfield, Edward 165, 166, 443

bancos e finanças 357-360
bancos 365
mercados de capital 365-369
manipulação de indicadores financeiros 369-375
fornecedores de serviços financeiros 375-384

bens coletivos 337-339
cf. tb. instituições de mercado

Berlusconi, Silvio 428, 429

caráter moral 387

caso Sherron Watkins 301

CET (*Collective End Theory*, S. Miller) 41, 52, 191

Coady, C. A. J. 19

códigos de ética 276-280
cf. tb. sistemas de integridade para ocupações

confiança [confidence] 178-180

confiança [trust] 178-182
cf. tb. deveres fiduciários quebra de confiança falta de 167, 219, 381

conflitos de interesse 286, 293
cf. tb. sistemas de integridade circunstanciais 287, 288 estruturais 34, 230, 233, 287, 288, 292, 299, 344, 347

corrosão institucional 100, 110, 111, 415

corrupção
por parte de atores não institucionais 107
caráter causal da 102-109
pessoal não institucional 97-102
caráter normativo da 10
caráter pessoal da 97-102

corrupção da causa nobre 133
na polícia 133-147
na política 148-152

corrupção institucional
corrupção acadêmica 12, 13, 133
conceito de 122-132
corrupção financeira 133

cinco características constituintes da 97-122

corrupção judicial 12, 110, 133

corrupção policial 12, 13, 133, 167, 216, 250, 385, 389, 395, 400, 402, 403, 404, 410

corrupção política 12, 36, 97, 120, 133, 148, 149, 413, 416, 418, 419, 420, 426, 428, 429, 430, 433, 440

corruptores
assimetria entre corruptores e corrompidos 113-119
atores institucionais corruptores e corruptos 119-122
responsabilidade moral dos 109-113

Crise Financeira Global 19, 87, 226, 274, 284, 329, 357, 360, 365, 369, 375, 446, 452, 453

cultura. Cf. cultura institucional

cultura institucional 343-344, cf. tb. instituições de mercado

cultura policial 393-400
"blue wall of silence" ["parede azul de silêncio"] 36, 389, 393, 396, 401, 406, 407, 411

deficiências em relação à prestação de contas institucional

inadequações do sistema correcional e prisional 27

inadequações no sistema judiciário 27

inadequações na investigação da corrupção 26

delação 295-299

definição de 299-304

revelação 300

ética de revelação não autorizada 308-310

privacidade e confidencialidade 304-308

direito a saber 310-312

segurança *versus* direito a saber

democracia, liberal 152, 310, 435

desaprovação/aprovação 112, 144, 186

desequilíbrio de poder 21

dever fiduciário 104, 168, 287, 332, 336, 348, 358, 376, 379

direitos morais

agregados 40, 63, 66, 72, 188

e bens coletivos 67, 71

inalienabilidade de direitos morais básicos 426

institucionais 58-60

conjuntos 60-63

justificadamente coercitivos 422, 423

legalmente previstos 137, 423

do informante 252

direitos e deveres morais

institucionais 58, 341

relativos às instituições 339

naturais 340

Dworkin, Gerald 185, 260, 261, 263, 267

Dworkin, Ronald 424

Eleições 36, 65, 429, 430, 434, 437, 439, 440

eleição de ocupantes de cargos públicos 36

pseudo- 65

presidencial nos EUA 36, 437, 439

emergências institucionais 153

Enron 12, 22, 26, 30, 35, 188, 227, 233, 234, 236, 301, 326, 344, 347-348, 447

escândalo de Watergate 148, 168, 297

Escobar, Pablo 30, 31, 153, 154

esquemas de poupança para aposentadoria 337, 339, 341
Cf. tb. bens coletivos

estripador de Yorkshire 201, 203

EUA 429-441

explicação normativa *institucional* 31

familismo amoral 164, 166, 168
Cf. tb. nepotismo

favoritismo 162-165

FBI 153, 171, 248, 317

fim institucional. Cf. tb. propósito institucional.

forjamento de provas 134, 137, 392

fraude 169-173

Fukuyama, Francis 166, 177, 438, 447

Globalização 28

Gore, Al 435, 437, 448

Governo 412-417

como metainstituição 417-426

corrupção política 426-433

corrupção política e a mídia 433-440

guanxi 166, 167

Green, Stuart P. 159, 171

hierarquias organizacionais 82, 85

Hobbes, Thomas 30, 64, 423

investigação criminal

individualismo 41, 51, 87, 200, 456

supra- 41

informantes 252-258

instituições

definição de 39

teoria teleológica normativa das instituições sociais 39

instituições de mercado 325-328

estratégias anticorrupção para 351-355

corrupção em mercados e 344-351

Enron 347-349

explicação teleológica normativa das 334-344

meios institucionais

cultura 343-344

estrutura, direitos e deveres 339-343

propósito institucional

bens coletivos 337, 338

teorias normativas de mercados e 328-334

fundamentalismo do livre-mercado 328-331

outras explicações normativas 331-334

instituição social

  categorias morais 55

  dimensão ético-normativa multifacetada 55

  variedades de 58

instituições sociais, definição de 39

investigações

  explicação geral das 240, 242

  informantes 252-258

  investigação de crimes de corrupção 243-248

  independência investigativa e prestação de contas 248-252

  operações cobertas e armadilhas 258-268

Jackall, Robert 24, 349, 449

Japão 25, 27, 28, 365

Juventude Hitlerista 115, 117

Kay, John 361, 363, 364, 366, 367, 449

  mecanismos institucionais conjuntos 40, 47-50, 68, 70, 191, 201, 209, 216, 370

  mecanismos de votação 191

Lambsdorff, J. G. 167

Lessig, Lawrence 10, 36, 369, 414, 429, 431, 432, 450

liberdade da Internet 439

LIBOR (London Internetbank offered rate) 11, 35, 344, 369, 370, 373

má conduta ética 23, 225, 226, 229, 233, 236, 282, 287, 288, 290, 389, 391, 393, 397, 404, 408

  má conduta ético profissional, prevenção

    mecanismos para lidar com 233-235

  no setor público 235

  mecanismos para lidar com conhecidas fontes de 233-235

manipulação de indexador financeiro 369-375

  Cf. tb. LIBOR

mãos sujas. Cf. corrupção da causa nobre

mecanismos de prestação de contas institucional 23-26

  deficiências em relação à prestação de contas institucional

  democracia 24

  separação de poderes 25

  quadro subjacente de normas sociais 25

mecanismos de transparência 235-236. Cf. tb. sistemas de integridade

medidas anticorrupção.
Cf. tb. sistemas de integridade

mídia

corrupção política e a 433-441

mídia social (rede social) 311, 438, 440

Mossack Fonseca 29, 34, 295, 296, 308, 321, 326, 344

National Security Agency (Agência de Segurança Nacional – NSA) 34, 297, 304, 308, 311-321, 446, 449, 454

Nepotismo 162-169

Nixon, Richard 148, 168, 297

Obama, Barack 48, 53, 54, 415, 438

operações encobertas.
Cf. investigações

organizações policiais

sistemas de integridade para 386-393

denúncia profissional e investigações internas (corregedoria) 402-411

denúncia profissional e cultura policial 402

Panama Papers 29, 34, 296, 326, 455. Cf. tb. Mossack Fonseca

papel institucional

agindo enquanto membro de um grupo 50-55

agindo enquanto participante de um papel institucional 50-55

Pei, Minxin 22

Perjúrio 139-147

poder. Cf. poder social

poder social 73-79

poder institucional 79-88

poder das normas sociais 88-95

privacidade e confidencialidade, 299, 304, 307, 308, 314, 320

propósito institucional (fim institucional) 10, 19, 20, 32, 34, 102, 105, 106, 108, 121, 131, 142, 151, 156, 172, 187, 188, 269, 281, 310, 325, 330-341, 344, 346, 351, 358, 362-371, 410, 413, 432, 434

Quarto poder 29, 36, 230, 310, 345, 421, 433, 435, 436, 439, 440

quebra de confiança 172, 179, 374

regimes autoritários 11, 170, 248, 308, 435

relação fiduciária 105, 168, 177, 181, 182

responsabilidade. Cf. tb.
responsabilidade moral,
responsabilidade institucional,
responsabilidade coletiva
  diferentes sentidos de 183-190
  individual 183-190
  natural 185, 192, 200
responsabilidade causal 208
  Cf. tb. responsabilidade
responsabilidade institucional
  cadeias de 201-205, 210
  coletiva 32, 193, 200, 373, 416
  individual e coletiva 190-201
  responsabilidades institucional
    e moral 205-210
responsabilidade moral
  coletiva 60, 130, 191
  individual 130, 197, 353
responsabilidade moral coletiva
32, 56, 130, 186, 191, 196, 199,
200, 209, 238, 239, 344, 353
  Cf. tb. responsabilidade
revelação 300
  Cf. tb. delação
Rússia 18, 25, 84, 87, 298, 422

Segredos 235
Schmitt, Frederick 41
sistemas de integridade 213-223
  conflitos de interesse 286-294
  sistemas holísticos de
    integridade 236-238

  quadro legislativo e
    regulatório 226-228
  sistemas de integridade
    preventivos 231
  sistemas de integridade
    reativos 223-225
  modelos regulatórios 228-231
  mecanismos de transparência
    235-236
sistemas de integridade para
ocupações
  códigos de ética 276-280
  sistemas de queixas e
    disciplina 280-284
  auditorias éticas e listas de
    reputação 284-286
  ocupações e profissões
    269-273
Smith, Adam 337
Snowden, Edward 34, 297, 308
  revelações publicadas no jornal
    The Guardian 311
  direito a saber *versus*
    segurança 315-321
Stiglitz, Joseph 12, 368
suborno 158-162

teoria normativa *institucional* 31
tocaias. Cf. investigações
tecnologia 28, 245, 317

Tailândia 25, 455

Thompson, Dennis 10, 36, 97, 103, 119, 191, 426, 429, 431, 458

Transparência 17, 29-31, 218, 223, 232, 251, 388

Trump, Donald 25, 84, 248, 422, 429, 437

violações dos direitos humanos, 11, 173, 414

Wall Street 246, 315, 362, 367, 446

Weber, Max 149
noção weberiana de poder 32, 94

CULTURAL

Administração
Antropologia
Biografias
Comunicação
Dinâmicas e Jogos
Ecologia e Meio Ambiente
Educação e Pedagogia
Filosofia
História
Letras e Literatura
Obras de referência
Política
Psicologia
Saúde e Nutrição
Serviço Social e Trabalho
Sociologia

CATEQUÉTICO PASTORAL

Catequese
Geral
Crisma
Primeira Eucaristia

Pastoral
Geral
Sacramental
Familiar
Social
Ensino Religioso Escolar

TEOLÓGICO ESPIRITUAL

Biografias
Devocionários
Espiritualidade e Mística
Espiritualidade Mariana
Franciscanismo
Autoconhecimento
Liturgia
Obras de referência
Sagrada Escritura e Livros Apócrifos

Teologia
Bíblica
Histórica
Prática
Sistemática

REVISTAS

Concilium
Estudos Bíblicos
Grande Sinal
REB (Revista Eclesiástica Brasileira)

VOZES NOBILIS

Uma linha editorial especial, com importantes autores, alto valor agregado e qualidade superior.

VOZES DE BOLSO

Obras clássicas de Ciências Humanas em formato de bolso.

PRODUTOS SAZONAIS

Folhinha do Sagrado Coração de Jesus
Calendário de mesa do Sagrado Coração de Jesus
Almanaque Santo Antônio
Agendinha
Diário Vozes
Meditações para o dia a dia
Encontro diário com Deus
Guia Litúrgico

CADASTRE-SE
www.vozes.com.br

EDITORA VOZES LTDA.
Rua Frei Luís, 100 – Centro – Cep 25689-900 – Petrópolis, RJ
Tel.: (24) 2233-9000 – Fax: (24) 2231-4676 – E-mail: vendas@vozes.com.br

UNIDADES NO BRASIL: Belo Horizonte, MG – Brasília, DF – Campinas, SP – Cuiabá, MT
Curitiba, PR – Fortaleza, CE – Juiz de Fora, MG – Petrópolis, RJ – Recife, PE – São Paulo, SP